호텔 및 식당사업을 위한

관리회계

이정자

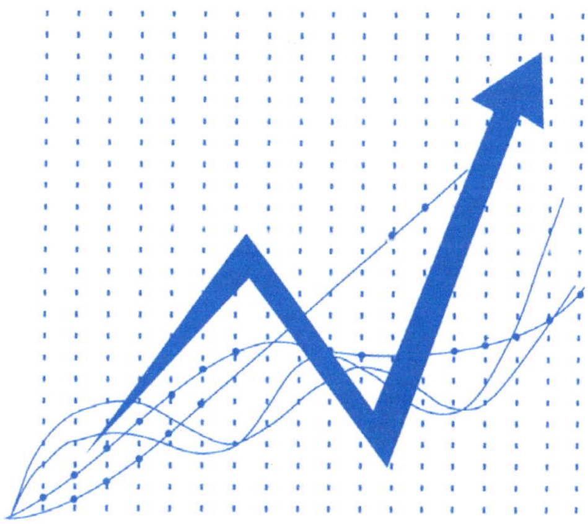

HOSPITALITY MANAGEMENT ACCOUNTING

백산출판사

Preface

들어가면서…

지금, 세계는 변화와 변신의 글로벌 시대를 맞아 살고 있다.

과거 역사에 대한 고찰, 알려진 이론 및 실제 경험만으로는 해결되기 힘든 다양한 사상들을 시시각각 쏟아내고 급속한 사회·경제적 변모와 이질적인 문화들 간의 접촉, 각축, 융합의 소용돌이 속에서 기업경영 환경은 더욱 불안정해지고 있다.

정확한 미래의 예측과 대응은 지속적으로 제기되는 문제들로 인해서 가일층 어려워져 기업의 생존, 발전은 새로운 도전에 직면되고 있다. 얼마 전까지도 규모가 수익을 좌우할 호경기 여건에서 관리업무보다는 확대되는 글로벌 시장에 따라서 사업과 매출 증진에 노력을 집중하는 것만으로도 성과가 증대되는 산업 트렌드에서 기업이 운영되었다. 그 결과 국내외를 막론하고 최고급 대규모 시설과 서비스가 호텔·식당·호스피탈리티의 양적 성장과 질적 발전을 견인해 왔다.

그러나 다양한 원인들에 의한 수차례의 경기침체를 경험하면서 변화된 환경이 초래한 부동산 경기후퇴와 시세하락, 사업부진, 원가상승, 인플레나 디플레이션과 도산으로 이어지는 수순 속에서 호텔·식당 기업들은 종전의 사고와 역량만으로는 한계를 체감하면서 경영자들은 새로운 전략개발과 관리방안 모색에 힘쓰게 되었다.

발달된 통신망과 컴퓨터 기술, 이를 통한 커뮤니케이션으로 용이해진 시장에의 정보유출입 영향, 심화되는 글로벌 경쟁, 글로벌 거버넌스와 경제적·윤리적인 환경문제의 부담, 도심화에 수반된 문제들은 경영환경 변화의 원천이면서 기업의 혁신을 불가피하게 만든 기술적 및 시대적인 조류가 되고 있다.

요컨대 이들은 현대사회가 지식과 기술 기반사회임을 새롭게 일깨워 준 요인들이었다. 기업이 매출부진과 성과하락을 감내하고 생존하기 위해서는 종래의 규모와 매출 신화를 버리고 수익성을 지향한 관리회계 기능을 요한다. 전략적 차원에서 비용·원가 절감, 조직구조와 관리체계 등 구조적 혁신단행 및 업적지향의 관리통제 기능이 따라야 한다.

더구나 호텔·식당의 수익성은 계절성 수요와 원가구조 등 특성들로 인해 위험이 가중될 수 있는 여건을 가지므로 미래 최고의 CEO는 호텔·식당 사업을 성공적으로 경영하는데 필수불가결한 기능 측면인 관리회계를 꼭 알지 않으면 안 된다. 의사결정 정보제공, 이익관리와 사회공헌, 업적과 투입 간의 관계 등 3영역으로 대별되는 관리회계의 역할은 사업실무진이나 학생 모두에게 필요한 경영관리 지식이고 역량이다.

〈이 책 활용을 위한 구성 안내〉

『호텔·식당을 위한 관리회계』는 1980년대 초부터 강원대학교에서 사용해 오던 필자의 책「호텔관리회계 강의안」을 정리한 것으로, 읽고 배우는 사람들이 사업의 특성을 확실히 이해하고 효율적으로 관리회계 목적을 달성하는데 필요한 기본 영역들을 총 16개장으로 나누어서 저술되었다. 제 1, 2장에서는 호텔·식당 관리회계가 경영에 필요한 이유와 관리회계의 목적과 기능에 대해서 설명하였다. 제 3장은 원가의 종류와 기본개념 이해를 위해서 기술되었다. 제 4, 5장은 원가, 조업도, 이윤이 어떤 관계에서 움직이고 또 행태에 영향을 수수하는지를 알고 사업계획수립과 관리할 수 있도록 이해시키려는 데 주력했다. 제 6, 7장에서는 수익성과 실현에 결정적인 가격기능의 이해를 통하여 다양한 결정기법을 활용할 수 있도록 설명하였다. 제 8, 9장에서는 비율분석의 종류와 용도에 대해 설명하고 특히 수익성 지표를 이해시키려 했다. 제 10장의 외상매출금 관리문제에 이어 제 11, 13, 14, 15장에서는 관리회계 중 인적자원관리 개념을 원용한 책임회계를 설명하고 관리·통제 담당자와 조직의 업적평가와 계획에 대한 차이분석, 사후결과에 대한 책임 수용문제와 성과지향의 조직관리에 병행할 내부통제와 예산통제에 대해서 설명하였다. 제 12장에서는 운전자본을, 마지막 장인 제 16장에서는 투자 프로젝트 평가와 의사결정에 관한 자본예산에 대해서 간략한 설명과 함께 소개했다.

이 책을 통해서 전통적인 관리회계의 전반적인 내용을 이해하는 가운데 ABM 등 새로운 흐름도 쉽게 이해하고 도입할 수 있는 기초실력을 연마해 유능한 경영관리자가 될 수 있는 소양과 지식기반을 다지기를 바란다.

저자 이정자 씀

Contents

차 례

제3장 | 원가의 개념 및 분류 / 65

제4장 | 원가-조업도-이윤관계(확정모형) / 95

제8장 | 비율분석 / 231

제9장 | 수익성 / 265

제10장 | 매출채권의 관리 / 295

제 1 장
호텔 및 식당사업 회계

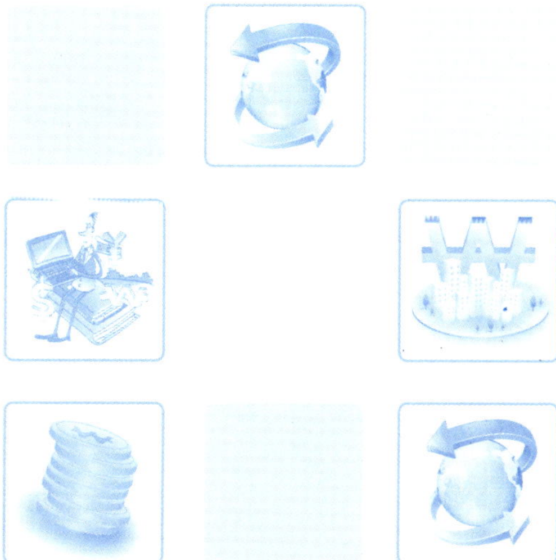

1 호텔 및 식당사업 회계

제1절 호텔 · 식당 산업의 입문

1. 호텔 · 식당 사업의 이해

1) 호스피탈리티의 어원과 개념

호스피탈리티(hospitality)란 서비스와 유사한 용어로 라틴어의 "hospitare"에 어원을 두고 유래되었는데, 고대 로마시대에는 '고객으로서 받는 것(to receive as a guest)'이란 의미로 통용되었다. 같은 어원에서 파생된 용어들 중에는 hospital, hospice, hostel 등이 있는데 모두 대접받는 것, 환영받는 것, 또는 음식을 공급받는 것(cater) 등 손님접대(host)에 근간을 이룬 용어들이다. 여기서 고객이란 의미는 일시적으로 집을 떠난 사람들을 말하며, 대접이란 그들의 필요나 욕구에 대한 개념이다. 손님이 받는 기본적인 욕구 충족을 위해 준비된 고객의 대접은 음식, 음료, 그리고 숙소나 쉴 곳(shelter)이라는 유형재(tangible goods)를 중심으로 한 것이었다. 그러므로 이런 상품을 가지고 시작된 호텔 · 식당 사업은 호스피탈리티 산업의 기원이 되는 섹터인 것이다. 초기에는 간혹 일시적인 양상으로 부대될 수 있었던 여흥이라는 환대요소가 있기는 했지만, 현대의 그것과는 비교될 수 없는 저급한 수준이었고 또 별로 중요성도 인식되지 못했다.

2) 현대 호텔 · 식당 산업과 관리회계

호텔과 식당사업(foodservice industry)은 호스피탈리티 산업의 가장 핵심적인 구성요소이다.

사업의 능률적인 관리를 도모하기 위한 계획과 경영의사결정을 도와줄 호텔 · 식당 관리회계에 있어서 다루어야할 결정적으로 중요한 과제들은 무엇인가?

특히 이 산업의 특성상 광범위한 관리회계의 영역 중에서도 어떠한 문제들을 주로 다루고 연구해야할 것인가? 이러한 논의점들에 대한 해결을 위해서는 우선 산업의 흐름을 개관하고 전반적인 사업 특성들을 검토해 볼 필요가 있다.

관리회계는 재무회계와는 달리 의사결정의 대상이나 목적이 일정하게 주어진 가운데 항상성을 지닌 과업을 수행하기 위한 외부 공시지향적인 절차나 시스템적 성질을 가지고 있지 않다. 이것은 경영환경이나 경영자의 필요성에 의해서 내부적으로 결정된 특정 사안에 대한 계획수립이나 평가 및 의사결정을 위한 것이기 때문에 호스피탈리티 산업에 대한 전반적인 이해, 지식, 경험, 및 정보 없이는 효율적인 관리회계 목적의 달성은 어렵다. 어떤 문제들을 어떤 방식으로 접근해 갈 것인지는 회계제도 속에서 추구하는 것도 중요하지만 관리회계에서는 기업내부의 경영자들의 경영이념과 회계사고 및 역량에 의존되는 바가 크다.

호스피탈리티 산업과 호텔 · 식당 산업이 관광과 여가문화의 발달과 더불어 세계적인 산업으로 성장하면서 개별 사업체 또한 거대 기업으로 정착되고 지속적인 발전과 혁신을 이루고 있음은 이제 새로운 얘기가 아니다. 지금 숙박시설과 식음료 사업에서 창출되는 세계 각국의 수익규모는 국민 총생산의 상당비율을 점유하는 수준에 도달되고 있다. 호텔 · 식당 산업 규모의 팽창 속에서 진정 호스피탈리티 산업이 추구하는 것은 호스피탈리티 본래적 사명이기도 한 인류 평화와 고객의 편리하고 안전한 상품과 서비스의 체험이므로 관리활동의 궁극적인 목표는 재무적 성과 외에 여기에 귀결된다고 하겠다.

오늘날 점차 다양화, 복잡화 되는 호텔·식당 사업의 경영환경에서 경영자들이 경영목표 달성을 위해서 관리, 통제해야 할 업무들로 인한 관리회계의 연구 영역도 따라서 내부적 목적의 재무제표, 예산수립, 내부통제 및 원가의 측면 등 다양한 요소들에 대한 관리회계의 발전은 호스피탈리티 산업 내 경영자들에게는 복음이 되고 있다.

이 장에서는 관리회계 기능의 수요라는 관점에서 산업 내에서 관리해야 할 회계적 기능에 초점을 맞추어 회계의 환경으로 볼 수 있는 호텔과 식당 호스피탈리티 산업의 특성들을 검토해 보기로 한다.

3) 호스피탈리티 산업 구성의 섹터

(1) 식음료업(food and beverage sector)

(2) 숙박업(the lodging segment)

(3) 여행·관광사업(travel and tourism segment)

(4) 오락·레크리에이션업(entertainment and recreation)

(5) 교통업(transportation)

(6) 여행사·여행업(travel agencies and tour operations)

4) 숙박업·식음료 호스피탈리티 사업

호스피탈리티 산업은 고객들에게 제공하고 있는 재화와 용역의 측면에서 여러 가지 형태로 운영되는 다양한 사업체들로 구성되어 있다. 그러한 여러 가지 운영형태 중 몇 가지를 예를 들자면 호텔, 모텔, 모터호텔, 인(inns), 카지노 호텔, 패스트푸드 식당(fast-food service restaurants), 고급 레스토랑, 카페테리아, 리조트, 컨트리 클럽 및 시티클럽(city club) 등 외에 대량급식을 다루는 모든 기관과 사업체들이 여기에 포함되고 있다. 그러나 호스피탈리티 산업의 발전사를 통해서 알 수 있지만, 이 산업은 숙박기능을 중심으로 형성되고 발전되어 온 것이기 때문에 기능면에서나 규모 면에서 환대산업의 근간을 이루어 오는 것은 여전히 각종 숙박사업과 식당사업이라고 할 수 있다. 이 산업의 주된 고객은 여행 대중과 지역 주민들이다. 특히 식음료사업은 관광객뿐만 아니라 입지 지역의 주민들을 대상으로 서비스할 수 있어야 한다. 이 사업에서는 계절적인 수요변동에 따른 매출 증감 변동 여건에서 항상 사업체의 수용시설 이용을 촉진할 정책과 전략에 대한 계획수립과 통제가 매우 중요시되고 있다.

5) 세계의 호텔 · 식당산업 규모

호스피탈리티 산업에서 숙박업이 가장 큰 사업영역이긴해도 개별 사업체의 규모는 아주 다양해서 적게는 10실 미만 규모의 호텔로부터 크게는 메가호텔에 이르고 있다. 사업입지(location)를 보면 세계 모든 지역에 광범위 하게 분포되어 있으므로 세계 최대의 다국적 체인이나 경영계약사들 중에는 총 6천 개 업체를 상회하는 체인망을 가지고 수십만 개의 객실을 보유한 메가 수용시설을 자랑하기도 한다. 실제로 1,000실 이상을 보유한 메가호텔(mega hotel)은 세계적으로 상당수가 집계되고 있다. 이런 호텔들은 직접 지분투자 외에 다른 사람이 투자한 호텔의 자문이나 경영을 통한 다양한 소유 및 기업 형태에 의해서 운영되고 있다.

호텔사업은 규모 외에 호텔들이 제공하는 상품과 서비스 품질면에서도 큰 차별성을 시사하고 있다. 초기 숙박시설(early inns)과 유사한 객실 위주의 단일상품을 가지고 저가로 승부하는 버젯텔(budgetels)이나 소규모 모텔들과는 대조적으로 현재적 및 잠재적 고객요구까지 고려한 환상적인 최고급 시설과 서비스를 제공하는 초호화 호텔들까지 다양한 등급의 호텔들이 있다.

식당에서 제공하는 식음료서비스의 형태도 다양해서 간단한 테이크아웃(take-out)으로부터 전 세계적인 체인망의 메가 규모의 사업체들까지 있다. 세계적으로 수천 개 점포를 직영 또는 프랜차이즈로 운영하는 맥도날드(McDonald's) 등 패스트푸드 식당 외에 패밀리 식당(family restaurant)과 새로운 형태의 시도들이 세계 도처에서 개발되고 있다.

클럽들도 주로 200명 미만의 회원으로 운영되는 클럽에서부터 15,000명 이상의 회원 확보로 대규모화된 클럽들에 이르기까지 다양하며 모두 성공적인 운영을 위해서는 경영자들의 내부적인 관리역량이 크게 요구되는 시대이다.

호텔은 단순자산이 아니라 수익발생자산인 동시에 영업활동을 하는 사업체(trading business)이기도 하다. 호텔사업은 전통적으로 투자 의사결정 측면에서 두 가지의 위험 요인들을 크게 내포할 수가 있다.

첫째로 호텔 자산투자에 수반된 위험이고, 또 다른 하나는 자산운용과 관련된 성과에서 제기될 수 있는 위험이다.

호텔투자의 자본집약성은 최초 거액 투자를 요하고 있으며 이에 비해 거래의 영세성으로 초래될 자본회수의 장기성은 투자위험을 가중시키고 있다. 단체 및 개별 고객의 빈번한 입출숙(check-in and out)은 수많은 거래처(=고객수)와 함께 거래빈도를 높여 여론 관리가 어렵지만, 신속한 현금회수로 인한 화폐의 시간가치 측면에서의 긍정적인 효과가 기내되지민 현금취급으로 인한 위험성은 현금 및 매출관리와 관련된 강력한 내부통제를 요하게 만든 배경으로 작용되기도 한 측면을 제기하기도 한다.

호텔·식당의 상품과 서비스의 매출 기회는 계절적인 영향으로 어려움을 초래하지만 불특정의 계량화가 어려운 경영자 및 서비스 종업원-고객의 관계 의존적인 성질로 인해서 성과창출을 쉽지 않게 하고 있다. 호텔의 영업기회와 영업성과는 호텔의 이미지, 유행, 상표와 상표의 로열티, 입지조건과 접근성, 사업의 형태, 경쟁자들에 비교된 가격, 친근감, 환대와 영접, 호텔 등급, 경영 형태와 경쟁 역량, 및 서비스 종업원과 고객 관계 등 다양한 요소들에 의한 영향으로 결정되게 된다(Parkinson, 1955). 그러므로 호텔사업의 성과를 제고를 위한 관리회계 기능을 위해서는 우선 호텔·식당의 사업특성을 이해하는 것이 중요하다.

3. 호스피탈리티 사업의 특성

호텔이나 식당은 내구성이 큰 재화(durable goods)보다는 주로 저장불능의 서비스를 주된 상품으로 하는 사업이므로 내구재의 경우처럼 미래의 판매를 예측하고 이에 대비하여 미리 제품을 제조할 수가 없다. 이것은 노무비의 문제, 재고자산 관리의 문제는 물론 일정한 제품품질 유지를 어렵게 하는 요인으로서 경영에 있어 긍정적 측면이라기보다는 부정적인 환경으로서 부각되고 있다. 더욱이 수요의 계절적인 편중현상을 고려할 때 수익성 관리에도 큰 어려움이 되고 있다. 다음에 타 산업과는 구별되는 숙박업 경영의 독특한 특성들을 살펴보기로 한다.

1) 자산가치와 수익성과의 긴밀한 관련성

호텔은 토지와 건물, 시설 및 설비를 포함하는 특수 목적의 시설물들로 이루어진 부동산 투자의 성격을 지닌 사업이다. 이러한 토지의 입지와 건물, 가구와 집기 등 객실소요 시설, 기타 자산과 식음료 관련의 모든 시설과 환경 등을 통해서 호텔의 고객들은 호텔상품의 가치를 인지하게 된다.

여기서 자산가치란 고객들이 인지하는 호텔자산과 서비스의 가치로서 회계적으로 인정되는 가치와는 차이가 있을 수 있다. 호텔의 고객들은 호텔의 재화와 서비스에 대해 회계학적 방법에 의해 결정된 경제적인 가치 외에도 분위기, 유행, 상표, 무형적인 환대성 등 계량화 할 수 있거나 계량화가 불가능한 모든 가치를 중시한다. 그러므로 여느 사업에서의 유형자산 관리에서와는 달리 장기적으로 고객의 자산에 대한 인지가치를 유지하는 것이 사업성과에 있어 매우 중요한 사업이다. 물리적인 진부화(physical obsolescence), 기능적인 진부화(functional obsolescence) 및 경제적인 진부화(economic obsolescence)가 다같이 관리되지 못한다면 호텔의 자산가치는 이들 중의 어떤 요소 또는 형태에 의하든지 간에 구식화에 의한 자산가치의 하락은 불가피하다. 이것은 또한 호텔자산에 대한 소비자들의 인식가치의 하락을 초래함으로써 이로 인한 매출감소는 투자가치와 경영성과에 대해 다같이 큰 손실을 발생시킬 것이다. 호스피탈리티 사업의 수익성(profitability)은 자산가치(value)에 의해서 보장되고, 자산가치는 수익성 있는 영업활동 결과에 의한 지속적인 영선, 유지 및 개보수 등 자산관리비 예산의 사용이나 재투자가 있을 때 비로소 유지되고 할증된다. 이러한 수익성과 자산가치 간의 긴밀한 관련성은 성공적인 호텔경영을 위해서는 반드시 관리되어야만 할 측면이다.

2) 거래빈도, 거래규모 및 최초투자에 관련된 특성

호텔의 자본집약적인 특성에 비해 호텔의 투자자본 회수는 장기간을 요한다. 원래 투자자나 건립자가 건물과 시설들을 매각하지 않는 한 원시 투자된 총자본은 시설의 상품화와 자산운용으로 발생되는 수익에 의해 회수기간이 장기화되는 특징을 보인다. 호텔사업은 특수한 경우를 제외하고는 대부분 일시체재객을 대상으로 하는 사업이므로 거래규모는 작고 거래의 빈도는 다발적인 소매업의 성격을 지니고 있다. 따라서 수많은 고객과 기래처에 대한 서비스 인력은 크게 수요하면서도 단위당 수익규모는 영세하기 때문에 자본회수의 장기성은 당연한 것이 된다. 더구나 최근 들어서 시설의 고급화에 따른 단위실당 투자액의 증대, 노동집약적인 호텔 서비스로 인한 노무비 압박, 거액 최초투자(initial investment)를 요인으로 한 타인자본 의존도는 개선되지 못하고 있다. 산업 내의 일반적인 인식으로는 흔히 타인자본 의존도가 총자본의 70%선에 이르는 것으로 보고 있다. 이에 따른 원리금의 상환과 3~5년이라는 호텔 건립기간의 장기성으로 인한 자금수요 등 가중되는 재무적인 어려움은 개업 초기의 수익성을 악화시키고, 이후의 기간에도 영향을 미치는 호텔투자관리와 호텔경영에 있어 부정적인 환경이 되고 있다.

한국에서는 많은 호텔사나 대기업들이 주로 휴양지형(resort type)의 대규모적인 콘도건설을 계획하거나 투자하고 있는데, 그 까닭도 효과적인 자본조달과 투자자본의 조기회수 정책과 무관하지 않다. 급증하는 휴양지 관광객의 추이와 함께 콘도분양은 그것이 소유형의 콘도이던 혹은 이용형의 콘도이던 간에 이에 대한 수요가 급증하고 있어 영업활동을 통해서 보다는 분양방법에 의해 건설 중의 자본조달이나 건립 후의 신속한 자본회수가 가능하기 때문에 호스피티리티 산업 중 대규모적인 투자 안으로서는 콘도건설이 매우 효과적이라고 분석된다. 그러나 특정지역의 관광 활성화를 위해서는 반드시 호스피탈리티 산업의 다른 사업측면(sector)들과 리조트 혹은 콘도사업이 균형을 이루어야 하므로 관광개발에 대한 행정적 측면(public sector)의 지도는 이런 측면에서 이루어져야 한다. 이와 같은 사업의 특성 또는 경영상의 과제를 완화 또는 해결하려면 의사결정에 통제 가능한 변수들에 대한 관리회계적인 사고도입이 필요하다. 흔히 호텔들이 체인화, 프랜차이즈화, 리퍼럴 조직화하는 중요한 요인을 분석해보면 이 산업이 자본과 기술을 중심으로 한 연합(syndications)이나 제휴에 적합한 구조를 가지고 있기 때문이기도 하다. 즉 이것은 경영에 있어 통제불능의 여러 가지 환경여건을 관리하기 위한 구체적인 방안으로서 이해될 수가 있다.

3) 사업의 계절성과 관련된 노동력 수요, 원가구조 및 매출에 대한 특성

호텔사업은 뚜렷한 계절성을 보인다. 호텔이 입지한 관광지가 어떤 계절 혹은 어떤 자원들을 중심으로 이루어져 있느냐에 의해 한업기와 성업기의 구분이 현저하므로 매출 또한 큰 폭으로 증감하는 현상을 나타낸다. 계절영업으로부터 제기되는 가장 심각한 문제는 수익감소에 따른 이익의 감소와 서비스의 품질유지와 인건비의 관리문제로 요약될 수 있다. 더구나 많은 호텔이나 식당들은 아직도 기계설비나 자동화된 서비스를 거부하고 고급화된 인적서비스를 고지하고 있기 때문에 노동집약적인 산업으로서 남아있다. 매출변동과 관련해서 일드매니지먼트 등 많은 매출증대 방안 및 수익극대화 방안들이 모색되고 있지만 이러한 모형들이 내포한 적지 않은 한계점과 모순성들로 인하여 광범위한 적용이 제한되고 있는 실정이다. 원가관리자들은 고정원가를 변동원가로 대체하는 등 원가구조의 개선을 통하여 이러한 한업기의 재무적 압박을 관리하려고 시도한다. 원가 - 조업도 - 이윤으로 이어지는 예산의 체계 속에서 단순화된 이윤증대의 방안이란 원가의 절감, 조업도의 제고 혹은 원가절감과 조업도 제고가 동시적으로 일어나는 이상적인 경우 등으로 이해할 수 있기 때문에 그러한 시도들이 타당하긴 해도 문제를 종식시키기엔 많은 과제들이 남는다.

제조업이나 호스피탈리티 산업이나 모두 매출의 계절적인 증감변동을 겪지만 호스피탈리티 사업에서는 항상 노동력 수요에 큰 굴곡을 보인다. 하루 중에도 숙박과 관련해서 입숙시간(check-in time)과 출숙시간(check-out time)에, 그리고 식음료 사업에서는 식사시간을 중심으로 매우 바쁘게 된다. 호텔의 조업도는 객실점유율(room occupancy rate)이라는 용어로 사용되는 척도에 의해 측정된다. 호스피탈리티 산업에서의 매출변동은 주로 주별, 월별, 혹은 계절별로 오지만 관리에서는 계절적인 변동을 가장 중시한다.

일반적으로 도심의 상용 숙박시설과 휴양지의 리조트 숙박시설은 이용목적이 상이한 사람들을 주된 고객으로 하는 만큼 주중 점유율 분포를 보면 서로 반대적인 결과를 시사한다. 상업지역에서는 주초와 주중에 높은 이용률을 실현하지만, 휴양지에서는 반대로 주말에 높은 매출실적을 보여준다. 점유상황을 분석해 보아도 차이점이 발견된다. 일시체제형의 상용호텔의 경우보다는 휴양지 호텔의 경우에 이중점유율(double occupancy rate; multiple occupancy rate)이 더 높게 나타난다.

이 비율은 2인 이상의 사람들이 점유한 객실수를 판매된 총객실수로 나누어서 얻어지는데, 리조트 호텔은 전체 판매객실의 대부분(81.3%)이 이중점유되고 상용호텔은 절반 이하의 비율(40.3%)을 보이는 것으로 나타나고 있다(Trends in the Hotel Industry-U.S.A. edition1992(San Francisco: Pennel. Kerr. Forster Consulting, 1992). WTO에서 발간하는 보고서나 OECD에서 발간하는 관광관련자료들에 의하면, 세계를 통틀어 전반적으로는 봄과 가을이 성업기이고 12월에서 2월에 이르는 동계기간이 한업기로 되어 있지만, 관광지나 호텔 등의 입지에 따라서 항상 이런 통계가 적용되는 것은 아니다. 예컨대, 하와이나 플로리다 등 아열대성 기후를 가진 관광지는 추운 겨울철에 관광객들이 몰리고 숙박업체들도 성업기를 맞이한다. 그러나 대부분의 휴양지 호텔들은 연중 한때만 바쁘고 나머지 기간 동안에는 저조하여 경우에 따라서는 한시적 휴업을 하는 것이 유리한 것으로 사료될 경우도 있다. 이와 같은 호스피탈리티 영업의 계절성을 극복하거나 완화하는 방안들이 다각적으로 모색되어야 할 것이다.

4) 기성제품이나 규격화 및 자동화된 서비스 배제의 사업 특성

일반적으로 제조업에 있어서 제품과 관련서비스들은 주문과 동시에 생산되고 배급되는 것이 아니라 미리 시장을 겨냥해서 자동화된 설비나 최적생산규모에 의해 시장생산된 것들이다. 더구나 AS 등의 서비스들도 요청 즉시 당장 시를 다투어 해주어야 하는 경우는 위급한 상황을 제외하고는 없다. 호스피탈리티 사업은 고급의 인적인 서비스를 뒷받침하여야 하는 때문에 노동집약적이다. 이것은 신속한 서비스와 신선하고 독특하며 기계적이거나 일률적이 아닌 제품을 제공하기 위한 전제조건이 된다. 그러므로 재고는 오래될 수가 없다. 물리적으로 부패하지 않으면 기능적으로 진부화되어 신식이거나 신선하지 않기 때문이다. 유행을 가장 크게 타는 건물과 시설물이 호스피탈리티 산업의 자산이고 인적서비스의 내용과 방법들까지도 유행을 탄다. 그것은 서비스가 유사성을 가지고 있고 모방하는데 특별한 기술을 요하지도 않기 때문이다. 식음료의 경우도 다른 사업자나 생산장소에서 미리 만들어 오는 상품은 덜 가치가 있는 것이 된다. 그러므로 주문과 함께 생산과정이 이행되어 신속히 서브될 수 있어야 하는 조건 충족에는 충분한 기술과 함께 방대하고 효율적인 노동력이 소요된다. 더구나 객실위주의 모텔이나 버젯텔이 아닌 호텔의 경우 식음료사업은 수익성이 저조할 경우에도 고객서비스 차원에서 지속시켜야만 된다. 호텔객실 점유율이 극도로 저조한 경우에도 식음료와 룸서비스는 지속되어야 한다. 일반 제조업에 있어서 총자산의 30% 정도에 이르는 재고자산을 보유하는데 비해, 호스피탈리티 사업에서는 중요한 재고자산의 경우 흔히 5% 미만의 재고를 보유하고 있는 까닭은 기성제품이 용납되지 않는 특성에 기인된다. 이런 환경에서 경영자는 원가지향적 사고에 의한 경제적인 주문량 등의 계량적 기법들의 이용이 제한되게 되고 원가고 요인은 더욱 커질 수 있다. 이러한 모든 요인들이 노동집약적인 사업특성을 조성한다. 소위 호스피탈리티 제품과 서비스의 짧은 배급망(short didtribution chain)과, 제품과 서비스 제공과 소비 간의 짧은 시간적 간격(time span)에 의한 결과이다. 이러한 호스피탈리티 산업의 노동집약적인 특성에서 제기되는 결정적인 경영상의 문제는 원가고의 통제와 고객지향적인 신속한 서비스 품질의 유지라는 이율배반적인 문제를 여하히 해결하고 수익의 극대화를 창출할 수 있을 것인가 하는 것이다.

5) 유형자산 의존도가 높은 투자의 특성

호텔은 또한 총투자액의 대부분이 유형자산에 투자됨으로써 유형자산 집약적인 투자로서의 특징을 지닌다. 숙박설비로 제공되는 객실은 고객의 휴식과 일의 장소로 이용되는데 유형자산으로서 시간의 경과와 함께 회수(감가상각)된다. 객실은 호텔이 보유한 자산들 중 가장 부패성이 큰 자산으로 당일에 판매되지 못하면 다시는 상실된 판매기회로 인하여 발생된 기회원가를 회복할 수 없다. 객실의 건설원가에는 가구 및 집기원가가 포함되는데 점유된(판매된) 경우나 비어 있는 경우나 동일하기 때문에 객실의 부패성은 더욱 문제가 된다. 숙박시설의 건설비원가를 보면 실당 투자액의 차이가 ₩10,000에서 ₩400,000의 영역에 이르는데 호텔의 총투자액의 대부분은 이 건물원가에 투자되며 총자산의 55~85%를 이것이 점유한다. 제조업의 경우 유형자산이 총자산의 30%선을 점유하는 것과는 대조적이다.

제2절 관리회계적 관점의 호텔·식당사업 특성

1. 사업구조에 의한 호텔관리회계의 특징

1) 호텔·식당 사업의 원가 및 수익의 구조

호텔과 식음료 사업의 성격은 수익 및 원가구조와 관련해서 결정되고 있다.

그러므로 사업의 운영 형태도 고정원가 수준과 수익구조에 의해서 분류해 볼 수가 있다. 하나는 저수준의 고정원가와 안정적인 수익구조로 운영되는 사업형태이고, 다른 하나는 높은 고정원가와 불안정한 수익구조로 운영되는 사업형태라고 하겠다. 총원가를 1로 볼 때 고정원가가 높으면 상대적으로 변동원가가 낮아지고, 또 반대의 경우도 성립된다고 볼 때 설비중심의 호텔사업과 제조기능 중심의 식음료 사업에서 나타나는 원가구조의 차이는 당연히 사업형태의 차이를 초래하게 된다. 안정적인 수익구조는 흔히 카페테리아 <그림 1-1의 C>, 병원급식, 각급 학교급식 <그림 1-1의 D> 등 다양한 대량급식 사례에서 나타날 수 있는 사업형태이고 <그림 1-1>의 A인 호텔, 모텔이나 유사한 숙박사업이나 호텔 식음료사업에서는 <그림 1-1의 B> 비교적 불안정한 수익구조를 가지고 운영되고 있다.

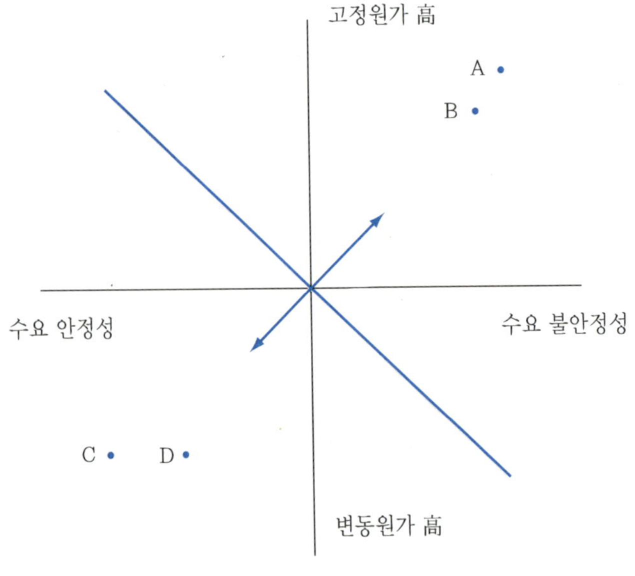

〈그림 1-1〉 원가 및 수요구조별 사업 특성도

이런 점에서 양 형태의 사업이 모두 호스피탈리티 산업을 이루는 섹터들이고, 또 현실적으로는 영업 형태별로는 시장이나 원가 두 가지 요인들이 부분적으로는 혼합된 성향을 보이는 경우가 허다하긴 하지만, 굳이 분류하자면 전자는 비교적 원가지향적인(cost-oriented) 사례로, 후자는 시장지향적(market-oriented)인 사례로 볼 수 있다.

이런 사례들은 원가나 시장지향적 특성 수준을 표시해 주는 도표법을 활용해서 사업이 어떤 지향성을 특징으로 하는지를 확인해 볼 수도 있다(그림 1-1참조).

2) 새로운 호텔 · 식당 관리회계의 내용과 관점

고정원가는 곧 장기적 혹은 단기적인 통제불능 원가의 발생을 의미함으로써 원가절감에서 신축성 있는 대처가 어려운 환경으로 작용된다. 원가에 대한 통제 불가능한 여건은 자연히 관리에서의 관심을 비교적 통제 가능한 수익성 요소에 집중하도록 만드는 요인이 된다. 동일한 호스피탈리티 산업 내 사업섹터들이라고 해도 원가지향적인 성질의 영업에서는 전술한 바처럼 매출수준의 변화에 따른 영업성과 유지를 위해서 대부분 영어비용을 관리하기 위한 원가통제에 관리노력을 집중하게 된다.

이런 배경에서 원가지향적인 사업에서는 원가에 기초한 관리를 하는 데 비해 시장지향적인 호텔과 같은 사업에서는 주된 관심과 노력이 수익기반의 전략에 집중되기 때문에 호텔 관리회계나 통제관련 업무들은 이를 반영하게 된다. 유형자산이 사업통제 수단으로 별로 이용될 가능성이 적기 때문에 당연히 이 원가에 대한 분석에 주력하지 않는 대신에 당연히 호텔사업 수익에 영향을 미치는 모든 요소들, 즉 판매믹스, 개실이나 좌석 점유율, 가격체계 및 기타 요소들은 상세한 기록유지와 함께 잦은 보고를 통한 상황파악 등으로 수정이나 새로운 관리조치를 취할 수 있도록 관리하고 있다. 요컨대 호텔사업의 경영에 있어서 수익기반 회계정보의 중요성은 절대적이라 할 수 있다.

그러나 대부분의 회계방법들이나 통제기법들은 원가지향적인 제조기업으로부터 발전되었다. 그러므로 비록 시장지향적 산업에서 수익정보를 중시한다고는 해도 표준원가, 원가회계와 원가통제, 원가분석 등등의 원가지향적인 회계와 통제기법을 완전히 배제한다면 경영자들의 최적 의사결정을 저해함으로써 관리회계 기능을 잘 수행할 수 없게 만드는 결과를 초래할 수 있다. 이 산업분야에서 기대되는 관리회계와 통제의 개념은 전통적인 것과는 좀 다른 새로운 접근방법을 요하고 있다는 사실이 강조될 뿐 원리를 달리한다는 의미는 아니다. 이 분야에서 부상되는 새로운 개념이란, 즉 수익회계의 개념(concept of revenue accounting)이다.

2. 수요의 계절적 변동과 매출의 불안정성

호텔사업은 관광사업의 계절적 수요변동에 의한 여행자들의 이동에 따른 영향을 가장 밀접하게 받는 사업이다. 그 결과 수요변동에 따른 매출의 불안정성은 사업의 가장 대표적 특성 요인이 되고 있다.

세계적으로 대부분의 호스피탈리티 산업에서는 이런 수요 변동과 수익의 불안정성으로 인해서 호텔이나 식당사업은 물론이고 이를 제외한 산업 내 거의 모든 다른 섹터에서도 영업기간을 성업기(on-season)와 비수기(off-season)로 나누어서 관리하는 것이 산업의 오랜 관행이 되어오고 있다.

이러한 매출변동이 사업체에 미치는 효과는 여러 가지로 나타날 수가 있다. 그 중에도 특히 미래의 매출량 예측에 상당수준의 불확실성 요인의 수반되고 있어서 수익계획의 수립과 목표달성을 저해하고 있다는 점이 문제이다.

불안정한 수익성과는 호텔의 시설 및 설비 수용력의 이용률 저하에 의한 것인데 객실이나 시설의 점유율 하락 요인으로 발생된 미사용 객실이나 시설들은 상품재고자산의 특성상 판매되지 못하면 소멸되어 버리는 문제가 발생되기도 한다. 더구나 저조한 객실매출이 고정원가가 큰 호텔의 원가구조와 맞물려 수익성을 더욱 악화시켜 사업을 위험에 빠뜨릴 우려성이 매우 높아지게 되는 문제들을 특성으로 안고 있다. 이런 성질로 말미암아 호텔사업의 저조한 매출로 인한 수익성 악화는 흔히 거액 순손실을 발생시켜 사업을 도산시킬 위험성도 적지 않다.

이상에서 살펴본 바 호텔사업에서의 판매량과 수익의 불안정성은 불확실한 미래 수익으로 반영될 것이므로 이로 인해 초래될 문제들을 관리하려면 호텔이 수행해야 할 통제업무나 호텔관리회계 기능이 주로 적정한 예측기법들과 관련되어 있다는 것을 쉽게 짐작할만하다.

객실부문에서는 과거의 객실점유율 실적통계들을 사용해서 상당히 정확한 미래의 점유율을 예측하는 가운데 객실판매 실적을 달성하는 것이 중요한가 하면 식음료 부문에서는 특히 상품의 부패성이 강하기 때문에 매출량 예측시스템의 개발과 유지가 더욱 중요하다.

호텔 관리회계의 또 다른 기능은 언제라도 변화할 수 있는 매출수준에 맞추어 원가들을 지속적으로 조정돼야 한다는 것이다. 식음료 매출량 예측이 될수만 있다면 식음료 원가들은 거의 자동적으로 조정될 수 있을 것이므로 관리활동을 노무비와 기타 비고정성 비용들을 통제하는 데 집중할 수노 있고 항시 매춘량 수준에 맞추어 원가의 적정선 유지도 이루어질 수 있을 것이다.

계절적으로 변동하는 불확실한 매출수준으로 발생될 미사용 시설과 설비 수용력에 따른 객실점유율 및 식당 좌석의 회전율 하락을 불가피하게 만드는 한편, 호텔 재고자산이 갖고 있는 소멸성 성질로 인한 상품의 손실을 경험하게 만들고 있다.

결국 저하된 투자자본의 활동성을 높이고 객실 및 식당좌석 회전율을 제고함으로써 수립된 적정 수준의 수익률을 달성하려면 수반된 문제 해결에 관리회계의 역할이 기대되고 있다. 금액이나 수량면에서 수익을 증진하기 위한 여러 가지 노력들 중에는 특수하게 개발된 수익관리기법들이 활용되기도 한다.

매출량 증진은 비단 한업기 대책으로서만 아니라 성수기의 수익 극대화를 위해서도 필요한 개념이다. 이 때 가격결정 문제가 관리의 중요 사안으로 제기되는 것은 적정한 가격결정이 시장지향적인 호텔과 식당산업의 매출관리에 있어서 매우 중요한 요인이 되기 때문이다. 이 책에서도 이 문제는 심층적으로 다루어지고 있다.

다시 한 번 기억해야 할 것은 호텔산업 및 외식산업에서 제기되는 매출 증감변동은 단순히 계절적인 형태로만 제기되는 문제가 아니라 장기적으로나 단기적인 형태로나 다 발생될 수 있기 때문에 사업에서의 매출변동 여지는 연중 지속되고 있다는 점에 문제의 심각성이 있다는 것이다. 호텔과 식당사업에서 야기되는 이런 매출의 불안정성을 시간적인 범주로 구분해 보면 다음과 같이 정리될 수 있다.

1) 연간 매출변동

대부분의 호텔과 식당과 여타의 사업체에서의 매출변동 수준이 비록 업체에 따라서 다양하게 나타날 수는 있지만•매출변동이 주로 계절적인 형태로 일어난다는 것은 가장 일반적으로 인식되고 있는 사업 고유의 추세이다.

2) 주중 매출변동

식당이나 사업지역에서의 호텔사업에서는 주중에도 매출변동을 크게 겪는다. 대부분의 도심 식당에서는 주중보다는 주말 매출이 급증되는 추세를 시현한다.

대도심권이나 유명한 상업지역에서는 사업목적으로 여행하는 사람들이 내왕하는 주중 근무일 동안에 높은 매출을 달성하고, 반대로 주말에는 공실이 급증되지만 휴양지의 호텔에서는 반대로 휴가여행을 떠날 수 있는 주말에 만실이 될 수가 있다. 이런 추세가 YM 등 수익관리기법을 개발하게 만든 배경이 되기도 했다.

3) 식당사업에서는 장기적인 매출증감 변동 외에 아침, 점심, 저녁시간대 별로 매출량이나 총수익 수준 변동이 심하다. 근무일 동안에는 주로 점심식사시간과 저녁시간 대에 많은 수요가 집중되지만 매출은 일별, 주별, 계절별 및 연차적으로 각기 다른 성과를 보여주고 있다. 이런 추세는 식당이 어떤 성질이나 형태의 사업이든 간에 차이는 별무하다.

3. 원가구조와 수익성에 대한 영향

호텔 등 모든 종류의 숙박산업(lodging/hospitality industry)에서는 물론이고 대부분의 외식사업도 고정원가가 큰 원가구조에서 운영되고 있다. 이것은 대부분의 수익창출 자산을 가지고 운영되는 사업에서 나타나는 일반적인 특성 중 하나이다. 그러므로 호텔이나 기타 숙박업(accommodation business) 외에도 항공산업, 크루즈 등 제종의 교통사업에서도 유사한 원가구조에서 운영되고 있다.

호텔의 객실부문 영업에서는 이런 현상은 더욱 현저한데, 식음료 부문영업에서와는 달리 객실영업은 매출원가(cost of sales) 없이 운영되는 사업으로 객실매출에서 린넨류, 세탁 및 고객 소모품이나 부분적인 일용직 노동에 대한 얼마 안 되는 것들을 제외하고는 나머지 대부분의 비용이 고정비 성질의 것들로만 구성되어 있다. 그러나 반대로 식음료사업에서 발생되는 비용들은 주로 변동성의 비용들로 구성되어 있기 때문에 고정비는 비교적 적은 비율에 불과하지만 일반적인 다른 사업에서보다는 높은 편이다.

높은 고정비 원가는 높은 매출액 총이익을 의미한다. 그러므로 총수익이 증가하는 데 따른 순이익의 증가율이 상당히 높아지는 만큼 반대로 매출이 감소될 때 순이익에 미치는 영향 또한 커서 큰폭으로 순이익이 하락하는 부정적인 영향을 받게 된다는 의미이기도 하다.

그러므로 호텔산업에서 야기되는 극심한 매출변동, 원가구조, 판매되지 못한 호텔의 시설상품 재고자산은 다른 산업에서는 볼 수 없을 정도로 확실히 구조적으로 이윤의 불안정성 여건을 형성하고 있다. 그러나 구조적으로 고정원가가 높은 비중일수록 매출 증감에 따른 원가의 적정한 조정이 더 어려워진다. 원가관리의 성과는 수익관리와 밀접히 관련되어 있지만 회계 및 통제에 있어서의 문제는 전형적인 원가지향적인 접근방법의 적정성은 부분적인 효과에 불과할 것이므로 원가분석이나 통제 등은 부분적 적정성을 가질 수는 있지만 손익회계의 다른 측면에서 접근됨으로서 총매출량, 판매 믹스, 부문영업이익률, 점유율, 가격결정 방안 등을 활용함으로써 문제 해결에 임해야 할 것이다.

4. 호텔과 식당사업의 제품 특성

호텔이나 식당사업의 주된 상품이 지닌 성질은 몇 가지 배경에서 긴요한 문제이다. 호텔산업의 2대 수익발생 부문의 주요 상품은 호스피탈리티 본래적 기능수행의 유형재 측면이기도 한 객실과 식음료이다.

이 산업에 허용된 제품 중 식음료 상품은 유형재로서 언제나 수요가 있을 때 판매될 수 있는 성질을 지녔지만, 실제로 그 원재료나 완제품 모두 고도의 부패성을 지닌 재고자산이므로 저장하는 기간과 여건에 수반된 제약이 수반되고 있다.

객실상품을 보면 이것은 유형재이지만 원래 호텔이 건립되고 객실이 마련된 수 이상도 이하도 만들어 낼 수 없는 생산량이 고정된 특성으로 인하여 한 업기에 생산량을 줄일 수도 없거니와 성업기의 급증되는 수요가 있어도 더이상의 객실을 준비해서 고객에게 제공할 수도 없다. 더구나 당일에 판매되지 못한 객실은 다음 날이나 다른 영업일에 상품으로 제공되지 못한 채 당일에 소멸되어 버리는 속성을 갖고 있다. 호텔영업에서 객실상품은 경기상황에 따른 매출량이나 이를 토대로 한 기대수익의 조정이 전혀 불가능한 상품 특성을 갖고 있다.

이런 상품의 특성 때문에 호텔사업에서 흔히 고려되는 수익관리의 방안은 가격을 여하히 조정해서 수익성을 제고할 수 있을 것인가로 굳어지게 되었다.

호텔은 극심한 매출변동 여건에서 높은 고정비 원가구조를 가지고 영업 순손실을 발생시키지 않고 적정 사업성과를 기대하려면 무엇보다도 일정 수준의 객실매출 유지가 가장 중요한 목표처럼 되어 있다. 이런 여건에서 상품의 부패성 문제를 해결하려면 항상 호텔 점유율 수준에 대한 사전예측을 통하여 장차 발생가능한 재고자산 미사용분이 어떤 규모로 발생될 것인지를 정확히 파악하는 것이 긴요하다. 그래야만 가능한 가격할인 정책범위 결정, 한업기 가격(season off rate) 적용, 특별한 주말 판촉계획 수립, 회의나 직장교육에 의한 호텔시설 사용 증대, 사업 목적의 회의나 컨벤션 유치 등 다양한 방안을 통하여 저조한 객실 수익을 진보할 판촉 대안을 강구해 볼 수가 있게 된다. 이 때 호텔 관리회계 담당자들이 마케팅부와의 협력관계에서 담당해야 할 역할은 매우 긴요하다.

호텔은 여러 가지 상품과 서비스를 복합적으로 생산하고 제공하는 사업이다. 그러므로 호텔을 이용하는 외래객이나 투숙객 모두가 구매할 수 있는 상품은 객실이나 식당을 막론하고 다양하다.

식당에서는 많은 메뉴품목들이 있고, 호텔에서 이용할 수 있는 부대시설들로는 수영장, 헬스클럽, 사우나, 커피숍, 연회, 파티, 컨벤션, 세탁소, 이·미용실, 전화, 빨레서비스, 매점에서의 기념품이나 잡지구매 등 호텔의 규모나 서비스 등급에 따라 종류가 다양하다. 투숙객들에 대한 매출은 물론 외상 원칙으로 하므로 인명으로 개설된 고객별 원장에 기장·합산 처리됨으로써 언제라도 고객의 요구에 응한 대금결제가 가능하도록 관리된다. 이처럼 신속한 회계처리와 현금회수의 신속성은 다른 어떤 사업에서도 찾아보기 힘든 사례로 역시 호텔사업의 특성적 측면이 되고 있다.

호텔사업의 수익성 관리에서는 이상과 같은 다양한 상품들을 어떤 가격 수준과 상대적인 비율을 통해 믹스함으로써 고객만족과 기대수익률 제고가 가능할 것인지를 결정하고 계획하게 된다. 식음료 메뉴품목별 및 객실에 부대된 각종 상품별 원가관리와 생산과 서비스에 대한 가격과 예상매출 규모는 중요한 사업계획의 한 부분으로서 사전에 치밀하게 수립(의사결정)되고 관리통제 되어야할 호텔의 관리회계 업무이다.

그러나 투자된 거액자본에 비해 호텔은 소매업으로서 단위 거래규모가 매우 작고 그것도 대부분 개인적인 접촉을 통하여 긴박한 시간 속에서 이루어지기 때문에

5. 영업의 순환과정

원재료 구매에서 판매에 이르는 호텔식음료 영업활동은 매우 짧은 시간을 주기로 해서 이루어지고 있다. 고객에게 신선하고 품질 좋은 식음료 상품을 제공하려는 목적으로 조성된 짧은 영업주기(cycle of operation)를 특성으로 하는 호텔이 이

런 순환과정을 거쳐 적정 수익목표를 달성하려면 적합한 점검과 통제방안의 지원 요구가 불가피하다. 식음료원가는 구매, 검수, 저장 및 출고, 음식의 조리와 준비 및 판매과정을 거쳐서 발생되므로 특히 이런 과정에 대한 원가관리 업무의 지원이 필요하다. 다른 사업에서와는 달리 식음료관리에 필요한 호텔 내부의 관련 영업보고서들은 월별 혹은 분기별 외에 일별 혹은 주별로 매우 단기간을 주기로 해서 정기적 혹은 수시로 작성 보고하는 시스템을 갖추고 신속하고 품질 높은 서비스를 지원해 주고 있다.

현대 호텔경영학의 중요한 영역으로 경영에서도 중시되는 식음료 원가관리는 이처럼 짧은 영업의 순환과정과 이에 따른 필요성을 반영해서 철저한 수익과 영업 원가관리활동을 지원하기 위해서 발전되고 강화된 원가관리시스템을 반증해 주는 것이라고 하겠다.

제3절 호텔 · 식당산업에서의 회계 역할

1. 회계의 기능

호텔에서 회계기능을 수행하는 사람들은 부기담당자, 회계담당과장, 부장 혹은 이사나 부사장에 이르고 또 콘트롤러(controller)라고 부르는 내부통제 전담자(comptroller)를 두기도 하는데, 우리나라의 중규모 호텔에서는 흔히 심사과장으로 호칭되고 있다.

회계담당 최고책임자는 각종 거래의 기록과 장부의 관리를 책임진다. 어떤 경우에는 저장 관리까지 책임지기도 한다. 회계담당 조직의 규모는 사업체의 규모와 다양성 정도에 따라 달라진다. 보유객실을 기준으로 1,000실 정도의 호텔들은 보통 30~50인 정도의 회계 부서원을 두고 있다. 전 세계적인 대규모 호텔체인 본부에는 250명 정도의 회계 인력을 보유하고 있으며 대규모 식음료서비스업의 본부에는 총 150여 명의 인력을 거느리고 있다(Schmidgall). 숙박업체 내에서 회계의 기능은 정보지향적이어서 이용자에게 정보를 제공하는 것을 주된 기능으로 하고 있다. 세무당국 등 외부의 정보 이용자들에 대한 회계기능은 주로 재무제표를 통해서 이루어지게 된다. 그러나 내부의 정보 이용자들에게 제공하는 정보나 보고서들은 영업 보고서들을 주로 하지만 목적에 따라서 작성상 어떤 일정한 기준 이행에 대한 당위성이나 강제 없이 다양한 책임 영역에 따라서 각기 다르게 작성될 수도 있다. 여기서 책임 영역이라 함은 부문별, 이익 중심점별 혹은 서비스 중심점별 등 분권화의 단위별로 분류된 각기 다른 영역을 의미한다.

회계부서의 조직 규모가 크던 작던 그리고 책임분산 정도가 여하하던, 작성해야 할 보고서의 형태와, 수가 많던 적던 간에 회계 담당자는 외부 이용자나 경영자에 대해 정보제공이라는 서비스 기능을 수행해야 한다. 호스피탈리티 사업의 경영자들의 목적을 효율적으로 달성하려면 회계 담당자들이 경영자와 기타 서비스 부문들과 긴밀한 관련 하에서 일해야 한다.

2. 호텔관리회계 시스템

1) 호텔회계시스템과 관리회계

회계의 기능별 구조는 일상적인 거래를 관찰·측정·분류함으로써 회계정보를 산출하는 일련의 과정인 회계시스템 속에서 일목요연하게 파악될 수 있다. 매입과 매출을 중심으로 이루어지는 거래를 통해서 현금의 출납이 이루어지고, 이러한 일련의 회계처리 과정(accounting cycle)을 거쳐서 작성된 재무보고서를 가지고 기업 내부와 외부의 정보 이용자들은 경영활동과 재무구조를 분석, 이해하게 된다.

호텔경영자들 또한 이러한 정보들을 활용함으로써 경영계획의 수립, 집행, 비교 및 수정 등의 관리활동을 수행하게 된다. 그러나 그들이 경영관리를 수행하는데 있어 기업 내부적으로 활용할 회계정보들은 이러한 외부 목적 일의적인 재무제표보다는 더 많고 자세하며 깊은 것이어야 할 것이다. 이러한 관리회계 정보의 수요를 결정하는 것은 기업의 능력이고 경영자들의 안목이다. 그러나 그러한 정보수요를 결정하는 기초는 역시 재무회계를 중심으로 형성된 회계의 순환과정을 통하여 작성된 재무제표에 있다고 볼 수 있다. 그리고 그것이 산출되는 과정을 역으로 추적해 본다면 보다 심도 있는 경영분석이 이루어질 수 있다. 이런 측면에서 관리회계가 재무회계의 토대 위에서 논의돼야 함은 물론이다.

2) 계획과 통제를 위한 관리회계

관리회계는 능률적인 기업목적 달성을 위한 경영의 계획과 통제를 위해서 필요한 정보제공에 목적을 두고 있다. 기업의 경영과정은 곧 기업의 모든 활동들을 계획・지휘・통제하는 연속적인 과정이다. 계획은 반복적이고 일상적인 영업 관련 계획과 임시적이고 특수한 투자 등에 관련된 계획으로 나누어 볼 수 있다. 통제란 계획과 결과와의 끊임없는 비교, 분석 조정에 관련된 활동으로 계획의 집행과 성과의 비교를 통한 차이분석과 수정조치 등의 절차를 통하여 수행된다.

3) 관리통제 시스템

관리자들의 중요한 책임은 기업의 목표를 달성할 수 있도록 기업의 모든 활동을 계획하고 통제하는 것이다. 관리자들은 이러한 책임을 수행하기 위하여 기업에 적합한 관리통제 시스템을 마련하여야 한다. 관리통제 시스템(management control system)이란 기업의 목표를 달성할 수 있도록 설정한 전략 및 계획을 수행하기 위한 모든 방법, 절차, 수단 등의 집합을 말한다. 즉 관리통제 시스템은 기업의 경영관리 활동을 통제하는 시스템으로 경영통제 시스템이라고도 한다. 관리회계는 관리통제 시스템에서 필요로 하는 정보를 제공하는 것을 목적으로 한다.

경영활동 또는 관리활동이란 기업의 목적을 달성하기 위하여 기업의 제활동을 계획, 지휘, 통제, 조정하는 조직적 과정이다. 관리활동은 기본적으로 계획・지휘,

통제, 조정 등의 순환적 과정을 거치게 되며 이를 관리순환 과정(management process 또는 management cycle)이라고 한다. 관리순환 과정은 단속적이 아니라 연속적인 과정으로 수행되며 가장 중요한 과정은 계획과 통제의 과정이다(그림 1-2 참조).

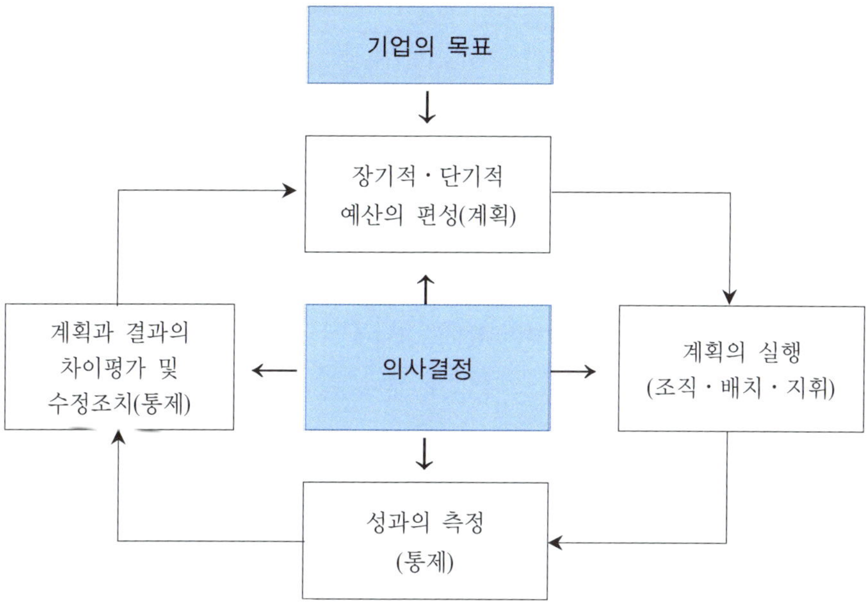

〈그림 1-2〉 관리의 순환과정

제4절 유니폼 시스템 회계제도

1. 호스피탈리티 산업의 국제관계 증대와 통일회계 제도

유니폼 시스템 회계(uniform System of Accounts)란 호텔기업만을 위해서 별도로 마련된 일종의 업종별 회계기준이다. 이것은 호텔, 모텔, 콘도, 카지노, 식당, 클럽 등의 호스피탈리티 산업에 알맞게 만들어진 회계기준으로서 특히 통일성을 크게 강조한 것이다. 호텔이나 식당 등 기업들 간의 회계정보 교환과 그 유용성을 제고하려면 회계정보의 통일성을 확립시켜 비교가능성을 제고해야 되기 때문이다. 유니폼 시스템 회계는 사실 호스피탈리티 산업 내의 각종 사업-그 요금체계가 유럽식, 미국식, 혹은 대륙식이거나 절충된 리조트 유형인가 또는 소규모를 막론하고-을 위해 만들어진 통일적인 회계시스템이다. 이 제도는 표준 재무제표를 작성하고 또한 호텔 내 각종 영업 및 생산 단위별로 계획수립에 필요한 회계 지침서로서 각기 다른 재무제표와 보고서의 계정 및 그 분류 기준, 각종 재무제표와 보고서의 체제와 종류, 구성 내용 및 사용에 관한 상세한 정보를 제공해 준다. 소규모 호텔, 모텔 및 모터호텔을 위한 유니폼 시스템 회계(Uniform System of Accounts and Expense Dictionary for Small Hotels, Motels, and Motor Hotels; USASH)의 경우를 일례로 본다면 기초적인 재무제표 외에도 20 개의 부문별 부속 영업보고서와 예산과 예측, 수익에 대한 종합적인 검토 등을 부속명세서도 다루고 있다. 그러므로 각 호텔이나 호스피탈리티 사업체에서는 불필요한 내용들을 최대한 배제할 수 있도록 하기 위해 그 사업체에 가장 알맞는 계정들과 분류체계를 선택 적용하게 된다.

이 제도는 뉴욕시 호텔협회의 요청으로 일단의 회계사들의 연구에 의해 1925년~이듬해 초에 이르는 기간에 처음으로 "The Uniform System of Accounts for Hotels (USAH)"라는 제목으로 발표되어 1926년 3월에 공인되었고 뉴욕호텔협회가 판권을 소유했었다. 동년 9월 미국호텔협회는 이 제도채택의 결의문을 돌리게 되었다. 그 후 뉴욕시 호텔회계사회(the Hotel Accountants Association of New York City)의 회계위원회에서는 수년에 걸쳐 이 시스템(회계지침)을 정기적으로 수정하는 과정을 거쳤다. USAH와 USASH는 수회에 걸쳐 개정판이 나왔을 정도이다.

이것은 미국에서 적용되던 회계제도였지만 전 세계 환대산업을 선도하는 미국의 역할과 영향력으로 인하여 결코 미국의 호텔, 식당만을 위한 회계제도에 그치지 않고 각종 계약관계를 통하여 세계적으로 도입·적용되고 있다.

국경을 초월한 세계적인 관광객의 흐름 속에서 이루어지고 촉진되는 호텔과 식당 사업의 국제관계는 경영계약(management contracts), 호텔경영의 노우하우를 중심으로 이루어지는 프랜차이즈 계약(franchising) 등 여러 가지 형태로 나타나고 있다. 이러한 국제 간의 계약에서 실질적으로 유리한 입장에 있는 것은 프랜차이즈 본사 등 기술이나 용역을 제공하는 호텔본부가 된다. 이러한 계약에서 이용되는 모든 회계정보들은 흔히 호텔 본부가 요구하는 회계시스템을 통해서 고려되게 되므로 결국 미국식의 호텔, 식당회계 시스템인 유니폼 회계제도를 적용시켜야만 했다. 이러한 관계로 오늘날 유니폼 호텔회계 시스템은 호스피탈리티 산업의 국제회계기준처럼 되어 왔다. 뿐만 아니라 결산보고 등 재무회계에서 이용되는 별도의 회계기준이 별도로 있었음에도 불구하고 계약 목적이 아닌 기업자사 내부적인 경영관리 목적을 위해서도 이 회계시스템은 세계의 어느 곳의 호텔에서도 일반적으로 적용되고 있다.

2. 호스피탈리티 산업과 유니폼 시스템 회계제도의 공헌

유니폼 시스템 회계제도는 두 가지 목적에 기여한다. 첫째, 이것은 규모나 형태에 관계없이 모든 호텔이 적용할 수 있는 간단한 계정 분류방법을 제시함으로써 호텔회계에 기여한다. 둘째, 영업활동 결과에 대한 재무적 실적을 나타내 주는 통일적인 회계처리방법 사용을 통하여 호텔경영에 기여하고 있다. 유니폼 시스템에서는 부문화의 근거를 종업원의 분류 뿐만 아니라 부문에 대해서 부과해야할 비용개념의 관점에서도 추구하고 있다. 이러한 유니폼 시스템 회계제도의 강점들을 좀 더 상세하게 개관해 보면 다음과 같다.

(1) 오랜 시간을 두고 시행착오에 의해 검증되고 연구된 회계제도로서 실무의 적용성이 뛰어난 회계라는 점이다.

USAH가 1925~1926년에 만들어져 1986년까지 무려 8차례나 개정되고 USASH는 1987년에 4번째의 개정판이 출간된 것을 보아도 호텔회계사회를 중심으로 업계와 실무계에서도 얼마나 연구하고 수정해왔는가를 짐작할 수 있을 것이다.

(2) 유니폼시스템 회계의 특징은 무엇보다도 회계제도의 통일성(uniformity)에 있다. 유동성과 통일성은 회계제도에 다같이 필요한 개념이지만, 특히 부문화에 있어서의 통일성과 자산·부채 및 수익과 비용 분류상의 통일성은 호텔산업에 대해서 실질적인 이점이 되고 있다. 분류방법에 있어서나 실제의 분류수에 있어 업체 간에 크게 다르지 않으므로 회계담당자는 물론 경영자나 일반 종업원들도 지속적으로 이 제도를 이용할 수 있다.

(3) 비교가능성이 매우 높다는 특징을 지닌다.
유니폼시스템 회계의 통일성으로 말미암아 재무보고서의 내용에 대한 비교가능성이 높아진다. 예컨대 미국이든 세계의 다른 호텔이든 간에 그리고 그것이 신규호텔이든 오래된 것이든, 도시호텔이든 휴양지 호텔이든, 소유의(owned) 호텔이든, 경영을 책임지고 있는(managed) 호텔이든 간에 혹은 지역적으로 어떤 국가나 지역에 입지하든 간에 모든 통계치들이 지속적으로 이 시스템의 체계에 따라서 작성되고 분류되므로 각 사업체 간의 회계상의 차이가 별무하기 때문에 수익과 지출 등을 중심으로 한 유사한 사업체들 간의 영업실적 비교에 있어서 비교적 합리적이고 신뢰할 만한 비교가 가능하다. 동일한 체인 내 소유 호텔사들 간의 실적 비교에 있어서나 개별 사업체들 간의 실적 비교에 있어서도 비교가 가능하다.

(4) 유니폼시스템 회계제도는 종업원들이 이 제도를 익히는데 필요한 훈련을 용이하게 하며 소요시간을 절약할 수 있게 해준다. 업계 전반에 걸쳐 널리 이용되고 있는 회계제도이기 때문에 직장을 옮긴다고 해도 별로 회계처리가 크게 달라지지 않기 때문에 교육시간이 절약되고 훈련도 쉽게 된다.

(5) 유니폼 시스템 회계제도는 강력한 예산통제를 실행할 수 있도록 해준다. 이 제도는 강력한 내부통제 지향적인 회계제도이다. 그러므로 이 시스템을 이해하고 있다면 인건비와 기타의 부문비용들을 잘 알 수 있으므로 예산에 포함시킬 내용과 부문예산에 포함해서는 안 될 항목들과 예산들을 또한 잘 파악할 수

있을 뿐만 아니라 예산에 비추어 그 항목과 비용을 통제할 수도 있게 된다. 이런 경우에 경영자들은 부문별 책임자들에게 강도 높은 예산통제 요구를 별도로 하지 않아도 되고 별다른 노력 없이 이 제도만으로도 부문책임자가 부문별 영업실적을 통제해 나갈 도구들을 제공할 수도 있다는 것이다.

(6) 유니폼 시스템 회계제도는 소규모 호텔(USASH)과 대규모 호텔(USAH) 및 식당(USAR)에서 다같이 높은 적용성을 지닌 회계제도이다. 이와 유사한 설명은 이미 앞의 ③번에서 기술한 바 있지만 유니폼 시스템은 모든 종류의 호스피탈리티 사업체에 대한 광범위한 적용성을 가지고 있다.

USAH와 USASH는 매우 유사하고 차이란 근본적으로 다만 손익계산서(income statement)에 더 많은 이익중심점을 가지고 있는가의 문제에 있으며 USAH의 경우에 단독 호텔이나 모텔을 위한 USASH의 경우보다 더 많은 계정과목들과 분류들을 포함하고 있다는 것으로 요약해 볼 수 있다. 두 개 이상의 호텔사업체를 소유한 호텔 체인사와 같은 경우에는 당연히 개별 호텔과는 다르다. 이런 호텔들은 사업체의 매각 문제, 회사의 간접비(overhead expenses) 등 개별기업의 손익계산서에는 표시되지 않는 더 많은 계정과목들을 가지고 있다. 이에 반해 USASH는 개별 사업체를 기준으로 설계된 회계제도이다. 어느 경우에도 손익계산서의 체제는 근본적으로 책임회계(responsibility accounting)에 기저하여 구성된 만큼 영업부문별 성과에 초점을 맞추고 있다. 그 결과 객실부문(room department)과 식음료부문(food and beverage department) 등 2대 수익발생 부문과 함께 전화, 세탁 및 발레(Valet), 주차장 등 소부문의 부문별 업적평가에 중점을 두고 있다. 물론 그 밖에도 점포운영, 체크 룸(check room), 수영장이나 헬스 클럽 혹은 체육관 등을 운영할 경우에는 이들 부서들을 영업부문으로 포괄해야 한다.

흔히 호텔조직은 수익발생 영업부문(operated departments)과 공통부문(overhead departments)으로 분류된다. 수익발생부문(revenue producing department)들은 이상에서 언급한 모든 부문들을 포함하지만 공통부문은 ① 일반관리, ② 마케팅(sales and public relations), 그리고 ③ 재산관리(property operation), 영선유지 및 에너지(energy costs) 원가 등으로 구성되어 있다. 이런 부문화는 유니폼 시스템에 의해 정리되고 업계 지침으로 부문화의 안내가 되었다.

상업적 식료서비스업은 객실이나 클럽 등 다른 호스피탈리티 사업체들과는 다르므로 재무제표에 표시할 재무정보의 내용 또한 달라져야 한다. 식당을 위한 유니폼시스템 회계제도(USAR)는 전미식당협회(National Restaurant Association)에서 "Uniform System of Accounts for Restaurants"로 발행되었다. USAR는 USASH와 유사한 것으로 다음과 같은 내용과 특징들을 가지고 있다.

(1) 영업실적에 대한 통일적인 분류 및 표시 기준 제공
(2) 식료서비스 산업성과(업계표준)의 비교성 제공
(3) 회계제도에 대한 이해증진
(4) 식료서비스업계 최고의 회계사조로 마련, 검증된 제도

제2장

관리회계의 본질

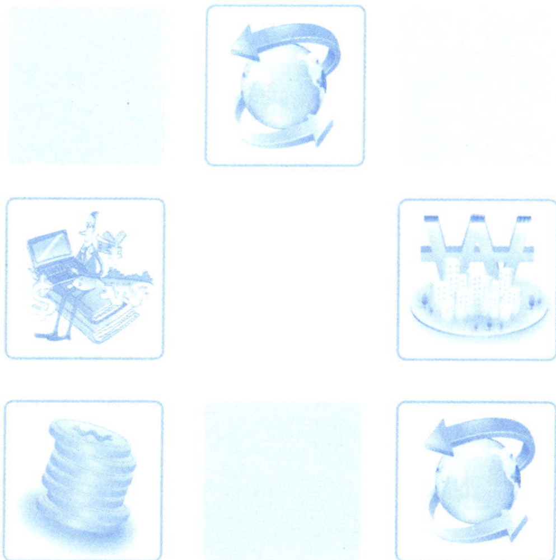

2 관리회계의 본질

제1절 관리회계의 발전과 연구의 영역

1. 회계의 발전과 관리회계

1957년에 발족된 미국회계학회의 「관리회계위원회」가 1959년에 공표한 「관리회계위원회보고서」에 의하면, "관리회계란 기업의 역사적 및 계획적인 경제적 자료를 처리하는데 필요한 개념·기법으로 경영자가 합리적인 의사결정을 할 수 있도록 보조하는 것이다."[1]라고 정의되어 있다.

현대경영에 있어서 관리회계의 중요성은 회계의 발전을 개념 중심적 측면에서 살펴볼 때 명백해진다.

여러 가지 정의를 통하여 본 회계의 발전은 학자에 따라서는 각기 다른 해석과 논지의 주장도 가능하겠으나, 확실한 것은 회계연구의 대상이 종전보다 광범위한 개념을 내포하는 방향으로 발전되어 왔음을 알 수가 있다.

1941년 공표된 미국회계사회의 회계용어공보 제1호[2]에 표명된 회계의 대상은

---

1) Committee on Management Accounting(1959), "Report of Committee on Management Accounting", *Accounting Review*(AAA, April), p.210.

"재무적 성격의 거래나 사상(··· transations and events which are, in part at least, of a financial character, ···)"에 국한한다.

회계라 함은 재무적 성격을 갖는 거래나 사상을 일정한 방법에 따라 화폐액으로 기록, 분류, 요약하여 그 결과를 이해하는 기술이다.

Accounting is the art of recording, classifying, and summarizing in a significant manner and in terms of money, transactions and events which are, in part at least, of a financial character, and interpreting the results thereof.

그런데 1966년 미국회계학회에서 발간한 "기초회계이론에 관한 보고서(ASOBAT)"[3]에서는 회계의 대상을 거래나 사상에서 진일보하여 "경제적인 정보(economic information)"로 확대함으로써 보다 광범위한 영역을 포괄하고 있다.

회계라 함은 정보의 이용자가 합리적인 판단이나 의사결정을 행할 수 있도록 경제적인 정보를 인식하고 측정하여 전달하는 과정이다.

··· the process of identifying, measuring, and communicating economic information to permit informed judgments and decisions by users of the information.

이것은 거래나 사상 등 과거의 확정적인(Single-valued) 사상에 대한 자료만을 객관시하던 회계의 전통적 개념에서 나아가 비록 그것이 거래적, 개연적, 혹은 불확실한 것이며 또한 비거래적 자료라고 할지라도 확실한 계량적 판단과 합리적인 의사결정을 도출할 수 있는 경제적인 정보인 한 연구대상으로 포괄시킴으로써 회계의 대상을 넓히는 발전을 이루어 왔다. 그 후 1970년에 미국 공인회계사회에서 발표한 회계의 정의[4]는 1966년에 나왔던 ASOBAT의 입장을 견지하면서 1959년에

2) Americcan Institute of Accountants(AIA)(1941). Accounting Terminology Bulletin No.1.

3) American Accounting Association(AAA)(1966). A statement of Basic Accounting Theory, p.1.

공표되었던 관리회계의 개념을 흡수, 정리한 것으로 회계를 서비스 활동(service activity)으로 규정하고 그 기능을 의사결정에 유용한 정보제공에서 찾고 있다.

회계는 하나의 '서비스' 활동이다. 그 기능은 경제적인 의사결정을 수행함에 있어서 유용한 판단을 내릴 수 있도록, 기본적으로는 경제 주체의 재무적 성격을 띤 계량적 정보를 제공함으로써, 여러 가지 대체안 중에서 합리적인 선택이 가능하도록 하는 데 있다. 회계는 예컨대, 재무회계, 관리회계, 정부회계 등 여러 분야를 포함하는 것이다.

Accounting is a service activity. Its function is to provide quantitative information, primarily financial in nature, about economic entities that is intended to be useful in making economic decisions, in making reasoned choices among alternative sources of action. Accounting includes several branches, for example, financial accounting, managerial accounting, and government accounting.

결국 오늘날의 회계는 보다 외부공시 일의적인 재무회계 중심의 전통적인 입장에서 나아가 경영자의 계획·통제 기능의 능률적인 수행을 보조 또는 기여하는 내부적 목적에도 유용한 것이 되지 않으면 안 된다. 이는 회계의 중심적 과제가 채권자 보호라는 단층적 목적을 중심으로 한 정태적 회계관으로부터 투자자 보호를 위한 일정기간의 성과를 전제로 하는 다 측면적인 동적 회계관으로 이행, 변화하고 있음을 여실히 보여주는 것이라 할 수 있다. 이처럼 지배적인 변화 양상들은 회계가 추구하는 가치들이 더 다양해지고 기업활동에 대해서 더 실질적으로 기여하려는 확실한 경향을 반증하는 것으로 볼 수 있다.

---

4) American Institute of Certified Public Accountants(AICPA)(1970). APB Statement No.4, "Basic Concepts and Accounting Principles Underlying Financial Statements of Business Enterprises", Par. 40.

2. 관리회계의 발전과 사조의 변천

관리회계의 성질이라고 할 수가 있는 관리회계의 사고나 접근방법은 재무회계에서 출발, 변천되어 왔다.

초기 관리회계는 주로 원가회계와 관련하여 정보 이용자들의 수요와 실무적 적용에 따른 회계 담당자들의 인식과 새로운 필요성의 수용 등을 통하여 발전되어 왔다. 원가회계는 원가자료를 측정, 평가하거나 그 계산방법을 주로 다루는 회계인데, 원가정보는 재무회계와 관리회계에 다같이 제공된다.

원가회계에서는 원가의 측정, 평가를 다루고 관리회계에서는 원가자료의 관리적 이용이 강조되는 만큼 어떤 면에서 오늘날 원가회계와 관리회계의 구분은 사실 모호하다고 할 수 있다. 회계학 체계상 어떤 것을 먼저 배워야 하는지에 대해서는 아직도 논란 여지가 완전히 해소된 것으로 보여지진 않는다.

다만 현실적으로 사업운영에 있어서 경영자들의 관리회계적 능력이 크게 요청되는 것은 부인할 수 없는 사실이고 종전과는 달리 경영관리적 필요성에 비추어 관리회계를 먼저 배워야 한다는 논리가 어필되는 것도 사실이다. Kaplan에 의하면 초기의 관리회계는 소위 Horngren이 얘기하는 바 절대적인 진실성의 추구(absolute-truth approach) 시기로 분류되고 있다(Horngren, 1975). 그 후 1950년대와 1960년대에 원가자료의 이용이 외부 이용자에서 점차 내부 이용자인 경영자로 넘어가면서 초기 관리회계가 발아되었다. 원가회계를 초기의 관리회계 또는 원시적인 형태의 관리회계로 보는 견해는 이런 배경을 근거로 한 것이다.

회계자료의 이용목적에 따라서 점차 원가의 집계와 배분이 달라져야 한다는 필요성을 인식하기 시작하였다. 여기서 원가에 대한 이용자 지향적, 혹은 의사결정모형 지향적인 접근방법(decision-model approach)이 탄생될 수 있었다. Horngren은 이것을 상황적 진실성 접근방법(conditional-truth approach)이라고 표현하고 있다. 그 까닭은 진실한 원가를 찾았지만 제품의 실제 원가수립에 회의적이었고 더구나 모든 의사결정을 위해 똑같이 적절한 유일한 원가배분 방법은 없기 때문이다. 그러다가 1960년대와 1970년대에 가서 관리회계 사조의 세 번째 학파인 정보경제학 접근방법이 출현되어 관리회계 시스템을 하나의 정보시스템시 하게 되었다.

Horngren에 의해 원가적-진실 접근방법(costly-truth apporach)으로 분류된 바, 정보가치를 중심으로 한 정보의 수요와 원가를 고려하는 방법에서의 유용성이 증명된 상태는 아니다(Kaplan, 1982, pp.1-4).

이러한 관리회계의 변천사적인 개관 없이 총체적으로 볼 때, 관리회계 시스템의 효율성 문제는 경영자가 목표달성을 위해서 적시에 효율적인 방법으로 조직의 동기를 유발하고 보조하는가 하는 문제에 대한 적시성과 방법의 효율성 여하에 의존된다.

이런 논리로 관리회계는 흔히 원가-효익의 준거기준(cost-benefit theme), 행태적 준거기준(behavioral theme), 예외관리(management by exception) 등을 준거기준으로 하는 사고의 흐름 속에서 진행되고 있다고 할 수 있다. 의사결정에서 대체안 중 최선의 선택은 원가에 대비된 효익의 크기에 의한다.

또한 관리회계에서는 사업의 계획 및 성과와 관련하여 회계가 절대적인 목표를 향한 일방적인 것으로서 일정한 성과를 도출하는 것으로 인식되기보다는 여기에 관련된 사람들에게 미치는 영향 등을 고려한 성과까지를 고려하는 것으로 이해되어야 한다. 관리회계가 계획과 통제에 관련된 사람들에 대한 행동적 측면을 고려하려는 인적자원 역량지향적인 회계로 될 수 있을 때 경영자들의 업무활동에 대한 동기, 사기, 순기능에 효과적일 수 있게 될 것이다.

예외나 차이의 신속한 발견과 조치를 통한 문제해결이나 이를 통한 성과개선을 지향하려는 관리적 사고에 의한 회계가 관리회계이기 때문이다. 그러나 아직도 관리회계는 재무회계보다는 일천한 회계의 영역으로서 발전의 여지를 크게 갖고 있다고 하겠다.

3. 관리회계의 영역과 기업환경의 변화

1) 관리회계의 영역

관리회계의 범위는 경영자의 의사결정에 대해 목적 적합한 정보를 제공하기 위해 필요한 분야들을 포괄한다. 가장 일반적으로 관리회계에 이용될 수 있는 정보는 원가회계 정보이지만 재무회계 정보도 매우 중요하다.

관리회계의 영역에 포괄되는 일반적인 내용들이 있지만 각각의 취급에 있어서의 경중이나 필요성 정도는 관리회계를 적용할 사업체의 경영환경 특성 및 사업경영상의 특성들에 의해서 결정될 문제이기도 하다. 그러므로 결정적으로 중시되어야할 분야나 범위는 사업특성에 의해서 다소 조정될 수 있고 또 다양하게 나타날 수가 된다.

일반적으로 관리회계의 주요한 영역으로 포함되어야 할 요소로는 원가의 제 개념, 원가계산방법 및 원가의 배분, 각종 예산 및 장기 의사결정으로서의 자본예산, 특별 의사결정, 차이분석, C-V-P 분석, 가격결정, 책임회계, 대체가격 결정, 법인세, 리스, 현금흐름, 경영분석, 기타 계량적 접근 등이 포함된다. 이러한 관리회계의 각 영역들은 이 책의 각 장에서 다루어질 대부분의 주제들을 이루고 있다.

관리회계의 기능체계를 알기쉽게 다시 대별해 보면 의사결정회계와 업적관리회계로 다음과 같이 분류해 볼 수도 있다(그림 2-1 참조).

<table>
<tr><td rowspan="5">관리회계</td><td rowspan="2">의사결정회계
(decision-making accounting)</td><td>개별구조계획</td></tr>
<tr><td>중・장기 경영계획</td></tr>
<tr><td rowspan="3">업적관리 회계
(performance accounting)</td><td>단기이익계획</td></tr>
<tr><td>예산관리</td></tr>
<tr><td>원가관리</td></tr>
</table>

〈그림 2-1〉 관리회계의 기능체계

관리회계가 연구의 대상 또는 과제로 하는 기본적인 4개의 영역들은 다음과 같다.

(1) 원가의 계산(Cost determination)

(2) 원가의 통제

(3) 업적평가 및

(4) 계획 수립과 특수한 의사결정을 위한 정보제공 등

원가의 계산은 내부적으로는 경영관리를 위해서, 그리고 외부 이용자를 중심으로 한 재무보고 및 공시를 위해서 매우 중요하다.

실제원가는 역사적인 자료(historical data)로서 업무활동에 대한 통제기능 수행과 계획 수립에 있어서 기초가 된다. 원가통제에 있어서는 계획된 원가와 실제원가 간의 차이발생 여부 및 그 정도를 확인하고 그것이 유리 또는 불리한 차이인지를 판단하여 어떤 형태의 수정조치가 최선책으로서 강구되어야할 것인가를 검토하여야 한다.

통제의 한 과정으로서 중시되는 업적평가는 주로 조직이 대규모화됨에 따라 불가결한 하부 경영계층에 대한 권한책임 위양과 더불어 대두되는 문제를 관리할 목적에서 수행되는 관리회계의 기능으로, 성과를 목표에 대해 비교의 형식으로 업적을 표시되는 것을 기초로 하고 있다. 이것은 경영활동상의 책임수행에 대한 업적을 상대적인 비율이나 금액으로 평가하는 수단으로 활용됨은 물론이고 업무활동에 대한 결정과 집행에 통제력을 발휘하는 경영자들의 업적 증진과 동기화의 촉진책으로서도 활동되고 있다.

물론 관리회계에서 거론되는 계획이 단지 회계 제공의 재무적 정보에만 의존해서 이루어지는 것은 아니고 그 밖의 중요한 정보요소들을 망라하여 총체적으로 이루어지는 것이지만 가장 중요한 틀은 역시 회계의 기능을 통해서 제공된다.

의사결정이란 기업 소유 자산의 효율적인 배분과 이를 통한 새로운 자원 획득 활동을 능률화 하기 위한 척도에서 이루어지는 것으로 수립된 기업목표 달성과 성

장에 있어서 매우 중요한 활동이다.

이 책을 구성하는 관리회계의 각 영역들은 호스피탈리티 산업 특성을 고려하여 결정된 주요 연구영역들이다.

관리회계의 영역과 내용들은 끊임없이 변화될 가능성을 내포하고 있다. 경영실무상 또는 경영환경 변화에 수반된 회계학적 관심이나 사조의 변화가 불가피한 현실이다. 그러므로 이를 통하여 회계사회(accounting community)에서 제기될 새로운 도전과 문제를 중심으로 수행되고 해결하여야 할 새로운 연구주제와 중시될 영역들의 변화도 불가피해지고 있기 때문이다.

2) 기업환경의 변화와 관리회계의 책무

현대에 와서 사회, 경제적인 환경은 예측을 불허하는 다양한 형태의 급속한 변화들을 초래하고 있어서 기업이 생존, 발전하기가 어려워지고 있다. 다양한 이유에 의한 불황기의 발생주기는 단축되고 그것도 예측을 불허하는 양상으로 많은 도전들을 기업에 제기해 오고 있다.

이런 변화들은 단순히 경영환경의 변화라고 표현하거나 인식하기에는 너무나 다기하고 광역한 영역에 걸쳐 일어나고 있다. 이러한 변화들은 (1) 컴퓨터나 통신기술의 발달로 이루어진 정보화의 심화, (2) 혁신적인 지식과 기술의 변화, (3) 도시화(urbanization)의 진행, (4) 변화와 기술발전의 영향에 의한 가치관의 다양화, (5) 여성의 사회진출, (6) 고령화 사회의 진행, (8) 심각한 출생률 저하 (9) 과도한 사회복지비 부담 등 사회보장제도의 발전, (10) 글로벌화로 인한 기업의 글로벌 경쟁체제 및 지구 환경문제의 심각성에 따른 글로벌 거버넌스로의 움직임 등을 주요 내용으로 포함하고 있다.

이런 변화들은 구조적인 현상으로 보는 시각의 배경에는 사회적 패러다임을 바꾸고 있기 때문이다.

그리고 경기여건, 금리, 환율, 시황, 유행 등의 변화에 영향을 미침으로써 다시 기업의 경쟁여건이나 성과창출에 중요한 영향요인으로 작용되고 있다.

변화의 흐름은 산업의 시각을 근시안으로 하던 것 이상으로 기업의 미래를 내다보는 눈과 방향성을 어지럽히고 있다. 기업들은 점차 더 혁신적인 형태의 전략적 대응을 강구하지 않으면 안되는 환경에 몰리고 있다고 하겠다.

더구나 경쟁의 글로벌화로 심화되는 다양한 경쟁여건에서 기업이 목표로 하는 성과를 실현하려면 신속한 고객욕구 파악과 대응을 위한 생존전략 수립과 실천 및 업적의 관리가 더욱 절실해지고 있다. 현대의 기업은 자체 역량과 강점 및 약점이나 위기를 지속적으로 점검, 비교, 파악함으로써 경영관리 활동을 원활히 수행하면서 언제라도 발생 가능한 위기에 대한 관리대안 마련이라는 대 과제를 안고 업무를 수행해야 하는 환경에 처해 있는 것이다. 그러므로 현대 호텔·식당 경영에서도 관리회계에 대한 기대는 더욱 증대되고 있다 하겠다.

제2절 관리회계의 목적과 내용

1. 관리회계의 역할

관리회계는 내부보고 목적의 회계로서 이윤 극대화 및 기타 이와 관련된 기업목표를 위해서 기업의 경영자가 의사결정과 통제활동에 이용할 수 있도록 정보를 수집, 분류, 요약, 보고하는 시스템이다(그림 2-2 참조).

이미 미국 공인회계사회의 정의에서 살펴보았듯이 경영자의 합리적 의사결정 목적이 강조되고 있지만 여기서 표출된 정보는 ① 역사적인 자료뿐만 아니라 거래적 자료 및 경제적 자료들이고, ② 정보의 가치로는 경영자의 의사결정에 대한 유용성을 중시하고 있다.

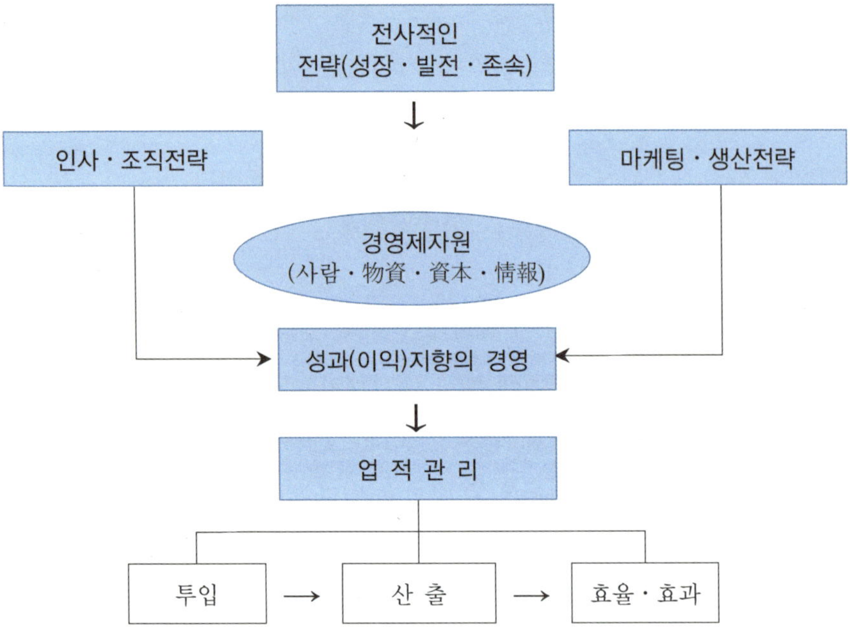

〈그림 2-2〉 전략적 업적관리 시스템

관리회계는 경영자의 의사결정에 필요한 데이터를 생산 · 제공함으로써 서비스하는 학문이다. 관리회계의 관심은 정확한 계산이나 보고라기보다는 경영자의 합리적 의사결정과 통제기능을 제일의적으로 고려하는 회계인 만큼 목적 적합한 회계 정보의 제공이라는 내부보고 기능에 중점을 두고 있다.

경영의 전 과정인 관리순환 과정(management cycle)으로 볼 때 계획과 통제는 가장 핵심적인 기능이다. 이와 관련된 업적과 투입 관계의 평가 및 대조기능이 이 과정에서 수행되게 된다.

기업은 설정된 목표를 실현하기 위해서 업무수행에 대한 계획을 수립하고 경영활동이 이렇게 수립된 계획대로 실행되고 있는지를 확인하는 것과 관련하여 일련의 통제활동을 수행하게 된다. 여기서 기업의 모든 계획 내용은 예산이나 자본예산으로 반영되므로 수익, 비용, 원가로 요약될 수 있다. 경영의 계획수립과 통제기능 수행과정에서 예산이나 자본예산으로 표시될 사업활동의 계획은 미래에 대한 것인 만큼 과거의 사실로 확정된 회계자료 자체보다는 이것을 자료로 해서 추정되고 수정을 가하여 결정되는 미래원가들을 중시하게 된다.

통제활동 과정은 효율적인 계획 달성을 위해서 표준에 대한 성과평가와 피드백 과정을 수반한다. 원래 계획에 대한 시정이나 계획의 수정은 피드백 과정에서 이루어지게 된다. 회계가 기업조직의 이익관리와 함께 가득한 이익을 기업, 사회, 및 기업의 제이해 관계자에게 적정한 재분배하는 과정을 통하여 사회에 공헌하게 된다(표 2-1 참조).

〈표 2-1〉 관리회계의 역할

역할 \ 구분	관계회계 역할의 상세 내용	
의사결정자료제공	이익창출에 대한 판단근거	업적관리, 신속한 의사결정
이익관리·사회공헌	성장 · 발전 · 존속을 위한 경영	납세, 유보, 배당, 상여금, 가격
업적과 투입관계	사람, 물자, 자본 경영자원투자	매출, 부가가치, 이익 산출물

원래 회계시스템의 목적은 ① 경영자의 경상적인 경영활동 계획과 통제에 유용한 정보 제공, ② 경영자의 비경상적인 경영활동 계획과 통제, 즉 기업의 정책 및 장기 경영계획의 수립, 그리고 특수 의사결정 등 전략적인 계획수립을 위해서 유용한 정보 제공 및 ③ 기업 외부의 이해관계자들에 대한 외부공시(보고) 목적 등 세 가지로 분류해 볼 수가 있다.

그러므로 이러한 회계 목적의 능률적인 수행여부에 대해서는 기업 내외의 이해관계자들이 다같이 관심을 가지게 된다. 그런데 이러한 회계목적들 중 경상적이거나 비경상적인 경영계획과 통제에 대한 정보 제공이란, 즉 경영자에 대한 내부 보고적 기능으로서 중점적인 관리회계의 영역이고, 후자는 재무회계 측면에서 관심 갖는 영역이라고 볼 수 있다. 그러나 기업의 재무상태나 경영성과 파악을 위한 기초자료들은 재무회계에 의해서 제공되므로 기업 고유의 환경여건에 알맞는 경영 의사결정과 통제활동 수행을 위해서는 서로 밀접한 관련성을 가지고 있다.

관리회계와 재무회계의 차이점 논의는 두 회계 간의 관련성이나 필요성을 부인하는 것과는 구별되어 인식되어야 한다.

기업목적을 능률적으로 달성하려면 재무회계로부터 산출된 자료들을 토대로 해서 관리회계에 대한 충분한 정보서비스가 필요하다. 급변하는 동태적인 경영환경과 경쟁 속에서 기업이 생존하고 발전하여 기업 목적을 달성하려면 경영관리의 전과정에 걸친 정보수요를 충족시켜줘야 한다. 경영계획 수립과 통제활동 수행에 초점을 두는 관리회계는 의사결정과 통제과정에서 보고된 재무회계 정보들을 관리목적으로 활용하는 회계이다.

관리회계에 있어서는 재무자료, 원가자료는 물론이고 판매가격과 주문 잔고, 생산 설비자원에 대한 제품의 수요와 실제의 수량 및 생산 능력의 측정치에 관한 자료까지도 수집하고 분석하게 된다.

이상과 같은 근거와 필요성에 비추어 볼 때 관리회계는 앞으로 더욱 발전될 전망이다.

2. 관리회계와 재무회계의 차이

역사적으로 회계는 재무회계로부터 출발되었지만 최근 회계사회(accounting community)에서의 현상은 점차 관리회계의 중요성에 대한 인식을 고조시켜 오고 있다.

관리회계와 재무회계는 회계정보 수요자를 중심으로 한 회계분류로 회계시스템의 커다란 두 개의 커다란 핵을 이룬다.

전자를 내부 보고 또는 내부 목적을 위한 내부 이용자를 위한 회계하고 한다면 후자는 외부 보고 또는 외부 이용자들을 위한 회계이다. 이러한 회계의 양대 맥을 서로 관련시켜 보게 된다면 비교방법을 통하여 관리회계의 목적들을 심층적으로 고찰할 수 있음으로 해서 관리회계의 목적과 기능 및 특징들을 더 잘 이해할 수 있게 될 것이다.

1) 관리회계의 특징

(1) 관리회계는 주로 미래지향적인 회계

관리회계와 재무회계는 대상시기 면에서 현격한 차이를 보인다.

관리회계와 재무회계는 회계정보를 도출하고 이용하는 데 있어서 대상 시기에 차이가 크다.

재무회계는 회계의 기간 공준에 의거한 회계 정보의 도출을 목적으로 하기 때문에 주로 과거 자료에 의존해서 이를 이용한 과거의 사실 또는 경제적 현상들을 보여주려과 한다. 그러므로 역사적 자료 의존적이고 비교적 단기적이다.

반면에 관리회계는 정보수요자들이 미래의 경영활동에서 필요한 계획수립과 통제기능을 수행하는 데 필요한 정보를 제공하는 기능을 주요한 목적으로 하고 있다. 그러므로 과거의 사실적 자료들을 미래의 자료로 변환하여야 한다. 또한 작성하고 제공할 정보의 내용도 당연히 내부적인 필요성이나 목적에 입각해서 결정되게 된다.

(2) 관리회계는 내부목적지향적인 회계

관리회계와 재무회계는 정보 이용자의 대상 범위에 차이가 있다.

재무회계가 외부의 회계정보 이용자들을 위한 보고서 작성과 공시 등 외부 지향적 목적 우선적 관점에서 수행되는데 비해, 관리회계는 기업 내부의 경영관리 목적을 위해서 사용될 수 있도록 경영 또는 기업의 내부 이용자 지향적인 회계이다.

그러므로 작성 형식에 있어서도 제한성이 덜하므로 기업에서 제기되는 관리와 통제의 필요성에 준해서 형식을 자유롭게 할 수가 있고, 또 작성 시기도 법정 재무제표처럼 어떤 일정한 기준에 의해서 반드시 작성·공시하는 것이 아니라 아무때나 필요성이 제기되면 그때 그때 작성될 수 있어서 흔히는 일, 주, 월 단위로 빈

변하게 작성・이용될 수가 있다.

(3) 재무정보 도출에 대상선택의 여지가 큰 관리회계

관리회계와 재무회계는 회계보고서 작성 등의 경우에 회계처리에 준거하는 기준이나 방법의 이행에 대한 엄격성 또는 강제성 정도에 차이가 크다.

재무회계에서는 경제적인 현상의 측정과 전달이라는 주된 목적의 수행에 있어서 회계처리가 소위 "특정의 방법 절차(… in a significant manner.)[5]"에 따른 처리가 될 수 있도록 특정한 기준을 엄격히 준수하도록 강제되고 있다. 이에 반해, 관리회계에서는 회계가 경영의사결정을 중심으로 한 목적 지향적인 것으로서 일정한 회계처리 기준에 대한 엄격한 이행이 재무회계에서처럼 강제되지는 않는다. 그러므로 경영의사결정을 중심으로 한 관리회계의 목적에 대한 회계처리 기준의 영향력이란 측면에서 볼 때 원가정보 등 회계측정을 주로 하는 재무회계적인 처리를 제외하고는[6] 보고서를 위한 정보도출에 있어서 보고서 형식이나 내용에 크게 제약을 받지 않는 것을 특징으로 하고 있다.

관리회계에서는 경제적 현상의 측정과 전달을 중시한다기보다는 그러한 결과로 얻어진 재무정보가 경영상 어떤 영향 또는 결과로 표출될 것인지의 영향의 행태(behavioral implications)와 관련된 성과 극대화에 관심을 갖는 것이기 때문이다.

이것은 흔히 관리회계의 기능은 중요한 두 가지 주제인 ① 원가와 수익을 관련시키는 관점에서의 객관적 타당성과 ② 도출된 원가-수익 관련의 재무정보가 사업의 계획과 성과에 대한 통제수단에 집중되고 있다.

그러므로 관리회계에서 회계제도나 회계처리방법을 선택하는 궁극적인 관점은 예산과 업적면에서 이것들이 경영의사결정에 어떻게 영향을 미칠 것인지 하는 것을 염두에 두면서 이루어지게 된다.[7]

---

5) AIA , Ibid.

6) 원가회계는 관리회계의 한 영역으로 보지만 제품원가 결정 기능영역에서 만큼은 외부 보고(공시) 요건을 충족시키고 있다는 점에서 재무회계적 측면이 매우 강한 영역이기도 하다.

(4) 회계처리 대상 기간에 융통성이 큰 관리회계

회계보고에 있어서 회계처리를 하는 대상기간이 재무회계와 관리회계에 있어서 차이가 크다. 재무회계는 회계처리의 대상기간이나 연도별로 융통성이 적다. 이에 비해 관리회계는 내부적인 목적의 회계로 대체로 외부공시를 요하지도 않고 실제로 공개될 필요성도 공개할 의사도 없는 내부 정보이용자들만을 위한 회계이다.

그러므로 관리회계는 비교적 처리기간이 단기적이거나 장기적일 수가 있다. 단위가 짧은 경우에는 시간단위에서도 회계보고가 되고 있으며, 길게는 10~15년 정도의 장기간에 걸친 기업 내부적인 필요에 따라 다양하게 이루어 질 수가 있다.

(5) 상세한 보고서 작성내용을 요하는 관리회계

재무회계가 기업 실체를 대상으로 하는 요약보고서 위주의 것인데 비해 관리회계는 흔히 각 부문, 제품, 특정 구역 등 다양한 범주에 걸친 상세한 보고서 작성을 요한다.

2) 관리회계의 차별성을 인식하는 기준

이상에서 살펴 본 바와 같이 관리회계의 특성과 내용을 이해하는 데는 재무회계와의 비교기법을 사용하는 것이 이해촉진에 도움이 되고 있다.

그러나 관리회계와 재무회계는 그것들이 전혀 별개로 독립된 것이 아니라 다같이 회계의 원래 목적을 가장 능률적으로 달성하기 위한 하나의 체계 내에서 수행되어야 하는 기능인만큼 이들의 분류와 대조는 어디까지나 그러한 체계를 전제한 가운데 이들의 관계 및 역할들을 좀 더 객관적으로 이해하려는 데 본 뜻이 있다.

7) Horngren, Charles T.(1981). Introduction to Management Accounting, 5th ed, Englewood Cliffs, NJ, 1981, pp.15-16. ______(1975)."Management Accounting: Where Are We?", *Management Accounting and Control*, Beyer Symposium. Madison: University of Wisconsin, ; Kaplan, Robert S.(1982). Advanced Management Accounting, Prentice-Hall, pp.1-4.

〈표 2-2〉 관리회계와 재무회계의 차이

	기업회계	
	관리회계	재무회계
정보이용자별	기업내부 이해관계자	기업 외부의 이해과계자
이용 목적별	의사결정과 업적 관리	이해관계자간 이해 조정
주요 과제별	이익의 획득	이익의 배분
보고 대상별	과거 · 현재 · 미래의 정보	과거의 정보
보고서종류별	전체 · 부문정보 → 임의적	재무제표 → 강제적
처리 기준별	경영 · 업적관리를 위한 공헌활동	기업회계기준 · 관계법규
측정 척도별	화폐 · 비화폐적 계수(수량 · 비율 등)	화폐단위의 계수
정보 속성별	유용성, 신속성	정확성, 적법성

이것을 다시 두 회계 간의 중요한 차이를 인식하게 해 주는 기준이라는 차원에서 정리해 보면 다음과 같이 정리될 수가 있다(표 2-2 참조).

이미 앞에서 설명했기 때문에 중복을 피하기 위해서 여기서는 재무회계와

관리회계의 차이를 구분할 수 있게 해주는 주요 요인들을 소개하는 정도로 간략히 기술해 보기로 한다.

(1) 회계정보 이용 주체별 차이로 본 회계

재무회계와 관리회계의 차이는 그 정보 이용 주체가 기업의 모든 이해관계자인가 혹은 기업 내부의 각급 경영자인가 하는 점에 대한 차이에서 찾아 볼 수 있다. 그러므로 취급하는 정보 역시 기업 전사적인 경영활동을 반영하는 회계라면 재무회계이고 아주 제한적인 특수목적의 정보를 담고 있는 부문별 및 특정 조직단위에 대한 회계정보들은 내부 이용자들을 겨냥한 관리회계이다.

(2) 회계목적별 보고서 내용 차이로 본 회계

재무회계와 관리회계의 회계목적의 차이에 따라서 작성되는 회계보고서와 그

내용에 차이가 크다. 그러므로 이것이 일반적인 것인가 혹은 특수한 목적에 의한 것인가 하는 차이에 따라서 전자는 재무회계, 그리고 후자를 관리회계로 구분해 볼 수가 있다. 일반적인 목적이라 함은 대체로 기업 전체적 관점을 요하는 보고서라는 것이며 특수한 목적이라 함은 항상성 있는 정보가 아니라 특정 목적을 위해서 제기되는 필요성에 따른 보고서라는 의미이다.

(3) 회계의 보고 대상별 차이로 본 회계

회계의 보고 대상이 기업을 중심으로 내부 관계자인가 외부의 이해 관계집단을 위한 공시의 성격을 띤 것인가에 따라서 회계는 구별될 수 있다. 외부 이해관계자 집단지향적 회계라면 재무회계, 그리고 후자이면 관리회계로 분리될 수 있다. 기업은 개별호텔(independent hotel), 체인호텔, 경영계약 호텔, 혹은 글로벌한 다국적 기업 등 다양한 형태로 나누어 생각할 수가 있지만 관계회사 관계를 유지하는 호텔사업체들의 경우에는 경영관리 목적으로 전호텔사들을 영업부문별, 브랜드별, 지역별로 기업조직을 책임단위로 나누어서 관리될 수 있고 이런 경우에는 그러한 목적별 회계보고서를 작성하고 보고할 수 있다.

(4) 이용되는 회계대상 정보별 차이로 본 회계

회계보고에 이용되는 대상 회계정보 및 자료들이 과거의 사실 자료들인가 또는 미래 정보인가 하는 차이에 의해서 재무회계와 관리회계로 구분할 수가 있다.

재무회계에 비해 관리회계는 미래지향적인 회계라는 점에서 차이가 있기 때문이다.

(5) 회계정보의 속성별 차이로 본 회계

재무회계는 정보의 정확성을 중시하는 데 비해 관리회계는 목적적합성을 중시하고 있다. 그러므로 활용성을 위한 적시성과 신속성을 중시하는 관리회계와는 달리 재무회계에서는 회계측정의 정확성을 유지하는 데 중점을 두고 있다고 하겠다. 회계정보가 엄격한 측정과정을 거쳐 정확성과 신뢰성을 유지하려면 각종 회계원칙이나 회계정보의 가치속성들이 요구하는 조건들을 객관적으로 충족시킬 수 있고 검증 가능성이 입증될 수 있어야 한다.

(6) 회계정보의 엄격성과 강제성 차이로 본 회계

회계처리 및 보고서 작성에 준거하는 기준, 준거 기준의 고정성 및 기준 이행의 엄격성 면에서 관리회계와 재무회계는 현저한 차이를 보인다. 흔히 이용되는 준거기준들로는 경제학적 원리, 의사결정기법, 행동과학이론 등 많다.

재무회계에서 준행하는 소위 특정의 방법(in a specific manner)인 일반적으로 인정된 회계원칙(generally accepted accounting principles; GAAP) 또는 기업회계 기준의 정확한 준행과정을 거쳐 오차가 최소화 될 수 있는 회계정보 도출을 생명으로 하고 있다. 그러므로 재무회계 보고서는 각종 법규상의 보고 규정의 제약을 받거나 규제기관에 의해 강제로 요구되고 있다. 그러나 내부적인 계획·통제에 대한 목적 적합성을 추구하는 관리회계에서는 준거기준의 신축적인 활용이 가능하고 보고 규정에 수반된 제약도 적으므로 객관성이나 검증력이 약한 추정치나 예상자료들까지 활용될 수가 있는 등 원칙이나 강제로부터 비교적 자유롭다.

제 3 장

원가의 개념 및 분류

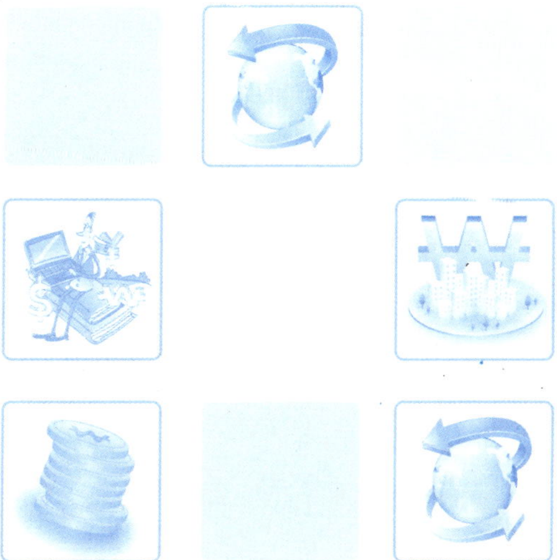

3 원가의 개념 및 분류

제1절 원가의 개념

관리회계의 중심적 과제들을 수행하려면 우선 원가에 대한 정확한 이해가 필요하다.

원가의 개념이 한 가지로 정의되기 어려운 까닭은 그것이 정보이용자가 의사결정에 사용하려고 하는 각각의 이용 목적에 따라서 상이하게 분류될 수 있기 때문이다. 더구나 여러 가지 기준에 의해 분류된 모든 종류의 원가들이 전혀 다른 별개의 것이라기 보다는 서로 중복되는 것들도 많은데, 그 까닭은 보는 관점과 측면에 따라서는 같은 원가일지라도 분류목적상 중요한 상이점이 발견되면 서로 다른 여러 가지 원가로 중복적으로 분류되기도 하기 때문이다.

기업의 일상적인 활동을 보면 기업 활동에 필요한 재화나 용역(service)을 구입한 후 이를 바탕으로 수익창출을 위한 재화나 용역을 생산・판매하게 된다. 즉 수익창출을 위해서는 재화나 용역을 취득하여 이용하는 과정을 거치게 되는데, 이때 재화나 용역의 취득 및 이용에 따른 경제적 희생이 나타나게 된다.

원가에 대한 개념은 원가를 파악하는 목적에 따라 다르다. '상이한 목적에 따른

(for different purposes) 상이한 원가(different costs)'라는 말처럼 원가의 개념은 의사결정의 목적에 따라 달라진다. 따라서 원가는 특정 목적을 위해 희생되거나 포기된 자원 또는 급부창출 목적을 달성하기 위하여 희생된 경제적 자원을 화폐액으로 측정한 것에 대한 경제가치의 측정 수단이다.

여기서 특정 목적을 위해 희생된 가치란 제품원가나 기간비용에 대한 것으로 볼 수 있고, 포기된 가치는 의사결정상 기각된 대체 안에 대한 기회원가 등을 말한다.

흔히 원가는 비용과 같은 개념으로 혼용되기도 하는데, 실제로 대부분의 원가는 비용이고 대부분의 비용은 또한 원가이지만 엄밀하게는 구분될 수 있다. 다같이 소비된 경제가치란 점에서는 같지만 경제가치의 소비목적에는 차이가 있다. 비용은 수익 창출을 위해서 소비된 경제 가치를 의미한다. 따라서 원가와 비용은 각기 다른 이용 목적별 개념으로서 각각 원가계산(원가)과 손익계산(비용)에 이용된다. 원가를 자산취득을 위해 제공된 경제적 가치의 측정치로 볼 때 취득시점에서의 자산가치는 원가(acquisition cost)가 된다.

제품취득 시점에서의 원가는 곧 자산가치가 된다.
자산가치 = 원가

1. 원가계산의 의의

1) 원가의 의의

제도적 원가계산의 입장에서 파악한 원가의 보다 구체적인 의의를 바탕으로 원가의 특성을 살펴보면 다음과 같다.

(1) 원가는 경제가치의 소비이다.

경제가치란 유형·무형의 재화나 용역으로써 화폐가치로 계량화 할 수 있는 것을 말한다.

(2) 원가는 일정한 급부에의 가치 이전이다.

즉 원가는 급부창출 과정에서 희생 또는 포기된 것이다. 급부란 기업이 만들어 내는 재화나 용역을 말하며 급부창출의 궁극적 목적은 수익의 획득·현금의 유입이다.

(3) 원가는 과거, 현재 또는 미래 시점을 대상으로도 파악할 수 있다.

즉 원가는 과거에 소비된 것 뿐만 아니라, 현재 시점에 소비되고 있거나 미래에 소비될 것을 모두 포함한다.

(4) 원가는 기업활동과 관련된 재화 및 용역의 소비액이다.

원가는 기업의 주된 경영활동인 구매·제조·판매 및 일반 관리활동과 관련하여나타나는 재화 및 용역의 소비액이다. 이에 따라 기업회계기준상 영업 외 비용, 특별손실, 법인세, 이익잉여금처분 등은 제도적 원가계산시 원가에 포함되지 않는 비원가항목이다.

(5) 원가는 반복성을 기준으로 한 정상성 판단에 의한다.

원가가 정상적으로 발생한 것인지에 대한 정상성의 판단은 반복성을 기준으로 한다. 즉 이상 상태 하에서 나타나는 경제적 가치의 소비(예 : 재해손실)는 원가로 보지 않는다.

2. 원가와 비용에 대한 개념과 정의

원가와 비용은 많은 경우 동일한 개념으로 사용되고 있으나 양자는 구분된다. 원가(cost)는 급부창출을 위한 경제적 가치의 소비이나, 비용(expense)은 일정기간 동안 수익을 창출하기 위하여 소비된 경제적 가치를 의미한다. 또한 원가는 원가계산상의 개념임에 반하여 비용은 손익계산상의 개념이다. 즉 원가가 되기 위해서는 경제적 자원의 소비에 따라 반대급부가 창출되어야 한다. 그러나 비용은 기간손익을 계산하는 과정에서 수익실현에 기여한 부분이다. 따라서 경제적 가치의 희생으로 원가가 발생하였다하여도 창출된 급부의 용역 잠재력(service potential)이 소멸하지 않았다면 비용으로 전환되지 아니한다.

또한 원가는 취득시점 후 기간에는 원가 중 소멸되지 않은 부분(unexpired cost)은 원가가 되며 수익을 얻기 위해 소멸된 부분의 원가는 비용이 된다. 그러나 원가와 비용은 이러한 개념상의 구분 외에도 경제적 가치면에서도 모든 비용과 원가가 일치하지는 않는다는 점에서 구별될 수 있다.

다음 <그림 3-1>에 시사되듯이 목적비용(purposive expense)과 기초원가(basic cost)는 서로 일치되므로 손익계산상의 비용이면서 원가계산상의 원가이므로 원가이면서 비용이 된다. 그러나 중성비용(neutral expense)은 영업 외 비용이나 특별손실 처럼 손익계산 대상인 비용이지만 원가계산 대상의 원가는 아니다. 흔히 특수의사결정에 고려되는 부가원가(imputed cost)는 반대로 원가계산 대상의 원가이지만 자기자본에 대한 이자, 개인기업인 경우 소유주의 보수, 상각완료를 통하여 비용의 회수과정이 끝난 제자산의 사용가치 등과 같이 실제로는 현금의 지출을 수반하지 않는 비용은 손익계산 대상의 비용이 되지 못한다.

<그림 3-1>에서 손익계산상의 비용과 원가계산상의 원가를 나누고, 비용은 다시 중성비용과 목적비용으로 나누고 있는데, 원가는 기초원가와 부가원가로 구분되고 있다. 여기서 목적비용과 기초원가는 서로 같은 것이지만 단지 그것을 파악하는 목적 또는 입장이 원가냐 손익이냐에 따라 각각 (목적)비용과 (기초)원가로서 불릴 뿐이다. 그러나 중성비용은 그림에서처럼 원가와는 관계없는 비용이다. 영업 외 비용 등은 이처럼 비용이지만 원가가 되지 않는 중성비용의 좋은 예이다. 부가원가는 원가이지만 손익계산에 있어 비용으로 계상되지 않는 원가로 자기자본에 대한 이자 등과 같이 실제로 지출을 요하는 시출원가는 아니지만 특수의사결정에 있어 고려대상이 되는 원가인 것이다.

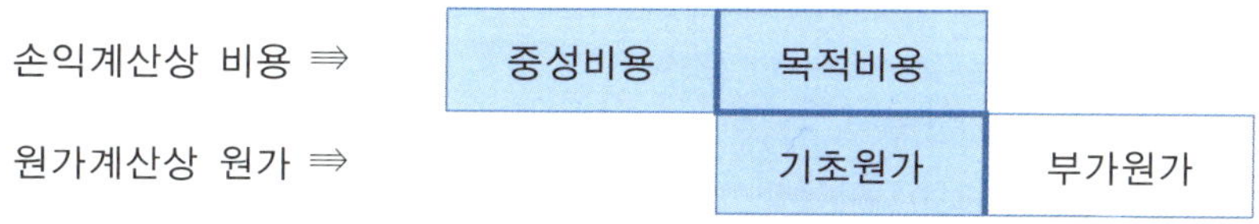

〈그림 3-1〉 원가와 비용의 관계

여기서 비용에 대한 정의를 보면, "비용이란 상품의 생산과 운송 및 용역 수행과 관련된 자산의 감소 또는 부채의 증가액으로서 측정된다. … 광의로 볼 때 비용이란 수익의 차감액인 모든 소멸된 원가를 포함하는 것"이다(ARS No. 3)[1]. 여기서 비용인 원가는 수익에 대응되는 개념으로서 순이익의 산출요소로 활용된다.

결국 원가와 비용의 구분은 동일한 대상이 판매가 성립되는 시점을 중심으로 그 이전엔 원가로 그 이후엔 원가가 비용으로 인식된다. 즉 원가가 일정시점에서 발생되는데 비해 비용은 회계의 발생주의 개념(concept of accrual accounting)과 기간에 대한 것이다.

제2절 원가의 분류

원가는 원가목적(cost objective)에 의해 분류될 수 있다.

원가목적이란 별도의 원가측정이 요청되는 각 활동단위로 예컨대 제품, 제품군, 사업영역을 들 수 있다. 물론 모든 원가목적은 그 자체 목적보다는 의사결정을 위한 목적으로 채택되게 된다.

여러 가지 형태의 원가분류의 필요성은 경영자가 경영목적 달성에 유용한 원가

1) Sprouse, Robert T. and Moonitz, Maurice(1962), Accounting Research Study No.3, "A Tentative Set of Broad Accounting Principles for Business Enterprises", New York : AICPA, p.25.

정보를 개발하려는 목적으로부터 제기된다. 왜냐하면 결국 어떤 단일한 분류에 의한 원가라도 모든 의사결정에 있어서 다같이 목적 적합한 것이 되지는 못하기 때문이다. 그러므로 정보이용 목적을 전제로 한 사용자지향적인 요소 의사결정 모형 위주의 접근방식에 따른 소위 조건적 진실접근방식(conditional-truth approach)에 의한 원가연구가 되고 있다.2)

원가의 분류 근거는 크게는 재무회계적 측면이 강화된 원가계산과 관리에 대한 것, 혹은 특수한 의사결정을 위한 원가계산제도 외적인 것이냐로 양분된다.

좀 더 구체적으로 보면 ① 상품 또는 제품별, ② 제조 규모나 매출 규모별, ③ 사업부문 또는 제조 부문별 및 ④ 회계기간별로 원가를 관련시킴으로써 분류의 중심점이나 준거기준을 찾게 된다.

모든 원가는 의사결정의 자료가 되지만 모두가 기록대상의 원가가 되지는 않는다. 또한 모든 원가는 동시에 여러 분류기준 내에 동시에 귀속되기도 한다.

편의상 여기서는 개괄적으로 원가를 분류하기로 하고 곧이어 주로 의사결정 과정에서 유용한 원가개념들을 검토해 보기로 한다.

1. 원가의 발생형태에 따른 원가의 분류

1) 재료비(material cost)

물리적인 형태를 지닌 물품(유형재)의 소비에 따른 원가를 말한다.

2) 노무비(labor cost)

종업원이나 기타 노동력의 사용(소비)에 따라 발생하는 원가로 급료, 제수당과 상여금, 재료비와 노무비, 퇴직급여 등이 여기에 속한다.

---

2) Kaplan, Robert S(1982). Advanced Management Accounting, Englewood Cliffs, New Jersey : Prentice-Hall, 1982, p.2 ; 원가배분의 목적을 외부보고가 아닌 내부 경영의사결정과 내부통제 목적에서 추구하는 관리회계는 바로 이와같은 조건적인 목적적합성으로부터 출발되었다.

3) 경비(overhead cost)

재료비와 노무비 이외의 모든 원가를 지칭하는데 이런 의미에서 기타 원가라고도 한다.

2. 제품과 관련시킨 원가의 분류

1) 제조원가(manufacturing cost)

제조원가(factory cost, manufacturing cost, production cost)란 직접 재료비, 직접 노무비 및 제조 간접비(factory overhead) 등을 말한다. 이 중 직접재료비와 직접노무비를 기초원가, 으뜸원가(prime cost), 주원가, 혹은 소가라고도 하는데, 직접노무비와 공장의 간접비는 직접 재료를 완제품으로 바꾸는데 따른 원가라는 점에서 가공비 혹은 전환원가(conversion cost)라고 한다.

2) 상용경비(commercial expenses)

제조원가에 대립된 개념은 비제조원가로 제품이나 용역의 제조활동과 무관하게 발생되는 원가이다. 그러므로 일반관리비와 판매비처럼 영업목적으로 발생되는 상용경비 또는 영업비가 여기에 속한다.

3) 판매비(marketing cost)

판매비(selling cost)는 상품과 서비스를 판매하는데 따른 원가로서 수요를 얻기 위한 비용인 주문 비용(order getting costs)과 수요에 대한 서비스 기능을 위한 비용인 주문이행 원가(order-filling costs)가 이에 속한다. 주문비 또는 주문획득비로는 광고선전비, 판촉비 등이 있고 주문 이행비용에는 수주내용에 따른 판매를 이행하기 위한 제품의 출하・운송・대금 회수 등과 관련된 원가를 말한다.

4) 관리비(general administration cost)

특정부분이 아니라 기업 전반에 걸친 업무 수행에 수반되는 원가를 말한다. 참모조직의 인건비 외에 장비, 영선유지비, 건물의 감가상각비 등을 예로 들 수 있다.

이상과 같은 원가의 관계는 다음 그림과 같이 정리될 수가 있다(그림 3-2 참조).

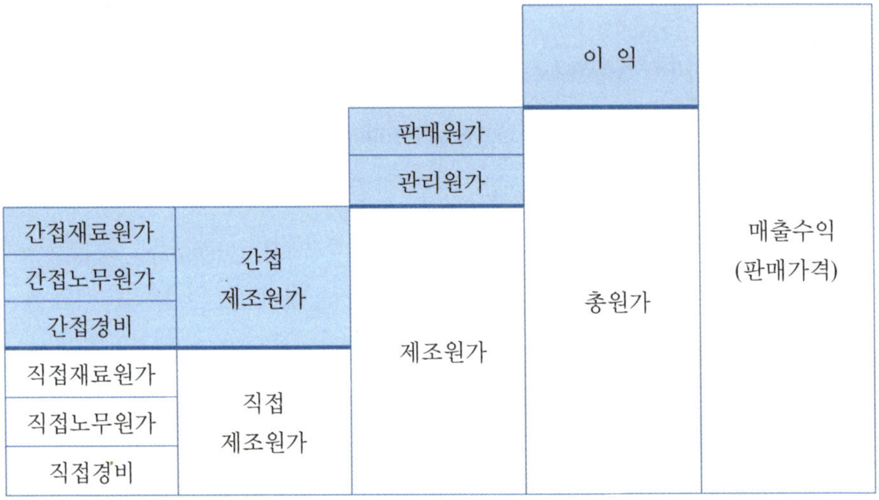

〈그림 3-2〉 제품에 관련시킨 원가의 분류도

3. 원가행태에 따른 원가분류

조업도란 용어의 의미는 일의 수준을 말하는 것으로 이런 표현을 일반화한 것이다. 따라서 어떤 기업이 제조나 판매 중 어떤 업무를 주된 내용으로 수행하는가에 따라서 실제로 조업도를 의미하는 내용은 달라지게 된다. 제조기업이냐 매출중심의 기업이냐에 따라서 조업도는 생산수준이 되거나 매출액 수준을 뜻하는 용어가 된다. 이때 조업도의 증감 변동에 따라 원가가 어떤 모양으로 변화하는가 하는 것을 원가행태라고 한다. 조업도에 따른 이런 원가의 형태에 따른 원가는 다음과 같이 분류된다. 이에 대한 상세한 설명은 3절에서 재론하기로 한다.

1) 고정비(fixed cost)

조업도의 변동과 무관히 일정하게 발생되는 원가행태를 보이는 원가를 고정비 또는 고정원가라고 한다.

2) 변동비(variable cost)

조업도의 변동에 비례하여 증감 변동하는 행태를 시사하는 원가를 변동비 또는 변동원가라고 한다.

3) 준변동비(semi-variable cost)

준변동비는 고정원가와 변동원가가 혼합된 형태로 이루어져 있는 원가를 말한다. 즉 일정액의 고정원가와 변동원가적 요소가 혼합되어 있다는 의미에서 이 원가를 혼합원가(mixed cost)라고도 한다.

4) 준고정비(semi-fixed cost)

원가가 조업도에 따라서 단계적으로 변동하는 행태를 보이는 단계원가(step cost)는 단계의 길이가 길면 고정원가로 생각될 수 있다.

그러나 어떤 경우에는 준변동원가와 유사한 개념으로 볼 수도 있다.

4. 사업부문에 관련시킨 원가의 분류

1) 부문 직접비와 부문 간접비

부문활동에 대해 관련시킬 수 있느냐의 여부에 의해서 분류한 원가의 종류이다.

즉 생산활동에 대해서 이 비용이 직접 기여된 가치인가 혹은 서비스 수행에 소요된 비용인가의 관점에서 분류한 것이다.

2) 공통비(common costs)

두 개 이상의 운영목적에 이용될 시설이나 서비스의 원가를 말한다.

이 원가는 특정원가 대상에 대해 직접적으로 추적될 수 없어 관련되는 각 원가 대상에 대해 배분과정을 거쳐야 할 간접원가(indirect cost)이다. 이 원가는 여러 부문이나 활동영역을 지닌 조직에서 흔히 발생되며, 또한 그런 경우에 유용한 개념이다.

3) 결합원가(joint costs)

특정의 한 제품을 생산하기 위해서 불가피한 경우 동시에 두 개 이상의 경제적 가치를 발생시키는 원가이다. 그 예로는 석유와 가스, 육류와 포장, 각종 주류를 다루는 주류산업의 사례를 예로 들 수 있다. 이 원가는 주관적인 절차에 의해 각 결합제품에 배분되므로 원가자료 이용에 있어서 면밀한 검토를 요한다.

5. 회계기간에 관련시킨 원가의 분류

1) 자본적 지출(capital expenditure)

지출의 효과가 단기에 소멸되지 않고 장기에 걸쳐 발휘될 수 있는가의 관점에서 분류된 지출이다.

미래의 기간에 대해 그 혜택인 경제적 효익의[3] 수혜가 기대되는 지출이 미소멸원가(unexpired cost)이며 따라서 자산으로 기록된다. 우리나라 기업회계 기준에 의하면, 유형자산의 내용 연수를 연장시키거나 실질적으로 증가시키는 지출은 자본적 지출로 보고 있다.

---

3) 경제적인 효익이란 구체적으로 내용연수 연장이나 실질적인 가치증가 등을 통하여 증진된 당기는 물론 미래기간에까지 그 효과가 기대되는 이용가치 혹은 용역잠재력을 말한다.

2) 수익적 지출(revenue expenditure)

어떤 지출의 혜택이 당기에 수혜됨으로써 자산의 용역 잠재력이 소멸되어 비용으로 처리되었다면 이것은 수익적 지출이 된다. 기업회계기준에는 유형자산의 원상을 회복시키거나 능률 유지를 위한 지출은 수익적 지출이라고 되어 있다.

자산은 궁극적으로는 그것이 소멸되거나 그 유용성을 상실하게 될 때 비용화되므로 자본적 비용과 수익적 비용의 구분은 특히 적정한 수익, 비용의 대응과 정확한 기간 손익의 측정을 위한 필수적인 과정으로 이행되고 있다. 실무적으로 유형자산에 대한 지출이 자본적 지출인가 혹은 수익적 지출인가의 구분 근거는 그것이 기존상태의 유지에 따른 경상적인 지출인가 아니면 내용 연수의 연장이나 경제적 혹은 이용 가치의 실질적인 증진을 위한 적극적인 지출인가에서 찾아 볼 수 있고 결정될 일이다.

6. 원가의 가치소멸 시기에 따른 분류

1) 과거원가(historical cost)

실제의 경영활동을 통하여 이미 발생된 원가를 말한다. 이것은 또 실제원가 혹은 역사적인 원가라고도 한다.

2) 예정원가(future cost)

예정원가는 경제적 사실이 실제로 발생하기 이전에 계획수립 등의 목적으로 주관적으로 결정되는 예상원가라는 점에서 미래원가 또는 사전원가로 불리고 있다. 표준원가나 예산원가는 예정원가의 구체적인 사례로서 전자는 단위개념에 의한 원가이고 후자는 금액개념에 의한 원가로 계획을 계수로 구체화한 원가라고 하겠다.

7. 원가목적에 대한 추적의 용이성 정도에 의한 분류

1) 직접원가(direct cost)

특정의 원가대상에 대해 직접적으로 관련, 추정할 수 있는 원가로 특정의 사업단위나 업장, 제품에 따라 쉽게 파악되는 개별대상별 원가이다.

2) 간접원가(indirect cost)

여러 개별 대상에 대해 동시에 관련성을 가지고 있어서 원가가 공통비(common cost)로서 직접적으로 특정 대상에 대해서 추적될 수는 없고 배분과정을 거쳐야 할 경우에 이것을 간접원가라고 한다. 특정 원가대상에 대하여 발생된 원가를 직접적으로 추적할 수 있는가의 여부에 따라 원가는 직접원가와 간접원가로 분류된다.

특정부문, 제품 또는 그 공정별로 발생되었음을 쉽게 식별할 수 있는, 일정 목적에만 기여된 원가를 직접원가(direct cost)라 한다.

이에 비해 특정 제품이나 공정에만 발생된 것이 아니므로 쉽게 식별할 수 없고 복수의 목적에 대하여 희생된 가치일 때 이것을 간접원가(indirect cost)라고 한다. 또 그러한 의미에서 공통비(common cost) 혹은 결합원가(joint cost)라고도 할 수 있다.[4)]

어떤 원가가 직접원가인지 또는 간접원가인지의 구분은 항상적인 것이 아니라 ① 어떤 준거기준에 의해서 분류했는가에 따라 결정되므로 그것이 동시에 어느 쪽도 될 수 있는 경우도 있다. 가령 호텔주방(main kitchen)의 주방장(chef)의 급료는 식음료 부서에서 볼 때에는 간접원가가 되나 취급하고 있는 각 메뉴의 관점에서는 직접원가가 된다. ② 그밖에 직접원가와 간접원가를 분류하는 근거는 그 원가항목의 경제적 중요성(materiality)이다. 일반적으로 직접원가로 처리되는 원가항목이 그 가치를 희생시켜서 획득하는 수익의 상당부분에 해당하는 경제가치를

---

4) Kotas, Richard and Kruel, Lee M.(1979). Management Accounting for Hotels and Restaurants, Rochellepark, New Jersey : Hayden Book Co., p.34.

지닌다는 점에 비추어 어떤 원가가 특정부문이나 제품에 대해서만 발생되었음을 쉽게 식별할 수는 있을 지라도 그 금액이 적을 때에는 간접원가로 처리하는 것이 좋다.

그런데 어떤 원가가 직접원가 또는 간접원가라고 해도 단순히 제조와 관련시킨 개념 구분일 뿐 포괄적인 것이어서 그것이 다같이 중복적으로 변동원가이거나 고정원가일 수도 있고, 또 다시 현금지출원가(out-of-pocket cost)이거나 매몰원가(sunk cost)일 경우도 있다.

그러므로 원가가 직접원가인지 간접원가인지의 구분은 생산관리상 중요한 정보일 뿐 의사결정상 유용한 정보가 되지는 않는다.

8. 수익비용 대응의 기간귀속 시점에 의한 원가의 분류

1) 제품원가(product costs; inventoriable costs)

원가계산에서 제품원가를 재고가능원가(inventoriable costs)라 함은 이것이 재고자산으로 처리되었다가 판매과정을 거친 후에야 비용처리를 통하여 매출원가가 되기 때문에 붙여진 명칭이다.

2) 기간원가(period costs; noninventoriable costs)

원가계산에서 기간원가는 재고자산으로 분류되는 과정을 거치지 않고 곧바로 당기의 비용으로 처리되므로 재고불능원가(noninventoriable costs)라고도 한다. 제품과 직접적인 관련 없이 발생되는 원가로 판매비와 관리비가 여기에 속하며 이것은 발생기간에 대하여 인식(처리)된다.

제3절 경영관리 및 의사결정에 유용한 원가개념

1. 고정원가와 변동원가

의사결정을 위해서 가장 보편적으로 이용되고 있는 효과적인 원가의 개념이 고정원가와 변동원가이다. 이 책 제5장에서 후술하게 될 C-V-P분석이나 공헌이익(CM)에 의한 원가의 구분 기준은 특정 원가대상의 조업도의 변동 혹은 고려중인 조업도 수준과 관련하여 총원가가 어떻게 변하느냐 하는 것이다.

여기서 조업도(volume of sales or rate of activity)란 운영하고 있는 사업의 성격, 업종 등에 따라서 구체적으로 무엇을 뜻하는지 다소 차이가 있겠으나 대체로 생산량이나 판매량 또는 판매액 등을 말한다. 원가행동유형의 관점에서 조업도 변화에 대한 반응 형태별로 볼 때 원가는 ① 고정원가, ② 변동원가, ③ 준변동원가, ④ 준고정원가 등으로 분류할 수 있다.

고정원가(fixed costs)는 일정기간 동안 조업도의 변동과는 무관히 총원가가 일정한 금액으로 발생되는 원가로 임차료, 경영자의 급료, 이자, 관리비, 감가상각비 등을 예로 들 수 있다.[5)]

이상과 같은 비용들은 제품원가(product costs) 혹은 재고가능원가(inventoriable costs)와는 다르다. 즉 판매목적으로 구매되었거나 제조된 상품을 통하여 식별되는 대신에 재고자산의 원가로 분류되는 과정을 거치지 않고 시간이 경과함에 따라서 발생(인식)되므로 이런 점에서 기간원가(period costs) 또는 시간원가(time costs)라고 한다.

고정원가는 생산, 판매능력을 준비하기 위하여 소요되는 비용이므로 준비원가

5) 고정원가는 다시 장기계획으로 야기된 계약상의 고정원가(committed fixed costs)인 감가상각, 임대료, 보험료, 재산세, 경영자의 급료 등과 최고 경영자의 단기적(흔히 1년 단위의) 의사결정에 의해 야기되는 R&D비, 광고비, 판촉비, 종업원 훈련 및 법률 또는 회계 관련 비용등과 같은 소멸성 고정원가(discretionary fixed costs)로 세분된다.

(stand-by costs) 또는 생산능력원가(capacity costs)[6]라고도 한다.

이 원가에 대한 관리통제의 책임은 경영에서 특별히 감독책임 담당자에게 있다기보다는 관련 의사결정에 관계하는 최고 경영자층에 있다.

변동원가(variable costs)는 조업도의 변화에 비례하여 변동하는 원가로 직접재료비, 직접노무비 등 변동 제조원가로서 식음료 원가나 여행사에 지급되는 호텔 객실판매 수수료 등을 열거할 수 있다.

변동원가는 제품생산에 대해서 직접 소비되기 때문에 제품원가(product costs) 또는 직접원가(direct costs)라고도 한다. 변동원가는 다시 조업도의 변동에 따라 증감하는 양상에 의해, ① 정비례 관계의 비례원가, ② 조업도 변동 수준 이상으로 증감하는 체증원가, 증분원가(incremental cost), ③ 조업도 변동수준 이하로 증감 변동하는 체감원가(감분원가;decremental cost) 등으로 구분해 볼 수 있다(그림 3-3 참조).

그런데 실제로 일정률로 규칙적으로 변화하는 절대적 변동비는 거의 없고 제원가요소, 작업능률 등이 변하지 않는다는 등 몇 가지 전제조건 내에서만 비례적인 관계가 성립되는 원가가 있을 뿐이다.

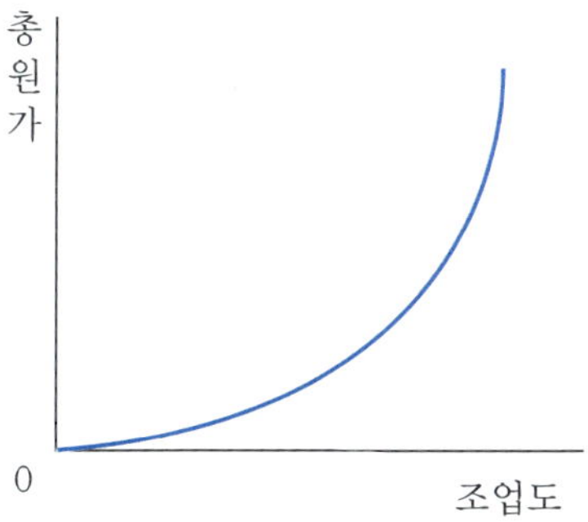

a) 체증원가

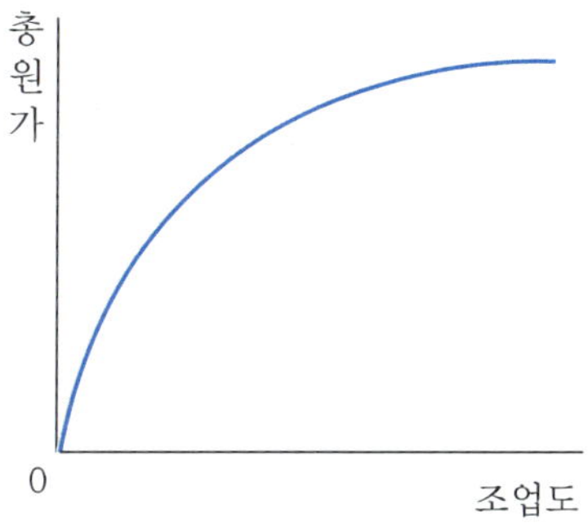

b) 체감원가

〈그림 3-3〉 체증원가와 체감원가

---

6) 고정원가를 생산능력 원가(capacity costs)라고 생각할 수 있는 근거는 이 원가가 특정기간 동안의 계획된 조업도(level of activities)를 위한 생산능력을 제공해 주는 제자원들과 관련되어 있기 때문이다.; Kaplon, Rovert S.(1982). Advanced Management Accounting, Englewood Cliffs, NJ: Prentice-Hall, p.24.

2. 고정원가와 변동원가의 원가행태

식당에서의 정상적인 영업결과 매출이 10% 증대되면 식음료의 원가도 10% 증대된다. 반대로 매출감소의 경우엔 그만큼 감소한다. 그러나 조업도에 따른 변화에 있어서 원가가 조업도의 변동수준 이상인 것을 체증원가 그리고 변동수준 이하인 것을 체감원가라고 한다(그림 3-3 참조).

고정원가와 변동원가가 조업도의 변화에 대해서 이처럼 총원가(total costs)가 일정하거나 혹은 비례적으로 따라서 변동하고 있다(그림 3-4 참조).

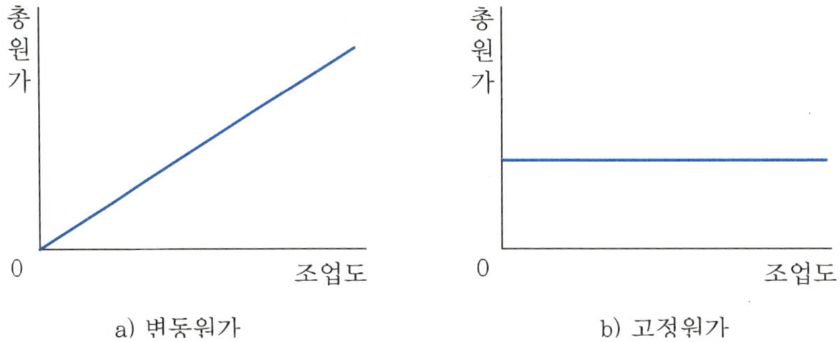

〈그림 3-4〉 조업도 수준과 총원가의 행태

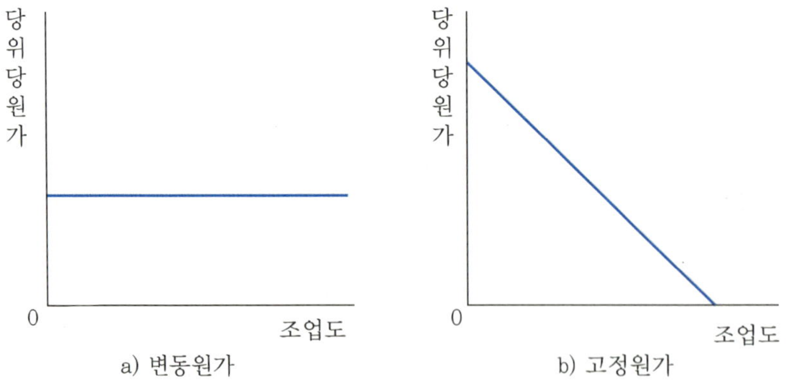

〈그림 3-5〉 조업도 수준과 단위원가의 행태

단위원가(unit costs)로 볼 때에는 고정원가의 경우 조업도 수준이 상승함에 따라 반대로 단위원가는 체감하며, 변동원가는 일정한 것으로 나타난다(그림 3-5 참조).

다음은 이상의 그림 <그림 3-4>와 <그림 3-5>를 통합한 것이다(표 3-1 참조).

이상과 같은 원가행태를 활용함으로써, 각 조업도 수준과 이에 따른 원가변화에 대한 대안들을 관찰하고 분석함으로써 의사결정에 유용한 다음과 같은 정보를 얻을 수 있다. 생산량과 매출수준을 어느 정도로 할 것인가? 실료나 식음료의 단위가격은 여하히 결정할 것인가? 또한 조업도 증감변동 수준에 따른 원가의 변화반응을 봄으로서 원가관리 능력 평가에도 유용한 정보로 이용할 수가 있다.

〈표 3-1〉 조업도 변화에 대한 원가형태

원가유형별 \ 조업도별	총 원 가	단위평균원가
변 동 원 가	변 함	불 변
고 정 원 가	불 변	변 함

3. 고정원가와 적합 범위

이론적으로 설명된 바와는 달리 현실적으로는 고정원가가 어느 경우에나 일정하게 발생되는 것은 아니다. 시간경과에 따라서 단순히 조업도 수준 변동뿐 아니라 일정의 조업도와 관련된 제조건이 변동할 수 있기 때문이다. 원가는 단지 조업도라는 한 요소에 의해서만 영향을 받는 것이 아니라 다측면적(multi-dimensional)인 형태로 표시될 수 있는 조업도의 영향을 받기 때문이다. 총액 불변이라는 고정원가의 특징에도 불구하고 어떠한 조업도 수준에서나 항상 총액이 불변인 상태의 절대적인 고정원가는 거의 없다.

그러므로 의사결정에서 검토된 고정원가의 정보가치가 유효한 상태로 남으려면 고정원가의 불변성 적용에 대한 일정 범주가 제공되지 않는 한[7] 고정원가의 고정성 주장에 대한 논리적 근거는 약하다. 더구나 모든 원가나 가격이 안정세를 보이는 기간이면 모르지만 지속적으로 제기되는 인플레이션이나 경기변동의 영향으로 1년 이상의 장기간에 걸친 원가의 고정성 가정은 쉽지 않은 여건이다.

현실적으로 대부분 고정원가의 고정성이란 상대적 개념이기 때문에 정보의 가치와 유용성 차원에서 필요한 개념은 목적적합성(relevance)이 된다. 적합성은 회계의 질적 특성으로 회계정보가 의사결정에 유용해지기 위해서 지녀야 할 속성이다. 그러므로 적합성은 경제적 의사결정을 위한 정보에 대한 가치판단 기준이 되고 있다.

고정비에 관한 회계정보가 의사결정에 유용한 상태로 남아있으려면 예산, 매출, 비용의 관계가 여전히 동일한 상태의 활동영역인 적합범위 내에 관련되어 있는지를 판정해야 한다. 적합범위란 고정원가가 고정된 금액으로 발생하는 일정의 시간과 활동의 범위영역을 말하며 일명 관련범위라고도 한다. 이때 일정 범주는 예산기간 등을 의미한다.

본질적으로 적정범위 혹은 관련 범위를 구분하는 근거는 조업도 변화에 따른 미래의 차액원가 발생 가능성에 있다. 그러므로 적합범위의 통제요소는 ① 기간과 ② 조업도가 된다. 가령 매출 수량(covers)이 200~400 단위의 식당의 경우, 고정원가는 그 수준의 생산과 서비스에 소요되는 운영상의 제 요건들에 의해서 결정된다. 가령 정규사원, 시간제 사원 및 일용잡급, 특수한 시설과 설비, 영선유지 등 목적에 의한 지출 및 기타 여러 가지 요소들에 대한 특정조합에 의한다고 하겠다. 어떤 이유로 식당의 이용률이 지속적으로 변화되고 있다면 적합범위에 해당하는 기간 경과 후 능률적인 경영관리를 위해서는 고정원가 변화가 불가피하게 될 것이다. 고정원가는 단지 적합범위 내에서만 고정성이 전제될 뿐이기 때문이다. 다음 그림은 고정원가와 적합범위의 관계를 나타내주고 있다(그림 3-6 참조).

7) 물론 복잡한 原價行態로 볼 때 현실적으로 원가의 분류는 매우 어려운 과업인 만큼 이를 단순화하기 위해 ① 원가행태를 곡선으로서가 아닌 직선으로 보는 것과 ② 활동은 제품단위, 노동시간, 객실 점유율 등 단일측면으로 보는 등의 가정이 일반적으로 전제된다.

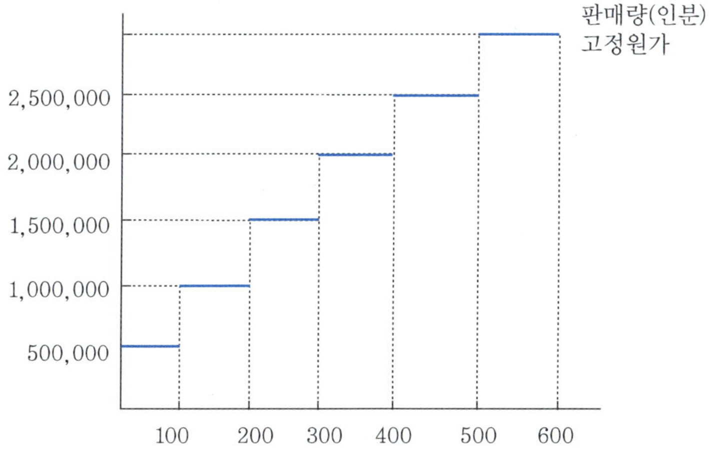

〈그림 3-6〉 고정원가와 적합범위

2) 준변동원가

준변동원가(semi-variable costs)는 하나의 원가항목에 고정원가와 변동원가 두요소가 혼합된 혼합원가(mixed costs)인데 조업도가 0일 경우에도 고성원가처럼 원가가 발생되어 일정 조업도에서는 동일하나 조업도가 일정 범위를 벗어나면 변동원가처럼 원가도 따라서 증감변동한다. 이때 원가변동이 변동원가 행태처럼 조업도에 비례하지는 않지만 준변동원가에 혼합되어 있는 변동요인이 클수록 조업도 변동에 더 근사한 값(가령 75%라든지)으로 증감 변동하고 반대로 고정요인이 크면 조업도보다 극소한 변화를 보인다(그림 3-7 참조).

결국 준변동비는 고정원가와 변동원가로 분리돼야 할 성질의 원가이지만 분리결과 기대되는 효과보다 시간과 비용 수요가 더 크거나 급박한 필요성이 제기되지 않을 경우에만 존재하는 원가이다. 그러나 관리회계 목적을 위해서는 실무적으로 가능하면 고정, 변동의 두 원가요소를 분리하는 것이 바람직하다. 분리에는 흔히 고저점법(high-low method)과 회귀도법이 이용된다.

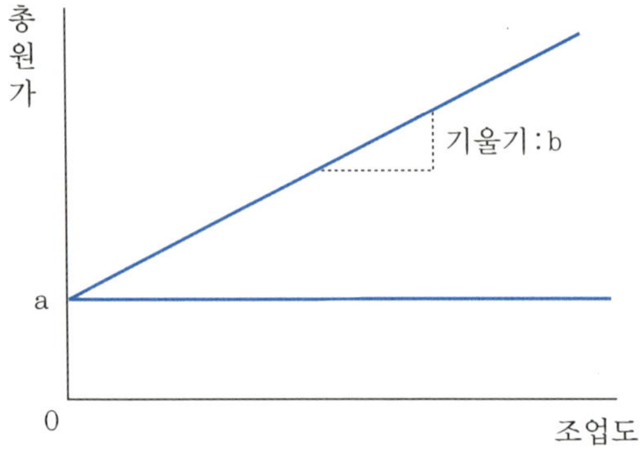

〈그림 3-7〉 준변동원가

준변동원가로는 기본료는 고정원가 요소이고 도수료는 변동원가 요소인 전화료, 전기료, 수도광열비, 이용객수에 따라 가동영역이 조정 가능한 호텔의 냉난방비, 수요변동으로 인한 연중 매출변동이 심한 계절형 휴양지 호텔(resort hotel)의 정규사원과 임시직원의 노무비 등을 예로 들 수 있다.

2) 준고정원가

원가가 조업도의 변동에 따라 단계적으로 변동하는 단계원가(step costs)는 어떤 경우에는 준변동비와 유사한 개념으로도 볼 수도 있고 준고정비(semi-fixed costs)로 분류될 수도 있다. 그러나 원가가 조업도 변동에 따라 단계적으로 변동하는 원가행태의 차이로 인해 단계원가가 각각 변동원가나 고정원가로 고려될 수 있는 것은 단계 길이의 장단에 따른 구분으로 단계가 긴 경우에 단계원가는 준고정원가(semi-fixed costs)가 되고, 또 실제로 조업과 관련해서 준고정의 원가행태를 보여 동일한 조업도에서는 준변동비처럼 일정한 원가가 발생된다. 또한 단계원가처럼 조업도에 따라 여러 단계의 적합범위가 전제된다. 이때 단계는 반드시 동일할 필요는 없고 동일한 여건이라해도 경영자의 의사결정 여하에 따라 단계의 길이는 변화될 수도 있다. 단계원가(step costs)를 준변동원가와 비교해 보자(그림 3-7, 그림 3-8 참조).

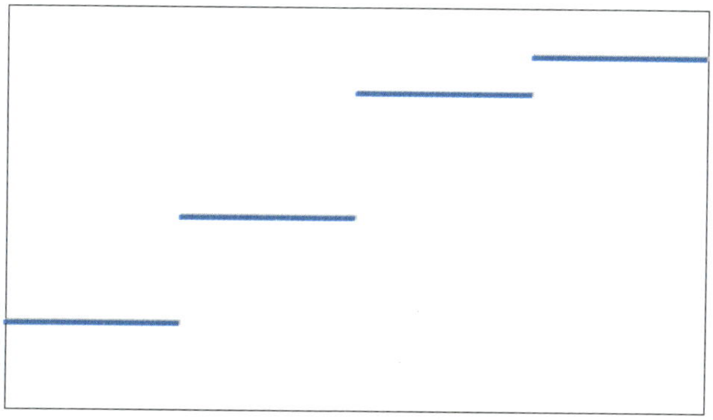

〈그림3-8〉 준고정원가

단계형의 준변동원가는 일정 수준의 조업도를 넘으면 비약적으로 급증하고 일정한 조업도 범위 내에서는 일정 고정액으로 발생된다.

제4절 의사결정을 위한 기타 원가의 분류

원가가 집계나 기록대상이 되진 않아도 의사결정에서 중요하게 이용될 수 있는 원가를 특수원가라 하는데 이를 분류해 보기로 한다.

1. 목적 적합성에 의한 원가의 분류

경영상의 문제해결을 위한 의사결정에서는 적정한 자료 및 정보수집과 확보가 선행되어야 한다. 의사결정에 이상적인 회계정보의 질적 특성은 ① 정확성과 ② 목적 적합성(relevance)이다. 현실적으로 회계정보가 이 특성들을 동시에 겸비하기보다는 이율배반적인 개념으로 다가오는 경우가 많은데, 이럴 경우 정확성보다는 의사결정에 대한 관련(적합)성이 더 큰 정보를 상위의 가치개념으로 하게 된다. 왜

냐하면 회계정보의 유용성은 본질적으로 특정 의사결정 목적을 전제로 한 개념이기 때문이다.[8)]

적합원가(relevant cost)는 여러 대안들 중 선택하는 의사결정에서 관련성을 가지고 중대한 영향을 미치는 원가인데 반드시 ① 대안들 간에 차이가 있고, ② 미래에 기대되는 정보여야 한다는 두 요건들을 동시에 충족시키는 것이라야 한다.[9)9)] 대체안 평가와 관련하여 적합원가는 회피가능원가, 증분원가 및 기회원가 등을 들 수 있다.

경영의사결정은 흔히 한 단위당 증감변화에 대한 개념인 한계원가(marginal cost)보다는 증분원가(incremental costs)를 고려함으로써 조업도 증감에 따른 이익의 변화를 고찰하여 이루어진다. 이 과정에서 당연히 기회원가(opportunity costs), 회피가능원가(avoidable costs), 차액원가(differential cost) 혹은 부가원가(imputed costs; 귀속원가)도 고려된다.

1) 기회원가와 부가원가

경영자가 의사결정에 고려할 다수의 대안들 중 어떤 대안의 채택은 다른 대안들의 기각을 초래한다. 이때 포기된 대안으로부터 기대되는 이익의 가득 기회는 상실되는데, 그 경제적 가치를 결정하여 기회원가(opportunity costs)라고 부른다. 즉 투자재원 이용의 대체안들 중 선택이 이루어짐으로써 포기된 나머지 용도들이 만약 포기되지 않았더라면 얻을 수 있었던 이익을 금액으로 환산한 것이 기회원가이다.

기회원가는 물론 대안 선택을 위해 고려된다는 점에서 대체원가(alternative cost)라고도 하지만 대안 비교과정에서 개념적으로만 계산되는 것일 뿐 현금 지출원가(out-of-pocket costs; outlay costs)가 아니다. 현실적으로 현금이 지출되지 않으므로 회계의 기록대상이 되지도 않지만 회계자료의 분석이나 대안평가에 유용한 도구

8) Maurice Moonitz, The Basic Postulates of Accounting : Accounting Research Study No.1 (NY : AICPA, 1961)

9) Horngren, op. cit, p.87.

로 활용되기 때문에 경영 의사결정에 매우 중요한 원가개념이다.

만약 기각된 대안에 대한 기회원가가 채택된 대안의 순현금 유입액을 초과한다면 순손실인 기회손실(opportunity loss)이 발생될 것이고, 그 반대이면 경제적으로 유리한 결정이 될 것이다. 여기서 기회원가의 산출에는 증분원가, 회피가능원가 및 부가원가 등개념의 적용을 요한다. 부가원가(imputed costs)는 일명 귀속원가라고도 하는데 본질적으로는 기회원가와 동일한 개념의 원가이다. 자기자본에 대한 이자는 수입이나 지출을 요하거나 발생시키지 않으므로 타인자본의 사용에 수반되는 자본비용의 경우처럼 재무회계의 측정(계산) 대상이 되진 않지만 의사결정 과정상 중요한 검토 대상이 된다. 이처럼 대안 평가를 위해서는 계산상 수입이자를 고려할 필요도 발생되는데, 이때의 금액을 부가원가(imputed costs) 또는 계산원가라고 한다.

2) 한계원가와 증분원가

한계원가(marginal costs)는 기업의 생산능력이나 판매시설 변동이 없는 상태에서 조업도를 한 단위 추가하는데 따른 단일 원가요소, 즉 총변동원가의 변동액을 말한다.

증분원가(incremental costs)는 한계원가와 유사한 개념의 원가이지만 후자가 단일 원가요소에 대한 단위당 증분액만을 대상으로 하는데 비해 증분원가는 조업도를 상당히 변화시키는 의사결정의 경우에 변동비 외에 준변동비 까지 혼합시킨 총원가 개념의 원가로 총조업도 수준 변동에 따라 추가적으로 발생되는 총원가를 말한다. 흔히 의사결정에서는 조업도 단위당 증감변동에 따른 변화추이보다는 여러 단위의 증감변동에 따른 이익의 변화추이를 중시하기 때문이다.

차액원가(differential costs)도 증분원가와 같은 개념으로 활용되지만 보다 비교론적인 견지에서 의사결정을 지향한다는 점에서 관점이 다르다. 증분원가와는 달리 서로 다른 대안들 간의 총현금 유출액(total cash out flow)의 차이를 나타내려는 원가개념이다.

대안들 간에 발생되는 원가차이인 차액원가에는 충분원가와 감분원가가 있다. 감분원가(decremental cost)는 기준에 비교된 대체안의 원가 감소분을 말한다. 원가를 중심으로 한 의사결정방법에는 총액 분석(total analyses) 기법과 차액 분석(differential analyses) 기법이 있는데, 그 중 감분원가는 차액분석에 유용한 원가정보를 제공해 준다.

회피가능원가(escapable costs; avoidable costs)란 의사결정에서 선택하지 않아 포기된 대안에 대해 발생하는 원가이므로 회피할 수 있다는 의미로 붙여진 용어로 좀의 증분원가 또는 절감된 원가를 말한다. 회피가능원가(avoidable costs)인가를 규정하는 두 개의 범주는 첫째, 업무활동 연장으로 원가발생을 피할 수 있는가의 여부와 둘째, 경영목적 달성과 관련하여 그 발생이 필수적인 조건인지의 여부인데 의사결정과 관련해서는 전자가 더욱 중시되는 개념이다. 업무 연장으로 발생되지 않을 수도 있다면 회피 가능한 원가가 된다. 또한 생산이나 판매활동에 직접 관련된 원가가 아니라면 간접적인 영향을 미친다고 해도 역시 회피가능 원가가 된다. 반대로 의사결정 대안을 포기했는데도 절약되지 못하고 여전히 발생되는 원가를 회피불능원가라고 한다.

2. 기타 특수원가

호스피탈리티 기업과 여타 제종의 경영에 있어서 경영자들은 계획수립을 위한 의사결정을 하게 된다. 이 때 원가계산은 기업전체 부문별, 및 제품별로 하게 되지만 의사결정을 위해서는 다른 개념의 원가들을 검토하고 이용하게 된다. 이런 원가개념들을 특수원가로 분류해 볼 수 있는데, 그 중 몇 가지 대표적인 개념들은 다음과 같다(그림 3-9 참조).

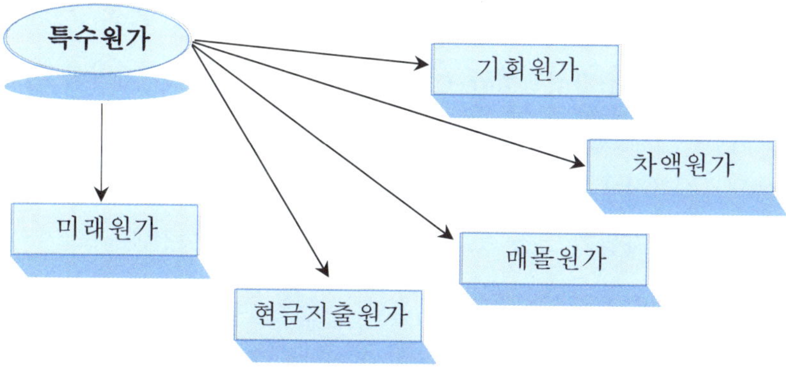

〈그림 3-9〉 특수원가

1) 미래원가(future cost)

의사결정에서 관심은 향후의 원가변동에 있게 되는데 이런 원가를 미래원가라고 한다. 의사결정을 위한 판단을 위해서는 여러 가지 수익이나 원가요인들을 예상해야 한다. 이익창출은 여하할 것이며, 또 일정 수익이 예상된다면 원가절감으로 상대적인 이익증대가 가능한지 등과 관련해 고려되는 원가는 모두 미래에 발생할 미래원가가 된다.

2) 매몰원가(sunk cost)

매몰원가(sunk costs)란 과거의 의사결정 결과 발생된 과거원가로 회수불능 원가이므로 현재의 의사결정 과정에 대두된 제대안의 선택에 전혀 영향을 미치지 못하는 무관련 원가이다. 즉 환원될 수 없는 시설이나 기타 생산자원에 대한 비용으로 이후 의사결정에 있어서 경제적 측정 적합성을 갖지 않는 원가이다. 여러 대안들 중 하나를 선택하거나 다른 대안이 선택되어도 여전히 변함없이 공통적으로 발생되는 원가를 매몰원가라 한다. 동일한 재료 사용으로 식음료 제품이 생산될 경우, 기계사용이나 인력 활용 대안 중 어느 것을 선택해도 여전히 동일한 재료비가 발생되는 경우라면 매몰원가가 된다.

예컨대 신제품의 가격결정에서 설비원가는 매몰원가로서 가격 의사결정에 영향을 주지 못한다. 이때 가격결정과 관련성이 있는 설비원가는 과거의 취득원가가 아니라 현재의 시가가 된다. 만약 신제품 생산을 하지 않는다면 시설 매각도 가능하기 때문에 가격결정에 고려할 원가는 시가가 된다. 또 다른 예로는 광산에 투자된 투자자본은 광산자원의 고갈 등으로 채광중지가 되는 여건에서도 거의 전액이 매몰원가가 되는 경우를 들 수 있다.

3) 차액원가(differential cost)

의사결정에서 현재 상태의 변경과 대체를 요하는 것이 무엇인지를 결정하게 되고 이런 경우 대부분 원가항목의 변경은 전체가 아니라 부분적으로 일어나게 된다. 이 때 각 대안들 간에 공통적인 부분은 무시하고 변경된 원가가 현재 원가에 대해 증감변동을 초래하는 경우 그 차이만을 검토하는데, 이것을 차액원가라고 한다(제4절 참조).

4) 현금지출원가(cash outlay cost)

선 대안 선택으로 현금지출이 수반될 경우 이를 지출원가라고 한다. 호텔이나 주방 및 식당의 새로운 설비투자를 요하는 의사결정에서는 현금의 유출입에 대한 자금조달 문제에 대해 잘 판단해서 결정해야 하므로 현금지출원가를 검토하게 된다.

5) 기회원가(opportunity cost)

많은 대안들 중 선택으로 기각된 다른 대안들로부터 얻을 수 있는 이익은 희생되게 되는데 이를 기회원가라고 한다. 선택된 대안의 이익은 그 원가에 기회원가를 가산해서 계산된다. 이 때 계산된 이익이 최대가 되는 안의 선택이 최선의 결정이라고 보고 있다(제4절 참조).

제6절 의사결정과 원가추정

1. 의사결정과 원가추정의 적성성

경영관리 활동의 계획은 미래에 대한 것이다. 경영목적 달성을 위한 의사결정 또한 미래에 대한 것이다. 미래는 불확실하고 불확실성은 경영에 있어 위험요인(risk)이 되고 있다. 관리회계 영역 중 미래원가와 관련된 표준 식음료 원가관리, 예산수립, 투자의사결정, C-V-P 분석도 미래에 대한 것으로 확실한 것은 아니며 상당부분 추정을 내포하고 있다. 그러므로 기업의 계획과 통제를 위한 경영 의사결정이 효율적인 기업 활동으로 성과를 거두려면 무엇보다도 의사결정에 이용된 원가정보의 정확성 혹은 확실성이 전제된다. 이런 의미에서 관련 미래원가의 추정은 매우 긴요하다. 원가관리 요소와 원가규모 추정을 목직으로 한 자료수집에 유의할 점은 원가추정의 적정성과 가능한 최고의 정확성 확보를 위해 기술적인 요건들(technical requirements)이 고려돼야 한다는 것이다.

2. 원가추정을 위한 원가함수 요인 결정

원가추정에는 원가함수가 이용되기도 한다. 원가함수란 원가 방정식으로 독립변수인 특정 변수들이 변화할 때에 종속변수인 원가가 어떠한 행태로 변화하는가를 나타내 준다. 원가추정을 위해서는 계산요소인 독립변수(x)와 종속변수(a, b)가 결정돼야 한다.

원가방정식

T = a + bx 또는

총원가 = 고정원가 + (조업도 단위당 변동원가 × 조업도)

우선 결정돼야 할 독립변수는 총원가를 변화시키는 원가요(동)인으로 C-V-P 분석에서는 조업도가 원가동인이 된다. 조업도란 생산 또는 판매의 양, 매출액, 작업 또는 기계의 가동시간 등 구체적인 작업내용을 일반화한 용어이다.

종속변수는 독립변수인 원가요소에 따라서 변화하는 원가요소를 말한다. 독립변수에 따라 변화하는 원가의 가변성(cost variability) 혹은 원가형태 파악을 위해서는 우선 원가분석으로 각각의 원가요소들이 종속변수나 독립변수 중 어떤 것인지를 분류해야 한다.

원가함수에 의한 원가추정을 위해서는 원가를 구체적으로 고정원가, 변동원가, 혼합원가들 중 어떤 것으로 확정해야 한다. 이렇게 분류된 원가가 반드시 개별원가 항목일 필요는 없지만 예측하려는 대상범위에 따라서 부분원가, 총원가, 제조원가 중 어떤 것으로 귀속돼야만 원가추정 목적에 활용될 수가 있다.

그러나 독립변수의 원가동인인 조업도는 실제로 기업에서 다양한 가정이 가능하므로 원가동인의 선택과 결정에서 강제적으로 단일 원가동인만을 가정할지 혹은 2개 이상의 원가동인들을 이용한 원가추정을 할 것인지를 결정해야 한다.

또한 원가함수에 이용될 원가요소들의 적합범위가 결정돼야 한다. 고정원가의 불변성과 변동원가의 일정한 변화 단위에 대한 조건을 보장해 줄 관련영역인 적합범위가 결정돼야 한다. 여기서는 독립변수인 조업도의 적합범위 결정을 의미한다.

제4장

원가-조업도-이윤관계 (확정모형)

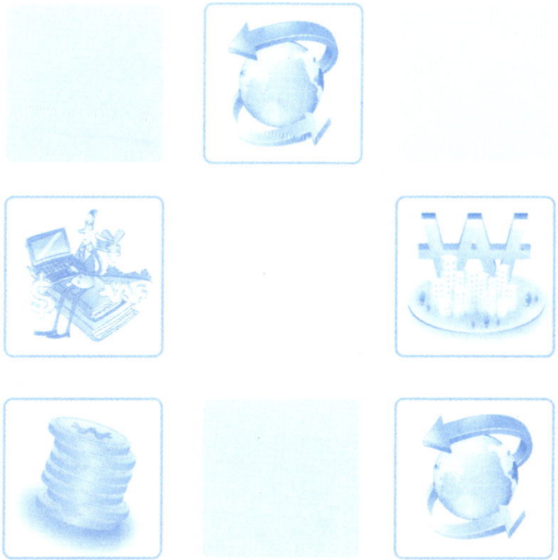

4

원가-조업도-이윤관계(확정모형)

제1절 원가-조업도-이윤분석

1. C-V-P 분석의 의의

기업을 운영함에 있어 가장 궁극적인 목적은 이익의 추구를 통해 기업을 유지·발전시키는 것이다. 따라서 기업 활동을 한 마디로 이익관리(profit management)와 이익통제(profit control)의 두 과정을 포함한다. 이익관리의 대표적인 기법으로 이용되는 것이 원가-조업도-이윤분석이다.

원가-조업도-이윤분석(cost-volume-profit analysis; C-V-P 분석)은 흔히 이익분석, C-V-P 관계 혹은 손익분기점 분석(breakeven point analysis)이라고도 불리고 있다. 이것은 경영활동의 요체로서 경영계획 혹은 예산수립의 핵심내용이라고 볼 수 있는 원가와 조업도 및 이윤이라는 세 변수들을 상호 관련시킴으로써 그 중 어떤 요인이나 상황이 변화했을 때 다른 요인이 어떤 영향을 얼마만큼 받는가 하는 그 추이나 혹은 변화를 증분 분석해 봄으로써 가능한 최적해, 즉 최적의 이익구조와 이익을 위한 최적의 경영구조를 구하려는 경영계획 수립상의 기법 또는 의사결정의 한 수단이라고 할 수 있다. 모든 경영계획 또는 경영 의사결정은 궁극적으로는 기업의 이윤추구 목적으로 귀결된다. 이런 점에서 기업경영활동은 곧 이익관리라고 볼 수 있고 C-V-P분석은 이익에 대한 안전성을 분석하는데 이용된다. 이윤은 다시 조업도라는 독립변수(수익함수)와 그 영향을 받는 원가라는 종속변수(원가함수)와의 함수관계에서 도출될 수 있다. 단, 회계학에서 이용하는 이 함수들은 선행함수로서 경제학에서 이용하는 비선형함수(non-linear function)에서처럼 변동원가의 체감적, 비례적 및 체중적인 원가형태를 무시하고 원가함수를 선형함수로 전제함으로써 모형들을 개략적으로 단순화시키고 있는 것이다.

수익함수 : $R=pX$ (1)

원가함수 : $T=a+bX$ (2)

이익 : $\Pi=R-T$ (3)

단, R : 총매출

p : 단위가격, 단위매출

T : 총원가

a : 고정비

π : 이윤

b : 단위당 변동비

x : 단위별 표시된 조업도(생산량, 판매수량)

이상의 함수관계로 보아 C-V-P분석은 그들 요인들 간의 역사적 자료에 의한 성과 분석의 과정이라기보다는 오히려 미래의 기간에 대하여 원가, 수익, 이윤을 예정 또는 확정시키는 과정으로 이해될 필요가 있다.

그러므로 C-V-P 분석 기법은 생산계획, 판매계획 및 가격결정 등을 포괄하는 개념에서의 이익(profit planning)인데, 수익비용과 관련하여 예산편성에 널리 이용됨으로써 이익통제(profit controlling)의 기능까지 포함하고 있다.

2. C-V-P 분석의 목적

C-V-P분석은, 즉 이익관리 기법인 것이다. C-V-P 분석은 구체적으로 예를 들자면 다음과 같은 문제에 대하여 효과적으로 활용될 수 있다.

1) 어떤 수준의 조업도(생산량, 판매량)에서 수익과 원가가 일치(손익분기점)되며 특정의 조업도 수준에서 달성될 이윤의 크기는 여하한지를 알 수 있으므로 경영자가 사업의 수익성 판단에 대한 안목을 갖게 해준다.
2) 가격결정과 관련하여 매가의 인상 또는 인하가 손익분기점에 미치는 영향은 어떠하며 할인요금 적용 시에는 원가-매출-이윤의 관계가 어떻게 변화될 것인지를 분석함으로써 성업기(on-season)나 한업기(off season)에 가격 할인폭의 결정 등과 관련시켜서 적정한 가격결정을 할 수 있도록 해준다.
3) 목표이익의 달성이나 이윤증대를 위해서는 어느 정도의 매출액(생산) 또는 판매량(생산량) 유지 또는 증가가 요청되는가를 알게 해주므로 매출목표 수립이나 생산량 결정에 유용한 도구로 활용된다.
4) 장기적으로는 고정원가와 변동원가의 원가구조 개선이 이윤에 미치는 영향을 분석해 볼 수 있어서 향후의 장기적인 계획수립에도 유용한 수단이 될 수 있다.

3. 원가-조업도-이윤분석의 가정

이미 전술된 바와 같이 경영상의 문제해결에 있어서의 C-V-P분석의 유용성과 공헌은 다대하다. 그러나 C-V-P분석 모형은 확정모델(deterministic model)로서, 변수들 간의 변화가 불가피한 동태적인 실제의 경영환경하에서는 부적응성을 드러내게 되어 있다. 이것은 곧 C-V-P분석 이론과 그 적용상의 한계로 작용된다.

그러므로 C-V-P분석 이론은 다음에 나올 여러 가지 가정을 전제로 하여 전개될 수 있다. C-V-P모형을 단순모형(simple model)이라고 하는 까닭은 바로 이처럼 현실적으로 복잡한 문제들을 단순화시킴으로써 성립될 수 있기 때문이며 단순화된 모형에 전제된 여러 가정들은 이 분석의 적합범위(relevant range)를 한정하는 요소들이 되고 있다. 이것은 즉 실제적으로는 그 행태가 비선형인 수익과 원가에 대한 경제학적인 모형을 인위적으로 확정 모형(certainty model)으로 선형화하려는 데(회계학적 모형화) 수반되는 전제라고도 할 수 있다(그림 4-1 참조).

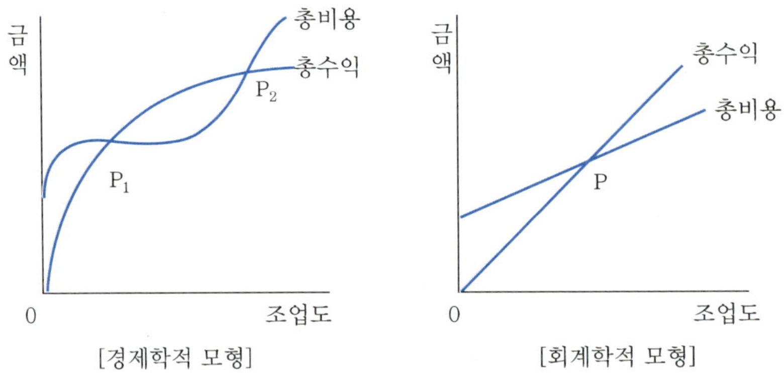

〈그림 4-1〉 C-V-P 분석모형

이같이 회계학적 모형이 복잡한 사실들을 단순화시키고 있는 것은 정보의 진실성 또는 정확성보다는 목적적합성을 더 중시하는 회계학적 사고 또는 경향을 반영하는 것이라고 볼 수 있다.

결국 제가정들이 현실적으로 부합될 수 있는 경우일수록 CVP분석 결과에 대한 신뢰도와 유용성은 제고될 수 있으며, 반대의 경우에는 여러 가지 한계점을 고려한 후에 분석결과를 실제에 적용하도록 해야 한다.

1) 수익, 원가행태의 선형성에 대한 가정

수익과 원가의 행동유형은 비선형일 수 있으나 단순화시켜 선형으로 가정하고 있다. 수익, 원가는 확실하게 결정되어 있고 적합범위 내에서는 선형이며 능률과 생산성은 일정하여 총고정비나 단위당 변동비가 적합범위 내에서는 일정하고, 따라서 변동비도 조업도에 비례하여 변동한다고 가정한다.

이것은 또한 일반 물가수준의 단기적인 안정을 가정하고[1] 총수익은 판매량의 변화에 비례한다고 가정함으로써 대량구매에 의한 할인이나 판매 대금회수 과정에서의 할인혜택 등 요소들을 무시하고 있다.

총변동비는 조업도 변화에 비례하는 반면 고정비는 조업도와 무관하게 일정하다고 보고 있다.[2] 더구나 고려된 기간은 화폐의 시간가치 개념의 고려가 중요하지 않은 적합범위라고 전제한다.

2) 원가의 구분 가능성에 대한 가정

모든 원가는 고정원가와 변동원가로 분류할 수 있다고 가정하므로 C-V-P분석을 위해서는 준변동원가도 반드시 고정적인 요소와 변동적인 요소로 분리함으로써 각각 고정원가와 변동원가에 귀속시켜야 한다. 호텔이나 식당 전체의 손익분기점을 발견하거나 C-V-P분석을 할 경우에는 문제가 되지 않지만 각 수익발생 부문별로 C-V-P분석을 하려고 할 때에는 공통비(common cost; joint cost) 등은 각각 배분해야 되므로 실질적인 분석의 정보가치를 보증하기 어렵다.

3) 조업도와 판매가격과의 독립성에 대한 가정

어떤 여건에서도 판매가격은 변화되지 않는다고 가정하고 있어 학습곡선(learning curve)에서 나타나는 현상은 일어나지 않는다고 본다. 그러나 실제로는 매출이 증

---

1) Welsch, G.A. Budgeting-Profit Planning and Control, Englewood Cliffs, NJ : Prentice-Hall inc., pp.463-464.

2) Morse, W. J.(1981). Cost Accounting-Processing, Evaluating and Using Cost Data, 2nd ed, Addison-Welsey Publishing Inc., pp.232-234.

대되면 대량구매에 대한 가격할인이 가능하거나 생산능률의 향상에 따른 노무비 절감효과 등이 기대될 수 있으므로 판매가격과 조업도(판매량, 생산량)가 무관하다고 보기는 어렵다. 또한 판매량에 따른 가격할인의 경우에는 매출액선은 선형의 행태를 보이지 않는다(그림 4-2 참조). 학습곡선은 생산 증가에 따라 점차 감소하거나 생산 감소에 따라 점차 증대하는 원가함수에 의해 그려지는 곡선으로서 직선의 경우처럼 증감 변화나 동일한 폭(비례적)으로 원가가 증가하거나 변화하지 않고 조업도 증가의 경우에는 원가가 그보다 완만하게(적게) 증가하고 감소의 경우에도 비례적인 변화형태 보다는 완만하게(덜) 감소하는 현상을 나타내 준다. 이런 원가 형태는 노동의 숙련도에 따라서 원가의 크기가 영향을 받는 경우에 나타나므로 숙련 노동과 관련되어 일어나게 된다.

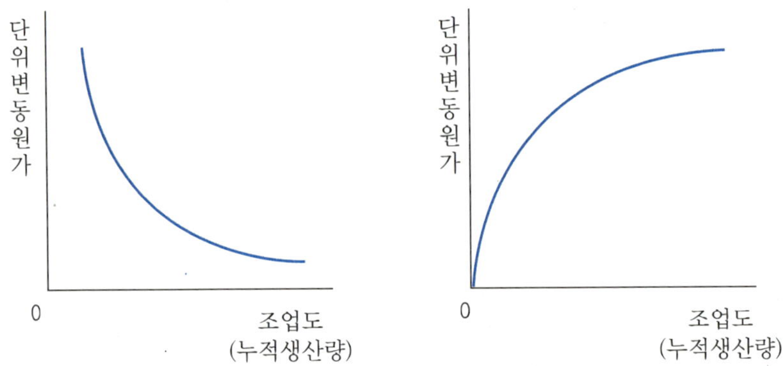

〈그림 4-2〉 학습곡선(변동원가)

4) 생산과 판매의 동시성에 대한 가정

조업도와 관련된 생산과 판매는 동시성(synchronization)이 있어 동시에 일어날 뿐만 아니라 일치성을 가지고 있어 특별한 노력이나 비용 없이도 생산된 것은 모두 판매된다고 가정하므로 재고수준은 불변한다. 그러므로 기초재고와 기말재고는 항상 동일하다고 전제한다.

5) 단일품 생산판매 혹은 판매믹스의 불변성에 대한 가정

조업도의 변동과 무관히 단일제품을 생산하거나 다품종 생산일 경우라도 판매믹스 (매출배합; sales mix)이 일정하여 제품별 매출 구성비에 변화가 없다고 가정하고 있다.

그러나 실제의 호텔경영에 있어서는 계절영업 특성으로 인한 한업기(off-season)의 매출감소 및 이에 따른 순이익 감소 등 계절적인 영향을 완화 또는 극복하기 위한 대책의 하나로 흔히 각종 상품에 대한 판매믹스를 달리하는 경우가 많다.

6) 조업도를 원가와 수익에 영향을 미치는 유일한 요소로 가정

원가와 수익에 영향을 미치는 유일한 요소는 조업도라고 가정하는 가운데 수익과 비용은 다같이 조업도라는 측정단위에 의해서만 대비되고 있다.

그러나 수익, 비용에 대해 영향을 미치는 요소로는 조업도외에도 시간적 요인을 들 수 있다. 실제로 인플레이션이나 디플레이션은 수익・비용에 대해 크게 영향을 미치게 된다.

C-V-P분석의 확정모형은 이상과 같은 비선형적인 기업의 경영활동상의 여러 가지 여건들을 정태적이고 확실한 것으로서 가정함으로써 선형화함으로써 분석을 지나치게 단순화시키고 있다. 그러므로 이 분석모형과 그 적용은 상당한 한계점들을 내포하고 있다. 이런 점에 착안하여 확정모형이 전제로서 가지고 있는 제한적인 여건은 다소 완화하고 정태적인 모형을 어느 정도 동태적인 여건에 맞추어 가려는 시도가 있었는데 이것이 불확실성 하의 C-V-P분석 모형이다. 이것은 분석의 조건으로 보고 있는 제여건이 변화할 수도 있다는 가능성, 즉 불확실성을 전제로 해서 C-V-P분석을 하는 것이다. 그러므로 손익분기점 또는 목표이윤의 실현에 대한 위험성을 계량화하고 표시하려고 하므로 분석의 요소인 판매량이나 금액, 단위가격이나 단위변동원가 및 총고정원가 등에 대해서조차 확률을 부여하고 있다. 불

확실성 하의 C-V-P분석의 가치를 늘리고 경영의 실제 상황에 접근시키려는 시도라는 점에서 간단히 소개하는 것이다.

제2절 원가의 구조와 수익성

시장의존적인 사업으로서의 호텔사업이나 식당사업에 있어서 현저한 하나의 특징은 구조로 보아 고정원가의 비중이 높다는 점이며 호텔의 경우 더욱 심하다. 이처럼 높은 고정원가를 구조적 특징으로 하는 사업경영의 경우에 원가-조업도-이윤 관계를 보면 어떠한 규모의 조업도 변경(매출변동)일지라도 순이익에 미치는 영향은 상대적으로 변동원가가 큰 사업에서보다 대단히 크다는 것을 알 수 있다. 그러므로 계절성 영업이라는 불리한 사업 특성을 지닌 호텔경영에 있어서는 한업기 동안에 불가피하게 직면되는 극심한 매출감소 현상과 그 결과로 초래되는 이익의 불안정성이라는 고질적인 문제가 반복적으로 제기되게 된다.

이상과 같은 원가구조와 수익성과의 관계에 대한 이해를 촉진하기 위해서 다음 예제에 의해 각기 다른 원가구조을 가지고 운영되는 두 사업체의 경우 동일한 규모의 매출변동이 순이익에 미치는 영향을 비교론적으로 접근해 보기로 하자.

1. 예제에 의한 원가구조와 순이익의 관계

1) 예제1에 의한 원가구조가 수익성에 미치는 영향 이해

다음의 <표 4-1>에서와 같이 매출규모가 ₩25,000,000으로 동일한 두 식당 춘천과 어리뫼가 있다. 그러나 이들 각각의 식당 춘천은 고정원가가 높고(₩13,500,000) 어리뫼는 변동원가가 높은(₩13,500,000) 상이한 원가구조에서 운영되고 있다. 여기서 두 식당이 공히 1/4분기의 매출(₩25,000,000)에 비해 2/4분기의 매출이 10% 감소된 ₩22,500,000라고 할 때에 순이익이 각각 어떻게 다르게 나타날 것인가?

〈표 4-1〉 예제식당의 원가구조와 수익성

(단위:천원)

사업체 / 분기 / 매출원가		춘 천 식 당		어리뫼 식당	
		1/4	2/4	3/4	4/4
매 출		25,000	22,500	25,000	22,500
고정원가		13,500	13,500	7,500	7,500
변동원가		7,500	6,750	13,500	12,150
총 원 가		21,000	20,250	21,000	19,650
순이익	금액	4,000	2,250	4,000	2,850
	비율 (%)	100	56(△44)	100	71(△29)

1/4분기에 두 식당의 순이익은 각각 ₩ 4,000,000이었으나 2/4분기에 가서는 10%의 매출감소로 말미암아 춘천식당의 경우엔 무려 44%라는 이윤이 감소되었고 어리뫼 식당은 그보다는 적은 29%라는 순익 감소를 보았다.

(1) 두 식당의 1/4분기 순이익

₩4,000,000 = 매출 ₩25,000,000 - (₩13,500,000 + ₩7,500,000)

(2) 두 식당의 2/4분기의 순이익

춘천식당의 경우 : ₩22,500,000 - (₩13,500,000 + ₩6,750,000)

= ₩2,250,000 ……… 전기이익의 56%선(44% 감소)

어리뫼 식당의 경우 : ₩22,500,000 - (₩7,500,000 + ₩12,150,000)

= ₩2,850,000 ……… 전기이익의 71%선(29% 감소)

이상의 예시를 통하여 고정원가율이 높은 사업일수록 매출변동이 순이익에 미치는 영향력이 지대하다는 것을 확실히 이해할 수 있게 되었다. 그러므로 호텔사업에서 이익목표를 달성하기 위해서는 연중 일정의 매출수준을 유지하는 것과 매출변동이 이익에 미치는 충격을 완화, 흡수할 수 있는 장치개발이 가장 중요하다.

첫째, 계절적인 영향에 불구하고 적정수준의 매출을 유지할 수 있도록 하는 것이 수익성 보호를 위해서 가장 중요하기 때문에 호텔은 할인요금을 정상적인 수요가 있는 시기에도 적용하고 있고, 한업기 대책을 위해서는 일정한 할인을 가한 금액의 할인요금을 한업기 실료의 형식으로 유지하고 있다.

둘째, 높은 고정원가구조의 사업에 있어서는 매출변동(특히 매출감소)이 순이익에 미치는 충격을 완화 또는 흡수할 수 있는 어떤 장치 또는 대책이 요청된다. 이때 상품의 매가결정에 있어서, 이 폭이 변동원가율이 높은 사업에서보다 낮으면 매출변동이 수익성에 미치는 부정적인 영향을 완화하지 못하여 위험하다. 그러므로 비교적 이폭(매출 이익률)을 크게 하는 가격정책을 고려할 필요가 있다. 이것은 결과적으로 고정원가율이 높은 사업체에서의 가격결정을 어렵게 하는 요인으로 작용되기도 한다. 왜냐하면 경쟁 사업체가 가격을 인하한다면 가격 경쟁력을 잃을 가능성이 커지기 때문이다.

그러나 큰 이폭을 가지고 결정된 가격에 있어서는 가격수준의 변동에 대한 허용범위가 상대적으로 크게 허용되고 있다. 그러므로 변동 원가율이 높은 일반 제조기업의 경우보다 그만큼 관광시장의 관광 수요변화에 따른 매출감소 현상을 특징적인 현상 혹은 추세로 하는 불리한 호텔의 매출 및 수익관리 여건(그림 4-2 참조)에서도 다행인 것은 다양한 가격 메커니즘에 의한 가격의 종류 및 층을 두고 시기나 환경에 따라서 적절히 운용할 수 있는 여지가 부여되고 있음은 그나마 다행스런 일이긴 하다.

2) 예제 2. 매출변동시 순이익에 대한 고정원가의 영향

이에 대한 예제로서 다음의 <표 4-2>에서 각기 매출액 이익률이 다른 식당 A와 B 그리고 C와 D를 가지고 각각 매출감소 현상이 순이익에 어떤 결과를 초래하는

가 하는 내용을 비교하여 보자. 단, 식당 A와 B는 모두 고정 원가율이 높은 사업체이고, 식당 C와 D는 변동 원가율이 비교적 높은 사업체라고 가정하고 있다.

$$매출이익률 = \frac{순이익}{매출액} \times 100$$

식당 A와 B는 1/4분기에 매출은 ₩10,000,000으로 똑같지만 매출액 이익률은 각각 15%와 30%에서 사업을 하고 있었다.

(1) 식당 A의 매출액 이익률 = {(1,500÷10,000,000)×100} = 15%

(2) 식당 B의 매출액 이익률 = {(3,000÷10,000,000)×100} = 30%

그 후 2/4분기에 매출이 두 사업체 모두 10%씩 감소 됨(₩9,000천)으로써 순이익도 동반 하락하게 되었다. 식당 A의 경우, 전기의 순이익 1,500원에서 800원으로 하락함으로써 무려 46.7%라는 순이익의 감소를 보았다. 식당 B의 경우에도 전기의 순이익 3,000원보다 26.7%가 감소한 2,200원의 이익을 실현하는데 그쳤다.

여기서 산출된 두 계수를 비교해 보면 식당 B보다 식당 A의 경우에 순이익이 더 큰 폭으로 하락하는 결과를 초래했는데, 이것은 식당 A의 고정원가가 식당 B의 경우 더 크기 때문이며 그 결과 순이익에 대한 매출 10% 감소의 영향이 비교적 완만히 나타난 식당 B에 비해 식당 A는 비교적 가파른 하락세를 시현하고 있음을 확인해 알 수가 있다.

식당 C와 D의 경우는 변동 원가율이 고정 원가율보다 큰 원가구조를 가지고 운영되는 사업체이므로 앞의 <표 4-1>을 통하여 이미 설명된 바와 같이 전체적으로는 식당 A와 B의 경우보다 매출감소가 수익성에 미치는 부정적인 영향을 훨씬 적게 받고 있다(표 4-2 참조).

〈표 4-2〉 고정원가 수준이 매출변동시 순이익에 미치는 영향

(단위:천원)

원가구조	높은 고정원가				낮은 고정원가			
분기	1/4		2/4		3/4		4/4	
구 분 / 사업체	A	B	A	B	C	D	C	D
매출	10,000	10,000	9,000	9,000	10,000	10,000	9,000	9,000
고정원가	5,500	5,000	5,500	5,000	3,000	2,000	3,000	2,000
변동원가	3,000	2,000	2,700	1,800	5,500	5,000	4,950	4,500
총원가	8,500	7,000	8,200	6,800	8,500	7,000	7,950	6,500
순이익	1,500	3,000	800	2,200	1,500	3,000	1,050	2,500
비율	100	100	53.3	73.3	100	100	70	83.3
순익감소율(%)	-	-	(△46.7)	(△26.7)	-	-	(△30)	(△16.7)
매출이익률(%)	15	30			15	30		

그러나 식당 A와 B의 경우와 같이 식당 C와 D도 각각 매출 이익률이 각각 15%와 30%라는 여건에서 출발되고 있지만 전기 대비 10%의 매출 감소폭으로 하락된 이윤이 전기의 수준보다 30%와 16.7% 감소했음에도 불구하고 식당 A와 식당 B보다는 이윤 감소폭이 작고 조업도 하락에 의한 성과하락에의 충격을 적게 받고 있음을 알 수가 있다. 물론 식당 C와 식당 D 간에도 고정원가의 점유율 구조가 다르기 때문에 식당 D보다는 식당 C의 경우에 이윤이 더 감소되었다는 차이 또한 확인할 수가 있었다.

그러므로 식당 C보다 이폭(profit margin)이 비교적 큰 식당 D의 경우에 완만한 이윤의 감소현상을 볼 수 있다(표 4-2 참조).

그러므로 관광시장에서의 수요의 증감 변동에 따라서 매출변동과 그로 인한 이익의 감소를 경험하게 되는 호텔 및 식당사업에서는 계획된 투자수익률, 이윤 목표의 달성을 위한 안정된 수익성을 유지하려면 매출에 대한 적정 수준의 이익률 보장이 될 수 있는 가격의 결정이 중요하다. 이것은 많은 불경기의 호텔수익 관련 연구에서도 입증된 바가 있다. 아무리 수요가 격감되는 경제적 상황에서도 지나치

게 객실가격을 인하한 경우 비록 객실 점유율이 월등히 상승하는 성과를 본다고 해도 결과적으로 순이익은 가격인하를 하지 않아 매출이 떨어져 점유율이 하락했던 호텔의 이익성과보다도 훨씬 저조한 수익성과를 실현하고 있음이 밝혀지고 있다는 점에서 불경기 상황에서 특히 가격정책과 결정에 유념해야 될 측면이다.

일률적으로 말할 수는 없으되 흔히 호텔·식당사업은 20~30%선의 매출 이익률을 적정수준으로 보고 있다.

제3절 호텔사업의 계절성과 고정원가에 의한 영향

모든 사업이 시기적인 영향을 받는 것은 사실이나 호텔에서는 요일별 혹은 월별 수요변동에 따른 매출의 변동이 심하다. 이러한 계절성 영업으로서의 특징은 호텔사업의 높은 고정비율이라는 여건과 결부됨으로써 부진한 경영성과로 나타난다. 한업기를 벗어나서 매출이 증진되었다고 하더라도 한업기 동안의 영업 손실을 진보하는데 또 몇 개월이 소요되기도 한다.

이와 같은 현상을 이해하기 위해서 다음의 X호텔의 식당사례를 보기로 하자(표 4-3 참조).

다음 <표 4-3>에서 보는 바와 같이 월요일부터 수요일까지 주초에는 영업실적도 저조한데다가 높은 고정비 때문에 결국 영업손실을 보게 되었다. 특히 부의 경영성과 적자를 낸 월요일과 화요일의 손실규모는 다음과 같다.

₩80,000의 적자 ………… 월요일의 일일 순손실
₩32,000의 적자 ………… 화요일의 일일 순손실

수요일에는 당일 순이익 ₩40,000이 창출되었지만 월요일과 화요일에 적체되어 있던 영업 손실 누계 ₩112,000을 진보하고 나면 여전히 ₩72,000의 영업 손실이 발생되어 있는 상태이다.

〈표 4-3〉 X호텔 식당의 주중 영업보고서

(단위 : 100)

매출 \ 요일	월	화	수	목	금	토	총계
매출(수량)	1	1.2	1.5	1.7	2.2	2.4	10
평균매출	4,000	4,000	4,000	4,000	4,000	4,000	
매출수익	4,000	4,800	6,000	6,800	8,800	9,600	40,000
고정원가	3,200	3,200	3,200	3,200	3,200	3,200	19,200
변동원가*	1,600	1,920	2400	2,720	3,520	3,840	16,000
총원가	4,800	5,120	5,600	5,920	6,720	7,040	35,200
순이익			400	880	2,080	2,560	4,800
(손실)	(800)	(320)					
매출누계	4,000	8,800	14,800	21,600	30,400	40,000	
총원가누계	4,800	9,920	15,520	21,440	28,160	35,200	
순이익(손실)누계	(800)	(1,120)	(720)	160	2,240	4,800	

※ 단 변동원가는 매출의 40%로 보고 있음

결국 이 영업손실은 목요일에 가서야 진보될 수 있으므로 주중 절반 정도가 적자운영의 어려움을 겪어야만 했다.

호텔사업의 월별 추이를 보면 일반적으로 12~2월은 전형적인 한업기(off-season)이므로 연초에 발생된 순손실이 겨우 5~6월에 가서야 진보되는 경우가 많다. 물론 하와이, 플로리다 등 아열대성 기후를 중심으로 하는 휴양지는 반대로 그 기간이 가장 성업기가 되지만 전체적인 분포로 보아 이것은 일반적인 경향은 아니다.

따라서 성업기(on-season)에 어떻게 하면 매출이익률 극대화 할 수 있는가에 대한 전략수립과 동시에 한업기에는 가격유인 제공 등 전략에 의해 순손실을 가장 적게 하거나 없앨 수 있는 방안 마련이 절실하다. 호텔사업에 있어서 흔히 사용하는 계절요금(할인요금)이나 단기적인 가격전략인 yield management 방법을 활용하는 주된 까닭은 무엇보다도 한업기나 요일에 대한 영업손실의 적극적인 대안 또는 성업기의 이윤 극대화를 도모하려는 전략적인 목적에서이다.

제4절 C-V-P 분석의 제방법

1. C-V-P 분석과 손익분기점 분석

C-V-P분석의 여러 방법들은 주로 손익분기점(break-even point)을 어떤 방식으로 구하는가에 의해 분류되므로 손익분기점 산출방법이라 해도 좋겠다. 그러나 손익분기 그 자체에 목적이 있지 않고 원가-조업도-이윤을 서로 관련시켜 봄으로써 그 최적조합을 추구하는데 궁극적인 목적이 있는 만큼 흔히 이를 C-V-P분석 방법이라고 한다.

C-V-P 관계하에서 손익분기점의 특징을 보면 원가(C)나 매출수익(V)이 각각 증감함에 따라서 상승하거나 낮아지지만, 원가(C)와 매출수익(V)이 동일한 비율로 증가하면 손익분기점은 변하지 않는다. 즉 고정원가나 변동원가의 증감변화에 따라서 손익분기점도 상승하거나 하락하는 변화를 초래하게 된다. 요컨대, 단위 원가가 증가되면 손익분기점은 상승되어 동일 매출로부터 이익을 감소시키고 원가가 하락되면 반대로 손익분기점이 낮아져서 이익이 증대된다.

바꾸어 말해서 만약 고정원가와 변동원가가 각각 다르게 변동되어 한쪽은 증가되고 다른 한쪽은 감소되는 경우에는 변화의 영향이 서로 상쇄되는 효과가 있어서 증가나 감소 중 어느 한쪽으로만 변화되는 경우보다 손익분기점에 미치는 영향은 그만큼 작아져서 손익분기점은 크게 상승되거나 하락하는 변화를 초래하지 않는다. 그러나 단위당 매출(V)이 증가(인상)하면 손익분기점이 하락하고, 반대로 단위가격이 인하되면 손익분기점은 높아진다. 여기서 손익분기점이 상승되면 이익(P)은 작아지고 손익분기점이 낮아지면 이익(P)은 커진다. 그러므로 원가(C)-수익(V)-이윤(P)은 서로 긴밀한 관계 하에서 파악될 때 관리목적에 기여할 수 있다. 이때 손익분기점은 C-V-P라는 세 요소들 간의 관계를 분석하는데 있어서 비교의 기점 또는 지표를 제공해주고 있기 때문에 C-V-P분석에 있어 가장 중요한 요소로서 취급되고 있는 것이다.

손익분기점(break-even point)은 총수익과 총비용이 일치되는 지점으로 매출수익(금액이나 양)과 이를 얻기 위해 희생된 총원가가 일치하므로 아무런 이익이나 손실도 발생되지 않는 수지 균형점으로 비용선과 수익선이 교차하는 지점에서 얻어지게 된다.

손익분기점 ⇨ 총수익 = 총원가인 매출액

총수익선과 총비용선이 교차하는 손익분기점을 기점으로 해서 도끼모양의 이익영역(profit zone; profit ax)과 손실영역(loss zone; loss ax)이 분기된다. 흔히 이 손익분기점은 구체적으로는 매출수량이나 매출액 또는 조업도(생산량)로 표시된다.

손익분기점(조업도)에서는 또한 공헌이익(Contribution Margin; CM)과 고정원가(fixed cost)가 같아지게 된다.

1. 손익분기점(Break-Even Point)의 이해

총수익 = 총비용

총수익 - 총비용 = 0

총수익 - (고정원가 + 변동원가) = 0

총매출 - 고정원가 - 변동원가 = 0

고정원가 = 총매출 - 변동원가

그런데 총매출 - 변동원가 = 공헌이익이므로

∴ 고정원가 = 공헌이익이 된다.

2. 산식으로 보는 손익분기점(Break-Even Point)

S = T (총수익 = 총비용)

S - T = 0 (총수익 - 총비용 = 0)

S - (F + V) = 0 [총수익 - (고정원가 + 변동원가) = 0]

S - F - V = 0 (총매출 - 고정원가 - 변동원가 = 0)

∴ F = S - V (고정원가 = 총매출 - 변동원가)

여기서 S - V = CM이므로(총매출 - 변동원가 = 공헌이익이므로)

F = CM이 됨 (∴ 고정원가 = 공헌이익이 됨)

C-V-P분석의 방법들은 결국 그것이 어떤 방식의 도구들을 더 강하게 활용하느냐에 따른 차이는 있으나 손익계산식을 기반으로 한다는 점에서는 근본적으로 차이가 없다.

그러므로 어떤 방법에 의해서 손익분기점을 구할 것인가는 논리적인 근거에 의한 것이라기보다는 사용자의 편의성과 선택에 달려 있을 뿐이다. 손익분기점을 구하는 방법은 크게 공식법과 도표법으로 분류된다. 공식법은 다시 매출액법, 매출

수량에 의한 방법, 공헌이익법 등을 활용한 방법들로 구별된다. 도표법은 고정비법에 의한 도표작성 방법과 변동비법에 의한 도표작성 방법이 있다.

2. 손익분기점의 계산요소와 함수관계

1) 계산요소 보기

보기

S → 매출 $= PQ$	Uv → 단위당변동비
V → 총변동원가 $= vS$	v → 변동비율 $= V/S$
F → 고정원가	T → 총원가 $= F + Uv \cdot Q$
P → 단위당가격	Q → 판매수량

2) 손익분기점 매출액 계산

(1) 산식

Break-Even Point $= S - T = PQ - Uv \cdot Q - F = Q(P - Uv) - F$

총이익 = 매출액 - 총원가 = 판매수량(단위매출 - 단위당변동원가) - 고정원가

= (단위당가격 × 판매수량) - (단위당변동원가 × 판매수량)-고정원가

= 판매수량(단위당가격 - 단위당변동비)-고정원가

(2) 산식의 이해

총이익은 총수익에서 총원가를 차감하여 얻는다.

그런데 총수익은 단위당 판매가격에 판매량을 곱하여 얻는 총매출액이다. 총원가는 고정원가(F)와 총변동비를 더한 금액이 된다. 총변동원가는 단위당 변동원가

에 판매량을 통하여 산출된다. 결국 총이익은 단위가격에서 단위변동비를 차감한 금액(단위공헌액)에 판매수량을 곱하는 산식으로 표시되고 있다. 이 때 단위 공헌액은 매출 1단위로부터 기대되는 한계이익(Marginal Income)이 된다. 그런데 손익분기점은 총매출을 얻기 위해서 발생된 총원가와 총매출이 똑같게 되는 지점이므로 총수익(총매출)에서 총원가를 차감한 총이익은 0이 된다.

3. 매출액에 의한 손익분기점의 산출

1) 산식의 유도

매출액 - 변동원가 - 고정원가 = 순이익

그런데 손익분기점은 매출액 = 변동원가 + 고정원가인 지점이며, 순이익이 0이 되는 지점이 된다. 손익분기점의 매출액을 알아내기 위한 산식은 앞에서 본 손익분기점의 계산요소와 함수관계를 이용하여 다음과 같이 유도해 낼 수가 있게 된다.

2) 손익분기점 매출의 유도식 하나

$$S-V-F=0$$

$$S-V=F$$

$$\frac{S}{S}-\frac{V}{S}=\frac{F}{S}$$

$$1-\frac{V}{S}=\frac{F}{S}$$

$$\therefore\ S=\frac{F}{1-\frac{V}{S}}=\frac{F}{1-v}$$

다시 말해서 손익분기점의 매출 S는 고정원가/(1-변동원가율)이다. 그런데 변동원가율에 고정원가률을 더하면 1이 되기 때문에 이것은 곧 손익분기점의 매출 S가 고정원가를 공헌이익률로 나눈 것과 같다는 말이 된다.

3) 손익분기점 공식의 유도식 둘

$$S - V - F = 0$$

$$S - V = F$$

$$S - vS = F$$

$$S(1 - v) = F$$

$$\therefore\ S = \frac{F}{(1 - v)}$$

즉 손익분기점의 매출액(S)을 구하기 위해서는 고정원가를 공헌이익률(1-변동비율)로 나누어서 구할 수 있다는 것을 알게 해준다.

4) 매출수량에 의한 손익분기점의 산식

$$S - V - F = 0$$

$$PQ - V = F$$

$$PQ - UvQ = F$$

$$Q(P - Uv) = F$$

$$\therefore\ Q = \frac{F}{(P - Uv)}$$

즉 손익분기점에 달하는 매출 수량은 고정원가를 단위 공헌이익(단위가격-단위변동원가)으로 나누어서 구할 수 있다. 적정 객실 점유율을 구할 때에도 이 산식을 활용하면 쉽게 원하는 자료를 얻을 수가 있을 것이다.

4. 예제에 의한 산식의 실제 적용사례

X호텔 한 식당의 일주일간 영업실적이 다음과 같다고 할 때 손익분기점에 달하는 매출액과 매출수량을 각각 구하시오.

예제 4:	
판매단가 ₩5,000	판매수량(인분)1,000
변동원가율 40%	총고정원가 ₩1,875,000
공헌이익₩3,000	

1) 손익분기점 매출액 구하기

매출 수익의 규모가 어느 정도일 때 손익분기점에 도달하는가?

$$S = \frac{F}{1 - \frac{V}{S}} \text{이므로}$$

$$\text{매출액} = \frac{1,875,000}{1 - \frac{2,000,000}{5,000,000}} = \frac{1,875,000 \times 5,000,000}{3,000,000} = 3,125,000(\text{원})$$

∴ 손익분기점 매출액은 3,125,000원이다.

2) 손익분기점 달하는 매출수량 구하기

식당에서 몇인 분을 판매해야 손익분기점에 이르는가?

$$Q = \frac{F}{P - Uv} \text{이므로}$$

$$Q = \frac{1,875,000}{5,000 - 5,000 \times 40\%} = \frac{1,875,000}{3,000} = 625(\text{인분})$$

∴ 손익분기점에 도달되려면 625인분에 달하는 매출수량이 실현돼야 한다.

3) 검증 : 625인분 × 5,000 = 3,125,000

따라서 위의 계산으로 구한 결과는 정답임을 확인할 수가 있다.

5. 공헌이익법에 의한 손익분기점의 산출

공헌이익의 개념을 이용한 손익분기점의 산출 방법을 공헌이익법이라고 한다.

공헌이익(contribution margin)은 매출수익과 총변동원가와의 차액, 즉 매출액의 변동원가 초과분이다. 공헌이익은 특히 관리회계적인 이익개념으로서 C—V—P 분석에서도 매우 중요한 개념으로 활용되고 있다. 또한 메뉴 엔지니어링에서 다루는 식료원가관리기법에도 매우 유용한 개념으로서 이 이론의 기초를 이루고 있음을 알려둔다.

1) 매출액에 의한 손익분기점 산출공식

공헌이익은 매출액에서 변동원가를 차감(CM = S - V)함으로써 산출될 수 있다. 이런 공헌이익의 산식은 손익분기점 공식으로부터 다음과 같이 유도될 수 있다.

$S-V-F=0$ 단, S : 매출

$S-V=F$ V : 총변동원가

$CM=F$ 이므로   F : 총고정원가

$\therefore\ CM=S-V$ 가 된다.

이상과 같이 공헌이익을 이용하여 손익분기점을 구해보면, 손익분기점의 매출액은 고정원가를 공헌이익률(contribution margin ration)로 나눈 것과 같다는 것을 알 수가 있다.

즉, 손익분기점의 매출액 = $\frac{고정원가}{공헌이익률}$ 또는 $S=\frac{F}{CM비율}$인데, 다음과 같은 계산과정을 거쳐서 도출될 수 있다.

2) 산식 유도과정

$$S-V-F=0$$

$$S-V=F$$

$$\frac{S}{S}-\frac{V}{S}=\frac{F}{S}$$

$$S=\frac{F}{\frac{S}{S}-\frac{V}{S}}=\frac{F}{\frac{S-V}{S}}=\frac{F}{\frac{CM}{S}}$$

여기서 $\frac{CM}{S}$은 곧 공헌이익률(CM비율)이므로

$\therefore\ S=\frac{F}{CM비율}$ 이다.

3) 매출수량 정보에 의한 손익분기점 산출

(1) 산식 유도

$S-V=F$ (여기서 $S-V=CM$ 이므로)

$CM=F$ (표 4-4 참조)

〈표 4-4〉 공헌이익법에 의한 손익분기점의 이해

(단위: 100)

(1)매출수량(인수)	(2)매출	(3)변동원가	(4)공헌이익(S-V)또는(2)-(3)	(5)총고정원가	손익영역
1	5,000	2,000	3,000	18,750	손실영역
2	10,000	4,000	6,000	18,750	
3	15,000	6,000	9,000	18,750	
4	20,000	8,000	12,000	18,750	
5	25,000	10,000	15,000	18,750	
6	30,000	12,000	18,000	18,750	
6.5	31,250	12,500	18,750	18,750	손익분기점
7	35,000	14,000	21,000	18,750	이익영역
8	40,000	16,000	24,000	18,750	
9	45,000	18,000	27,000	18,750	
10	50,000	20,000	30,000	18,750	

여기서 단위당 공헌이익(unit contribution margin ; UCM)은 $\frac{CM}{Q}$ 으로 공헌이익 또는 총고정원가를 판매수량으로 나눈 것이다. 그러므로 UCM을 구하기 위해 이 산식의 양변을 총매출 수량(Q)으로 나누면,

$$CM = F \rightarrow \frac{CM}{Q} = \frac{F}{Q}$$

$$UCM = \frac{F}{Q}$$

$$\therefore\ Q = \frac{F}{UCM} \text{ 가 된다.}$$

그러므로 손익분기점을 판매수량으로 구하려면 총고정원가를 단위 공헌이익(UCM)으로 나누면 되게 된다.

(2) 실제 호텔에서의 UCM 산출방식

호텔경영에서는 UCM(Unit contribution margin)을 구함에 있어 평균매출(CA :check average)에서 단위당 변동원가를 차감하는 방식을 주로 이용하고 있다.

즉 $PQ - Uv \cdot Q - F = 0$ 에서

$Q(P - Uv) = F$ 이므로

$\therefore\ Q = \dfrac{F}{P - Uv}$ 가 된다.

이때 P－Uv는 곧 단위 공헌이익(UCM; Unit Contribution Margin)이므로 손익분기점을 구하는 공식은 앞에서 본 것(1번과 2번)과 동일한 결과로 유도된다.

매출수량에 이용되는 단위는 객실부문의 경우에는 고객이나 객실의 수량이고 호텔식음료 부문이나 식당의 경우엔 흔히 고객수나 판매된 상품수량(몇인분인가 하는 covers) 단위를 사용해서 표시하고 있다.

3) 예제에 의한 공헌이익법에 의한 손익분기점 산출

앞의 예제 4) X호텔의 영업실적에 공헌이익법을 적용한 손익분기점의 산출방식은 다음과 같다.

(1) 매출액으로 표시된 손익분기점

$$손익분기점(S) = \frac{F}{CM} = \frac{F}{CM율} \text{ 이므로}$$

$$\therefore 손익분기점 = \frac{1,875,000}{\dfrac{5,000,000 - 5,000,000 \times 40\%}{5,000,000}} = \frac{1,875,000}{\dfrac{3,000,000}{5,000,000}}$$

$$= ₩3,125,000$$

(2) 매출수량으로 표시된 손익분기점

앞에서 유도된 바와 같이

$$손익분기점(Q) = \frac{F}{UCM} = \frac{F}{P-Uv} \text{ 이므로}$$

$$손익분기점의\ 판매량 = \frac{고정원가}{단위가격-변동가격} 이다.$$

$$\therefore 손익분기점 = \frac{1,875,000}{5,000-(5,000\times 40\%)} = \frac{1,875,000}{3,000} = 625(인분)$$

6. 도표법에 의한 손익분기점의 발견

이것은 도표를 이용해서 손익분기점을 발견하는 방법으로 시각적으로 쉽게 손익분기점과 관련 요소들간의 관계 이해를 촉진할 수 있는 장점을 갖기 때문에 실무에서 흔히 활용되고 있다.

도표를 이용하면 동시적으로 여러 수준의 조업도에서 원가와 이윤의 관계를 비교・분석할 수가 있다. 즉 도표상에서 총비용선과 총수익선이 교차하는 지점을 손익분기점이라 하며 이 점을 기점으로 해서 순이익영역(net income area; NIA)과 순손실영역(net loss area; NLA)이 분기된다. 도표법은 총원가선을 그릴 때 고정원가와 변동원가 중 어느 것을 조업도 0일 지점으로부터 먼저 그리는가에 따라 다시 고정비법 또는 고정원가선법, 변동비법 또는 변동원가선법으로 분류된다. 즉 고정원가를 먼저 그리면 고정원가법, 변동원가를 먼저 고려하면 변동원가법이라고 한다.

일반적으로 원가-조업도-이윤 도표, 혹은 손익분기도표라 함은 흔히 고정비법에 의한 도표를 말한다. 그러나 고정원가법에 의한 손익분기도는 C-V-P관계에서 특히 중요한 의미를 갖는 공헌이익과 고정비 그리고 이윤 등 요소들 간의 관계를 일목요연하게 도시하지 못하는 한계를 보인다. 이러한 한계를 보완하기 위해서 다소 변형된 C-V-P도에 의한 도시방법을 변동비법이라고 한다.

1) 고정비법에 의한 원가-조업도-이윤도

고정비법은 손익분기도표 (혹은 원가 - 조업도 - 이익도표라함)를 그리고 총비용선과 총수익선을 각각 그려 두 직선이 교차하는 지점인 손익분기점을 파악하려함에 있어 총고정선을 그리기 위해 먼저 고정원가선을 긋고 난 다음 변동원가선을 그리는 방법을 말한다. 이때 손익분기점을 경계로 하여 순이익영역(net income area; NIA)과 순손실영역(net loss area; NLA)이 분기된다. 이 도표는 시각적인 효과를 통하여 손익분기점 파악을 용이하게 해주며 동시에 여러 계층의 조업도 수준에서 원가와 이윤관계의 변동상황을 볼 수 있게 해주므로 널리 이용된다.

일반적으로 원가 - 조업도 - 이윤도표 혹은 손익분기도표라 함은 흔히 고정비법에 의한 도표를 말한다. 그러나 C-V-P 관계에서 특히 중요한 의미를 갖는 공헌이익과 고정비 그리고 이윤 등의 요소들 간의 관계를 일목요연하게 나타내 주지 못한다는 한계점을 보완하기 위해서 전통적인 C-V-P 관계도를 약간 변형한 도표도 있다(그림 4-5 참조).

(1) 고정비법에 의한 C-V-P 관계도

예제 4)의 자료를 이용하여 우선 전형적인 C-V-P 관계도인 고정비법에 의한 관계도를 작성해 보기로 한다(그림 4-3 참조).

① 매출액선 그리기

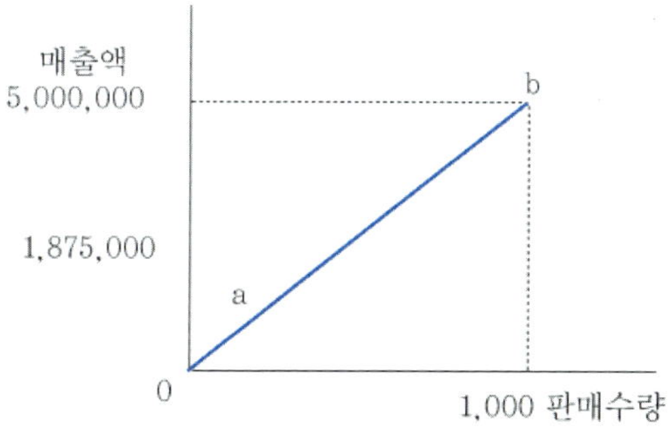

〈그림 4-3-1〉 매출액선 그리기

첫째, 매출목표를 정하여 종축(Y)에는 총매출액 ₩5,000,000을, 횡축(X)에는 총 매출수량 1,000을 나타내도록 한 다음 a지점(0, 0)에서 b지점(1,000, 5,000천)으로 대각선을 긋는다. 이 선을 총매출액선이라 한다.

둘째, 역시 종축에 총고정원가에 해당하는 ₩1,875,000의 c지점(0, 1,875,000)에서부터 d지점(1,000, 1,875,000)까지 평행선을 긋고 고정원가선 또는 총고정원가선이라고 한다.

② 고정원가선 그리기

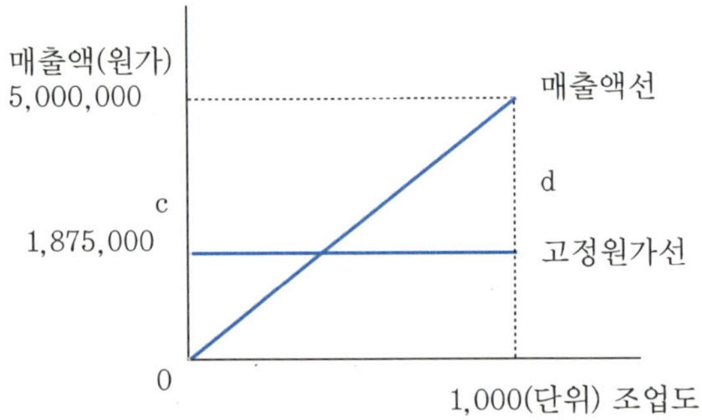

〈그림 4-3-2〉 고정원가선 그리기

셋째, 다시 종축의 c지점(0, 1,875,000)에서 시작하여 총변동원가가 ₩2,000,000이 되는 e지점(1,000, 3,875,000)까지 긋고 총변동원가선이라 한다.

여기서 종축의 Y기울기가 ₩3,875,000이 되는 까닭은 원래의 고정원가에 변동원가를 가산(₩1,875,000 + ₩2,000,000)했기 때문이다. 고정원가선의 기점 c(0, 1,875,000)와 끝의 e(1,000, 3,875,000)를 잇는 선은 총원가를 표시해 주는 총원가선이 된다. 이때 총매출액선과 총원가선이 서로 교차하는 지점, R(625단위, 3,125,000원)은 곧 손익분기점(Break-Even-Point)이 되고 이 점의 값인 X와 Y는 곧 매출수량 625 단위와 매출액 ₩3,125,000을 나타내준다(그림 4-4 참조).

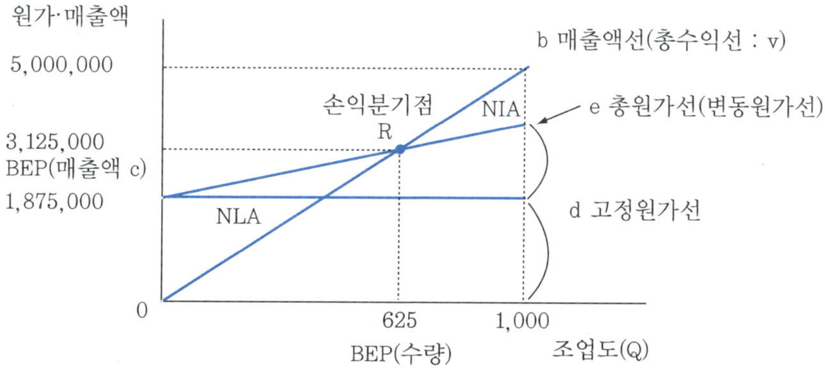

〈그림 4-4〉 손기분기점 도표

사실 경영 실무에서는 모눈지 등을 이용한 도표작성 방법이 널리 이용되어 왔지만 이때 그림을 통한 정확한 숫자파악은 쉽지 않다. 필요하다면 컴퓨터 등을 이용한 공식법이나 공헌이익법 등을 이용한 원가, 조업도, 이익 및 손익분기점의 정확한 산출이 어렵지도 않다. 그러나 경영실무에서는 항상 그때 그때 신속한 상황파악과 이에 따른 의사결정과 활용성에 관심을 갖고 있기 때문에 정보의 적정성 한계를 넘지 않는다면 정확한 수치보다는 수익, 원가, 순익이나 손실의 흐름을 파악하고 대처하는 것이 더 중시될 수 있다.

2) 변동비법에 의한 원가-조업도-이윤도

다음의 <그림 4-5>에서와 같이 고정비법에 의한 C-V-P 도표는 이익분석을 위한 회계정보를 도시화 하는데 수반된 한계를 극복하기 위해서 원래의 그림을 약간 변형하여 변동원가선을 먼저 그리고 그 다음에 고정비선을 그리는 방법에 의한 C-V-P도이다. 총원가선과 총매출액선(총수익선)이 교차하는 도상의 지점 R은 손익분기점이 되며 이 점의 Y값(0, Y)은 매출액으로 표시된 손익분기점이며 이 점 X값(X, 0)은 매출량으로 표시된 손익분기점이다. 이 손익분기점은 또한 고정원가와 공헌이익이 일치되는 점이기도 하다.

그림 작성단계로 볼 때 먼저 변동원가선을 그린 후 그 위에 고정원가선을 그어 고정비와 총원가를 표시하기 때문에 전형적인 C-V-P도에서 처럼 총원가에서 고정원가를 차감하는 과정 없이 그림에서 직접 변동원가를 파악할 수가 있다. 그러므로 총매출액에서 변동원가를 차감하면 두 직선 사이에 곧바로 도표상에 공헌이익이 표시된다. 뿐만 아니라 공헌이익 중 고정원가를 보상한 후 나머지 부분이 순이익이 되는 관계가 그림에 명확히 표시되고 있다.

이처럼 변동비법에 의한 C-V-P 도표에서는 고정비법에 의한 C-V-P 도표에서 표시되지 못하던 공헌이익과 순이익 정보가 비교적 직접적으로 표시됨으로써 고정비, 공헌이익, 이윤 등 요소들 간의 관계를 용이하게 파악 할 수 있다는 장점이 기대되고 있다.

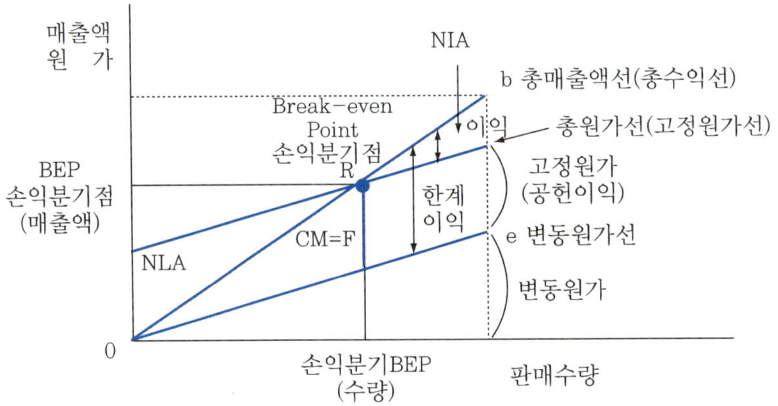

〈그림 4-5〉 변동원가법에 의한 손익분기도표

3) 통제목적의 손익분기도표

이 도표는 실제의 경영성과와 전략적으로 단순화시킨 선형모형을 통하여 계획된 성과치(수익이나 양적인 계수)를 대조시켜 업적을 평가하고 필요하다면 수정 조치를 취하기 위한 경영관리 목적으로 작성하고 이용되는 손익분기도(break-even point graph)이다. 목표이익과 실제성과 간에 차이가 발견되면 동시에 계산요소에 있어서의 원인도 찾아 볼 수가 있게 해준다.

다음 <그림 4-6>에 보면 순이익의 차이는 물론 BEP가 예정(BEP 2)보다 상승됐기(BEP1) 때문이지만 다음의 두 가지 원인에 의한 결과로서 표시되고 있다.

첫째, 변동원가가 예정치보다 높아 총원가가 당초예산 수준보다 높아져서 결국 순이익이 감소된 것이다.

둘째, 도표는 이미 일정한 수익이 전제되어 적성되었으므로 나타나지 않지만 실제 영업활동을 통하여 매출실적이 계획(예정치)에 미달되어도 순이익은 감소된다.

손익분기점이 너무 높거나 매출이 너무 낮은 두 가지 요인들은 모두 안전한계율(margin of safety ratio; M/S 비율)을 낮게 하는 요인들이다. 다시 말해서 이러한 요인들은 매출이 감소하는 여건에서는 손실이 발생될 가능성이 큰 이익구조를 가지고 있음을 알려주는 지표들이 된다. 왜냐하면 M/S비율은 매출 감소에도 불구하고 손실이 발생하지 않는 최대 영역을 표시해 주는 비율이므로 이 비율이 낮을수록 위험성은 커지기 때문이다.

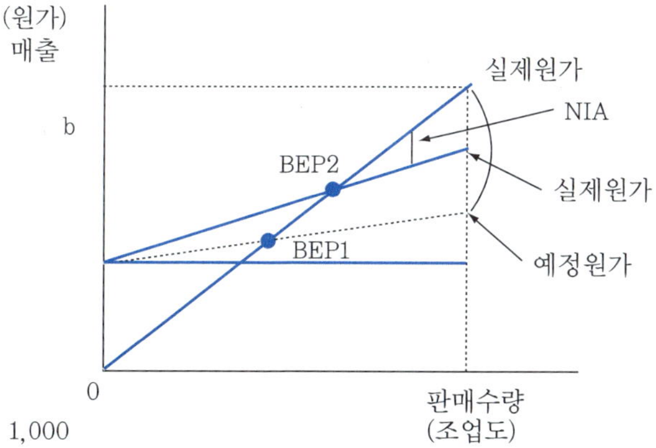

〈그림 4-6〉 통제 손익분기도

4) 단계원가에 대한 C-V-P 분석상의 고려

단계원가 혹은 준고정원가에 의해 C-V-P분석을 하려고 하는 경우에는 당연히 적합영역이 하나가 아니라 2개 이상이 될 것이다. 그 중 낮은 단계원가(혹은 준고정원가)와 높은 단계원가를 조건으로 해서 각각의 경우에 대해 BEP의 조업도나 목표이익 실현을 위한 조업도를 구한다. 그리고 각각의 조업도가 적합범위 내에서 구해지는지를 알아본다. 만약 그렇게 된다면 그 계수는 곧 BEP나 목표달성을 실현할 수 있는 조업도가 된다(그림 4-7 참조).

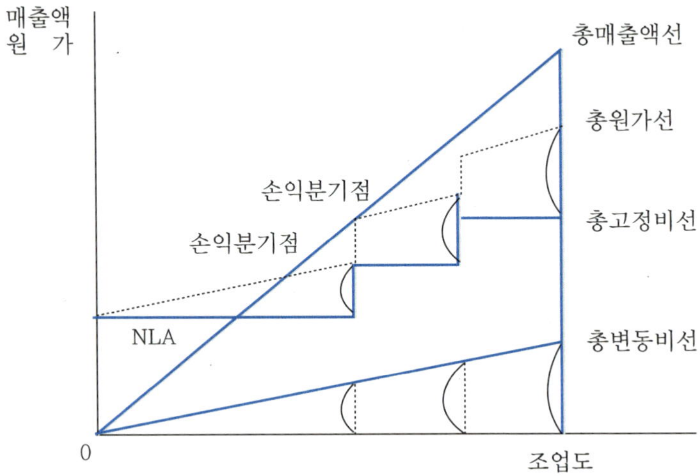

〈그림 4-7〉 단계원가와 손익분기점

7. 이윤-조업도 도표

1) 이윤-조업도 도표의 의미

앞에서 설명한 변동비법에 의한 원가—조업도—이윤의 관계를 더욱 요약하여 C-V-P 관계식을 도시한 것이 이윤-조업도 그림(profit-volume graph; profit-volume chart; P/V chart)인데 공헌이익 도표 또한 한계이익 도표 등으로도 불린다.

변동비법에 의한 원가-조업도-이윤 관계식 = {$\pi = (P - Uv)Q - F$}

고정비를 회수하고 이익을 창출하는 한계이익의 개념은 앞의 <그림 4-5>를 통하여 이해를 촉진할 수 있을 것이다. 그러나 한계이익의 개념을 분명히 나타내기 위해서는 <그림 4-5>에서 우선적으로 회수할 변동비 부분을 제거하고, 고정비와 단위당 한계이익을 중심으로 <그림 4-8>과 같은 한계이익 도표(profit-volume chart) 또는 P/V 도표(profit-volume graph)를 작성할 수 있다.

한계이익도표(P/V graph)는 매출을 고정원가와 관련시킴으로써 공헌이익(한계이익)이 조업도 변동에 따라 어떻게 변화하는가를 보여주는 도표로 조업도 변화가 순이익에 미치는 영향을 분석하려고 할 때 유용한 분석도구이다.

공헌이익은 고정원가와 이익의 합으로 표시되므로 공헌이익을 고정원가와 대조하여 나타낼 수 있는 요소들로는 이익, 손실, 수지 균형(BEP) 등 세 가지 현황이 있다.

(1) 공헌이익 = 고정원가인 경우

공헌이익이 고정원가와 동일해지는 경우는 이익이나 손실이 0이 되는 손익분기점에서 뿐이다.

고정비-한계이익 = 0 (즉, 고정비=한계이익)

(2) 공헌이익 > 고정원가인 경우

공헌이익이 고정원가보다 클 경우에 그 초과분만큼의 이익이 창출된다. 또한 공헌이익인 매출액의 고정원가 초과분은 안전한계(margin of safety) 매출액이 된다.

이익=한계이익-고정비

(3) 공헌이익 < 고정원가인 경우

공헌이익이 고정원가보다 작으면 순손실이 발생한다.

> 손실=고정비-한계이익

이는 손익분기도와 유사하나 모양과 구조에 다소 차이가 있다. 그것은 이 그림이 C-V-P분석 내용 중에서 특히 조업도와 이익의 관계만을 중심으로 해서 작성되기 때문이다. 이 도에서는 횡축이 수량 또는 금액으로 표시된 조업도(매출)이고 조업도(총매출선)의 좌단으로부터 아래쪽으로 종축에는 고정원가를 표시하고 이윤은 조업도선(총매출선)의 우단으로부터 위쪽으로 수직선상에서 표시된다. 공헌이익은 고정원가와 이익을 더한 금액이므로 그림의 이익선 상단에서 하단의 C까지의 기울기에 해당된다. 총매출선의 좌단은 곧 매출이 0인 경우로 이때엔 공헌이익도 0인 상태이므로 고정원가는 곧 순손실의 크기를 나타낸다. 그러나 매출량 증가에 따라 공헌이익도 점차 고정원가를 보상해 나가므로 마침내 공헌이익선이 고정원가와 일치하는 지점에서는 총매출선과 교차하게 되는데, 이 지점이 곧 손익분기점이다. <그림 4-8>에서 이 점을 상회하는 우측 삼각형부분이 이익영역(NIA) 또는 순이익이 되며 좌측 매출선 아래쪽의 삼각형은 손실영역 또는 순손실이 된다.

이 이윤—조업도 도표는 C-V-P 관계 중에서도 주로 조업도의 증감변동이 순이익에 미치는 영향을 분석하려 할 때 유용한데, 특히 단일제품이 아니라 여러 가지의 제품을 생산 또는 판매하는 경우에 특정의 판매믹스에 대한 조업도와 이윤의 관계를 알아보려고 할 때에 유익하다.

다시 말하면, 제품 간의 매출배합(sales mix)에 따른 특정의 수익배합(profit mix)이 순이익에 대해서 어떤 영향변화를 가져올 것인가를 예측하고 평가하는 경우에 간단하고 신속한 수단으로 이용될 수 있다. P/V 또는 월별, 계절별로 정기적인 조업도와 이윤관계를 분석하는데도 유용하다. P/V도가 이용되는 또 다른 측면은 부문별로 이윤-조업도의 관계를 파악하려고 할 때이다.

2) 이윤-조업도 도표(profit－volume graph) 사례

(1) 이윤-조업도(P/V) 그림

다음의 <그림 4-8>은 매출이 ₩2,000,000이고 고정원가가 ₩1,000,000, 변동원가가 ₩600,000일 때의 이윤—조업도 도표를 그린 것이다.

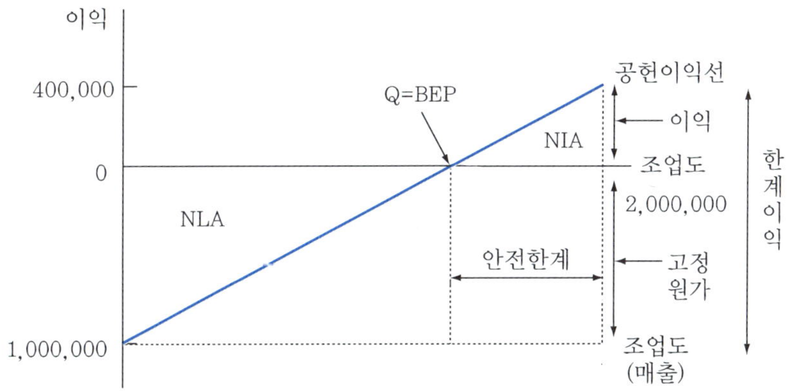

〈그림 4-8〉 이윤-조업도 그림

(2) 정기적인 이윤-조업도 관계 분석

이윤-조업도(profit-volume; PV) 도표에는 월별 또는 계절별로 정기적인 조업도 및 그와 관련하여 초래된 성과인 순이익 혹은 순손실을 계수로 분석해 보는데 유용하다.

다음의 <표 4-5>는 계절성을 갖는 식당의 월별 매출실적과 순이익을 나타내 주는 표이다.

〈표 4-5〉 월별 매출실적과 순이익

월별	매 출	순이익(손실)
1	1,000,000	(500,000)
2	3,000,000	500,000
3	3,500,000	1,000,000
4	4,000,000	1,000,000
5	4,500,000	1,100,000
6	5,000,000	1,500,000

월간 발생되는 고정원가는 ₩1,000,000이다. 매출이 전혀 없을 때 변동원가는 물론 발생되지 않으며 순손실은 ₩1,000,000이 된다. 그 밖의 다른 정보가 없다고 가정할 경우 이윤-조업도(profit-volume)는 다음과 같다.

(단위 : ₩1,000)

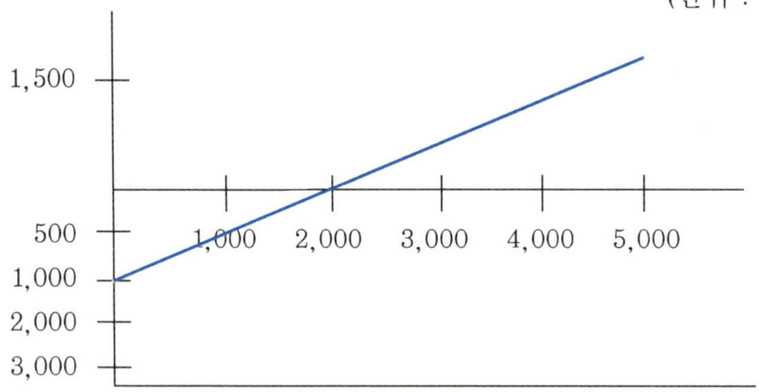

〈그림 4-9〉 월별 이윤분석의 P/V

위의 <표 4-5>에 나타낸 자료를 가지고 변동원가를 구할 수 있다.

다음의 <표 4-6>을 가지고 1월부터 6월까지의 변동원가를 구해보기로 하자.

〈표 4-6〉 공헌이익과 변동원가

구분＼월별	1월	2월	3월	4월	5월	6월
매출	1,000	3,000	3,500	4,000	4,500	5,000
차감계정 :						
고정원가	1,000	1,000	1,000	1,000	1,000	1,000
순이익	-500	500	1,000	1,000	1,100	1,500
공헌이익	500	1,500	2,000	2,000	2,100	2,500
변동원가	500	1,500	1,500	2,000	2,400	2,500

위의 자료에 의해 공헌이익률(Contribution margin ratio)은 물론 변동원가율도 구할 수가 있게 되었다. 총매출을 100%로 볼 때 6월의 변동원가에 대한 변동원가율은 50%이다.

$$변동원가율 = \frac{총매출(S)}{총변동원가(T)}$$ 이므로변동원가율은 50%로 산출되었다.

$$즉\ 변동원가율 = \frac{5,000}{2,500} = 50\%$$ ······변동원가율

총매출을 100% 보았을 때 변동원가율과 공헌이익률의 합은 100%(또는 1)이 되므로 변동원가율 50%를 차감하면 공헌이익률(contribution margin ratio)이 50%임을 알 수가 있다.

변동비율 + 공헌이익률 = 100%(또는 1)이므로

즉 공헌이익률 = 100% − 50% = 50% ······공헌이익률

3) 부문별 이익-매출 도표(Profit-Volume Graph)

(1) 의의

전형적인 이윤-조업도(profit-volume) 관계를 활용함으로써 손익분기점은 물론 안전한계(margin of safety)와 사업 전체의 목표 또는 실제 이익에 대해서 각 부문

이 어느 정도 공헌하고 있는가 하는 것을 보려고 할 때 유용한 도표가 이윤-조업도 도표이다.

그러므로 호텔이나 식당과 같이 한 업체가 이익을 창출하는 여러 부문들을 동시에 가지고 있을(분권화된 조직) 경우에 이 도표를 작성하고 이용하는 것이 좋다. 호텔의 수익창출 부문이 전형적인 분권화 방식에 의해 객실부문(A라함), 식음료부문(B) 및 소부문(minor department; C) 세 부문으로 나뉘어져 있다고 할 때 지난 1/4 분기 동안의 영업실적은 다음 <표 4-7>의 자료와 같다고 한다.

(2) 도표 작성에 필요한 자료

전형적으로 분권화된 호텔의 사업부문들은 기본적으로 객실부문(room department), 식음료부문(food and beverage department) 및 소부문(minor department)으로 구성되어있다.여기서 객실부문을 A, 식음료부문을 B, 소부문을 C라고 하고 1/4분기의 영업실적을 토대로 이윤-조업도 도를 작도하여 호텔 전체의 조업도와 순이익에 대한 부문별 이익구조와 공헌도를 분석해 보기로 하자.

〈표 4-7〉 각 부문별 공헌이익

구분 / 부문별	(1) 매 출	(2) 변동원가	(3) 공헌이익 (1) - (2)	(4) 공헌이익률 (3) / (1)
A	₩ 2,000	1,000	1,000	50%
B	2,000	500	1,500	75%
C	1,000	1,000	-	0
	5,000	2,500	2,500	50%
	(차감)			
	총고정원가		1,000	
	순이익		1,500	

앞의 <표 4-7>에 나타난 정보를 이용하여 부문 이윤-조업도 P/V도표를 작성하기 위해서 먼저 각 항목을 자세히 살펴보기로 한다.

그런데 <표 4-7>에 있는 (1)부터 (4)까지의 4개 항목은 다음과 같이 작성된다.

가. 항목 (1)은 그대로 A, B, C 각 부문별 총매출액을 말한다.

나. 항목 (2)은 A, B, C 각 부문별 총변동원가를 말한다.

다. 항목 (3)의 공헌이익은 원래 총수익(총매출)에서 총변동원가를 차감하여 항목 (1)의 매출액으로부터 항목(2)의 변동원가를 차감하여 얻게 된다.

라. 항목 (4)의 공헌이익률은 공헌이익을 총매출로 나누어 구하는 비율이므로 여기서은 항목 (3)의 수를 항목(1)이 수로 나누어서 얻게 된다.

(3) 도표 작성의 순서

P/V표(Profit/Volume Graph: 이윤-조업도 그림)를 그리는 과정을 상세히 설명하기 위해서 다음과 같이 7단계로 나누어 도표를 작성하려고 한다.

① 첫 번째의 그림그리기

횡축에 부문매출을 나타내는 평행선을 그린다.

이 때 끝의 수치는 각각 A부문, B부문, C부문의 총매출을 가산한 수치이고 이것은 조업도를 나타내 주는 선이 된다. 여기서 최대 도업도 ₩5,000,000으로 한 선을 그린다. 이때 조업도 ₩5,000,000선을 (X)라고 하자.

> A부문매출 + B부문매출 + C부문매출
> = ₩2,000천 + ₩2,000천 + ₩1,000천
> = ₩5,000천

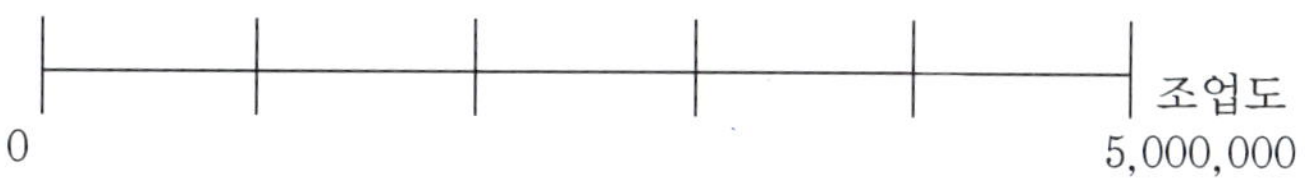

〈그림 4-10〉 1단계-조업도

② 두 번째의 그림 그리기

총고정원가를 표시해 주기 위해서 조업도가 0인 지점인 조업도선의 왼쪽 끝에서 수직으로 선을 그린다.

위 <표 4-7> 자료에 의하면, 여기서 총고정원가는 ₩1,000천이다. P/V도에서 고정원가는 0을 중심으로 지금 그린 수직선 아래쪽에 표시해 주는 것이므로 원가선의 ₩1,000천인 지점을 찾아(F)로 표시해 준다.

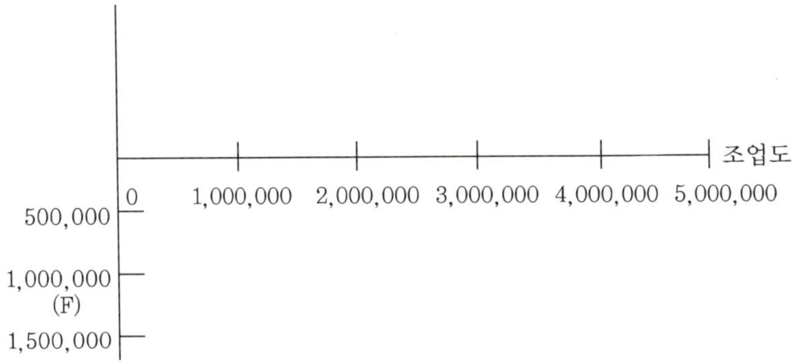

〈그림 4-11〉 2단계-총고정원가

③ 세 번째 단계의 그림 그리기

다음으로 그림 ①의 조업도선 우단, 조업도가 ₩5,000,000인 점에서 수직선을 그리고 그 위쪽에 총이윤을 표시해 준다.

<표 4-7>에서 보면 이 호텔의 순이익은 ₩1,500,000(공헌이익 - 고정원가 = ₩2,500천 - ₩1,000천 = ₩1,500천)이므로 +의 영업성과를 나타내는 위쪽 선상의 ₩1,500,000인 지점을 확정표시하고 이 점을 P라고 하자.

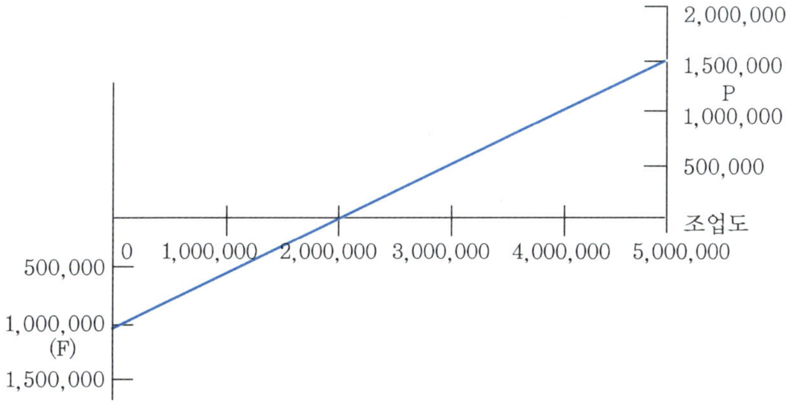

〈그림 4-12〉 3단계 순이익의 표시

④ 네 번째 단계의 그림 그리기

지금까지 그림에 표시된 두 개의 확정된 지점, 즉 총고정원가인 지점 F (₩1,000,000)와 총순이익 지점 P(₩1,500,000)를 직선으로 이어주는데, 이 선은 순이익선, 한계이익선 또는 공헌이익선이 된다(그림 4-13 참조).

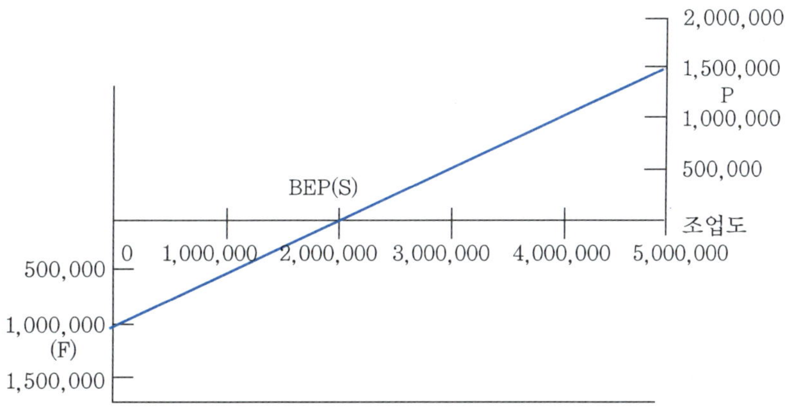

〈그림 4-13〉 순이익선

이때 조업도선과 순이익선이 만나는 지점이 곧 손익분기점이 되므로 이 그림에서 손익분기점이 매출은 ₩2,000,000이 된다. 그리고 손익분기점을 S라고 하면 삼각형 OSF는 순손실 영역(Net Loss Area; NLA)이 되고 삼각형 XSP는 순이익 영역(Net Income Area; NIA)이 된다.

⑤ 다섯 번째의 그림그리기 단계

이렇게 해서 이 호텔의 총공헌이익 또는 총이익이 파악되었다. 다음은 총이익에 대한 각 부문별 공헌도를 표시해 주기 위해서 좌단 아래의 총고정원가 표시지점인 (F)를 기점으로 해서 공헌이익(CM)이 가장 큰 부문부터 시작해서 공헌이익이 가장 적은 부문까지 부문별 P/V도를 그려 나간다.

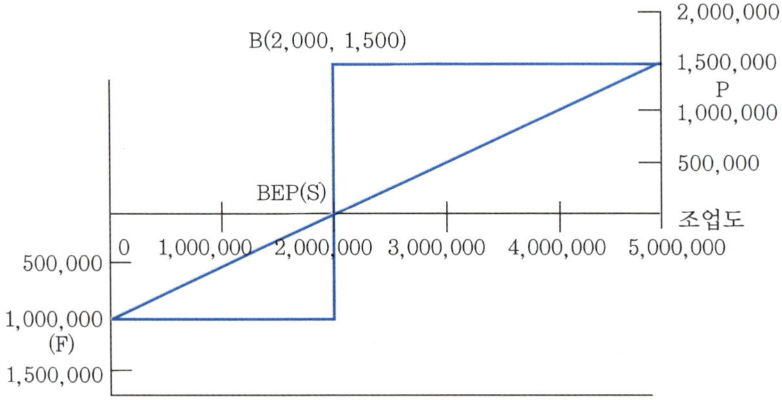

〈그림 4-14〉 총이익과 총공헌이익

<표 4-7>에 의하면 식음료 부문(B)의 경우에 공헌이익이 ₩1,500천이므로 조업도선 X선상의 ₩2,000천인 점을 중심으로 수직선을 긋고 고정원가점(F)로부터 가로 점선을 그려 선과 만나는 점에서부터 위쪽으로 ± ₩1,500천인 점을 발견하여 이 점을 B로 정한다.

⑥ 여섯 번째 단계의 그림그리기

그 다음은 두 번째로 공헌이익이 ₩1,000,000인 객실부문(A)의 공헌이익을 표시해 줘야 한다.

여기서 주의할 점은 부문 B는 고정원가 ₩1,000,000과 매출액 ₩2,000,000을 기점으로 그림을 그렸지만 2번째의 부문A에서는 <표 4-7>의 자료로부터 얻은 순매출 ₩2,000,000과 공헌이익 ₩1,000,000을 표시해 주는데 있어서 부문B의 그림을 기준(점)으로 해서 그린다는 점이다. 그러므로 결국 누계자료인 매출액 누계 ₩4,000,000(부문A의 매출 + 부문B의 매출)과 공헌이익 누계액 ₩2,500,000(부문A의 공헌이익 + 부문B의 공헌이익)을 사용하는 것과 같게 된다.

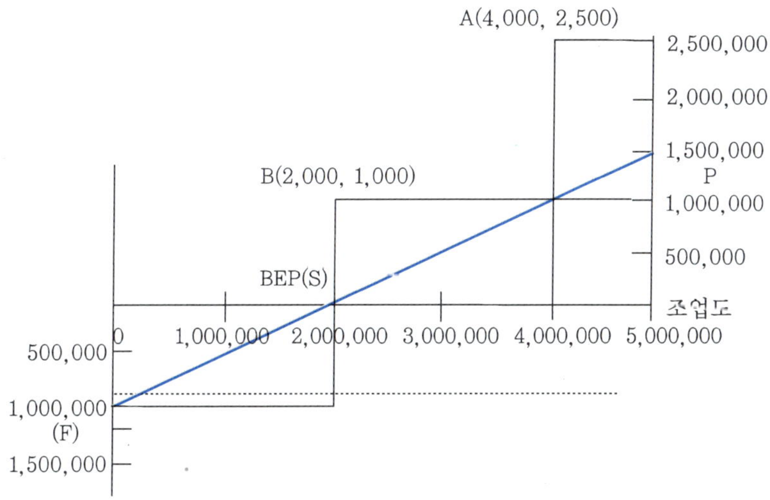

〈그림 4-15〉 부문 (A)와 부문 (B)의 공헌이익

⑦ 일곱 번째 단계의 그림완성하기

마지막으로 부문C는 소부문으로서 총매출이 ₩1,000,000로 비교적 소규모이지만 총변동원가 또한 ₩1,000,000 수준이므로 그 차감액인 공헌이익은 0이 된다.그러므로 그림의 C지점을 찾는데 사용할 누계자료를 보면 매출이 ₩5,000,000이고 공헌이익은 A부문과 B부문의 공헌이익을 합계한 ₩2,500,000에 불과하다. 그러므로 그림에서 비용수준이 부문B와 같아 동일한 높이에서 발견될 수 있는 부문 C의 지점은 수평으로 ₩1,000,000인 만큼 이동한 점이 된다.

이상과 같이 확정된 점 B, A, C를 연결하면 <그림 4-16>에서 볼 수 있는 부문별 이윤-조업도 그림(P/V: Profit/Volume Graph)가 완성되게 된다(그림 4-16 참조).

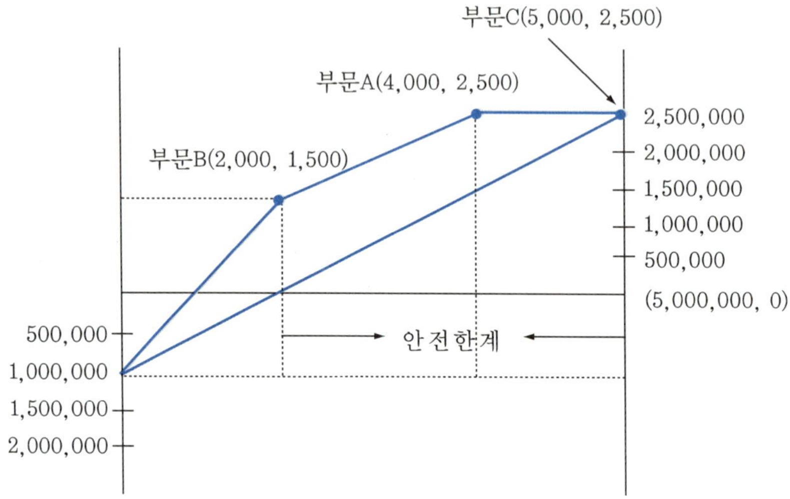

〈그림 4-16〉 부문별 P/V 도

위의 도표를 통하여 우리는 손실이 발생하지 않는 안전한계(M/S비율), 공헌이익(contribution margin: CM)을 알고 또한 각 부문별 이익공헌도를 한눈에 비교할 수 있게 되었다. 그러나 총이익을 100%로 보았을 때 정확히 얼만큼씩 기여했는가에 대한 비율을 알지 못한다.

그러므로 이러한 관계를 정확한 계수로서 파악하려면 공헌이익률(다음 장 참조)을 구해보면 된다. 공헌이익률(CM비율)은 공헌이익을 총매출액으로 나누어서 얻을 수 있는 분석정보이다. 그러므로 앞의 <표 5-7>에서 시사되는 항목 (3)의 수를 항목 (1)의 수로 나누면 된다(표 4-7 참조).

이 호텔의 영업실적을 종합해 볼 때 공헌이익률은 50%임을 알 수 있다.

[공헌이익의 산출]

호텔의 공헌이익 = 전 영업부문의 공헌이익

= 각 부문별 공헌이익의 총계 / 각 부문별 총매출의 합계액

= (₩1,000천 + ₩1,500천 +0)/(₩2,000천 + ₩2,000천 + ₩1,000천)

= ₩2,500천 / ₩5,000천 = 50%

제5장
원가-조업도-이윤 분석의 실제

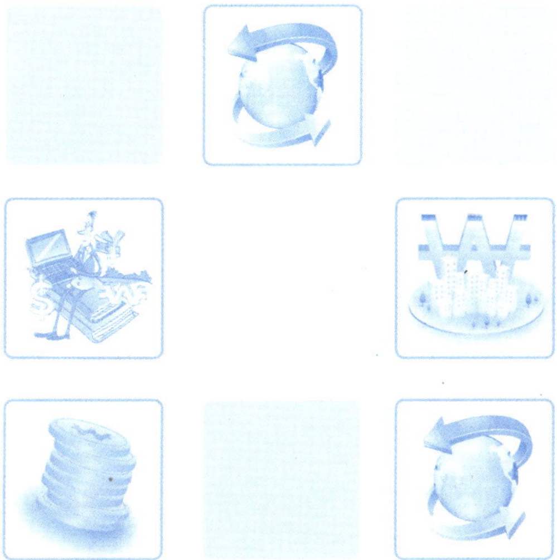

5

원가-조업도-이윤 분석의 실제

앞 장에서는 원가-조업도-이윤 관계에 대한 이론에 대하여 전반적으로 연구해 보았다.

본 장에서는 C-V-P 관계를 호텔 경영목표를 향한 영업활동에 활용할 수 있을 것인가 하는 가능성을 향하여 실무론적으로 접근해 보려고 한다.

이 장에서는 일관된 자료에 의한 분석을 통하여 이해와 비교력을 제고하기 위해서 다음 <표 5-1>에 시사되는 호텔의 회계정보를 계속 이용하기로 한다.

〈표 5-1〉 C-V-P 분석자료

객실영업자료:

객실매출 (153,000실 판매× @₩40,000) ₩6,120,000,000

변동원가 ₩2,260,000,000

고정원가 ₩3,628,000,000 ₩5,888,000,000

세전이익 ₩232,000,000

기타 분석자료:

1. 판매가능 보유객실 700실

2. 연평균 객실점유율(%)= $\frac{153,000실}{700실 \times 365일} \times 100 \fallingdotseq 60\%(59.88)$

3. 일평균 판매 객실수 700실 × 60% = 420실

4. 실당 변동원가(Uυ)= $\frac{2,260,000,000}{153,000} = 14,771$

5. 변동원가율(υ)= $\frac{V}{S} = \frac{2,260,000,000}{6,120,000,000} \times 100 \fallingdotseq 37\%(36.92)$

또는 υ = $\frac{Uv}{P} = \frac{14,771}{40,000} \fallingdotseq 37\%(36.92)$

제1절 공헌이익과 공헌이익률

1. 의의

공헌이익(contribution margin; CM)은 총매출액에서 변동원가를 차감한 잔여부분으로서 한계이익(marginal income; marginal profit)이라고도 한다. 공헌이익은 즉 매출액 중 변동원가를 초과하는 잉여분으로서 고정원가와 이익을 포함하는 개념이다. 공헌이익은 우선 고정비를 보상하고 나머지가 있을 경우에만 이익을 창출하므로 손익분기점에서는 이익이 0인 상태이므로 공헌이익은 곧 고정원가가 된다. 공헌이익 중 순이익에 기여되는 금액을 공헌액이라고 한다.

매출액 - 변동원가 = 공헌이익

고정원가 + 이익 = 공헌이익

공헌이익 - 고정원가 = 이익

손익분기점은 총매출이 총원가와 일치하는 지점의 수익이므로 이익은 0이 된다. 그러므로 손익분기점에서는 공헌이익이 곧 고정원가와 같아지게 된다. 다시 말하면, 공헌이익과 고정원가가 일치되는 경우에는 이익은 0이고 매출수익은 손익분기점 수준에 있게 된다.

이러한 관계를 산식으로 표시해 보면, 손익분기점은 총수익과 총원가가 일치하는 지점으로 이익도 손실도 없는 수지 균형점이 된다(아래 산식 참조).

[손익분기점과 공헌이익과 고정원가의 관계]

S = C → S - C = 0 → 총매출 - 총원가 = 0

S - (F + V) = 0 → 총매출 - (총고정원가 + 총변동원가) = 0

S - F - V = 0 → 총매출 - 총고정원가 - 총고정원가 = 0

S - V = F → 총매출 - 총변동원가 = 총고정원가

∴ CM = F → ∴ 공헌이익 = 총고정원가

이런 관계식을 통하여 알 수 있는 것은 공헌이익이 고정원가를 상회할 만큼 크면 이익이 발생되고 그보다 작으면 손실이 발생된다는 사실이다. 공헌이익은 고정원가의 증감변동에 의해서는 변화하지 않고 일정하므로 매출증감에 의해서 증감되며 그것도 고정원가선을 상회하기 시작할 때만 비로소 순이익이 발생될 수 있다는 사실을 정리해 볼 수가 있다.

호텔영업에서 실제로 공헌이익의 증감변화를 초래할 수 있는 것은 매출을 변화시키는 요인으로서 단위당 가격, 단위 변동원가, 판매수량 등이 증감하는 변동이 일어나는 경우에 가능한 것임을 알 수가 있을 것이다.

다음의 <그림 5-1>은 회계자료를 이용하여 총매출과 총원가, 이익의 관계를 통하여 공헌이익을 이해하기 쉽게 작성해 본 그림이다.

(단위; ₩1,000,000)

<table>
<tr><td rowspan="3">총매출
(목 표)
₩6,120</td><td rowspan="2">총원가
₩5,888</td><td>변동원가
₩2,260</td><td rowspan="2">총원가
₩5,888</td><td>변동원가
₩2,260</td><td>변동원가
₩2,260</td><td rowspan="2">손익분기점
(매출수익)
₩5,888</td></tr>
<tr><td rowspan="2">공헌이익
₩3,860</td><td>고정원가
₩3,628</td><td>공헌이익
₩3,628</td></tr>
<tr><td>목표이익
₩232</td><td>이익
₩232</td><td>순이익</td><td>순이익</td><td>목표이익</td></tr>
</table>

〈그림 5-1〉 이해하기 쉬운 C-V-P 관계와 공헌이익 개념

그런데 공헌이익은 매출 한단위에 대한 단위공헌이익(Unit Contribution Margin)에 단가 판매수량을 곱한 금액이다. 손익분기점에서는 판매량에 무관히 단위당 판매가격과 단위당 변동원가가 불변한다는 가정아래서 단위당 판매가격에서 단위 변동원가를 차감해주면 단위 공헌이익(Unit Contribution Margin; UCM)을 구할 수가 있다.

단위 판매가격 = 단위 변동원가 = 단위공헌이익(UCM)

단위공헌이익도 한 단위 판매할 때 얻을 수 있는 이익이며 이런 점에서 한계이익(Marginal Profit)이라고도 한다.

이익개념상 공헌이익은 매출총이익(Gross Margin; Gross Profit; GP)과 유사하지만 후자가 손익계산 과정상 기능적 접근에 의해 산출되는 재무회계적 개념인데 비해 공헌이익은 경영관리적 의사결정에 유용한 관리회계적 개념이다.

일정한 매출수준에서 공헌이익과 고정원가, 이익의 관계를 상호 관련시켜서 분석해보면 일정한 원가구조 하에서 수익성을 평가할 수 있고 평가결과에 따른 고정원가 수준의 결정 또는 합리적인 재조정이 가능한 것이다.

이러한 관리적 의사결정에 있어서는 공헌이익을 금액을 통하여 독립적으로 보기보다는 매출액 중 몇 퍼센트가 고정비의 보상과 이익창출에 기여되었는가를 백분비로 보여주는 공헌이익률(contribution margin ratio; CM률)을 이용하는 것이 매우 효과적이다. 공헌이익률은 이윤-조업도 비율(PV비율; profit-volume ratio), 한계이익률(marginal profit ratio), 혹은 매출액 중 한계이익이 몇 퍼센트를 차지하는가의 관점에서 매출액 한계이익률(marginal profit-volume ratio)이라고도 한다.

공헌이익률은 ① 공헌이익을 총매출로 나누거나 ② UCM(단위공헌이익)을 1단위당 판매가격으로 나누어 구할 수도 있고 ③ 1에서 변동원가율을 차감하여 구할 수도 있는 분석비율이다.

공헌이익(Contribution Margin)의 산식

1. $\text{공헌이익률} = \dfrac{\text{공헌이익}}{\text{매출액}}$

$= \dfrac{\text{실료단가}}{\text{실료단가}} - \dfrac{\text{단위변동원가}}{\text{실료단가}}$

$= 1 - \text{변동원가율}$

2. $\text{CM ratio} = \dfrac{(P \cdot Q) - (Uv \cdot Q)}{P \cdot Q} = \dfrac{P - Uv}{P}$

$= \dfrac{P}{P} - \dfrac{Uv}{P} = 1 - v$

(단, P=단가, Q=수량, Uv=단위 변동원가)

2. 예제에 의한 CM률의 산출

앞의 <표 5-1>의 예제의 의한 자료를 가지고 CM률의 산출해 보기로 하자.

1) CM률 = $\dfrac{40,000-14,771}{40,000} = \dfrac{40,000-14,771}{40,000}$

$\fallingdotseq \dfrac{25,229}{40,000} \fallingdotseq 63\%(63.07)$

또는 CM ratio = $1-\dfrac{Uv}{P} = 1-v = 1-37\% = 63\%$

공헌이익은 총매출에서 변동원가를 차감한 값이므로 총매출은 곧 공헌이익과 변동원가를 가산한 금액이 된다. 이것은 비율로 오게 되면 총매출은 1(또는 100%)이 된다. 그러므로 공헌이익률이 커지면 변동원가율이 작아지고, 반대로 변동원가율이 커지면 공헌이익률이 감소된다. 그러므로 공헌이익률이나 변동원가률 중 하나만 알고 있으면 나머지 비율을 구하기는 쉽다. 즉 공헌이익률이 63%라면 변동비율은 37%(37%=100%-63%)가 된다. 여기서 공헌이익률 63%의 의미는 손익분기점을 초과한 매출에 대해서는 그 중 63%가 순이익이 된다는 것을 말한다. 즉 손익분기점을 초과한 경우에도 매출액 ₩10,000마다 ₩630의 순이익이 가산되게 된다.

CM% = 1 - 37% = 100% - 37% = 63%

다음 <표 5-2>은 앞에서 예제를 대입시킨 결과 구한 CM과 CM율을 표로 나타낸 것이다.

〈표 5-2〉 공헌이익과 공헌이익률

(단위 : 1,000,000)

분류	금액( )	비율(%)
매출 변동원가	₩ 6,120 ₩ 2,260	100% 37%(변동원가율)
공헌이익	₩ 3,860	63%(CM비율)

공헌이익률은 물론 각기 다른 산업 간에서도 물론 동일 사업체 내에서라도 각 부문 간에 다양하게 나타날 수 있다. 그것은 상이한 원가구조 때문인데 그 결과 이익구조가 또한 달라지게 된다. 고정원가가 높을수록 상대적으로 변동원가가 낮아지고 그만큼 공헌이익은 높아진다. 대부분의 호텔과 식당은 총체적으로 볼때에는 높은 고정원가 구조 하에서 운영되므로 매출규모에 비해 공헌이익률이 높다.

공헌이익률은 특히 매출변동이 순이익에 미치는 영향을 측정・분석하는데 편리한 도구로서 이용될 수 있나. 즉 위의 계산식에 따른다면 고정원가가 적합영역 내에 있는 기간동안에는 손익분기점을 초과한 어떤 크기의 매출증진이라 할지라도 그중 37%(36.8%)는 변동원가에 충당될 것이고 나머지 63%(63.2%)는 그대로 순이익이 될 것이다. 왜냐하면 C-V-P분석의 확정모형에서는 조업도(매출) 증감에 관계없이 단위당 판매가격과 단위당 변동원가는 일정하다는 조건을 가정하고 있기 때문이다.

반대로 손익분기점을 미달하는 영역에서 발생된 어떠한 매출감소분의 63%도 그대로 순이익의 감소분이 될 것이다.

호텔의 3대 기본 상품은 객실, 식료 및 음료이다. 그중 객실매출의 경우 흔히 변동원가의 구성비율은 그 중 10~20%로 매우 낮으므로 공헌이익은 80~90%로 매우 높다. 식음료의 경우는 매출의 30~50%가 변동원가분이므로 공헌이익률은 50~70% 선에 이른다. 담배 및 신문판매 등의경우엔 변동원가가 매출의 80~90%로 매우 높아 이런 경우의 공헌이익은 10~20%로 매우 낮기 때문에 수익성보다는 흔히 고객에 대한 서비스 차원에서 중시되고 있다.

이상에서 논의된 바와 같이 호텔 및 식당경영의 수익성 측면에서 본다면 수익성에 영향을 미치는 요소가 단지 매출규모 뿐만이 아니라 상이한 원가구조로 말미암아 각각 공헌이익률이 다른 상품들 간의 판매믹스(sales mix) 여하에도 크게 의존되고 있음을 알 수 있다. 공헌이익률이 높은 부문의 상품 매출 증대는 비록 그 규모가 작다고 해도 공헌이익률이 낮은 부문의 더 큰 상품매출에서보다도 더 좋은 경영성과를 창출해 낼 수 있다. 앞에서 말한 호텔 상품들 중 공헌이익률이 큰 객실 매출이 ₩100,000 증대 된다면 담배 및 신문판매대에서의 매출이 ₩300,000 증대된 것보다도 더 많은 순이익을 창출할 수 있는 것이다. 그러므로 각기 다른 공헌이익률을 가진 상품들을 판매하는 호텔과 식당사업에 있어서는 전반적인 상품들의 판매믹스를 전략적으로 관리하지 않으면 안 된다. 예컨대, 비수기에 호텔 객실매출을 증진하기 위해서 계절상품이나 식음료상품을 믹스할 수도 있고 식음료 매상과 이익증대를 위해서 메뉴 간의 배합(menu mix)을 새롭게 해 볼 수도 있다.

제2절 안전한계와 안전한계율

1. 안전한계율의 의의

안전한계(margin of safety; MS)는 안전 여유라고도 하는데 손실이 발생되지 않는 최대 한도를 말한다. 이것은 기업의 손실 발생에 대한 가능성 혹은 이익에 대한 안전성을 분석하는 지표로서 흔히 예상매출 계획의 수립에 있어서나 현재 실제 매출수준에 대한 업적 평가시 이를 적용하여 이익목표 달성에 대한 안전도를 평가할 때 이용되는 개념이다.

안전한계는 금액이나 수량으로 표시된 매출이 손익분기점 매출을 초과할 때 그 초과분을 말한다. 그러므로 금액이나 수량으로 표시될 수 있으며 M/S가 클수록 기업의 수익성이 높고 안정적인 것으로 평가된다. 그러므로 손익분기점이 높아지면 안전한계는 좁아지고 손익분기점이 낮아지면 안전한계는 넓어지게 되는 관계를 가지고 있다.

> 안전한계 = 총매출 - 손익분기점매출

다음의 <그림 5-2>의 두 사업체 甲과 乙의 MS 도표는 각각 기업의 원가구조에 따라 다르게 나타나는 안전한계의 폭을 비교적으로 예시해 주고 있다.

도표에서 보는 바와 같이 손익분기점에서 안전한계는 0이 되는데, 고정원가율이 높으면 손익분기점이 높아지므로 결국 MS가 좁아지게 된다(그림 5-2 참조).

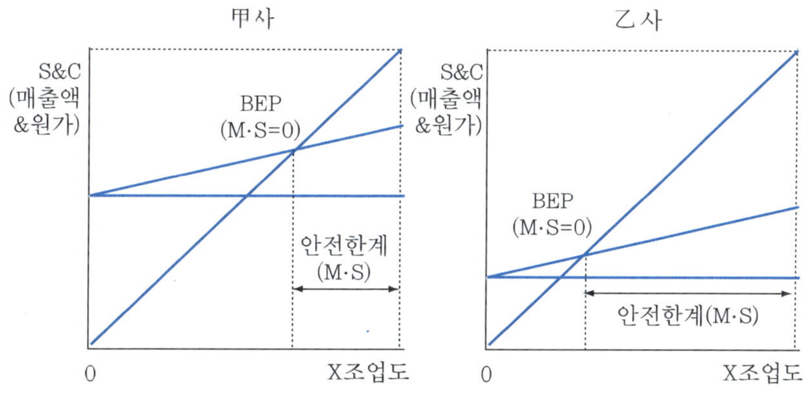

〈그림 5-2〉 안전한계 도표 비교

2. 안전한계율과 손익분기점 비율

안전한계률(margin of safety ratio; M/S 비율)은 매출에서 안전한계 매출이 점유하는 비율을 말하는데, 매출이 감소되어도 손실발생이 되지 않는 최대한도를 나타내 주는 비율이란 의미에서 안전여유율 또는 경영안전비율이라고도 한다. 이 비율은 높을수록 바람직한 것으로 여겨지지만 손익분기점이 낮거나 매출수준이 높은 여건에서만 기대될 수 있는 결과이다.

호텔의 경우, 사업 특성상 고정원가율이 높은 데다가 계절적인 수요변동의 영향으로 매출이 급격히 감소되면 안전한계가 좁아지고 순손실 발생의 위험마저 커질 수가 있다. 안전한계율과 반대되는 개념으로는 손익분기점 비율(break-even point ratio)이 있다. 두 비율 간에는 반비례적인 관계가 성립되는 까닭에 MS비율이 제고되면 손익분기점 비율이 하락하게 된다.

안전한계율은 안전한계를 총매출로 나누어 얻어지는 정보이므로 다음과 같은 산식으로 표시될 수가 있다.

$$1)\ \text{안전한계율}(M/S\text{율}) = \frac{\text{안전한계}}{\text{총매출}} = \frac{\text{총매출} - \text{손익분기점의 매출}}{\text{총매출}} \times 100$$

$$= \frac{\text{총매출}}{\text{총매출}} - \frac{\text{손익분기점 매출}}{\text{총매출}} \times 100$$

$$= 1 - \text{손익분기점률}$$

그런데 손익분기점률(break-even point ratio)이란 목표로 하는 매출액에 대해서 손익분기점 매출이 점유하는 점유비율을 나타내 준다. 이 비율은 손익분기점의 매출을 총매출로 나누어 백분율로 표시한 것인데 안전비율과는 달리 비율이 낮을수록 유리하다.

$$2)\ \text{손익분기점률} = \frac{\text{손익분기점 매출}}{\text{총매출}} \times 100$$

$$= \frac{\text{총매출} - \text{안전한계}}{\text{총매출}} \times 100$$

$$= \frac{\text{총매출}}{\text{총매출}} - \frac{\text{안전한계}}{\text{총매출}} \times 100$$

$$= 1 - \text{안전한계율}$$

이상 두 개의 산식을 통하여 안전한계율과 손익분기점은 상호 대립적인 관계에 있음을 확인할 수 있다.

즉 M/S율 = 1 - 손익분기점률

∴ M/S율 + 손익분기점률 = 1

그러므로 M/S율이 커지려면 손익분기점률이 상대적으로 낮아져야 하고, 반대로 손익분기점율이 높아지면 M/S율이 떨어져서 기업이익의 안정성은 하락한다.

이것은 결국 안전한계의 크기는 고정원가의 크기에 따라서 달라질 수 있는 관계에 있음을 말한다(그림 5-2 참조). <그림 5-2>의 甲은 고정원가가 높은 원가구조를 갖고 있으므로 손익분기점률이 높고 안전한계의 폭이 좁아진다. 반대로 乙의 경우는 변동원가가 높고 고정원가가 낮은 구조 하에 있으므로 손익분기점율이 낮은 반면에 안전한계의 폭이 넓다. 이 그림은 즉 변동원가율이 큰 경우, 다시 말해서 안전한계의 폭이 커질수록 고정원가는 작아지므로 따라서 공헌이익률(CM비율 : 1 - 변동원가율)이 하락하는 관계를 분명하게 나타내 준다.

3. 분석결과에 대한 호텔경영에서의 대안

이상에서 보았듯이 기업이익의 안전성 평가에는 안전한계(율)와 손익분기점(율)이 중요한 분석자료로 활용될 수가 있다. 이미 사업특성에서 언급되었듯이 호텔업은 계절적인 수요변동과 경제여건에 대한 여행시장의 감수성으로 인한 수요변동 여건에 따라서 일반적인 수준 이상으로 크게 영향을 받는 사업이다. 이런 시장의존적 성향의 호텔사업이 갖고 있는 본래적인 경영환경은 항상 사업성과에 대한 변화나 불확실성 소지를 제고하는 요인으로서 작용되어 왔다. 그만큼 이 사업에서는 총매출, 판매믹스, 가격구조 여하와 이윤이나 원가구조 등을 경기여건과 결부시킨 분석을 통하여 수익에 영향을 미치는 모든 측면에 대한 계획, 수정 및 관리통제 기능 수행이 절실히 요구되고 있다.

가령 안전한계는 낮으나 공헌이익률과 고정비가 높은 상황이라면 이익은 작아지므로 적극적으로 매출 증대을 위한 정책·전략개발과 시행으로 안전한계를 넓히든가 혹은 매출증진책의 고려가 어려운 여건의 일정매출 수준에서라면 강력한 원가통제방안이 강구됨으로써 원가절감을 기해 비교적 안전한계와 순이익을 증대시킬 방안들을 모색해야 한다.

다른 사례로 안전한계의 폭이 좁고 동시에 공헌이익률도 낮은 상황이라면 이때는 객실이나 식음료의 가격이나 변동원가를 점검해 봐야 한다. 매가가 너무 낮게 책정되었거나 물가앙등이나 숙련도가 낮은 종업원 등에 의한 높은 변동비 때문일 수가 있기 때문이다.

안전한계-고정비-변동비의 관계구조를 잘 파악하고 호텔이 처한 재무적 및 기타 상화을 정확히 판단할 수 있는 근거로서 분석결과를 얻는 것은 이에 대한 적절한 대안수립을 통한 효과적인 조치의 필요성을 인식하게 해주는 지름길이 될 수 있을 것이다. 공헌이익의 증감 변동은 판매가격과 단위 변동원가라는 두 요인의 변화가 주된 원인으로 작용되는 경우가 허다하기 때문에 이를 근거로 한 최적의 의사결정이 기대될 수 있다고 보기 때문이다.

계획된 비용예산 등 내용에 비해 높은 단위 변동원가의 발생은 공헌이익을 감소시키는 한편 반대로 손익분기점을 높이는 결과를 초래하게 된다. 이러한 불리한 여건을 초래시키지 않도록 관리하려면 변동비를 절감이나 매가인상 방안도 고려해 봄직하지만 소비자들의 경제적 여건을 고려하여 대책이 마련되야 할 것이다.

제3절 호텔경영 의사결정과 C-V-P분석의 적용

C-V-P 분석모형은 불확실한 상황에서 조업도(매출수량 × 단위당 매출액), 변동원가 혹은 고정원가 등의 독립변수가 일정하게 변화했을 때 종속변수로서의 순이익이 어떻게 증감 변화할 것인가를 알아보게 해주는 증분분석기법(incremental analysis)과 감도분석기법(sensitivity analysis)에 의한 분석모형이다. 그러므로 분결결과는 여러 가지 형태의 투입에 대해 다각적으로 경영 계획수립과 경영 의사결정에 활용될 수가 있게 된다.

이 절에서는 목표이익의 결정, 가격결정, 지불 능력에 적합한 이윤 규모의 결정, 계획에 대한 매출실적을 통제할 목적에 필요한 C-V-P 분석도표의 작성과 수익성 분석을 다루어 보려고 한다. 또 어떤 상품들을 믹스해서 판매하는 것이 좋을까 하는 판매믹스 등 의사결정과정에 C-V-P분석을 적용하는 문제에 대해 논의해 보고자 한다.

1. 목표 이익계획의 수립과 C-V-P 분석

일정한 목표이익을 달성하기 위해서는 그 계획이 기업의 여건에 알맞는 것이어야 한다. 그러기 위해서는 먼저 일정한 조건에서 원가와 매출이 일치하는 지점인 손익분기점은 어느지점이 되어야 할지를 매출수량과 매출액으로 산출해 보면서 총매출(조업도)은 어느 수준에 있어야 할지를 찾아내어 목표를 결정하지 않으면 안 된다. 순이익은 총매출에서 손익분기점 매출을 차감하는 식(총매출 - 손익분기점 매출 = 순이익)으로 이해될 수 있으므로 목표이익의 발견과 함께 이를 달성하는데 필요한 매출규모를 알려면 손익분기점 정보가 필요하다. 기업경영에 있어서 원가-조업도-이익의 함수들은 서로 독립적인 변수로서 존재하는 것이 아니라, 서로 영향을 주고 받는 관계에 있으므로 조업도와 손익분기점 총원가 정보는 목표이익과의 관계 하에서 분석될 때 이익의 최적화를 추구하려는 기업예산이 가장 효율적으로 결정될 수 있다고 보는 것이다.

1) 공식법에 의한 손익분기점 매출 도출

<표 5-1>의 영업자료에 의해서 이 호텔의 손익분기점 매출수익과 매출량을 계획한다.

(1) 목표이익 달성을 위한 예상매출액 목표의 결정

목표이익을 위한 매출액 목표는 고정원가와 목표이익을 결정함으로써 산출될 수가 있다.

① 공식:

$$\text{목표이익} = \text{매출액} - \text{변동원가} - \text{고정원가} = 0$$

$$\text{목표이익} + \text{고정원가} = \text{매출액} - \text{변동원가}$$

$$\text{매출액} = \frac{\text{변동원가}}{\text{매출액}} \cdot \text{매출액} + \text{고정원가}$$

$$\text{매출액}\left(1 - \frac{\text{변동원가}}{\text{매출액}}\right) = \text{고정원가}$$

$$\text{매출액} = \frac{\text{고정원가}}{1 - \dfrac{\text{단위당 변동원가}}{\text{단위당 판매가격}}} = \frac{\text{고정원가}}{\text{공헌이익율}}$$

② 손익분기점 매출액의 산정

$$\text{예상매출액} = \frac{\text{고정원가}}{1 - \text{변동원가율}} = \frac{3,628,000,000}{1 - 36.92} = \frac{3,628,000,000}{63.08}$$

$$= ₩5,753,968,000$$

이 때 변동원가율을 37% 대신에 소수점 2자리까지 사용하는 것은 계산의 정확성을 기하기 위한 것이지만 객실 매출단위가 100단위 이하인 경우에는 실제로 큰 의미가 없으므로 이를 무시하고 37%로 하는 것이 좋다.

(2) 목표이익 달성을 위한 매출목표의 산정

① 매출액(Si)과 매출수량(Qi)의 산식

단, πi: 목표이익	F: 총고정원가
Si: 총매출액(목표)	P: 판매단가(or 단위매출)
Qi: 총매출수량(목표)	Uυ: 단위당 변동원가 = Pυ
υ: 변동원가율	

㉮ 목표매출액의 산출공식

$$\text{손익분기점} = \frac{(1-Uv)\cdot(S-F)}{P}$$

$$\therefore\ Si = \frac{F+\Pi_i}{1-\dfrac{Uv}{P}} = \frac{F+\Pi}{1-v} = \frac{F+\Pi}{CMratio},$$ 또는

$$\text{목표이익} = \left(1-\frac{\text{단위당 변동원가}}{\text{단위당 판매가격}}\right)\times(\text{목표매출액}-\text{고정원가})$$

$$\therefore\ \text{목표매출액} = \frac{\text{고정언가}+\text{목표이익}}{1-\dfrac{\text{단위당 변동원가}}{\text{단위당 판매가격}}} = \frac{\text{고정원가}+\text{목표이익}}{1-\text{변동원가률}}$$

$$= \frac{\text{고정원가}+\text{목표이익}}{\text{공헌이익률}}$$

㉯ 목표매출 수량의 산출공식

$$\text{손익분기점} = (P-Uv)Q-F$$

$$\therefore\ Q_i = \frac{F+\Pi}{P-Uv} = \frac{F+\Pi_i}{UCM}$$ 또는

목표매출수량

$$= \frac{\text{고정원가}+\text{목표이윤}}{\text{단위당 판매가}-\text{단위당 변동원가}} = \frac{\text{고정원가}+\text{목표이윤}}{\text{단위당 공헌이익}}$$

② 목표이익 달성에 필요한 매출액 목표의 산정

목표이익이 ₩130,000,000이라고 할 때 <표 5-1>의 자료를 가지고 목표이익을달성하기 위한 매출액 목표와 예상 매출량 수준을 도출해 보자.

㉮ 매출액목표 $= \dfrac{\text{고정원가} + \text{목표이익}}{1 - \text{변동원가률}} = \dfrac{\text{고정원가} + \text{목표이익}}{\text{공헌이익률}}$

$$= \frac{3,628,000,000 + 130,000,000}{1 - 0.3692}$$

$$= \frac{3,758,000,000}{0,6308} \fallingdotseq ₩5,957,514,000$$

그러므로 공헌이익률 63%에서 목표이익 ₩130,000,000을 달성하려면 총매출실적이 ₩5,954,514,000이 되어야 한다.

㉯ 목표이익 달성을 위한 매출수량 목표 결정

목표 매출수량 $= \dfrac{\text{고정원가} + \text{목표이익}}{\text{단위당판매가} - \text{단위당변동원가}} = \dfrac{\text{고정원가} + \text{목표이익}}{\text{단위당 공헌이익}}$

$$= \frac{3,628,000,000 + 130,000,000}{40,000 - 14.771}$$

$$= \frac{3,758,000,000}{25,229} \fallingdotseq ₩148,956\text{실}$$

<표 5-1>과 같은 조건에서 ₩130,000,000의 순이익 목표를 달성하기 위해서는 연간 총148,956개의 객실 판매실적이 소요되고 있다.

2. 고정원가의 변동에 따른 조업도 수준의 조정

고정비의 증감요인이 발생되면 그 결과 순이익이 감소되거나 증대되는 효과를 초래한다. 그러므로 기수립된 목표이익의 재조정 없이 업무를 추진하고 성과를 달성하려면 매출액의 수정이 불가피해진다. 특히 새로운 고정원가 항목이 추가되는 등 원가고 요인이 발생되었을 경우에는 이것을 커버할 수 있는 규모의 매출 증대가 있어야만 한다. 이 때 가장 용이한 대안으로 판매가격을 인상하는 방안을 고려해 볼 수가 있지만 수요의 가격탄력성이 높은 상황에서는 가격인상에 따른 매출감소가 우려되지 않을 수도 없다. 그러므로 이런 여건에서는 매출증진을 위한 다른 방안이 모색되어야 한다. 매출 증대는 물론 조업도에 따른 변동원가의 증가도 예상되므로 이에 대한 대책도 마련돼야 한다. 호텔 투숙고객들에게 제공하는 각종 룸 어미니티 등 소모품비, 비정규직원의 인건비나 초과수당 등의 형태에 따른 추가적인 변동원가 발생이 불가피한 상황에서 목표이익 실현을 위한 매출액의 계획에는 이런 비용까지를 보상할 수 있는 수준으로 책정되어야만 한다.

판매가격의 인상 없이 종전가격으로 증대된 고정원가를 회수하고 목표이익을 달성하는데 필요한 추가적인 매출규모는 다음의 같이 산식을 이용해서 도출할 수가 있다.

1) 예제를 이용한 매출액과 매출규모 결정

(1) 목표매출액 $= \dfrac{\text{총고정원가} + \text{증대될 고정원가} + \text{목표이익}}{1 - \text{변동원가율}}$

(2) 목표매출량 $= \dfrac{\text{고정원가} + \text{새로이 증대된 고정원가} + \text{목표이익}}{\text{단위당 공헌이익}}$

K호텔은 적극적인 판촉을 위해서 광고대행사와 체결한 연간 광고계약의 결과 새로운 광고비 지출로 인해 고정원가 상승요인이 무려 ₩10,000,000이나 더 증대되었다. 이 경우 <표 5-1> 자료에 나타난 바의 원래 이윤 목표인 ₩232,000,000을 달성하려면 당초 계획했던 매출목표 ₩6,120,000,000로는 안되므로 매출액 증가가 불가피한데 얼마나 매출액을 증가시켜야 할 것인지를 알아보기 위해서 이를 계산해 보기로 했다.

① 새로운 매출액 목표 $= \dfrac{3{,}628{,}000{,}000 + 100{,}000{,}000 + 232{,}000{,}000}{1 - 0.3692}$

$$= \frac{3{,}870{,}000{,}000}{0.6308} \fallingdotseq ₩6{,}135{,}066{,}000$$

② 새로운 매출수량 목표 $= \dfrac{6,135,066,000}{40,000} \fallingdotseq 153,377$실

또는 매출수량 목표 $= \dfrac{3,628,000,000 + 100,000,000 + 232,000,000}{40,000 - 14,771}$

$= \dfrac{3,870,000,000}{25,229} \fallingdotseq 153,395$실

여기서 객실수가 153,377실과 153,395실의 두 가지로 도출되는 것은 소수점 이하의 자리 수를 정확히 활용하지 않았기 때문이다. 이것이 연간 매출자료라는 점을 고려할 때 두 계수 간의 차이(153,395실-153,377실=18실)가 그다지 중요한(material) 차이는 아니다.

2) 계산 결과의 검산

이렇게 산출된 새로운 목표 총매출 규모가 금액면에서나 수량면에서 정확한 것인지의 여부를 확인하기 위해서는 검산절차가 필요하다. 검산은 새로운 목표 매출로부터 변동된 변동원가와 고정원가의 합계인 총원가를 차감한 잔액이 앞의 <표 5-1>에 표시된 원래의 목표이익 ₩232,000,000과 일치하는지를 확인해 보는 것이다.

(1) 매출 ₩6,135,066,000

(2) 변동원가(υ×S) ₩2,265,06,000

(3) 고정원가 ₩3,638,000,000

(4) 총원가(ⓑ+ⓒ)₩5,903,066,000

(5) 순이익(ⓐ-ⓓ) ₩232,000,000

이 검산과정을 통하여 얻은 순이익 ₩232,000,000이 <표 5-1>의 원래 목표인 순이익 규모와 일치되므로 예제의 K호텔의 목표매출 규모는 정확히 산정되었음을 확인해 볼 수가 있다.

3) 추가 달성 목표인 순매출 규모의 산정

앞에서와 같이 광고비로 증대된 고정원가 ₩10,000,000을 회수하고 또 순이익 목표도 원래 수준으로 달성하려면 당초 목표였던 매출규모 ₩3,120,000,000에 비해 어느 정도 수준으로 매출을 더 증대시켜야 할지를 알아야 된다. 여기서는 모든 조건이 종전과 동일하고 고정원가만 증가하는 변동이 되었다고 가정하면 새로운 매출규모에서 원래의 매출목표액을 차감하여 순매출 규모를 구하면 된다.

계산결과 원가상승 요인에 의한 영향을 극복하기 위해서는 연간 총 ₩15,066,000의 객실 매출이 증대되야할 필요성이 제기되었고 객실수로는 연간 총377실의 매출실적 증대가 요구되고 있었다. 그런데 이 호텔이 보유한 객실수를 감안할 때 연간 377실의 객실매출은 1일 평균 1.03실(room night) 정도의 매출증대를 요구하는 것으로 분석되었다. 이것은 일평균 1실을 약간 상회하는 추가 매출실적을 달성을 요하는 수준이다.

(1) 추가매출액 : ₩6,135,066,000 − ₩6,120,000,000 = ₩15,066,000

(2) 추가매출실수 : ₩15,066,000 ÷ ₩40,000 = 377실

(3) 검산 : $\frac{6,135,066,000}{40,000} - 153,000$실

$= 153,377$실 $- 153,000$실 $= 377$실

3. 부문공통비의 처리와 C-V-P 분석

1) 예제식당에서의 부문공통비 처리

다음의 <표 5-3>에 시사되듯이 춘천식당에서는 식료부문과 음료부문을 동시에 운영하고 있는데 두 부문의 변동원가를 각각 분류하고 있다. 그런데 두 부문의 변동원가율이 각각 50%, 또는 40%로 다르게 나타나고 있어서 부문간의 공헌이익률도 다르므로 결과적으로 두 부문의 공헌이익의 규모도 다르다.

이 식당의 고정원가와 준변동원가 중 고정원가(부분의 금액)는 식당을 하나의 사업단위로 보고 식료와 음료부문별로 분리하지 않고 공통비로서 처리하고 있다. 그러므로 식료와 음료 두 부문 간에 동일한 규모로 매출이 신장된다고 해도 순이익에 미치는 영향은 각각 다르게 나타날 것이다.

〈표 5-3〉 공통고정비의 F&B 손익계산

춘천식당 (단위: ₩100)

	식료부문	%	음료부문	%	총 계
수익믹스		75		25	
부문별 매출수익	₩450,000	100	₩150,000	100	
부문별 변동원가	₩225,000	50	₩60,000	40	
부문별 공헌이익	₩225,000	50	₩90,000	60	
식당의 총공헌이익	₩225,000		₩90,000		₩315,000
고정원가					₩25,500,000
순이익					₩6,000,000

예제에서 두 부문은 동일한 고정원가와 변동원가율에서 식료와 음료부분에 각각 ₩4,500,000의 매출증대가 되었다고 가정하자. 매출증대에 따른 변동원가의 증대폭을 보면 식료부문의 경우에는 ₩2,250,000, 그리고 음료부문의 경우에는 ₩1,800,000으로 각각 변동비가 발생되게 되었다.

1) 식료의 경우: ₩4,500,000 × 50% = ₩2,250,000
2) 음료의 경우: ₩4,500,000 × 40% = ₩1,800,000

그 결과 이익도 식료의 경우엔 ₩2,250,000, 그리고 음료부문의 경우엔 ₩2,700,000씩 증대되었다. 이것을 표로 작성하면 다음과 같다(표 5-4 참조).

〈표 5-4〉 매출증대에 따른 부문별 순익의 차이

춘천식당

	식 료 부 문	음 료 부 문
매 출 증 대	₩4,500,000	₩4,500,000
변 동 원 가	₩2,250,000	₩1,800,000
순 익 증 대	₩2,250,000	₩2,700,000

2) 이익목표에 따른 매출액 결정을 위한 C-V-P 분석

어떤 규모이던 간에 이익증대를 목표로 한다면 수익믹스(revenue mix)도 달라질 수가 있다. 각 부문에서 취급하는 여러 가지 상품별 매출액 비율을 달리 조합해야 하기 때문에 이런 변화가 초래될 가능성은 매우 높다. 만약 <표 5-3>의 예제에서 보는 춘천식당에서 ₩1,500,000의 순이익 증대를 목표로 하고 있다면 이 경우에 가능한 제품별 믹스 혹은 수익의 믹스는 세 가지로 정리될 수가 있겠다. 즉 ① 식료매출 증대 방안, ② 음료매출 증대 방안, ③ 식료매출과 음료매출을 동시에증대하는 방안 등이 있다.

그러므로 그 중 어떤 수익믹스를 선택함으로써 식당사업에서 기대하는 이익목표를 증대하려는 계획을 실현하려면 과연 얼마만큼의 매출실적이 요구되는지를 우선적으로 계산해 보아야 할 것이다.

이상에서 언급된 ①~③의 세 방안에 대해 C-V-P 분석기법을 활용해서 분석해 보기로 하자.

(1) 식료매출 증대 만으로 순이익을 증대시키려는 전략의 경우

$$\text{식료매출액목표} = \frac{\text{목표이익}}{1-\text{식료의 변동원가율}}$$

$$= \frac{\text{목표이익}}{1-\text{식료공헌이익률}}$$

$$= \frac{1{,}500{,}000}{0.50} = ₩3{,}000{,}000$$

(2) 음료매출에만 의존한 이익목표를 위한 C-V-P 분석

$$\text{음료매출액목표} = \frac{\text{목표이익}}{1-\text{음료의 변동원가율}}$$

$$= \frac{\text{목표이익}}{1-\text{음료의 공헌이익률}}$$

$$= \frac{1,500,000}{0.60} = ₩2,500,000$$

(3) 식음료의 수익믹스에 의한 이익증대 방안의 분석

① 공헌이익의 가중치 계산

식료부문의 매출과 음료부문의 매출을 배합함으로써 식당의 순이익을 증대시키려고 하는 경우에는 양쪽 부문의 매출배합비율을 알아야 C-V-P분석에 있어서 각 부문의 공헌이익률에 대한 가중치(weighted figure)를 구할 수 있다. 예제의 춘천식당에서는 <표 5-3>에 나타난 바와 같이 식료부문과 음료부분의 수익은 각각 총수익의 75%와 25%(100%-75%=25%)이다.

이 식당에서는 수익믹스(revenue mix) 또는 판매믹스(sales mix) 대상 부문이 물론 식료와 음료뿐만 아니라 두 부문에 대한 공헌이익률의 가중치를 분모로 구하지만 믹스대상 부문이 여럿이면 각기 판매믹스의 비율 적용으로 모두 가산하면 된다.

이 식당에서 식료와 음료 양부분에 대한 공헌이익의 가중치는 52.5%이다.

② 식료 및 음료의 수익배합에 의한 목표 총매출액

$$\text{F\&B 매출배합목표} = \frac{\text{목표이익}}{\text{공헌이익률의 가중치}}$$

$$= \frac{\text{목표이익}}{\text{식료의 매출배합률} \times \text{식료의 공헌이익률}}$$

$$= \frac{\text{목표이익}}{\text{음료의 매출배합률} \times \text{음료의 공헌이익률}}$$

$$= \frac{1,500,000}{(0.75 \times 0.50) + (0.25 \times 0.60)}$$

$$= \frac{1,500,000}{0.38 + 0.15}$$

$$= \frac{1,500,000}{0.53} = ₩2,830,189$$

③ 식료음료 매출액을 분리한 계산

	식료부문		음료부문	
	비율	금액	비율	금액
ⓐ 수익 믹스(비율)	75%	75%		25%
ⓑ F&B 총매출 목표		₩2,830,189		₩2,830,189
ⓒ 부문별 매출목표 ⓐ×ⓑ		₩2,122,642		₩707,547
ⓓ 부문별 변동원가 ⓒ×υ	50%	₩1,061,321	40%	₩283,019
ⓔ 부문별 공헌이익 ⓒ-ⓓ		₩1,061,321		₩424,528
ⓕ F&B 배합공헌이익	₩1,061,321 + ₩424,528 = ₩1,485,849			

위 표에서 시사되는 것처럼 식당 전체의 순이익 목표달성을 위해서는 식료부문은 총매출의 75%에 해당하는 ₩2,122,642에 달하는 매출목표를 수립하고 있으며 음료부문은 전체의 25%를 점유하는 ₩707,547의 매출실적 달성을 목표로 수립해야만 한다.

(4) 분석정보의 변화와 공헌이익률

앞의 <표 5-3>에 시사되는 계획 중 이윤목표는 ₩6,000,000로부터 ₩7,500,000으로 증가시키는 변화가 초래되었고 고정원가도 ₩25,500,000에서 ₩26,100,000으로 증가되었다. 식료대 음료의 수익믹스(revenue mix)가 70% 대 30%로 변화된 경우에도 공헌이익은 변화되지 않고 있다. 이처럼 CM률이 불변하는 관계를 상세히 살펴보기로 하자.

$$총수익 = \frac{고정원가 + 매출액}{(식료수익믹스비률 \times 공헌이익률) + (음료믹스비률 \times 공헌이익률)}$$

$$= \frac{26,100,000 + 7,500,000}{(0.70 \times 0.50) + (0.30 \times 0.60)}$$

$$= \frac{33,600,000}{(0.35 + 0.18)} + = \frac{33,600,000}{0.53}$$

$$\fallingdotseq ₩63,396,226 \fallingdotseq 63,396,000$$

따라서 식료부문의 총수익과 총변동원가는 각각 ₩44,370,000과 ₩22,185,000이다. 음료부문의 수익은 ₩19,020,000이고 총변동원가는 ₩7,605,000이다.

① 식료부문의 수익과 변동원가 및 공헌이익

수익 : ₩63,390,000 × 70% = ₩44,373,000(100%)

변동원가 : ₩44,373,000 × 50% = ₩22,186,500(50%)

공헌이익 : ₩44,373,000 − ₩22,186,500 = ₩22,186,500(50%)

② 음료부문의 수익과 변동원가 및 공헌이익

수익 : ₩63,390,000 × 30% = ₩19,017,000(100%)

변동원가 : ₩19,017,000 × 40% = ₩7,606,800(40%)

공헌이익 : ₩19,017,000 − ₩7,606,800 = ₩11,410,200(60%)

춘천식당의 총공헌이익 ₩22,185,000 + ₩11,410,200 = ₩33,596,700

식당의 이익고정원가 ₩26,100,000

식당의 총영업이익₩33,596,700 − ₩26,100,000 = ₩7,496,700

≒ ₩7,497,000

이상의 내용을 표로 정리한 것이 다음의 <표 5-5>이다. 이 표를 <표 5-3>과 비교해보면 공헌이익이나 변동원가율에는 변화가 없고 단지 총영업이익만 ₩6,000,000에서 ₩7,495,200으로 증가되었음을 알 수가 있다.

〈표 5-5〉 공통고정비에서의 손익계산

춘천식당

(단위: ₩100)

	식료부문	%	음료부문	%	총 계
수 익 믹 스	₩443,730	70	₩190,170	30	
매 출 수 익	₩443,730	100	₩190,170	100	
변 동 원 이	₩221,865	50	₩76,068	40	
부 문 별 공 헌 이 익	₩221,865	50	₩114,102	60	
식 당 의 총 공 헌 이 익	₩221,865		₩114,102		₩335,967
이 익 고 정 원 가					₩261,000
순 이 익					₩74,970

4. 매가변동시의 매출규모를 구하는 산식

판매가격이 인상되거나 인하되는 등 변동될 경우에 그리고 변동원가가 수익에 대한 비율로 표시된 경우에도 목표이익을 달성하기 위한 매출액 목표가 달라져야 한다. 이 때 어느 정도 수준으로 매출규모가 변화되어야만 목표가 달성될 수 있을지를 알아보기 위해서는 다음의 산식적용을 통하여 알아볼 수가 있다.

$$\text{매출규모} = \frac{\text{고정원가} + \text{목표이익}}{\dfrac{\text{현재변동원가율}}{1 \pm \text{제시된 매가변동비율}}}$$

제6장

가격의사결정 이론

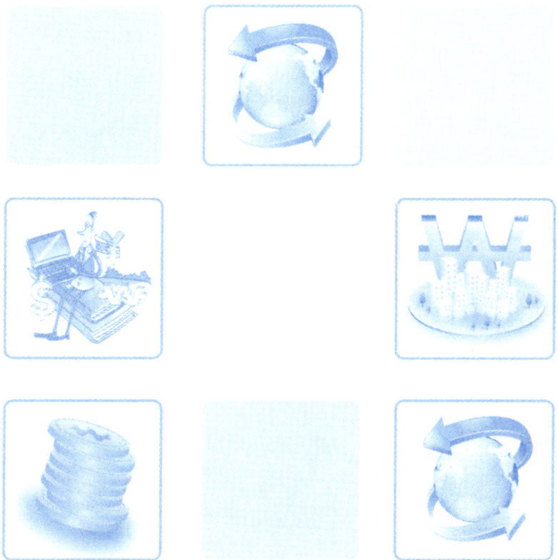

6 가격의사결정 이론

제1절 가격결정의 의의

1. 가격결정의 의의와 중요성

호스피탈리티 사업체의 수익성 결정에 가장 중요한 요소는 가격이다.

이미 언급했듯이 지나치게 높거나 낮은 가격결정은 결과적으로 수익극대화의 실패요인으로 작용될 수가 있다. 소비자들이 지불하려는 가격보다 높은 수준의 가격은 경영활동을 통하여 실제로 창출할 수 있는 수익보다 더 수익을 실현하게 할 수가 있다. 반대로 매출실적이 월등히 증대되었어도 순익감소 결과를 초래할 수도 있다.

과도한 단위 매출수익이 사업체의 매출량 감소로 이어짐으로써 매출기회의 상실로 인한 실현가능한 잠재이익을 실현할 기회를 상실하게 만들거나 저렴한 가격으로 매출량은 증대되었지만 정작 매출수익이 감소하고 결과적으로 순익을 하락시키는 경우, 어느 쪽도 유리한 경영성과를 초래하지 못한다.

가격결정에 있어서 경영자의 목표는 이익극대화를 실현할 수 있는 가격의 책정에 있다.

가격결정에 있어서 고려할 또 다른 요소는 시장에서 특정 사업체가 점유하는 시장점유율과 시장 포지셔닝(positioning)이라고 하겠다.

고객의 입장에서는 지나치게 저렴한 가격은 제품 품질에 대한 신뢰성을 의심해 볼 수도 있겠고 가격이 지나치게 높을 경우에는 가치에 상응하는가에 대한 확인을 요할 수도 있다. 흔히 수익성과 시장점유율과는 항상 일치하는 목표로 고려되지는 않는다.

이익은 우연히 초래되는 것이 아니라 목표 매출과 창출된 수익에 따라 발생될 제 원가요소들에 대한 면밀한 계산과 예산에 의해서 계획되고 집행됨으로써 달성되는 것이어야 한다. 원가절감에 의한 이익 실현이나 제원가를 극복할 수 있는 충분한 수익창출을 위한 공격적인 경영 어디에도 적정 매출실적과 비용의 관리 그리고 마케팅 노력 등은 예외가 있을 수가 없다.

원가적인 접근 등 많은 가격결정 대안들이 있다. 때로는 어떤 가격결정 논의가 시장수요나 경쟁적 요소 등의 비원가적인 요소들을 무시하는 것으로 비판될 수도 있지만, 어떤 경우에는 비판되는 요소들의 고려가 적정한 가격 의사결정에 결정적인 요소로 고려되어야 할 필요성이 제기되기도 한다.

영리기업과 비영리 기업은 원가와 수요 형태, 이익목적이나 이용도에 차이가 있을지 모르나 어느 경우에도 조직의 목적을 위한 성과 창출이라는 점에서는 경영에 차이가 있을 수 없으며 가격결정방법이 반드시 달라야만 할 필요성을 제기하지도 않는다. 비영리 사업체에서는 흔히 비용초과 수익이라 불리는 이익을 사업 확장, 고정자산의 대체 및 서비스 수준 향상이나 제고 등에 이용하고 있지만 기업에서 이익은 다른 방식으로 제이해관계자에 기여하는 수단이 될 수 있다. 예컨대 사업 확장, 소유주의 투자이익이나 주주의 배당소득 증대 등 다양한 목적에 배분되고 기여되게 된다.

본 장에서는 다루는 호텔의 가격결정은 물론 영리기업의 그것으로서 원가관리나 원가절감으로 순이익 혹은 투자수익을 극대화하려면 회계학적 접근과 함께 마케팅적 접근이 병행 요구될 것이다. 고객에게 제공되는 상품과 서비스에 대해 수립된 가격들을 통제하는 것도 수익관리에 있어서 매우 중요하다. 수익은 가격을 통하여 실현되기 때문에 가격과 총수익은 수익실현에 있어서 밀접하게 관련되어 있다. 수익은 영업 또는 영업 외 비용을 진보하고 적정한 투자수익을 창출함으로써 순이익의 원천이 된다. 가격수준은 또 호텔의 예산편성, 운전자본 및 현금관리, 투자의사 결정 등과 같은 문제에 대해서도 영향을 미치고 있다.

2. 호텔 · 식당의 가격결정 환경

1) 변화하는 경영환경으로 어려워지는 가격결정

그러나 사업체는 살아있는 기관처럼 유사한 것들을 필요로 하면서도 그 내용은 매우 다양하다. 환대산업을 구성하고 있는 모든 사업은 고도로 시장의존적이어서 재무적 건실성 유지가 어렵다.

그러나 투자자원의 규모, 영업규모, 원가구조, 인력자원의 특성과 규모, 기업의 형태, 판매믹스나 경쟁의 내용과 형태 등이 다르다. 또한 목표로 하는 시장이 다를 때 호텔이나 식당이 추구하는 독특한 분위기와 그들이 제공하는 식음료나 서비스의 내용과 질도 달라지게 된다. 이러한 환경여건들이 환대산업에서의 가격결정 및 정책수립을 어렵게 하는 요인들로 작용하고 있다. 이러한 여건들은 가격결정을 수익성에 관련된 가장 결정적인 운영상의 문제로 부각시키는 배경이 되고 있다.

가격결정이란 기업의 현재여건과 시장상황을 고려하면서 앞으로 나아가려고 하는 수익성 목표 및 기타 목적을 달성하기 위한 수단으로서 가격을 정하는 것을 말한다(그림 6-1 참조). 그러므로 가격결정 과정에서는 곧 가격결정의 여건을 이루고 있는 원가 및 이익구조, 제품, 투자자본, 고객욕구 및 수요형태, 경쟁관계 등 요소들을 중심으로 고려하게 된다.

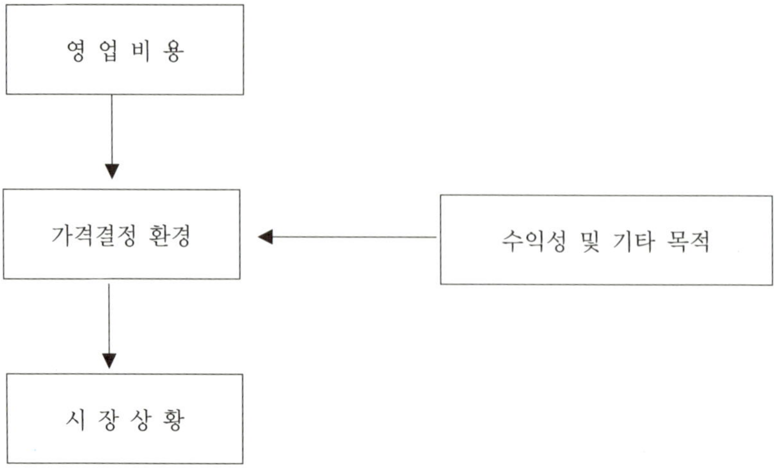

〈그림 6-1〉 가격결정 환경

2) 매출규모에 영향을 미치는 상품과 서비스의 가격수준

가격이 상품 및 서비스에 대한 시장수요 결정의 주요인으로 작용하는 까닭은 일반적으로 그 재화와 용역이 호텔고객에게 주는 효익과 그것을 위해 소요된 비용이나 가치의 희생에 대한 것으로 받아들여지기 때문이다.

고가격의 경우에 고객이 거는 기대효용의 내용이나 질은 가격이 저렴할 경우와는 분명히 다르다. 그러므로 적정한 가격수준은 수요와 무관할 수 없다.

호텔과 식당에서 가격은 요금, 식대, 입장료 등으로 불리는데 수익창출이나 획득의 직접적인 수단이 됨으로써 사업전반에 걸친 재무적 성과에 직접적으로 관계한다. 수익을 통하여 모든 영업비용이 보상되고 순이익도 창출된다. 가격은 또한 장차 예산편성, 운전자본 및 현금관리, 투자의사결정 등 관리활동에도 직접적으로 영향을 미칠 것이기 때문이다.

3) 가격결정과 국제적인 영향관계의 호텔산업

국내외를 막론하고 호텔산업은 국제적으로 통합되는 경향이다. 호텔은 물론 항공사 등도 점차 체인화, 인수합병, 위탁경영이나 전략적 제휴 등 여러 가지 방법으로 결합됨으로써 거대한 다국적 기업으로 성장되고 있다. 이러한 국제적인 호텔의 경영환경은 결국 소규모로 개발된 호텔사나 식당사들의 상대적인 경쟁력 약화를 초래함으로써 견실한 재무구조를 위협하고 있다. 이러한 여건에서 강한 원가통제, 효과적인 마케팅 활동 및 합리적인 가격결정 등을 통하여 전략수립이나 자구책이 강구되어야 할 때이다. 더구나 호텔과 식당사업 분야에서 일어나고 있는 기술발전과 발전속도의 가속화 현상은 기존의 원가구조를 바꾸어야만 할 상황을 초래하게 할 수도 있다. 이러한 기술적인 여건들로 말미암은 원가고의 압박은 경영자들로 하여금 그들의 가격수준이나 그 결정방법을 재평가하도록 하는 경영환경으로 작용되고 있다. 이런 점에서 가격구조에 대한 지속적인 연구검토는 불가피하다.

4) 관광요소로 지역사회와 경제에 대한 기여도 제고의 호텔 · 식당

호텔과 식당은 주요한 관광사업의 구성요소로서 일국의 관광사업에 기여하고 있다. 그 결과 지역사회의 발전과 지역경제에도 크게 기여하고 있다. 여기서 이들 업체에서 수립한 가격정책 여하와 그들이 제시하는 가격수준은 결국 그 지역이나 그 나라에로의 관광객 유치 및 이를 통한 경제적 부의 축적 또는 외화가득에 있어서 결정적인 요인이 아닐 수 없다.

이상에서 살펴 본 바와 같이 호텔 - 식당 산업계의 가격정책의 중요성이나 가격의 의의는 특별히 큰 의미를 가지고 있는만큼 가격에 대한 의사결정권은 대체로 하부로 위양되지 못하고 최고경영자들의 책임소관으로 되어 있다.

제2절 가격정책

1. 가격결정의 목표

장기적인 관점에서 가격결정의 궁극적인 목표는 수익성 있는 가격을 정하는데 있다. 그러나 단기적으로는 극심한 경쟁상황에서 비용, 이익 중심의 재무관리적 목적을 위한 수익성 목표는 질적인 목표 이외에도 성장률, 매출수량 혹은 시장점유율의 유지 등 소비자 지향적 측면에서 가격을 그들이 지불하는 비용으로 보고 특별가격에 의한 양적인 시장확대 목표를 가격결정의 목표로 할 수 있다. 호텔의 경우에는 제품이나 투자 수명주기(life cycle)로 보아 개업초기의 1년~2년 기간 내에는 단기적인 이윤 극대화나 수익성 목표보다는 시장진입과 시장점유율 확장에 목표를 둘 수 있다. 그러므로 가격정책의 목표 수립은 수명주기의 진행에 따라 수반될 여건변화에 맞추어서 변화를 주어 수립되어야 할 것이다. 다시 말해서 흔히 가격결정의 목표가 되고 있는 ① 현상유지, ② 이익, ③ 판매 등과 같은 내용들을 기간별로 신축성 있게 결정할 필요가 있는 것이다.

2. 가격결정 전략의 수립

1) 신규 또는 기존사업체의 가격전략

실제로 가격을 결정하기 위해서는 우선 가격전략을 수립해야 한다. 가격전략은 가격결정 대상의 호텔이나 식당이 기존 사업체인지 또는 신규 투자된 사업체인지에 따라 달라질 수 있다.

(1) 기존 사업체의 가격결정 전략

기존 사업체는 이미 신규 사업체에서 필요로 하는 전략이 개발되어 있을 것이므로 가격결정은 상당부분 기술적인 측면이 강조되게 된다. 기존 사업체의 가격결정은 정해진 기존 가격수준을 재조정하는 기술적인 측면으로서 메뉴의 가격결정, 개별의 연회나 활동(functions)에 대한 가격결정, 일시적이거나 특별행사(occasional)에 따른 가격인하결정, 특별 판매가격의 적용 등 가격결정 업무들은 지금까지의 경험과 축적된 기술 및 정보를 이용하여 일상적 또는 반복적으로 이루어지게 된다.기존 사업체는 이미 그러한 결정에 필요한 기술적인 정보가 확보되어 있고 고객과 그들의 예산수준, 객실점유율이나 좌석점유율 등 과거의 판매자료, 경쟁자들의 가격과 경쟁형태 등에 대하여 시험된 정보들을 가지고 있다. 이런 경우에 가격결정은 기술적인 업무가 될 가능성이 크다.

(2) 신규 사업체의 가격결정 전략

개업을 앞둔 신규사업체의 경우 가격결정은 기존 사업체와는 전혀 다른 범주에서 문제에 접근할 필요가 있다. 우선 올바른 가격결정의 철학을 가지고 사업성격에 알맞은 가격결정방법을 선택하는 것이 중요하다. 신규사업체에서 가격결정에 관련되는 제결정인자들을 선택하는 문제로부터 시작한다. 그러자면 수익성 있는 장래의 사업계획을 도출하기 위해 필요한 조치로서 시장상황을 평가하지 않을 수 없다. 사업이 원가의존적인지 또는 시장의존적인지는 가격결정 태도와 방법의 결정에 있어서 중요한 기초가 된다. 호텔과 식당의 가격결정에 있어서 시장의존적인 접근의 중요성은 이미 강조된 바 있다. 시장 타당성 없는 신규 투자가 없듯이 이 경우엔 굳이 가격결정 목적에서라기보다는 투자자체의 타당성 평가차원에서 이미 시장조사가 이루어지고 있으므로 가격결정은 이것으로부터 출발되어야 한다. 이 경우 시장의 타당성 평가의 본질적인 목적은 개업하려고 하는 특정 호텔이나 식당에 대한 잠재 수요를 파악하여 이것을 세분시장별로 구분하고 계량화 하는데 있다. 이것은 특정의 입지에서 기존 사업체와 설비의 성격, 범위, 지역인구의 사회경제적인 구조, 사업의 제원천들로부터 기대되는 잠재사업성과 사업규모 예측, 기존 및 잠재적인 교통망 등 제요소들을 조사·해석하는 것을 포함하는 것이다. 이런 시장연구를 통하여 현재 파악되지 않는 특정의 욕구들을 시장갭(marget gap)으로 파악함으로써 타업체의 판매믹스, 단위매출 크기(평균객실요금 ; check average or average room rate), 식사코스의 수, 객실이나 좌석의 점유율 경향 등과 관련시켜 분석, 평가하고 신규사업체의 사업계획을 수립하게 된다.

이런 관점에서 가격결정 전략과 관련된 다음 목적에 기여할 수 있는 시장 타당성 연구가 수행되게 된다.

첫째, 시장의존적 사업의 가격결정 전략개발의 일 단계로 시장조사가 수행된다.

둘째, 시장욕구를 충족시키는데 필요한 규모 평가에 필요한 예상 투자의 원가측면 분석을 시장조사로 확인하기 위해서 수행하게 된다.

셋째, 신규사업의 수익성 예측이나 이익계획 수립에 시장타당성 조사를 요하므로 수행하게 된다.

2) 형태별 가격전략

가격전략은 무엇을 중심으로 수립되고 있는가의 관점에서 분류되기도 한다. 가격전략은 순수한 기업의 경영전략으로서 기업이 객실건축과 판매에 사용하고 소비한 자본과 비용 등 재화를 중심으로 하는 가격전략과 객실 구매의 소비자 입장에서 그들의 구매행태, 가치 지각, 가격에 대한 심리 등을 중심으로 하는 소비자 중심의 가격전략으로 대별될 수가 있다.

역사적으로, 회계 및 재무관리 측면에서 광범위하게 이용되고 논의된 가격전략들은 주로 기업재화 중심의 가격전략들이었지만 호스피탈리티 산업의 시장의존성을 고려할 때 소비자 중심의 가격전략(customer-centric pricing strategy)에 대한 검토는 매우 중요한 사안이고 과정이 되고 있다.

실료결정에 있어서 일드 매니지먼트(Yield Management)의 적용은 원가 또는 투자자본을 기초로 한 가격에 시장 수요를 가미시킨 가격전략의 사례로도 볼 수 있다. 반면에 경제적이나 마케팅 측면에서 전통적으로 다루어져 오던 수요의 가격탄력성, 제품 수명주기(life cycle)와 결부시킨 가격결정, 가격/품질에의 관련성, 가격에 대한 소비자의 심리 등 다양한 논의는 가격결정에 있어서 더욱 심도있게 다루어지고 있다.

결국, 어느 쪽을 기초로 하던 한 쪽만을 보고 결정되는 가격전략은 시장이나 자본 등 어느 쪽에 편중되는 결과를 초해함으로써 결과적으로 가격 경쟁력과 수익성을 균형있게 조화시키지 못할 가능성이 커지게 된다는 점에 대한 우려를 배제하지 못하고 있다.

3. 가격결정에 고려할 요소

합리적인 가격정책 수립에는 가격에 직접적으로 관련된 요소들의 검토는 물론 가격결정의 이념, 가격결정 전략 및 가격결정의 방법들을 먼저 결정하지 않으면 안 된다.

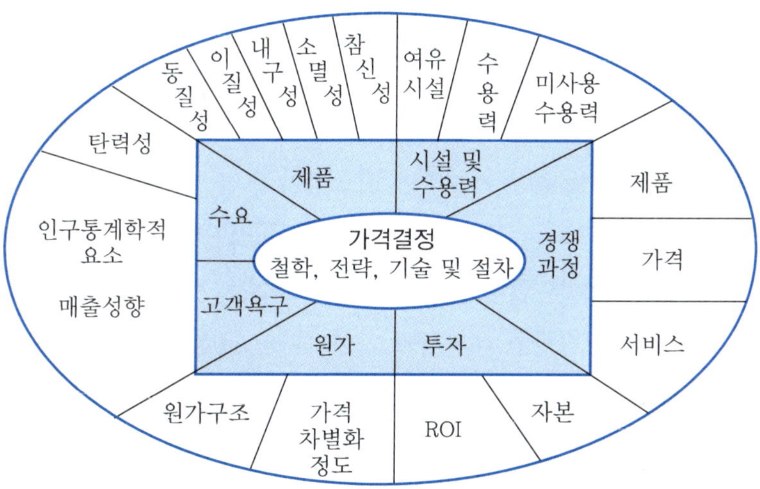

〈그림 6-2〉 가격결정에 고려할 요소

호스피탈리티 산업의 가격결정에 직접 또는 간접적으로 영향을 주는 결정인자들은 크게 제품과 제품의 이질성이나 동질성의 문제이나 내구성 혹은 부패성 여하, 가격이나 제품 및 서비스 등 경쟁의 내용, 영업비, 원가구조, 가격결정에 허용된 조정가능한 폭, 비용이나 이익 등 원가관련 요소들 및 법률적 측면, 호텔 및 식당이 설비하고 있는 다양한 시설의 사용 또는 미사용의 수용역량과 확장에 대한 잠재력, 그리고 기존 혹은 잠재적인 고객의 욕구, 시장수요와 수요의 탄력성 등 수요측면이 있다. 이상과 같은 요소들에 대한 관계를 잘 나타내 주는 다음 <그림 6-2>를 잘 검토해 보길 바란다.

1) 제품의 특성과 가격결정

(1) 동질성 대 이질성의 문제

호텔 자체나 호텔이 제공하는 모든 상품들은 사업체별로 각기 다른 이질성(heterogeneity)을 크게 가진 것이거나 유사하거나 또는 거의 동일한(homogenious) 것으로 대분될 수 있다. 같은 크기와 형태의 객실이나 요리를 제공하면서도 다른 사업체에서와는 다른 가격을 책정할 수 있는 근거는 그 제품이 타사상품과는 다르다는 이질성이 인정될 수 있기 때문이라고도 볼 수 있다. 이와 같이 호텔이나 식당 사업체 자체 및 그들이 생산하는 제품 혹은 서비스에 이질성이 크면 클수록 가격정책 수립이나 가격결정에 있어서 허용되는 독자성이나 자율성이 커진다.

그러나 경쟁 호텔사들은 끊임없이 시설과 서비스를 개선하고 모방해 나아가므로 제품과 서비스의 이질성을 유지시켜 나아가기가 매우 힘들다.

급속한 기술진보에 맞추어 나아가려면 많은 노무비 및 교육훈련비를 투자한다든지 혹은 호텔시설의 노후화를 방지하거나 교정하기 위한 개보수나 현대화에 거액의 예산을 책정한다든지 추가적인 자본의 투자를 아끼지 않는 이유를 이런 데서도 찾아볼 수 있다.

환대산업에 있어서 좋은 의미에서의 이질성은 자산이 되고 있다. 물론 가격결정에 허용된 가격 차별화의 폭은 비단 한 호텔과 동종 타기업과의 관계 하에서만 존재되는 것은 아니다. 다양화되어 가는 고객욕구와 함께 좁아져가는 세분시장 여건에서 호텔상품간의 대체가능성에 의한 수요의 교차탄력(cross elasticity)성을 약화시키기 위해서는 제품으로는 부족하고 심지어는 호텔사업체 전체를 차별화하지 않으면 안되게 되었다. 동일 호텔사의 호텔들 간에도 이질성의 추구는 오늘날 거의 일반화되고 있는 경향이다. 동일계열사 혹은 호텔사에서도 각기 다른 수요층과 고객 욕구에 따라서 제품을 차별화하고 여러 상호들(multi-brands)을 사용하고 있다.오늘날 호텔의 서비스와 시설이 날로 다양해지는 이유는 이런 측면에서도 설명될 수가 있다. 예컨대 소피텔(Sofitel), 노보텔(Novotel), 이비(Ibis) 등은 아코(Accor)그룹에서 호텔을 단위로 해서 제품을 차별화하고 이용한 각기 다른 호텔의 상표명이다.

반대로 제품의 동질성(homogeneity)이 클 경우에는 경쟁자 가격추종으로 가격경쟁의 여지는 줄어들게 되므로 호텔 간에 유사한 가격층을 보인다. 이질성을 촉진하는 요소들로는 호텔의 규모, 양식, 분위기, 실내장식, 식당의 설비나 호텔이 제공하는 시설의 폭과 서비스의 내용 등을 들 수 있다. 이들 여하에 의해서 업체들간의 상품과 서비스의 이질성 유지와 특성화가 이루어진다. 그러므로 이질성 추구와 제품차별화는 이제 수직적으로 수평적으로도 이루어지고 있다. 따라서 가격의 결정인자로서 중시되는 제품의 동질성이나 이질성 관리에는 관련요소들에 대해서 어느 정도까지 변화를 줄 것인가 하는 대상범위를 결정하는 것이 중요하다.

(2) 제품의 내구성(durability) 대 소멸성(perishability)

호텔 및 식당의 제품은 소멸성이 크다. 호텔의 객실은 저장성이 없어서 당일에 판매되지 못하면 소멸되고 만다. 식당의 식음료 제품은 객실상품과는 다르지만 그 역시 물리적으로 부패성이 강한 성질을 띠므로 생산시점 또는 단시간 내에 판매되지 못하면 제품의 신선도나 품질이 저하되고 식중독의 염려까지 있어 평판의 악화와 법정시비를 제기할지도 모른다.

가격결정에 있어서 제품의 내구성 여하는, 즉 운영상의 문제를 발생시키지 않으려면 사업자가 제품의 특성을 충분히 고려해야 한다는 것이다. 즉 가격 자체의 독자적인 적정성보다는 시장여건 여하에 의존된 매출목표 달성에 주목할 필요가 있다는 것이다. 제품의 내구성(durability)이 클수록 가격결정에 있어서 시장여건 변화에 대해서 덜 의존적이 될 수 있다. 반대로 제품의 소멸성(perishability)이 클수록 가격결정의 계절성 영업으로서의 특성은 설상가상으로 판매에 있어 고객수요에 의존하는 성향을 가중시키고 있다. 이것은 결국 운영상 가격결정에 있어서 다른 요소들보다도 시장여건을 크게 반영하지 않을 수 없게 한다.

2) 경쟁여건과 가격결정

(1) 경쟁여건과 실제적인 경쟁 내용

경쟁은 사용하는 경쟁도구에 따라 가격경쟁, 제품경쟁 혹은 서비스 경쟁으로 분류할 수 있다.

① 비가격 경쟁 양상의 현대의 가격경쟁 구도

오늘날의 경쟁구조는 온갖 마케팅 도구들을 통하여 가격경쟁보다는 비가격경쟁으로 가고 있다. 호텔은 원래 고정원가의 폭이 커서 변동원가율이 높은 사업체보다는 가격을 경쟁도구화 하는데 적합하지 않은 원가구조를 가지고 있다. 다만 제품의 차별화나 특성에 따른 다소간의 가격조정이 허용된다고 보는 것이 좋다. 고가격정책을 수립하게 되면 가격변화에 따른 수요변동은 비교적 완만하여 수요가 비탄력적이 되지만 소비자들은 고품질의 객실, 식음료, 서비스를 요구하게 될 것이므로 호텔식당에 있어서 여기에 노력을 집중하게 된다. 반대로 가격이 저렴하게 책정된 버젯텔이나 이코노미 모텔 등의 경우에는 모든 노력이 원가관리에 기울여진다. 최저가격을 실현하기 위해서 이러한 숙박업체의 경우에는 일반 호텔의 경우처럼 시장의존적인 가격결정 방법을 지양하고 오히려 원가지향적 가격결정 방법을 택하고 있다. 저렴한 가격만이 가장 중요한 경쟁도구로 이용되므로 경쟁적 가격을 유지하는 것이 최고의 관리목표가 되기 때문이다.

② 입지여건을 기초로 특성화나 이미지 중심의 제품경쟁

제품경쟁 에서 호텔이나 식당은 품질등급별 세분시장에 충실한 제품생산과 판매를 통한 운영에 역점을 두고 있다. 비교적 고가정책을 고집하는 호텔이나 식당은 철저하게 제품과 서비스 경쟁형의 사업체이다. 어떤 형태의 사업체이든지 목표에 차이는 있지만 보이지 않는 서비스 경쟁은 치열하다.

(2) 경쟁상황과 가격결정

① 수요의 탄력성과 가격의 탄력성

전반적으로 숙박산업과 식음료사업에 있어서 수요는 탄력적인 것으로 인식되고 있다. 일반적으로 많은 사업체가 있는 경우와 제품과 서비스가 상당히 표준화되어 있는 경우에 경쟁은 치열하며 이런 곳에서 수요는 탄력적인 경향을 보인다. 상대적으로 경쟁이 약하거나 별로 없는 곳과 제품과 서비스가 현저히 차별화되어 있는 경우에 수요는 비탄력적이다. 최고로 고급화되어 있는 호텔(luxury hotels), 특정의 리조트들, 클럽 혹은 평균 매출액(check average)이 큰 식당에 있어서는 수요가 비탄력적이다. 그렇지만 속성서비스 식당이나 중간 혹은 저렴한 가격의 호텔이나 모텔들은 그 제품과 서비스에 대해 수요가 일반적으로 탄력적이다. 그러나 예외가 없는 것은 아니다.

이상과 같은 수요와 가격 간의 분석은 제품과 서비스에 있어서 가격 이외의 요소들은 동일하다는 것을 전제로 하고 있다. 그런데 실제로 호스피탈리티 산업에 있어서 적정한 광고나 기타 잠재적인 수요감소 요인에 대한 수요의 탄력성 논의가 현실적으로 적용되기보다는 이론에 그치는 경향이 크다는 것을 알 수 있다.

가격에 대한 수요의 탄력성은 가격변화에 대해서 수요가 얼마나 민감하게 변화하는지를 측정하는 수단이 된다. 일반적으로 제품이나 서비스가 동일한 여건에서도 그 판매가격의 인하만으로 더 많은 매출을 가져오거나 반대로 매가 인상만으로 매출이 하락한다면 수요는 탄력성이 있다고 본다. 반대로 가격이 인상되었는데도 매출을 증진시키는 또 다른 어떤 요인이 있다고 본다면 수요는 비탄력적이라고 할 수 있다.

② 수요의 탄력성 계산

제품이나 서비스의 수요가 가격에 대해서 탄력적인지 혹은 비탄력적인지를 수학적으로 판단하기 위해서는 산식을 이용할 수 있다.

공식은 다음의 <표 6-1>과 같다.

그림에서 기초수요 Q는 가격이 변경되기 전 일정기간에 걸쳐서 판매된 총수량이고, 수요량변화 ΔQ는 가격변화 이후에 판매된 기초수요에 비해 변화된 판매량을 나타낸다. 기초가격 P는 제품과 서비스 가격이 변화되기 종전의 가격을 표시하고 있으며 변화된 가격 ΔP는 기초가격에 비해 가격 변화의 크기를 나타내 준다.

〈표 6-1〉 수요의 탄력성 공식

$$수요의\ 가격탄력성 = \frac{\frac{\Delta Q}{Q}}{\frac{\Delta P}{P}}$$

Q = 기초수요(판매수량)

P = 기초 가격

ΔQ = 변화될 수요량

ΔP = 변화된 가격

이 공식으로부터 도출되는 계수는 수요의 탄력성 여하에 무관하게 항상 부의 수로 나타난다. 그 까닭은 가격이 인하되면 수요가 증대되므로 부의 가격변화인 가격 인하가 부의 수로 표시되는데 반해, 증대된 수요를 나타내 주는 정의 수요변화는 정의 수로 표시되므로 등식에서 정의 수요변화(판매수량)를 부의 가격변화(부의 가격차이)로 나누게 되거나, 반대로 부로 표시된 수요감소(판매수량 차이)를 정으로 표시된 가격 차이(가격인상)로 나누기 때문에 나타나는 결과이다.

그러나 그것 자체로는 가격이 탄력적인 것인지 아닌지에 대한 정보는 알 수가 없다. 다만 계산결과 수요의 탄력도가 1을 초과할 경우에만 수요가 가격변화에 대해 민감하다고 보기 때문에 따라서 이런 경우에는 수요가 탄력적이라고 분석되게 된다.

이 때 수요량 변화율은 가격 변화율을 초과한다. 이런 경우 가격인상에 의해 창출된 수익은 수요 감소에 의한 수익 감소를 초래하게 된다. 그러므로 수요가 탄력적일 때 가격인상은 총수익의 감소를 초래하고 가격인하는 총수익의 증대를 가져오게 될 것이라는 기대를 하게 해준다.

③ 예제에 의한 수요의 탄력도 계산

여기서 수요의 탄력성 수준을 계산해 보기로 하자.

만약 어떤 호텔이 30일 동안에 1,000개의 객실을 @₩30,000에 판매한 실적을 가지고 있는데, 그 다음의 30일 동안에는 객실요금을 @₩33,000으로 인상하여 총객실 950실을 판매했다고 하자. 이 호텔의 수요가 가격에 대해서 탄력적인지의 여부를 알아보기로 하자.

〔계산〕

$$\text{수요의 가격탄력성} = \frac{\frac{1,000-950}{1,000}}{\frac{33,000-30,000}{30,000}}$$

$$= \frac{50}{1,000} \div \frac{3,000}{30,000}$$

$$= 0.05 \div 0.1$$

$$= 0.5$$

이상과 같은 산식을 통하여 도출된 이 호텔의 가격에 대한 수요의 탄력성 수준은 0.5로 1보다 작게 나타나고 있다. 그러므로 이 기간 동안 이 호텔의 수요는 가격에 대해 비탄력적이라는 결과를 시사하는 것으로 판단된다.

(3) 동종업체 밀집지역에서의 수요의 탄력성

호텔이나 식당의 경쟁적 여건은 가격결정의 한 요소로서 작용된다. 숙박업체나 식당 등 특히 시설면에서 유사업체들이 밀집된 지역에서의 수요는 매우 탄력적(elastic)이라서 가격결정에 있어서 업체들이 받는 요금은 가장 결정적인 가격결정 요소로 고려되게 된다. 이러한 여건 하에서는 수요는 가격수준에 대해 매우 민감한 반응을 보이므로 소폭의 가격인상일지라도 상당한 수요감축을 초래하기 쉽다. 업체들의 시설내용이나 품질의 유사성이 커질수록 가격변화가 수요에 미치는 영향력은 절대적인 것이 된다. 이런 경우에 수요가 탄력적이 되는 까닭은 지리적으로 아주 밀집해있기 때문에 어떤 사업체라도 고객에게 제품이나 서비스의 대체상품을 제공할 수 있으므로 수요가 다른 업체로 대체될 가능성(substitutes)이 크기 때문이다. 인근 지역에 호텔이 없어 대체상품의 선택 가능성이 없으면 수요는 가격에 대해 비탄력적이 된다.

저렴한 가격수준에서 운영되는 사업체의 경우 효과적인 경쟁 방안은 제품과 서비스를 고도로 표준화하는 것이다. 오늘날 저렴한 가격의 숙박업체인 버젯텔이나 이코노미 모텔이 시설과 서비스를 고도로 규격화, 표준화하는 연유도 여기에 있다. 이러한 경쟁여건에서 어느 정도 설득력 있는 가격결정의 독자성을 견지할 수 있으려면 자사제품이 타사제품과는 차별화 될 수 있는 특성이 있고, 또 소비자의 욕구에 대해서도 다른 호텔과는 다른 종류의 만족을 줄 수 있다는 것을 소비자들이 인지하도록 만드는 인식가치의 확보능력 여하에 달려있다. 왜냐하면 다른 호텔에서 볼 수 없는 시설이나 서비스 내용의 긍정적인 특성을 지닌 호텔에 대한 수요는 비탄력적이 됨으로써 고객이 가격에 상관없이 그곳에 투숙하거나 시설을 이용하게 되기 때문이다.

(4) 호텔의 집중화와 가격결정

호텔이나 식당은 자본, 기술 등을 통하여 지역 간 또는 국가 간의 기업집중이 비교적 용이하고 관계 호텔사들이 본사의 가격정책에 따라서 일련의 가격통제를 받고는 있지만 업계의 극심한 경쟁 때문에 실제로 가격담합 등의 형태를 형성하지는 못한다. 가령 어떤 지역에서 특정 호텔이 비교적 높은 수준으로 독점가격을 형성하여 사업을 운영한다면 동일지역 내의 많은 경쟁업체의 시장진입을 촉진할 수 있기 때문이다. 그러나 왈도르프 아스토리아(Waldorf-Astoria) 호텔과 같이 세계적으로 유명한 몇몇의 개별 호텔들은 명성가격 형태의 독점가격에 가까운 고가격 정책을 고수하고 있기도 하다. 호텔에 대해서 고객이 느끼고 인식하는 가치가 고급이라는 인식과 함께 명성 등에 대한 효용이 확실이 크고 다른 호텔에 대해 뚜렷이 차별화가 되기 때문이다. 이처럼 고객이 특정 호텔을 선호하는 경우에 수요는 비탄력적이 되므로 가격을 올려도 수요가 감소되지 않는다.

(5) 과점경쟁과 가격결정

우리나라의 경우 굳이 구분해야 된다면 특1급 호텔들은 과점경쟁(oligopoly) 상태에 있다고 보아야겠다. 특별히 가격선도 호텔에 있다기보다는 각 호텔이 다른 사업체에서보다 먼저 개발하거나 도입한 사업분야 또는 상품에 대해서만 자연히 가격선도자적 지위를 차지한다고 볼 수 있다. 예컨대 최근 수년간에 걸쳐 식음료 사업의 차별화정책에 의한 전략과 관련하여 선보여지고 있는 주제파티(theme party)사업을 일찍 도입하여 하나의 사업부문으로 개발한 호텔사가 일단 가격을 결정하게 되면 이들 선도자의 가격을 후발사업체가 추종해서 가격결정이 된다.

그러나 호텔들이 밀집된 대도시에서는 대규모 호텔들이 가격수준을 변화시키면 중소 규모의 호텔들은 그것을 추종하므로 실제로 호텔업계에서도 가격결정에 선도자 추종현상이 뚜렷하다는 것을 그대로 입증하는 셈이다. 이것은 일종의 경쟁적 가격결정(competitive pricing)으로도 볼 수 있다.

4. 성과지향의 가격결정

1) 원가구조와 가격결정에 준거할 방향

기업의 원가구조 여하는 가격결정 정책 수립에 있어서 시장지향적(market-oriented)이 되느냐 또는 원가지향적(cost-oriented)이 되느냐 하는 결정에 있어 중요한(critical) 영향 요인이 된다.

가격결정에 있어 원가와 판매가격이 서로 직접적이고 분명하며 실질적인 관련성을 가지고 있다면 이런 경우의 가격결정은 원가지향적이 된다. 그러나 반대로 원가와 가격 간이 관계가 불분명하고 간접적이며 실질적이 아닌 경우에는 가격은 시장의존적인 입장에서 결정된다.

고정원가율이 높은 원가구조에서는 수요감소에 따른 매출 수익감소와 그로 인한 순이익의 감소폭이 그와 유사한 관계가 성립되지 못한다(그림 6-3 참조). 그러므로 가격결정은 오히려 시장지향적인 입장에서 이루어짐으로써 수요변동에 따라 적정한 가격선이 결정되게 된다. 가격을 인하해서라도 일정한 매출 수준을 유지해야만 매출감소시 총원가를 보상하고 순손실의 발생을 막을 수 있기 때문이다.

반대로 변동원가율이 높은 원가구조에서는 변동원가율이 높을수록 조업도 변동에 대해 이익이 어느 정도 관련성을 가지고 변동되므로 상대적으로 안정적인 변화폭을 보인다. 그러므로 원가와 가격 간에는 실질적인 관계가 성립되므로 가격결정은 시장여건이나 수요변동 요인에 의존되기보다는 원가지향적이 된다. 이와 같이 고정원가와 변동원가의 구조에 따라서 가격결정에 있어서 지향하는 입장이 달라지게 되는 관계를 그림으로 표시하면 다음의 <그림 6-3>과 같다.

그림에서 시사되듯이 변동원가와 고정원가는 서로 상반된 방향으로 표시되고 있다.여기서 총원가를 나타내주는 직선 XY를 볼 때 직선 XY가 Y에 가까워져 고정원가율이 높아지면 그만큼 변동원가율은 낮아지고 반대로 직선 XY가 X에 가까워지면 변동원가율이 상승되는 반면 고정원가율은 그만큼 하락된다.

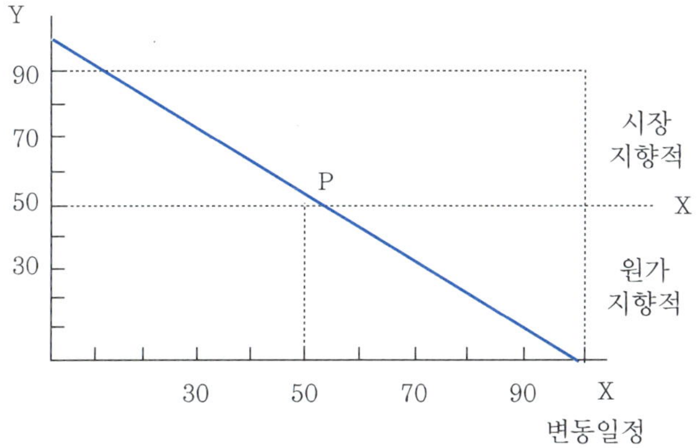

〈그림 6-3〉 가격결정에 준거할 원가구조

여기서 직선 XY를 2 등분한 지점 P를 중심으로 해서 이를 상회하는 고정원가율을 나타내는 영역에서는 시장지향적인 접근방법을, 그리고 그 지점을 하회하는 영역에서는 원가지향적인 접근방법에 의해서 가격을 결정하는 것이 좋다.

마찬가지로 변동원가율을 나타내는 그림의 OX축의 중간지섬을 중심으로 해서 변동원가가 상승할 수록 원가를 기반으로 하는 가격결정을 하게 되고, 반대로 중간지점에서 하락될 수록 관광시장이나 계절적인 수요변동 등 시장여건에 기초한 가격결정 방법을 활용함으로써 한업기에 가격을 할인 또는 인하하는 신축성 있는 가격정책의 운용방안을 고려하는 것이 바람직할 것으로 보인다.

(1) 호텔 · 식당의 가격결정

호텔은 고정원가가 매우 높은 원가구조 하에서 운영되는 사업이다. 식음료서비스업은 제조업적인 성격을 지니므로 원가구조가 호텔과는 다르지만 식당이 고급화될수록 고정원가의 비율이 상대적으로 상승되게 된다. 더구나 경쟁관계에 있는 유사한 규모와 서비스의 사업체가 밀집되어 있을 경우도 많은 대체상품으로 인한 수요의 탄력성을 무시할 수 없게 된다. 그러므로 대부분은 시장의존적인 입장에서 가격을 결정하게 된다. 특히 호텔은 객실상품의 가격결정에 있어서 투자자본, 시장수요 등을 중시하고 식당에서는 식음료 원가를 기초로 놓고 시장적인 요인을 고려하여 조정하게 된다.

(2) 원가구조와 가격차별화의 허용범위

같은 상품에 대해 두 개 이상의 가격을 책정하는 것을 가격차별화(price descretion)라 한다. 가격차별화는 수요의 탄력성이 각기 다른 여건이나 세분시장을 전제로 하여 이루어지는데, 흔히 상품이나 서비스의 사용목적, 장소, 시간, 계절에 대하여 적용된다. 호텔에서는 시간(Yield Management 등 기법에 의한 가격결정)과 계절에 따른 가격차별화(off-season에 대한 가격의 할인 또는 가격인하)가 일반화 되고 있다. 가격차등화의 허용범위(range ofprice descretion; RPD)란 매가에서 변동원가를 차감한 잔여부분으로 보기 때문에 결국 가격차등에 허용된 극대범위의 한계는 공헌이익(CM)의 영역과 일치된다. 공헌접근법에 의한 원가계산 방법을 이용한 가격결정에 있어서 판매가격 변동원가와 고정원가의 합계인 총원가에 일정의 목표이익을 가산한 것으로 본다면, 이 중 변동원가를 차감한 나머지 부분은 곧 공헌이익(contribution margin; CM)이 되기 때문이다. 그러므로 원가구조상 고정원가율이 높을수록 공헌이익의 폭이 상승되고 반대로 변동원가율이 상승할수록 공헌이익이 하락하는 CM의 속성에 따라서 가격을 차별화하는데 허용된 허용범위도 따라서 축소되거나 확대되어야 한다는 것이다. 즉 고정원가가 클수록 단기적인 가격차등에의 허용범위가 넓어져야 하고 반대의 경우에 그 허용범위가 좁아지게 되는 것은 원가에 대해서 가격을 임의로 조정해야만 할 필요성이나 가능성을 설명해준다. 높은 고정원가 구조에서는 가격결정의 폭이 넓어져야 적정수준의 이윤목표를 달성하기 위해서 가격인하, 한업기의 할인요금, 주말에 적용하는 특별가격 및 일드매니지먼트 등 다양한 종류의 가격결정체계를 이용할 수 있게 된다.

흔히 제조기업에 있어서 보다 호텔이나 식당, 모텔 등 환대산업의 경우 혹은 대중교통사업에 있어서 더욱 복잡한 계절적 가격정책을 수립하고 있는 배경은, 높은 고정원가율로 인하여 발생되는 조업도 변동에 따른 이익감소를 막기 위해 마련된 장치인 넓은 가격차화 등의 영역 때문인 것이다. 가격차등은 장기적이고 전략적인 관점에서 의의를 찾기보다는 단기적인 개념에서 통용되는 가격결정의 기술로서 활용되는 것이 바람직하다. 가격차등화의 허용범위를 넓히는 것은 수요가 계절적으로 급격히 변화하는 사업에 있어서 수요가 급상승 또는 편중(high loaded)되거나 하락하는 경우의 시간, 요일, 계절에 대해 여러 가지 가격 등을 기술적으로 결정하고 활용함으로써 수익의 극대화를 도모하려는 목적에 대비하기 위한 것이다.

고객이 재화와 용역을 정기적으로 이용하는 단골고객인가 혹은 일시적인 이용객인가의 이용빈도에 따른 구분에 의해 정기권 할인, 카드이용 등에 의해 가격차등을 두기도 한다.

공헌 접근법에 의한 가격결정에서 주의할 점은 가격결정을 지나치게 변동원가에만 의존함으로써 과도한 가격할인을 적용하게 되면 원가보상이 어려울 정도의 가격인하(suicide price cutting)로 흐를 우려성이 크므로 가격인하나 가격차등의 허용범위를 한계로 이해하는 가운데 조심스럽게 운용할 수 있어야 한다는 것이다.

이상과 같은 가격할인의 허용범위에 대한 근거를 관계도표로 표시한 것이 다음의 <그림 6-4>이다.

판매가격 중 5,000원이라는 높은 고정원가 구조에서 운영되는 호텔 A 사업체와 반대로 변동원가가 5,000원으로 높은 원가구조를 가지고 운영되는 호텔 B를 비교해 보자. CM은 각각 호텔 A의 경우에는 8,000원(3,000원 + 5,000원)이고 호텔 B의 경우에는 5,000원(2,000원 + 3,000원)이어서 가격을 조정할 수 있는 여지가 서로 다르다. 그러므로 가격 차등에 허용되는 범위 결정은 단기적으로 값을 인상하거나 인하할 수 있는 가격조정의 허용 범위에 의존될 문제이다.

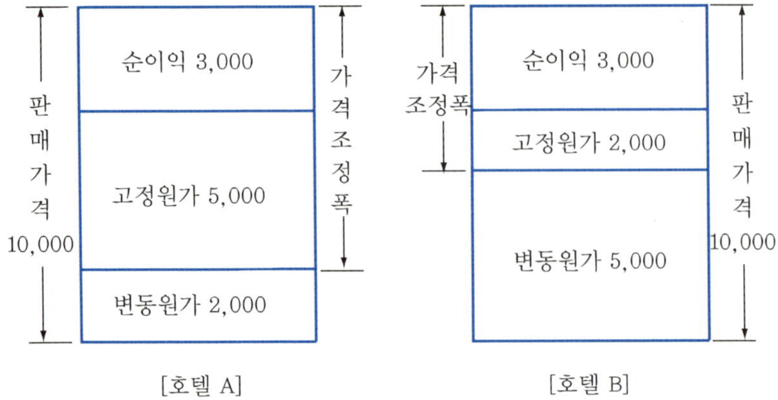

〈그림 6-4〉 원가구조와 가격 차별화의 허용범위

5. 기타 가격결정에 고려할 요소

1) 법적 · 제도적 요소

정부규제기관, 물가통제, 소비자보호, 공정거래법, 독과점 통제 및 특별법안 등과 같은 소비자나 거래질서를 보호하기 위한 규제나 제도적 요소들을 고려해야 한다.

2) 판매경로의 고려

호텔 매출을 위해서 이용하는 여행사나 CRS 등 경로를 다각적으로 고려해야 한다.

3) 수용능력의 신축성 고려

호텔의 주요 수익원이요 주요 제품은 객실과 식음료이다. 그러므로 이들에 대한 생산력이나 재고수준 등을 고려해야 한다. 그러나 객실 등 수익발생 자산의 성격을 가지고 있는 유형자산은 생산에 신축성이 거의 없다. 그러므로 수용능력의 신축성 고려의 대상은 객실이나 기타 유형자산인 제품보다는 제조업적인 성질을 가지고 있어서 인력이나 설비가 허용하는 범주 내에서는 어느 정도 생산량과 수용력에 신축성이 있는 식음료 사업부문에 대한 고려를 해야 할 것이다.

제3절 가격결정의 제방법

1. 가격결정의 과제

가격결정은 호스피탈리티 경영 의사결정에 있어서 가장 어려운 사안 중 하나이다. 만약 가격이 너무 높거나 낮게 책정되면 낮은 수요로 말미암아 매출감소 결과를 초래하거나 반대로 저렴한 가격 책정은 대부분의 경우 수요 증가는 되겠지만 매출이 원가 충당에도 어려워 결국 어느 경우에도 호텔경영의 수익성은 위험 수위에 처할 수도 있다. 경영자들은 어떻게 하면 너무 높거나 낮지 않은 적정가격을 결정할 수 있을 것인가는 수익관리에 있어 막중한 과제가 되고 있다.

수익극대화 실현을 위한 가격수립은 매우 어렵다. 어떤 경영자들은 효과적인 가격결정 과정에 운도 상당히 작용된다고 할지 모른다. 비록 이익극대화를 보장할 수 있는 최적의 가격결정의 과학적인 기법이 없다고 해도 역량 있는 경영자들은 수익성있는 가격결정을 위한 합리적인 기반을 찾아낼 것이다.

호텔과 호스피탈리티(lodging hospitality) 산업은 지극히 시장의존적인 사업이다. 그러므로 가격결정에 시장요소를 중요하게 고려한다. 그러나 어떤 경우에도 기업의 이윤성과를 망각할 정도로 원가를 도외시하고 단지 가격에 대한 수요의 탄력성만을 주로 고려하는 시장 일변도적인 가격결정 논의나 태도는 옳지 못한 접근방법이라고 하겠다. 이런 관점에서 본 장에서는 원가를 기반으로 고려하는 가격결정 방법들에 관해서 논의하기로 한다.

이런 가격결정 과정에서 적정한 원가선이 어느 수준인지를 알아내지 않으면 안

된다. 비공식적인 가격결정의 취약점과 원가기반의 실료결정 방법들, 그리고 식음료 가격결정 방법에 있어서 수익성(단위당 이익)과 대중성(매출 수량)이 어느 정도로 고려되어야 할 것인지의 문제에 대한 논의와 더불어 종합적인 가격결정 방법에 대해서도 연구해 봐야 할 것이다. 그밖에 영업부문별 수익 극대화가 호텔 전반의 수익극대화 목적 달성에 대해 초래될 수 있는 긍정적인 효과와 관련해서도 고려해 봐야겠다.

실로 다양한 가격결정방법들 중에는 원가를 중심으로 한 것, 투자수익에 기초한 것, 수요를 중심으로 탄력성에 기초한 것, 입찰 등 공개경쟁 가격을 중심으로 한 것, 권위 있는 상품, 특별행사 혹은 주제 파티(theme party) 등과 같이 품위나 구매심리에 기초한 것, 단수가격 결정방법 등 소비자 심리에 근거한 가격결정 등 다양한 기술과 방법들이 동원되고 있다.

2. 여러 가지 가격결정의 접근방법

1) 비공식적인 가격결정 방법

객실요금 및 식음료 가격결정에는 몇 가지 비공식적인 접근방법(informal pricing approaches)들이 있지만 상당부분 시행착오에 의존된 방법들로서 공통적으로 제품원가를 무시하는 경향이 있다. 각 방법들이 지닌 장점에도 불구하고 비정형화된 방법들만을 단독적으로 이용하여 가격을 결정할 수는 이유가 여기에 있다. 이런 가격 접근방법들을 열거하는 까닭은 그 장단점들을 간략히 짚어 보고 여기에 원가적인 접근방법의 병용여지가 있을 것인지 그리고 그렇게 할 때 비교적 과학적인 가격결정의 출발점을 얻게 되지 않을까 하는 문제제기 차원에서이다. 그밖에도 가격결정에 대한 접근방법에 수반되는 문제점들은 많다. 가령, ① 시간전략 차원에서 고객의 반응을 조사하는데 너무 많은 시간 소요, ② 고객반응에 따른 빈번한 가격변경으로 고객들에게 가격혼선을 초래할 가능성, ③ 고객의 구매 의사결정에 작용되는 통제불능의 요소 등은 합리적인 가격결정에 제기되는 주요한 한계점들이다.

(1) 시행착오에 의한 가격결정

우선 가격을 책정한 다음 고객의 반응을 보아가면서 이를 기반으로 가격을 조정해 나가는 방법이다. 대부분의 비공식적인 가격결정은 시행착오에 의존하여 가격을 조정하고 있으므로 협의에서는 같은 의미로 보아도 무방하다. 이러한 가격접근이 사업체의 고객을 전적으로 고려하는 것으로 보이지만 고객 반응을 조사하는 데는 경영자들이 기대 또는 허용된는 기간보다 장시간을 요하기 때문에 전략적인 정보활용이 불가능하거나 불편한 한편 고객반응에 입각한 빈번한 가격변동이 오히려 고객들로 하여금 가격에 혼선을 빚게 할 수 있다는 단점도 적지 않다.

뿐만 아니라 고객의 구매의사 결정에 영향을 미치는 통제 불가능한 외부 요소들이 많아서 가격에 대한 고객의 높은 신뢰나 긍정적인 반응조차 기대하기 어려울 경우도 많다는 한계점이 크다. 그러므로 시행착오적인 가격접근 방법은 생산 및 관리 원가를 고려하지 않는다는 기본적인 한계점 외에 가격결정에 제기될 수 있는 다른 약점들을 많이 내포하고 있다.

(2) 경쟁적인 가격결정

제품과 서비스의 가격결정에서 경쟁자 가격들과 비교하면서 호텔상품의 가격을 결정하는 방법이다. 가격변화는 주로 가격 선도기업에 따라서 가격을 변화시키는 방법으로 일어나게 된다. 경쟁자들이 가격을 합리적으로 책정하고 있거나 혹은 시장의존적인 호스피탈리티 산업을 감안할 때 경쟁이 치열한 시장여건에서는 이러 방식의 가격결정 실무가 어떤 점에서 매우 합리적인 방법 같아 보인다. 그러나 제품이나 서비스의 생산원가는 물론 각각의 사업체들 간에 있을 수 있는 입지여건, 제품품질, 분위기, 소비자와의 관계나 영업권 등과 같은 요소에 있어서의 차이 혹은 고유의 가격결정 환경의 차이점을 무시하고 있다는 점에서 불합리할 소지도 크다.

호텔·식당 등 호스피탈리티 사업의 가격결정에도 그 사업체가 가지고 있는 원가구조와 재무상태를 고려해야만 한다. 다른 경쟁업체의 가격을 추종하여 가격책정을 하는 경우에 만약 상이한 원가구조나 재무상태로 운영될 수 있는 경쟁사 가격을 자사의 원가 및 재무구조와의 비교로 정확한 정보 검토 없이 추종하는 경우 불합리한 제품가격으로 인해서 자칫 시장점유율을 하락시키거나 부실경영으로 인한 도산 위험성마저 완전히 도외시하기 어려울 수 있다는 점에서 신중한 검토를 요한다.

(3) 직관적인 가격결정

고객들이 어느 정도 수준의 가격을 기꺼히 지불하려고 할 것 같은지에 대한 경영자의 직관에 의존하여 가격을 정하는 방법이다.

과거 고객의 가격에 대한 다양한 반응들을 경험한 경영자의 경험에 의존하는 만큼 전혀 원가를 무시할 수가 있으므로 적정이윤은 물론 원가보상 여부도 확인되지 못할 경우도 발생될 수가 있다.

(4) 심리적인 가격결정

이것은 고객이 기대하는 가격수준이 어느 수준일 것인가를 기초로 한 가격결정 방법이다. 이런 가격결정 관행은 고객들이 더 높은 가격을 지불할 경우에 더 좋은 제품을 이용할 수 있다고 믿는 가격-품질 연상 작용이 되는 경우에 이용 가능성이 제고될 수 있다. 그러므로 대체로 호화로운 리조트(luxury resorts) 등과 같이 최고급의 입지 여건이나 시설과 서비슬 갖추고 있는 사업체에서 이용할 수 있는 방법이라고 할 수 있다. 이 방법에도 장점은 있지만 원가를 가장 중요하게 고려하지 않기 때문에 이익극대화 목적에 기여할 수 있는 가능성은 확실히 장담하기 어렵다.

2) 공식적인 가격결정의 방법

(1) 원가에 기초한 가격결정

원가가산 가격 = 원가 + 이윤 = 제조원가(1 + 이율)

이 가격결정방법은 주로 식음료서비스업에서 메뉴의 가격결정에 널리 이용되고 있다. 가격결정 실무상 이익은 흔히 동종 타기업을 망라한 산업계의 평균이나 자사의 과거실적평균을 이용한다. 그런데 이율은 투자수익률공식(투자수익률 = 순이익÷총투자)을 변용 적용함으로써 목표이익을 원가로 나누어서 구한다.

이윤율 = 목표이익÷원가

원가가산방법의 장점은 무엇보다도 가격이 실제의 제조원가에 기초하므로 원가 이하로 낮게 책정되지도 않고 원가성이 없는 과도한 가격 책정을 방지할 수 있어서 소비자와 규제당국의 저항, 비난, 혹은 제재 우려성이 작다는 데 있다. 이 방법의 장점은 첫째, 실무상 적용의 간편성과 이해의 용이성에 있다. 둘째, 다수제품 생산시 제품별 가격책정에 대해서도 활용가능성이 높다는 점이다. 그러나 시장에 대한 고려가 되지 못하여 제품의 수요상황이나 이에 따른 경쟁사들의 대응적 행동이 무시됨으로서 결과적으로 가격결정과 관련해서 생산 또는 판매 등 조업도의 변동가능성에 대한 어떠한 대상이나 의사결정도 이루어지고 있지 않다. 또한 가격결정에 투자된 자본이 전혀 고려되지 않으므로써 이렇게 결정된 판매가격을 통하여 실현된 이윤은 대부분 매출로 표시된 조업도에만 의존된 결과이므로 단순히 매출의 증감에 따른 이윤의 증감만을 알 뿐이다. 투자자본과 이윤과의 관련성을 전제로 한 관리회계적 정보를 전혀 제공하지 못한다. 따라서 이윤이 적정수준인지의 여부판정, 다시 말해서 자본을 대체적인 투자용도에 사용했을 경우보다도 만족할 만한 수준의 이익창출인지에 대하여 비교, 분석, 평가할 수 있는 근거가 제시되지 못한다는 점에서 한계가 있다.

(2) 원가접근에 의한 가격결정의 고려요소

특정의 원가적 가격결정 방법을 논하기에 앞서 거의 모든 제품과 서비스의 가격결정에 관계하는 네 가지 요소들을 살펴볼 필요가 있다. 여기서 원가적 가격결정에 고려할 요소들이란 원가를 기반으로 산출된 가격을 현실에 맞게 조정 또는 수정하는데 있어 검토해야할 사항들이다. 물론 이러한 과정을 거쳐 검토한 결과 항상 조정의 필요성이 제기된다고는 볼 수 없다. 그러나 단순히 계산요소들만을 기초로 산출된 가격이 최종적으로 판매가격으로서 결정되기 위해서는 반드시 현실에 맞는가를 검토하는 과정을 거치는 것이 중요한 만큼 수정의 필요성 여부판단 또한 그러한 조직적인 과정 속에서 판정될 문제이다.

① 과거의 실제가격

호스피탈리티 사업에 있어서 제품 가격책정을 위해서는 과거의 가격들을 고려해야 한다. 원가적 접근만으로 결정된 가격의 갑작스러운 변화를 소비자들은 현실적으로 수용하지 못할 경우가 있다. 예컨대 원가를 고려하지 않거나 하는 실수에 의해 지난 몇 년간 아침식사 대금을 2,000원 정도로 받아오다가 원가에 맞는 4,000으로 가격을 현실화 했을 경우에 원가적인 접근논리로는 당연한 결과이지만 한꺼번에 2배로 인상된 가격에 소비자들이 순응하기란 거의 불가능하다. 이러한 경우에는 과거의 가격들을 보아 서서히 여러 단계를 거쳐서 가격을 인상해 가도록 해야한다.

② 가격/가치 관계에 대한 지각

고객들이 충분한 가치를 받았다고 느끼는 것은 제품과 서비스의 가격이 적정하다고 인정할 때이다. 1990년대의 고객들은 과거 어느 때보다도 가치의식이 큰 것으로 나타나고 있다. 종전보다 높은 가격지불 의지도 크지만 그에 걸맞는 가치수요 또한 크다. 인지되고 있는 가치란 반듯이 식음료 상품이나 호텔시설에 대한 것만이 아니라 분위기, 입지조건, 서비스의 품질 및 기타의 많은 그리고 종종 무형적인 요소들까지도 내포되고 있다.

③ 경쟁

가격결정에 경쟁정도를 고려하지 않을 수는 없다. 사업체의 제품과 기타 요소들이 경쟁자의 것과 실질적으로 같다면 가격 또한 유사해야 할 것이다. 그러나 현실적으로 각기 다른 사업체가 거의 동일한 여건에 있고 그 제품 또한 똑같기란 그리

쉽지 않다는 것을 알아야 한다. 정말로 동일한 여건이라면 가까운 경쟁자의 가격이 저렴하게 책정됐을 경우라도 따라가지 않을 수 없다. 그러나 요리방법, 입지조건, 분위기, 재료특징이나 차이, 서비스의 질 등 어딘가에 차이가 있다면 가격의 차이가 합리화될 수도 있다.

④ 가격에 대한 심리를 고려한 가격조정

가격을 단수가격이나 품위 명성에 따른 명성가격 등 심리적인 요소들을 고려하여 다소 조정할 필요가 있다. 시설과 서비스 면에서 고급화의 수준이 차별화되고 있을 경우에 수요는 특정 세분시장으로 국한 될 것이지만 원가 이외의 요소들에 대해서도 가격은 책정될 수 있다. 가격변화가 소비자의 심리에 미치는 영향을 고려하여 가격에 사용할 숫자와 숫자의 자리 수 등에 유의해서 가격을 정하는 것도 매우 중요하다.

3) 투자 수익률에 기초한 가격결정 방법

호텔실료 결정을 위한 휴버트공식이 근본적으로는 투자수익율(Return On Investment; ROI)에 기초한 방법이다. 기업경영의 목적은 이용된 총투자에 대해 적정 이윤을 추구하는 데 있다. 매출이익이나 원가에 대한 이익이라는 형식으로만 표시되었을 경우에는 그것을 창출하기까지 소요되었던 자본의 규모에 대한 관련정보가 없어 경영관리에 필요한 정보의 목적적합성이 결여되어 별의미가 없다. 이윤규모의 대소 자체보다는 투자된 자본에 대해 적정한 수준인가를 평가하는 것이 중요하다. 자본투자는 대체적인 많은 용도가 있을 수 있기 때문에 투자 수익성의 관점에서 이윤을 평가함으로써 투자 의사결정 자체에 대한 평가목적에까지 기여할 수 있게 된다.

투자수익률을 이용한 가격결정 방법이 원가가산 방법과 다른 점은 그것이 원가 혹은 이윤을 중심으로 한 것이냐에 의한다. 원가가산방법은 가격이 원가를 기반으로 해서 원가지향적(cost-oriented)으로 결정되는데 반해, 투자수익율법은 이윤중심의(profit-oriented) 가격결정방법이다. 투자수익률법의 장점은 물론 이윤이 투자와 관련되어 평가됨으로써 가격결정이 투자와 그 성과로서의 순이익을 관련시키려는 목적에 공헌할 수 있다는 데 있다. 그러나 이 방법은 첫째, 방법의 경직성과 둘째, 지나치게 이윤만을 고집하여 외골수로 결정된 이윤 일변도의 가격결정이라는 점에서 비판을 면치 못한다.

현실적으로 가격정책에 영향을 미치는 많은 요소들이 무시됨으로써 문제가 사실보다 지나치게 단순화되고 있다. 그러므로 최대의 결점은 원가 가산법에서 처럼 고객과 전반적인 시장수요에 대한 고려를 하지 않고 가격이 결정되므로 시장의존성이 큰 호텔과 식당에서는 전면적인 수용이 실질적으로 어렵다는 점이다. 이러한 한계점이 다소 보완될 수 있다면 그 유용성은 제고될 것이다.

4) 시장수요에 기초한 일드매니지먼트의 가격 결정

(1) YM의 의의와 가격결정 중심의 수익관리 내용

일드매니지먼트(Yield Management; YM)는 적극적인 객실 수익극대화 방안을 모색할 때 이용되는 가격결정 방법이다. YM제도는 호텔의 세분시장에 따라서 객실재고의 통제와 함께, 가격을 달리하는 단기적인 가격 의사결정이다. 수익극대화를 위해서는 모든 예약요청에 대해서 그냥 예약을 접수하지 않고 더 높은 가격으로 객실을 구매하려고 하는 다른 세분시장에 판매할 수 있도록 확률을 고려하여 예약을 처리하게 된다.

일드란 예약 최고수익에 대해서 실현된 수익의 효율을 말한다.

$$\text{가격효율} = \frac{\text{실제거래가격}}{\text{공표요금}} \times 100$$

YM에서는 가격효율을 통하여 일드를 제고하려는 것이다. 그러므로

$$일드(Yield) = 점유율 \times 평균실료 = \frac{객실판매수량}{총보유객실} \times \frac{평균판매객실표}{평균예상실료}$$

$$= \frac{실현된\ 수익}{예상최고수익}$$

기존 수요를 통하여 일드를 높이려면 실제 거래가격을 높여야 하므로 호텔객실 이용객들을 세분 시장별로 분리하기 위한 시장 세분화가 전제되고 있다. YM은 그 중 비교적 높은 가격을 지불할 수 있는 시장에 대한 예약매출을 우선시하는 방법에 의해서 해답을 찾으려고 한다. 이 때 이중 점유율(double occupancy rate)이 높다면 일드는 더욱 커질 수 있다.

일드 매니지먼트란 일드의 극대화를 도모하기 위해서 호텔 수요시장 중 어떤 세분시장의 어떤 고객에게 어떤 가격과 유형의 객실을 얼만큼씩 판매하도록 재고를 통제하여야 할까를 기초로 가장 적정할 수준을 찾아내는 방식에 의한 단기적인 가격의사결정 과정으로 이해될 수도 있다.

이러한 의사결정 과정에서 강조하는 요지와 기저된 사조는 호텔투숙이나 예약을 희망하는 누구에게나 언제라도 판매 가능한 객실이 남아있는 한 동일가격으로 수일간 지속적으로 동일한 객실을 판매하는 것은 수익성이 없는 제품판매라고 보면서 이를 통제하려 한다. 이것은 호텔경영자들이 높은 객실점유율이나 높은 객실요금, 혹은 평균 실료 등 수익결정 관련 요소들을 각각 다른 목표로 분리해서 고려하는 것을 방지하고 이러 요소들을 상호의존적 관계에서 분석·결정하도록 함으로써 호텔 전사적인 수익성 관리를 도모하고 일드의 능률을 높이려는 것이다. 그간 호텔경영자들이 경험한 바로는 가시적인 생산성과 위주의 단체 우선 예약관행이 객실점유율 제고에 기여했지만 수익 잠재력이 더 큰 개별 관광객시장에의 객실예약 접수나 실제 제공이 기회를 상실했던 것이다. 이것은 결국 거액의 기회비용(opportunity costs)을 발생시켜 왔다. 이 점을 고려할 때 호텔 수요자들의 각기 다른 예약시기에 따른 영업 손실을 최소화 할 수 있다면 기존과 동일한 수준의 수요 만으로도 이익증대가 실현될 수 있게 된다는 의미가 된다.

그러나 가격과 구매행동을 고려할 때 어떤 가격이 진실로 이익 극대화를 달성할 수 있는 가격인지를 규정하기란 쉬운 일이 아니다. 이런 점에서는 일드 매니지먼트를 단순히 이익극대화 개념으로 정의하는 데는 다소 모호성이 수반된다는 비판도 없지 않아 오히려 판매 가능한 객실 1단위당 매출수익 극대화 또는 객실당 일드 극대화 관리기법이라고 정의하는 편이 명료성을 더할 수가 있다.

일드 매니지먼트의 목표는 이런 객실수익 변수들을 어떻게 얼만큼 바꿔야 할 것인지를 결정하는 데 있으므로 그 내용은 결국 객실재고 통제와 가격결정으로 요약될 수 있는데, 이처럼 관련된 결정사항들은 예약과정을 통해서 구체화되고 달성된다. 재고 통제는 주로 1주일 이하의 단기적인 시간적 관점에서 호텔의 각기 다른 세분시장에 차별화된 유형의 객실들을 배분하는 방법과 실료결정 문제를 다루는데 관계된 활동이다. 호텔이 주말형 혹은 상업중심지인가에 따라서 객실수요는 주초나 주말이다르게 나타나므로 이런 경우 수요의존적인 가격변화는 타당하다고 보는 때문이다. 최적의 실료란 그로 인해 경쟁호텔의 수요 증대나 자사 고객을 잃지 않는 선에 초점을 맞추어 달성될 수 있는 가능한 최고 가격을 의미한다. 그러나 한업기 호텔 객실가격의 덤핑 현상을 고려할 때 그것이 반드시 객실원가(투자자본과 기타원가를 포괄한 개념)를 초과해야 한다는 보장은 없다. 이런 가능한 상황의 문제는 일드 매니지먼트의 한계로 남아 있다. 호텔은 근본적으로 계절적 수요변화를 겪는 시장의존적 사업이긴 하나 동일한 주일이나 달 중에도 주기성 수요변동이 빈발되므로 호텔 일드 매니지먼트는 시장여건 변화로 초래될 수익성 변화에 대비한 차별 가격제의 활용에 따른 재고통제 필요성에 착안한 수익관리기법이다. 단기성의 한계는 상황이 동일하고 변화하지 않는 상태를 보장할 수 있는 기간에 대한 것에 기인되며 가격의사결정도 따라서 단기적으로 이루어지고 있다.

호텔객실의 원가구조는 고정비율이 절대적이고 약간의 변동비로 구성되어 있다. 호텔의 이런 원가구조는 소규모적인 매출변동이나 매출감소가 수익성에 미치는 영향을 크게 만든다. 일드 매니지먼트는 현재의 확실한 수요에 근거하여 가능한 최고의 수익실현을 이루려는 수익관리 모형으로 YM의 가격결정 과정은 크게 기초과정과 본 과정으로 대분해 볼 수 있는데 기초과정에서는 ① YM 문제의 조성과 발전 → ② YM의 전략과 기술 → ③ YM의 시간적 단위 등을 결정하고 본 과정에서는 ㉮ 수요예측 → ㉯ 이용시장의 세분화 → ㉰ 특정호텔에 부합되는 가치기준 설정에 따른 적정가격 결정 → ㉱ 수요분석과 기존 고객의 유지 또는 고객층의 대체 → ㉲ YM 보조장치의 개발 및 활용을 통한 가격결정과 그 성과 평가 → ㉳ 피드백을 통한 가격결정 결과에 대한 평가와 피드백 기능을 수행한다.

그러나 YM에 의한 가격결정의 한계점에 주의해야 한다. YM의 한계점으로 인해 야기될 부정적인 호텔 이미지에의 영향이나 장기적 관점의 수익성 고려로 YM의 경제적 효과와 반작용에 대한 분석을 거친 가격결정으로 원래의 수익극대화 목적에 기여할 수 있도록 관리되어야 한다.

YM은 ㉮ 승수효과의 고려와 확정가격 시행의 어려움, ㉯ 예약의 리드타임 결정 문제, ㉰ 호텔 독자적인 YM적용의 어려움, ㉱ 성업기에만 적용 가능한 제도라거나 ㉲ 결국 한업기 가격할인제도라는 비판 등 한계점을 극복할 수 있을 때 가격결정 대안으로서 더 큰 효과가 기대될 수 있을 것이다.

(2) Yield Management에 의한 가격결정

여기 객실 100개를 보유한 당진호텔이 있는데 객실요금을 보니 단체요금은 ₩55,000이고 FIT에 적용하는 공표요금은 ₩80,000이었다. 단체의 평균 이용 객실수는 20실이고 3주 전에 미리 예약한데 비해 일반인(FIT)은 7일 전 예약에 의존하고 있다면 예약의 확실성에 대한 차이는 실제로 크다. 단체와 사업목적의 FIT의 평균체류일은 2박이다. 4월 21일과 22일에 단체에 판매된 객실당 평균가격은 ₩55,000이고 20실 판매되었고, 4월 21일 FIT 객실매출은 40%에 달하며 실당 평균 ₩80,000였다고 하자. 예약 담당자(reservation agent)는 실당 ₩80,000에 55개 객실을 FIT에 더 판매될 것이란 예측에 확신을 갖고있다면 단체에 대한 80개실 매출보다는 FIT에 대한 55실 판매수익이 더 크다는 것을 알 수가 있다. 즉 정보에 기초해서 YM과정을 통한 분석결과 단체객실 매출 80실 대신에 FIT에 55실 판매하는 경우에 각각 총 100실(20+80)과 총 95실(40+55)로 5실 적지만 객실 총수익은 오히려 크게 실현되었다(표 6-4 참조).

▨ 계산자료

- 100room XYZ호텔
- 실료 $80 & $55
- 단체평균 이용객실수 20room이고 3주전에 예약 / 일반인은 7일전에 예약
- 단체와 FIT(business people)은 평균 2박
- 4월 21일 & 22일에 20room을 희망하고 단체에게 실당 $55로 4월 21에 40% rooms는 이미 실당 평균 $80에 FIT(business people)에 판매됐다고 가정
- 예약담당자(reservation agent)는 실당 $80에 55개의 객실이 더 판매 될 것이라고 확신(예측)하고 있다.

〈표 6-4 〉 대안 I과 대안 II의 수익성 대비 분석결과

대안 I	YM 이전의 객실사업	단체객실 매출 FIT 매출	20실 80실	@₩55,000 @₩80,000	₩1,100,000 ₩6,400,000 ₩7,500,000
대안 II	YM에 의한 객실사업	FIT 매출 FIT 매출	40실 55실	@₩80,000 @₩80,000	₩3,200,000 ₩4,400,000 ₩7,600,000

여기서 대안 I 과 대안 II 의 총매출액의 차이 ₩100,000은 예약대상일 21일과 22일 에 대한 것으로 영업은 21일 하루에 대한 총수익의 차이가 된다. 이것은 안전한 예약실적을 목표로 단체에 대한 예약접수를 입숙 1주일 전까지 기다렸다가 FIT 예약으로 대치할 수 있다면 더 큰 수익목표 달성이 가능하다는 것이다.

전형적으로 객실영업에만 의존하는 버젯텔이나 모텔 등 숙박업과는 달리 고급호텔은 많은 영업부문들을 동시에 운영하고 있으므로 대안Ⅰ에 대해서 무건적으로 대안Ⅱ의 선택이나 적용이 유리한 것은 아니다. YM의 적용에는 다른 서비스부문이나 영업에 의한 매출증대 효과까지 고려 대상에 포함시킨 검토를 거쳐 최종 결정이 이루어짐으로써 예약접수와 가격의사 결정이 되지 않으면 안 된다.

이런 한계점을 이해할 때 장기적인 호텔이미지 관리나 수익극대화 관리 목적에 기여할 수 있는 세분시장을 고려한 가격결정과 재고통제가 이루어질 수 있게 될 것이다.

제 7 장

가격결정의 실제

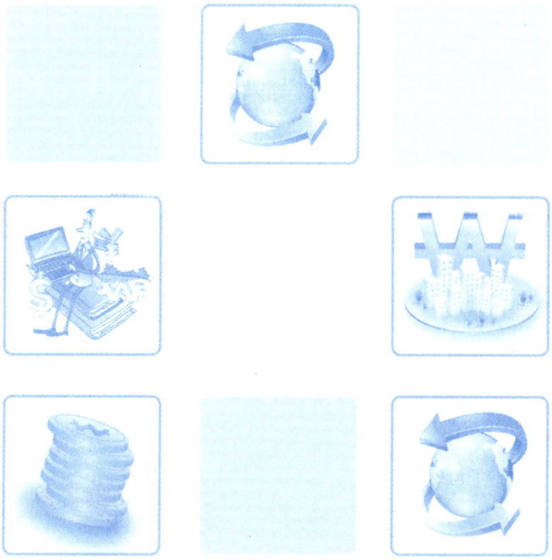

7 가격결정의 실제

제1절 경험론적인 객실의 가격결정

원가에 기초한 객실요금 결정방법으로 널리 알려진 것은 경험론적인 방법과 휴버트 공식법의 두 가지가 있다.

1. 개념

Horwath社의 전문적인 식견과 오랜경험에 의해 개발된 소위 호와드 방법(Horwath method)은 경험론에 의존한 방법으로서 호텔의 객실당 평균 건축비 $1,000당 객실요금을 $1로 계산하는 실료결정 방법인데 흔히 비체계적인 방법(Rule of Thumb Method) 또는 $1,000 당 $1 접근법($1 per $1,000 Approach)이라고도 부른다.

2. 건축비와 객실요금과의 관련성

신규 호텔이나 모텔의 개발에 있어서는 실제로 총 투자의 60~70%가 건물, 가구, 집기, 및 각종 설비 등 유형자산에 투자되고 있다. 그러므로 건축과 관련하여 투자된 최초 총 투자액과 부과될 객실요금 사이에는 상당한 직접적인 관련성이 있다고 하는 관점에서 건축비에 근거하여 가격을 결정하려는 것이 $1,000 당 $1 접근법이다. 이것도 광의에서 보면 투자의 수익성 측면에서 개발된 일종의 투자수익율법이라고 볼 수 있지만 그 계산과정을 추적해 볼 때 한계점이 드러난다.

3. 경험론적인 방법의 전제와 한계

이 방법을 통하여 객실요금을 계산하기 위해서 총 건축비가 $25,000,000인 250실 규모의 한 호텔이 있다고 하자. 이 호텔의 실당 평균 건축비는 $100,000이 된다.

> 실당 평균 건축비 = 총건축비 ÷ 보유객실수
> 객실당 평균건축비 = $25,000,000 ÷ 250실
> = $100,000

평균실료를 얻기 위해서 $100,000을 다시 $1,000로 나누어 보면 평균실료는 $100로 계산된다.

> 평균실료 = 실당 평균 건축비 ÷ $1,000
> = $100,000 ÷ $1,000
> = $100

이 때 $1에 대한 원화의 환율이 800 : 1(800원)이라고 하면 객실요금은 ₩80,000이 된다.

$$\$100 \times ₩800 = ₩80,000$$

이렇게 결정된 실료 $100(또는 ₩80,000)은 평균실료이므로 호텔이 실제로 보유하고 있는 여러 종류의 객실(싱글, 더블, 트윈, 스위트 등)에 따라서 요금을 다르게 조정한 후에 적용해야 함은 말할 것도 없다.

그러나 이러한 경험론적인 방법은 측정의 환경과 가정을 전제로 했을 경우에만 적용가능하므로 실제 적용에 있어서 몇가지의 결함이 지적되고 있다.

이 접근방법에서는 원래 책정된 예산원가 또는 최초 투자액을 기준으로 이용하여 객실가격을 결정하고 있기 때문에 모든 자산(특히 유형자산)의 현재가치를 고려하지 못하므로 건설된지 오래이나 잘 유지, 관리된 호텔의 적정한 가치를 반영하지 못하는 한계점이 있다.

가령 40년 전에 건축된 호텔일지라도 잘 유지관리된 경우 호텔의 객실은 현재 가치로 보아 건축 당시 프로젝트의 실당 평균건축비로 투자되었던 금액에 비해 10여배 정도 상승되었을 것으로 추정해 볼 수 있다. 당시 최초 투자액이 실당 평균 $20,000이었다고 가정한다면 현재 가치는 $200,000정도가 되었을 것이다. 이런 경우에 $1,000 당 $1 접근법에 의한 평균실료는 $20($20,000 ÷ $1,000 = $20)이 되어 실제로는 훨씬 높은 가격이어야 할 현재의 적정 가격선을 전혀 반영할 수 없다. 그러므로 이 방법은 현재 가치를 전혀 고려하지 못하는 점에서 큰 결점을 가지고 있는 것이다. 그 밖에도 이 방법은 체계적인 가격결정 모형이 개발되기 이전 시기에 사용하던 가장 오래된 요금 결정방법으로서 그 당시의 호텔서비스 수준에 기초된 것이므로 현대의 복잡다양화된 시설과 서비스의 호텔에서는 부적합한 가격결정 방법이다. 즉 초창기의 호텔들은 오늘날의 모텔, 버젯텔, 이코노미 모텔들처럼 호텔사업이 집중적으로 객실에 의존되고 있었으므로 호텔의 시설도 대부분 객실설비에 국한되었고 따라서 호텔의 수익도 객실에서만 창출되고 기대되었다.

그러나 현대에 와서는 호텔규모도 확장되고 호텔이나 호텔 복합건물(hotel complex) 내에서는 객실과 식음료 외에도 고객 편의를 도모하기 위한 많은 시설과 서비스들을 동시에 제공하고 있어서 호텔의 총수익과 총영업이익의 얼마간 또는 상당부분을 점유하고 있다.

이자와 부동산세를 지급할 정도의 사무실 및 점포 임대료 수입과 객실부문 이익에 육박하는 수준의 F&B 부문이익이 영업이익에 대해 높은 점유율을 유지하고 있다. 그러므로 이러한 비객실부문에의 투자는 물론 이러한 수익창출부문들이 가격결정에 체계적으로 고려되고 산입되지 않으므로 해서 신규호텔의 객실요금이 높게 책정될 가능성도 있다. 이런 경우에는 비객실 서비스부문의 수익 또는 이익을 고려하여 $1,000당 $1로 계산된 평균 실료에서 그만큼 가격을 인하시킬 필요가 있다.

제2절 상향식 접근법에 의한 객실요금 결정

1. 상향식 접근법에 의한 가격결정의 의의

수년간에 걸친 호텔 가격구조 평가방법의 적정성에 대한 AH & MA의 노력의 결정으로 Roy Hubbert에 의해 1940년대 후반에 개발된 실료결정방법이 휴버트 공식법(Roy Hubbert Formular)인데, 이 방법의 과정적 측면에서 보아 일명 상향식 접근법(bottom-up approach)에 의한 객실요금의 결정방법이라고도 한다.

전형적인 가격결정체계에 있어서 주로 원가를 먼저 고려하는 원가지향적 방법을 사용하는 것과는 달리 휴버트 방식은 기대하는 투자이익률(ROI)을 근거로 해서 가격이 결정되는 이윤지향적인(profit-oriented) 방법으로서 목표이윤을 중심으로 해서 가격을 역추적하고 있다. 이런 경우 요금은 비용을 보상하기 위한 개념으로서가 아니라 이익의 실현을 위해서 어떤 수준으로 가격이 결정되어야 할 것인가의 측면에서 추구된다. 이것은 영업비를 회수하고 재산의 공정한 가치에 대한 적정한 지불회수를 고려하여 고안된 가격결정법이다. 이 방법에서는 먼저 일정한 투자의 요구이익률을 정해놓고 예상객실 판매실적을 고려함으로써 기대투자이익을 실현하기 위해서 평균실료는 얼마가 되어야 할 것인가의 방식으로 객실요금을 역으로 추적하여 결정한다. 그러므로 휴버트 방식에 의한 가격결정이 가장 유용한 경우는 실제적용되고 있는 평균요금의 적정성 평가를 위해서 적정 투자이익률을 적용시켜 산출되는 목표평균요금(target average prices)은 어느 수준이어야 되는지를 알아보려 할 때이다. 숙박사업의 특성상 특수한 경우를 제외하고는 최초의 2~3년 동안에는 정상적인 영업에 있어서도 영업순이익을 기대하기가 어렵다. 사업개시 초기년도에 Hubbert 방식으로 평균 객실가격이 결정되었다면 그것은 목표가격이 된다.

전형적인 손익계산은 경영활동의 성과인 영업이익을 산출해 보기 위해서 수익에서 비용을 차감해 내려오는 하향식 접근방법(top down approach)에 의한다. 원가기준의 가격결정은 대부분 활동성과에 초점을 두고 이루어지는 것으로서 이러한 손익계산과정을 따라서 당연히 하향식 접근법을 이용하게 된다. 그러나 이와는 반대로 목표로 하는 투자의 결과, 즉 투자의 요구이익률(expected return on investment)을 근거로 산출한 목표투자이익(desired net income)을 출발점으로 하는 두괄식 방법으로 출발해서 가격이라는 해답을 찾으려는 역적인 접근방법이 휴버트 공식법이다. 이것을 상향식 접근방법(bottom up approach)이라고도 부르는 까닭은 목표투자이익을 위해 소요되는 기대 순이익에 제원가를 가산함으로써 총수익(총매출)이 얼마가 되어야 할지를 구해보고 이것을 근거로 평균실료를 구하기 때문이다. 즉 손익계산서의 맨밑에 있는 순이익(여기서는 기대투자이익임) 항목으로부터 고정원가, 미배분 영업비, 영업비 등 비용가감을 거쳐 계산된 총 매출액 목표를 예상하고 이것을 예상객실매출수량으로 나누어 평균실료를 구함으로써 실료 결정의 절차가 역으로 이행되어 올라오기 때문에 명명된 명칭이다. 이 방법은 요컨대 달성하지 않으면 안되는 매출목표를 결정한 후 연간 예상매출 객실수로 나누어서 평균 객실요금을 구하는 방법으로서 투자자본을 기초로 한다는 점에서 관리지표로서의 가치가 인정된다. 그러나 이 가격은 역사적인 사실, 업적보다는 예측에 의존되고 있다는 점에서 한계가 있다. 또한 객실요금결정을 위해서는 F&B 및 기타 모든 영업부문의 부문이익 예측이 불가피하게 필요할 뿐만 아니라 가격결정이 고도로 투자 회수율에만 의존됨으로써 현재의 수요나 시장여건을 무시하고 있기 때문에 시장 타당성연구가 선행되어 뒷받침되지 못한다면 부정확한 가격결정이 될 소지가 크다는 점에서 한계점이 있다. 물론 여기서 산출된 요금은 객실 형태를 막론한 평균 객실요금이다. 대부분의 대규모 호텔들은 보유객실의 객실규모와 종류가 다양하고 동일한 객실이라 할지라도 1인 요금(single rate)과 2인 요금(double rate)이 다르게 결정된다. 그러므로 다양한 객실형태를 가진 호텔에서 필요한 복수의 객실요금 결정을 위해서는 이 평균 객실요금은 특정 형태의 객실에 대한 최종 요금결정의 기초로서 활용된다. 객실요금 차별화의 근거는 첫째, 객실규모의 차이, 둘째 실내장식의 내용이나 질적 수준의 차이, 셋째 전망이나 경관 등의 차이 등에 기인된다. 가격차이 또는 차별화가 이상에서 열거한 요소들에 의해서 고객의 인식가치로서 평균되고 설명될 수 있을 때 그 가격결정은 합리적인 것이 될 수 있다.

2. Hubbert에 의한 상향식 가격결정 과정

기대이익에 법인세를 가산한 후 다시 지급이자 등 고정비와 일반관리비 및 기타의 미배분 영업비를 가산해서 기대이익 달성에 필요한 총이익을 구한 후 여기서 모든 비객실부문 이익 총액을 차감한다. 이 금액에 객실부문 직접비를 목표액을 구한후 연간 예상판매객실수로 나누어 평균객실요금을 산출한다. 이와 같은 휴버트 공식법에 의한 실료 계산 과정을 좀더 상세히 알기 쉽게 분석해 보면 크게 다음의 4단계를 거쳐서 이루어진다.

1) 1단계 : 총 투자에 대한 기대이익의 설정

총 투자에 기대하는 투자이익률(Return On Investment; ROI)을 곱하여 목표이익을 계산한다.

2) 2단계 : 기대 투자이익(률) 실현을 위해 소요되는 기대이익의 결정

목표로 하는 투자이익(률) 달성을 위해서 기대되는 호텔의 기대이익을 계산하기 위해서 다음과 같은 과정을 거쳐 계산한다.

(1) 법인세 전 이익의 산출

이것은 법인세를 비용으로 공제하기 전의 이익을 말하며 ROI를 가지고 계산된 기대이익을 기초로 계산된다.

$$법인세전이익 = 기대이익 \div (1-법인세률)$$

(2) 지급이자 등 고정비 계산

이 항목에서는 유형자산에 대한 감가상각비, 이자비용, 제세공과, 각종 보험료, 무형유형자산에 대한 상각액 및 경영 수수료(management fee) 등을 계산 또는 추정한다.

(3) 부문공통비(미배분 영업비)의 계산

여기에는 일반관리비, 자료처리비, 인적자원비, 교통비, 마케팅비, 접대비, 재산관리 · 영선유지비 및 동력비 등의 계산 또는 추정이 포함된다. 이 금액을 (2)의 합계액에 합산한다.

(4) 객실 이외 영업부문에 대한 이익, 손실의 계산이나 추정

이것은 즉 식음료부문, 사우나부문, 전화, 주차부문, 기타 소부문 등으로부터 의 이익이나 손실을 말하는데 (3)의 합계액에서 비객실 부문의 영업이익은 차감해 주고 영업손실은 가산한다.

3) 3단계 : 객실부문 이익의 계산

객실부문 총수익(총매출액 목표)은 앞의 2단계에서 최종적으로 산출된 금액에 객실부문의 직접비를 가산하여 산출할 수 있다. 객실부문의 직접비는 객실부문 종사원들의 급료, 급료관련 제비용 및 기타 부문직접비 등으로 이루어져 있다.

4) 4단계 : 평균실료의 산출

평균실료는 3단계에서 산출된 객실부문 기대 총수익 목표액을 연간 예상 판매객실수로 나누어서 얻게 된다. 연간 예상 판매객실수는 판매 가능한 호텔 총보유객실수에 연평균 객실점유율과 365일을 곱하여 산출된다.

3. Hubbert Formular에 의한 실제 객실요금 계산 사례

1) 평균실료의 계산자료

여기 총자본 ₩3,000,000,000으로 150개실 규모로 건립되는 한 호텔이 있다고 하자. 토지, 건물, 가구, 집기 및 설비에 ₩2,970,000,000가 투자되고 ₩30,000,000은 운전자본 예산으로 수립하고 있다. 투자자본의 조달원천을 보면 소유주가 현금으로 ₩750,000,000을 출자하고 나머지 ₩2,250,000,000은 연이자율 12%의 타인자본(차입금)을 이용하고 있다. 소유주는 자신의 투자지분에 대해 연 15%의 투자이익률(ROI)을 기대하고 있다. 연간 예상평균객실 점유율은 72%이므로 연간 총 39,420개의 객실(150실 × 72% × 365일 = 150 × 0.72 × 365일 = 39,420)이 판매될 것으로 예상된다. 이 때 법인세율은 40%를 적용한다. 지급 이자비용을 제외한 영업외 비용은 총 ₩180,000,000이고 미배분 영업비는 ₩372,000,000이고, 기타 예산내역은 다음 <표 7-1>과 같다고 할 때 Hubbert공식에 의해 호텔의 평균 객실요금을 결정해 보자.

〈표 7-1〉 평균실료 계산자료

계산자료	
법인세	₩75,000,000
보험료	₩15,000,000
감가상각비	₩90,000,000
일반관리비	₩90,000,000
자료처리비	₩36,000,000
인적자원관리비	₩24,000,000
교통비	₩12,000,000
마케팅비	₩60,000,000
재산관리 · 영선유지비	₩60,000,000
에너지비	₩90,000,000
기타 비객실부문의 기대손실 추정	
식음료부문	₩45,000,000
사우나부문	₩21,000,000
임대료수입 및 기타 수입	₩30,000,000
전화(순손실)	(₩15,000,000)
객실부문의 직접비는 판매된 실당	₩3,000

2) Hubbert Formular에 의한 평균 실료의 계산과정

(1) 목표이익의 결정

총투자자본에 투자자가 기대하는 목표 투자이익률(ROI)을 곱하여 계산한다.

소유주 투자분 × ROI = ₩750,000,000 × 15% = ₩112,500,000

(2) 법인세전 기대이익의 산출

목표이익을 (1-법인세율)로 나누에 법인세전 이익을 구한다.

₩112,500,000 ÷ (1-0.4) = ₩187,500,000

(3) 지급이자(비용)의 계산

차입금에 지급이자율을 곱하여 계산한다.

₩2,250,000,000 × 12% × 1 = ₩270,000,000

(4) 법인세 및 지급이자 차감전 기대이익 계산

②항과 ③항의 법인세전 이익에 지급이자를 합산하여 산출한다.

② + ③ = ₩187,500,000 + ₩270,000,000 = ₩457,500,000

(5) 감가상각비(평가치), 제세공과금 및 보험료 계산

₩75,000,000 + ₩15,000,000 + ₩90,000,000 = ₩180,000,000

(6) 고정비용 차감전 기대이익 계산

④항의 법인세 및 이자전 기대이익에 ⑤항의 비용을 가산하여 산출한다.

④ + ⑤ = ₩457,500,000 + ₩180,000,000 = ₩637,500,000

(7) 미배부 영업비 계산

호텔의 부문공통비 중 객실부문에 배분될 금액을 계산한다.

₩372,000,000

(8) 기대이익 달성에 필수되는 총수익의 결정

⑥항의 감가상각비 차감전 기대이익에 ⑦항의 미배분 영업비를 가산하여 이익 달성에 필요한 총수익을 계산한다.

⑥ + ⑦ = ₩637,500,000 + ₩372,000,000 = ₩1,009,500,000

(9) 객실부문 외 부문별 이익의 산출

음료부문이익, 사우나나 헬스클럽, 임대료 수입 및 기타수입, 전화부문 등 호텔

이 운영하고 있는 객실 이외의 모든 부문의 이익을 가산하고 혹 영업손실이 발생되었다면 그 금액을 차감하여 계산한다. 금액은 객실부문 이익이 아니므로 객실요금 결정대상에서 ⑩항과 함께 제외시킬 목적으로 산출하게 된다.

₩45,000,000+ ₩21,000,000 + ₩30,000,000 - ₩15,000,000 = ₩81,000,000

(10) 순수한 객실부문만의 기대이익 산출

⑧항의 총수익에서 ⑨항의 객실 외 부분이익 총계를 차감하여 계산한다.

⑧ - ⑨ = ₩1,009,500,000 - ₩81,000,000 = ₩928,500,000

(11) 객실부문의 직접 영업비 예상액의 계산

객실부문만을 위하여 사용되었기 때문에 쉽게 추적할 수 있고 직접 배부할 수 있는 부문 직접비를 계산한다.

₩39,420실 × ₩3,000 = ₩118,260,000

(12) 총객실 수익 목표의 결정

⑩항의 순수 객실부문 기대이익에 ⑪항의 예상 객실부문 영업비를 합산한다.

⑩ + ⑪ = ₩928,500,000 + ₩118,260,000 = ₩1,046,760,000

(13) 목표 이익 실현에 필요한 평균 객실요금의 산출

총객실부문 수익 목표액을 연간 판매가능 총객실수로 나누어 단위 평균실료를 구한다.

⑫항의 금액 ÷ ₩39,420실 = ₩1,046,760,000 ÷ ₩39,420실 = ₩26,554

3) Hubbert Formular에 의한 평균객실요금 계산

이상의 계산과정을 표로 요약한 것이 다음의 <표 7-2>이다.

〈표 7-2 〉 Hubber Formular에 의한 평균객실 요금 산출표

항 목	계산내역	금액(단위 : 1,000)
① 목표이익 (₩112,500)	투자지분×ROI ₩750,000,000×15%	₩112,500,000
② 법인세전이익 (₩187,500)	₩112,500,000÷(1-x) =112,500,000÷0.6	₩187,500,000
③ 지급이자 (₩270,000)	차입금×이자율×차용기간 ₩2,250,000,000×12%×1	₩270,000,000
④ 이자 및 법인세전이익 (₩457,500)	₩187,500,000+₩270,000,000	₩457,500,000
⑤ 감가상각비, 제세공과금 및 보험료 (₩180,000)	₩75,000,000+₩15,000,000 +₩900,000,00	₩180,000,000
⑥ 고정비용 차감전 기대이익 (₩637,500)	④+⑤=₩457,500,000 +₩180,000,000	₩637,500,000
⑦ 미배분영업비 (₩372,000)	₩372,000	₩372,000,000
⑧ 활성목표의 총부문이익 (₩1,009,500)	⑥+⑦=₩637,500,000 +₩372,000,000	₩1,009,500,000
⑨ 비객실부문이익 (₩81,000)	₩81,000	₩81,000
차감 : 식음료부문		(₩45,000)
사우나부문		(₩21,000)
임대료 및 기타수익		(₩30,000)

가산 : 전화부문의 손실		(₩15,000)
⑩ 객실부문 총이익 목표 (₩928,500)	⑧-⑨=₩1,009,500,000 -₩81,000,000	₩928,500,000
⑪ 객실부문 직접비 (₩118,260)	(보유객실수×365×연평균점유율) ×객실당 직접비=39,420×₩3,000	₩118,260,000
⑫ 객실부문 총수익목표 (₩1,046,760)	⑩+⑪=₩928,500,000 +₩118,260,000	₩1,046,760,000
⑬ 평균객실요금(목표) (₩26,554)	⑫÷39,420실	₩26,554

4. 객실 종류별 요금결정과 객실매출 수량계산

이상과 같은 과정을 거쳐서 호텔이 소유주 지분에 대한 투자이익률 목표 15%를 달성하기 위해 필요한 평균 실료는 ₩26,554으로 산출되었다. 그러나 실제로 호텔은 여러 가지 종류의 객실들을 보유하고 있으므로 이렇게 산출된 평균실료를 기초로 해서 각각의 형태별 객실에 대한 구체적인 실료를 다시 결정하지 않으면 안된다. 호텔은 일반객실과 Suite room을 가지고 있고 일반객실이나 Suite room 또한 여러 가지 종류의 객실들을 갖추고 있다. 호텔은 또한 싱글요금과 더블요금을 결정해야 한다.

예의 호텔에서 더블가격이 싱글가격보다 고가이고 가격 차이는 y만큼이라고 할 때 더블 점유율이 40%이고 가격 차이는 ₩5,000이라고 가정한다면 싱글 요금과 더블 요금은 다음과 같이 계산된다.

1) 더블룸과 싱글룸의 객실 판매수량 계산

① 일 매출 더블객실 수량 계산

예상 객실수 = 더블점유율 × 판매가능 보유객실수 × 객실점유율

= 40% × 150실 × 72%

= 0.4(150) × 0.72

= 43.2(실)

② 일일 매출 싱글객실 수량 계산

이것은 일 평균 객실 판매수량에서 더블객실 판매수량을 차감하여 구한다.

일일매출 싱글객실 수량 = 일평균 판매 객실수 − 더블 판매 객실수

= (150 × 0.72) − 43실

= 108실 − 43실

= 65(실)

2) 싱글요금과 더블요금의 계산

평균실료를 기준으로 해서 싱글요금과 더블요금을 구할 수 있다.

요금의 산출 공식은 다음과 같다.

> 평균실료 × 판매 객실수
>
> = 더블 판매 객실수(χ + y)+ 싱글 판매 객실수(χ)
>
> 단, χ= 싱글요금
>
> y= 싱글과 더블의 요금차이
>
> χ +y = 더블요금

판매된 객실의 평균 실료 = 싱글 판매 객실수(X) + 더블 판매 객실수(X+Y)

이때 X는 싱글 객실 요금이고 Y는 싱글과 더블의 요금차이인데, 여기서는 차이

를 비율이 아닌 금액으로 표시한다. 이 때의 가격 차이가 ₩5,000이라고 가정하면, 더블 실료를 구하는 산식은 X를 기준으로 할 때 X + Y가 된다.

산식에서 실수를 대입해 보면 싱글요금은 ₩24,545이 된다는 것을 알 수 있다.

(1) 금액 차이에 의한 싱글요금의 계산

₩ 26,554 × 108실 = 65χ + 43(χ + ₩5,000)

₩ 2,867,832 = 65χ + 43χ + ₩215,000

₩ 2,867,832 = 108χ + ₩215,000

₩ 2,867,832 − ₩215,000 = 108χ

₩ 2,652,832= 108χ

χ = ₩2,652,832 ÷ 108

χ = ₩24,563

χ ≒ ₩24,563 ··············싱글요금

(2) 금액 차이에 의한 더블요금의 계산

더블요금은 싱글요금과의 가격차이가 ₩5,000이므로 χ값에 이 금액을 더해주면 계산된다. 따라서 더블요금은 ₩29,545이 된다.

더블요금 = χ + ₩5,000

= ₩24,563 + ₩5,000

= ₩29,563 ·············· 더블요금

3) 비율 차이에 의한 싱글요금과 더블요금의 계산

싱글요금과 더블의 요금차이는 금액이 아닌 비율로도 표시될 수 있다. 물론 가격 계산 요소들은 앞의 (2)번과 동일하고 다만 가격 차이 ₩5,000을 더블룸 가격을 싱글룸 가격에 대한 상대적인 비율 120%(₩29,563 ÷ ₩24,563 × 100%)로 표시할 뿐이다. 여기서 싱글요금을 100%로 볼 때 더블요금의 차이인 20%는 마크업 비율이

라고 한다.

(1) 마크업 비율 차이에 의한 싱글요금의 계산

평균실료 × 판매된 총객실수 = 판매된 더블 객실수 · χ(1 + 마크업 비율)
+ 판매된 싱글객실수 = ₩26,554 × 108실 = 43χ · (1 + 20%) + 65χ
=₩2,867,832 = 43χ + 8.6χ + 65χ
= 116.6χ
χ = ₩24,595·············· 싱글요금

(2) 마크업 비율 차이에 의한 더블요금의 계산

더블요금 = χ · (1 + 20%)
= 싱글요금 × 120%
= ₩24,595 × 1.2
= ₩29,514·············· 더블요금

이상에서 휴버트 방식을 이용한 호텔의 요금계산을 해보았다. 엄격히 말해서 이 방법은 투자 이익률에 기초한 가결결정방법이지만 계산과정에서 보면 원가를 이용한 손익계산과정을 거꾸로 역추적해 가는 방식에 의해서 가격을 결정하고 있다. 그러므로 원가를 고려한 가격결정과정으로 볼 수도 있다. 앞에서 기술된 네 가지의 수정요인별로 고려를 거친 후에 최종적으로 가격이 확정되게 된다. Hubbert Formular에 의해서 산출된 실료목표 수준이 ₩30,000대 가격이라고는 해도 동종 유사 규모와 등급의 경쟁 호텔사들의 평균 요금 수준이 훨씬 더 저렴한 선이라면 그 가격은 경쟁사 가격을 기본으로 하는 시장가격을 고려하는 현실화 과정을 거쳐서 다소 수정될 여지가 있는지를 분석해 보아야 한다. 이 호텔이 2년여 후에 개관 예정의 호텔이라면 당초 결정된 예상 판매가격은 화폐의 시간가치를 고려할 때, 기존 호텔의 현재 가격수준에 비해 현재만큼의 큰 차이는 나지 않을 수가 있다. 시간이 경과됨에 따라서 기존 호텔 실료도 연차적으로 인상 가능성이 있기 때문에

2년 뒤에는 그만큼 가격차이가 상당부분 좁혀지게 될 것이다. 가령 경쟁호텔사들의 판매 가격이 매년 5%씩 인상된다면 실료는 현재 수준보다 상승될 것이므로 프로젝트 호텔의 실료로 계산된 ₩30,000대와의 차이가 좁혀질 것이다.

그러나 여전히 가격차이가 크고 또 시설 및 서비스가 크게 차별화 되지 못한 상태에서는 신규 투자호텔의 실료가 기존 호텔들에 비해 할증된 가격으로 나타날 가능성을 고려해서 다소간 조정을 가할 필요는 있다. 이 때 어느 정도 수준으로 가격을 인하 조정할 것인가의 문제에 대한 고려는 몇 년 후 현재 목표의 가격대에 맞출 것인지에 대한 계획수립이 함께 이루어질 수 있어야만 합리적인 결정에 다가설 수 있게 해 줄 것이다.

사례 호텔에서 최초의 실료를 하향 조정한 후 개업 후 3년간 연간 5%씩 가격인상을 단행한다면 현재 계산된 가격이 목표가격으로 이용될 수도 있을 것이다.

〈표 7-3〉 연차적인 가격인상 계획

최초의 실료(2년 후 개업시)	₩26,250
개업 1년 후(5% 인상)	₩27,562
개업 2년 후(5% 인상)	₩28,940
개업 3년 후(5% 인상)	₩30,387

제3절 기타 객실요금 결정방법

1. Roth식 가격결정의 장점

1) Roth식 가격결정의 장점

이 방법은 로스社(Elmer Roth Management Associates)에서 처음으로 개발한 방법으로 확실한 고객만족을 고도로 기하면서 어떤 객실 점유율에서도 수익 극대화 목표를 실현할 수 있는 객실요금 결정방법이다.

이 방법이 특징적으로 가지고 있는 몇 가지 장점들이 있다.

첫째, 각 객실의 진실한 가치(true value)를 다른 객실들과 관련하여 상대적으로 반영하는 가격결정체계라는 점,

둘째, 각 객실 요금수준에서 객실수요를 충족시키기 위한 정확한 수요객실 수량 파악을 하는데 기여될 수 있다는 점,

셋째, 확실한 이윤 극대화나 투자자본 회수율을 실현하기 위해서 고급화와 새로운 개보수에 소요될 비용예산 결정과 항목별 사용처 판단에 필요한 정보제공을 할 수 있다는 점 등이다.

2) Roth식 계산방법

계산과정을 보면 다음과 같다.

첫째, 평균일수에 대해 객실수요를 분석함으로써 지불되고 있는 각 요금별로 고객의 비율을 결정한다. 둘째, 판매 가능한 객실에 대해 계산된 비율을 적용함으로써 수요와 공급을 비교해 본다. 셋째, 그들 간의 적정한 상대적인 가치관계를 수립하기 위해 다른 객실보다 특정 객실을 더 수요하도록 만드는 무엇이 제공되고, 또 무엇이 다른가 하는 물리적인 여건(physical attributes)을 각각 분류를하여 봄으로써 모든 객실을 평가한다. 이러한 절차에 의해서 산출되고 분류된 바, 객실의 수와 기

존의 가격체계에 있어서 각 가격층의 수를 비교해 본다. 그 다음 특정의 가격에 있어서의 객실수요와 그러한 가격에서 가능한 객실수들 간의 밀접한 조화(match)를 가져올 수 있는 새로운 가격체계를 수립한다. Roth에 의하면 특정 호텔에 있어서 대부분의 객실들은 동일요금을 갖게 된다고 한다. 많은 수요가 있는 어떤 호텔에 고가격의 객실에 비해 저가격 수준의 객실이 얼마 안된다고 한다면, 저렴한 가격들은 더 높은 가격 층으로 가격인상이 가능한데도 불구하고 너무 많은 객실의 요금이 저가격으로 책정된 것이라는 것이다.

제 8 장

비율분석

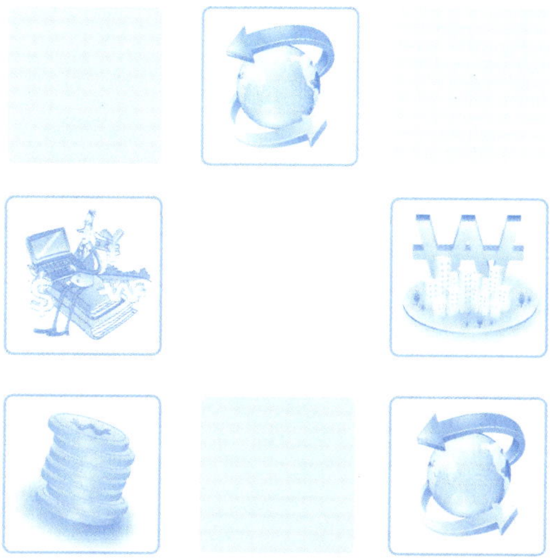

8 비율분석

제1절 비율분석의 대상과 기대효과

1. 비율분석의 주체별 분석 목적과 대상

비율분석을 행하는 목적은 다양하다. 그러나 이런 다양성은 분석을 행하는 분석주체와 주체별 분석목적이 다르고 또 목적에 따라서 분석해야 할 분석대상도 각각 달라질 수 있다. 그러므로 분석을 행하는 입장에서는 어떤 목적으로 어떤 비율이나 요소를 분석해야 할지 그 대상을 정확하게 알고 분석하는 것이 중요하다. 그래야만 분석으로부터 기대하는 목적에 기여할 수 있는 분석정보와 통계들을 가지고 정확한 분석과 결과에 대한 해석이 가능해질 것이다.

1) 비율분석의 주체별

비율분석을 행하는 주체는 다음과 같이 다양하다.

즉

(1) 경영자

(2) 금융기관

(3) 주주
(4) 신용평가기관
(5) 기업 인수합병 관련자
(6) 감사
(7) 회계감사인
(8) 세무당국 등

2) 비율분석의 목적과 분석대상

기업의 경영자들은 경영관리 목적으로 경영계획의 수립과 올바른 경영의사결정을 위해서 필요한 자료 및 정보획득을 목적으로 비율분석을 하게 되므로 주로 기업의 장단점 혹은 유리점과 불리점들을 찾아내고 분석해서 궁극적으로는 이를 개선할 방안을 모색하는데 주안점을 두고 비율분석을 하게 된다.

기업에 자본을 빌려준 채권자나 대부기관이라면 자금 차입자나 차입기업의 원리금 상환능력을 판단하고 그들 기관의 신용분석을 분석대상으로 분석을 하게 될 것이다.

주주나 기타 현재 또는 잠재 투자자들은 투자정보 입수, 수익성과 및 투자위험 평가를 위한 비율분석을 요할 것이다. 그러나 이들에게 올바른 투자정보 제공이나 채권의 등급평정 등을 목적으로 분석을 행하는 신용평가기관도 있고 인수대상 기업의 가치평가 중심의 정보획득과 기업가치 분석에 주안점을 둔 분석에 관심을 갖는 기업인수 합병팀이나 기업도 있겠고 기업의 주주 및 이해관계자에게 기업의 재무상태 및 경영성과 분석과 공시에 관심이나 책임을 지닌 감사나 회계감사인도 있다. 그러나 세무당국이라면 과세의 적정성 평가, 탈세여부 혹은 그 정도의 판단, 담세능력이나 수익성 분석을 위한 기업의 재무정보 분석을 필요로 할 것이다. 이러한 주체별 분석목적에 따라서 분석대상은 달라지게 될 소지가 크다.

본 장에서는 호텔 관리회계의 목적에 충실한 비율분석 차원에서 주로 호텔 및 식당사업 경영자의 시각에서 비율분석을 다루기로 한다.

2. 비율분석의 한계와 유의점에 대한 사색

1) 비율분석의 유의점

각 분석주체들이 각각의 목적에 충실한 분석을 행했다고해도 비율분석이 항상 만족할만한 결과를 도출한다는 보장을 어렵게 만드는 많은 요인들이 분석실무에 수반되고 있다.

이런 결과들은 주로 회계의 특성에서 오는 문제, 재무정보를 산출하고 제공하는 기업 간의 회계적 사고나 경영이념이나 방침, 조직특성이나 인적자원의 배경 등 상이한 기업문화에 기인된 차이점, 제품이나 제품특성 차이에서 오는 많은 제약들에 따른 것이다.

그러므로 분석의 일반화를 통한 분석결과의 비교가능성을 제고함으로써 기대한 분석 성과를 달성하려면 이러한 제약들을 이해하고 그런 가운데 이를 맹신하는 태도보다는 이를 바탕으로 보완하는 노력을 기울여야 할 것으로 사료된다.

2) 비율분석과 제약요소들

비율분석에 이용될 여러 가지 정보 중에는 기업의 공시된 재무제표 정보나 영업성과들이 중요한 자료원이 되고 있다. 그러므로 재무정보의 적정성 여부는 분석에 영향을 미치게 되므로 분석의 가치를 위해서 이런 정보와 관련된 약점이나 제약 등을 따져 볼 필요가 있다. 기업이 산출하고 공개하는 재무정보 자체에도 신뢰성을 제한할 수 있는 요소들이 많기 때문이다. 기업의 경영이념이나 경영자의 사고 혹은 도덕성에 기인된 문제도 있겠지만 기업의 재무정보 이용자인 제이해관계자들이 비율분석의 주체들로서 추구하는 목적에 따른 정확한 가치들에 대해서 기여할 수 있을 것인가의 관점에서 회계제도나 이를 통한 정보 및 이들을 활용한 분석결과에 수반될 문제들을 알아보고 비율분석의 한계점을 이해하는 것은 분석 목적을 능률적으로 달성하는데 필요한 조치이다.

(1) 미래가치 평가에 대한 분석의 한계

분석에서 관심은 미래의 경영성과나 재무상태 등 미래가치들을 평가하는 데 있지만 분석주체들이 이용하는 분석자료들이 과거 정보들이므로, 추세분석 등의 병용으로 다소 완화될 수도 있지만, 정보자체가 시의성면에서 한계를 갖고 있으므로 분석의 효과를 제약할 수가 있다.

실제로 회계에서 원가주의나 발생주의 원칙 적용으로 인한 각기 다른 가치 표시가 가능하고 더구나 물가변동 요인 등을 반영한 현행가치를 표시해주지 못한다.

또 분석에 사용된 공시된 재무제표 정보를 가지고 쉽게 도출될 수 있는 특정비율 자료만 가지고는 복잡한 기업의 경영상태나 성과에 대한 충분한 파악이 어렵기 때문에 이와 관련된 주석사항이나 보충자료의 부가적 정보 수요가 따른다는 점에서 분석이 결코 쉽지 않다는 것도 제약이 된다.

(2) 회계처리 방법여하에 따른 비교평가의 한계

비율분석에서 이용하는 기초자료는 공시된 재무제표이거나 이를 근간으로 한 제자료들이 대부분이므로 분석의 적정성은 재무제표의 적정성 여부에 따른 영향을 면치 못한다는 점에서 회계자료 자체의 신빙성 요건에 제약이 수반되고 있다.

대체적인 여러 가지 선택 가능한 회계처리 방법들 중 회계사고나 보수적 성향 여하 등에 따라 동일한 상황이나 실적이 서로 다른 비율분석 결과나 해석을 내놓을 수 있게 만들 수 있다. 이처럼 상이한 방법으로 도출된 재무정보는 비교가능성이 떨어지기 때문에 이를 이용한 비율분석이 기업이나 부문의 건강상태를 나타내는 신호나 징후들에 대한 불합리한 비교.평가로 유도될 수 있다는 점이 한계로 작용될 수 있다.

(3) 재무정보의 한계에 따른 제약

재표제표는 재무적 정보 이외의 기업자원에 대한 정보를 제공해 주지 못하고 있다. 재무정보 중심의 재무제표에서는 재무적 자원 이상으로 중요한 기업보유의 인적자원, 기술개발 역량, 축적된 경영 노하우 등 비재무적 정보를 무시하고 있기 때문에 그 영향으로 인해서 분석상 정확한 결론을 저해한다.

그러므로 비율이나 통계적인 분석에 항상 요구되는 개별적인 판단이나 고려를 거쳐야 한다는 점에서 분석 자체의 객관화에 한계가 크다.

(4) 객관화가 어려운 분석과정과 분석의 과제

① 분석환경 차이에 따른 조정요인들

분석환경은 분석에 영향을 미치고 많은 차이를 발생시킬 수가 있다. 그러므로 분석에서는 같은 업종의 사업이나 산업 간에도 사업규모, 생산하는 제품이나 서비스 특성, 특히 수요나 원가구조 등 다양한 사업 본래적인 특성, 경영자의 경영방침 등 헤아릴 수 없는 많은 요인들로 인해 받을 수 있는 영향요인들을 분석의 한계점으로 고려하고 분석결과에 반영하지 않으면 안 된다.

② 분석의 모형화에 수반된 어려움

분석에 사용되는 평가기준의 객관화가 어려워 어느 경우에나 일률적으로 적용 가능한 분석결과의 제시나 활용에 실패할 가능성이 높다.

소위 최적 표준비율 결정 자체가 어렵고 또 어떤 사업이나 부문에서도 객관적으로 적합한 비율이 될 가능성은 각기 다른 여건들로 인해 제약을 받는다. 이것이 비율이나 해석에 있어서 다른 주장이나 해석을 배제하지 못하는 배경으로 작용된다. 이런 측면에서 비율분석의 비교 가능성에 내포된 한계점들이 제기할 수 있는 분석의 제약요소들을 검토함으로써 실제로 표준비율이나 분석이 의미 있는 경영정보가 될 수 조정할 필요성이 크다.

③ 이용상의 유의점

이상과 같은 배경에서 현실적으로 표준비율의 객관화가 어렵지만 그 결과 저하될 수 있는 분석정보에 대한 신뢰성 여지는 산출된 비율이나 통계를 해석하고 이용하는 데 따른 제약요인들을 일일히 고려하고 검토할 필요성을 제기하고 있다. 분석목적별로 조정가능한 정보의 활용에 앞서 이들 자료 내용의 해석에 특히 유의할 필요가 있다.

경영계획 수립이나 관련 의사결정 목적으로 경영자들이 분석기법을 이용할 때에는 그대로 도출된 비율정보에만 의존해서 확정적 결론을 유도하기보다는 이에 수반된 한계점을 이해하는 가운데 적절하게 사용하지 않으면 안 된다. 이런 필요성의 배경은 이상에서 충분히 논의되었다고 본다.

④ 분석의 과제

많은 한계점에도 불구하고 비율분석은 여전히 간편성, 용이성, 실용성면에서 많은 장점들을 가지고 있어서 경영의 현재와 미래의 방향을 모색하는 데 사용되는 유용한 정보산출과 분석의 도구인만큼 신중하고 적정한 수행을 통하여 효과를 배가시킬 수 있도록 유의해서 자료를 산출, 활용, 해석할 수 있는 방안 모색과 연구가 기대되고 있다.

제2절 회계비율과 영업비율의 의미와 분류

호텔이나 식당사업을 계획하는 경우나 혹은 계획중이거나 운영중인 사업체의 성과를 측정해 보려면 필요한 정보를 제공해 주고, 또 그것이 적정선에 있는 것인지를 측정하고 판단하게 해 줄 확실한 지표나 관계를 알려줄 회계정보들이 필요하다.

투자를 계획한다면 투자자본과 순이익이나 기대하는 투자수익률의 관계를 알아야 한다.

영업성과가 적정선에 있는지를 판단하면서 계획을 수립하려면 매출과 순이익간의 관계를 파악하지 않으면 안 된다. 호텔의 객실이나 식당 좌석이 이용되는 정도를 나타내 주는 점유율에 대한 정보와 더불어 보유하고 있는 시설의 수용력을 따져봐야 할지도 모른다. 이런 내용을 알려주는 정보들은 헤아릴 수 없을 만큼 다양하지만 특히 이들 관계에 집중해서 간단 명료하게 상호관계를 나타내 주는 회계

정보가 있다면 이것이 바로 각종 회계비율이고 그것이 의미하는 내용일 것이다.

종업원수가 적정수준인지 혹은 투자규모가 적정한지는 서로 관련시켜 봐야 할 중요한 요소들 간의 관계비율 등을 통하여 측정되고 평가될 수 있는 것이기 때문이다.

1. 비율의 종류와 선택

여러 가지 목적에 충실한 비율들은 각기 다른 의미를 가지고 있기 때문에 각기 다른 목적과 정보에 유용하게 이용될 수가 있을 것이다. 비율을 구분하는 배경은 바로 이 때문이다. 각기 다른 어떤 영역으로 구분될 수 있는 비율들이 있는지를 구별해 봄으로써 이를 이용할 때 쉽게 이용할 수 있게 해 줄 것이다.

1) 회계비율(accounting ratio)

회계비율은 1년을 기준으로 할 때 비교적 장기간에 대해 산출된 비율인데 대차대조표, 손익계산서 등 회계보고서로부터 유도된 비율을 말한다.

이런 회계비율로는 투자수익률, 순이익률 및 유동비율 등 다양한 비율들이 있다.

(1) 재무상태표(대차대조표) 비율

재무상태표 비율은 재무상태표의 정보를 이용해서 도출해 낸 회계비율(accounting ratio)로 투자수익률, 유동비율 및 산성자산비율 등이 있다.

(2) 손익비율

손익비율(profit and loss ration)은 손익계산서 정보를 통해 도출된 회계비율로 이폭(profit margin), 총이익률, 순매출에 대한 부문비용과 부문 영업비율 등이 이에 속한다.

2) 영업비율(operating ratio)

이것은 회계비율보다 비교적 단기적인 관점에서 일, 주일, 월 단위로 계산되는 비율인데 사업경영에서 얻을 수 있는 보고서, 기록물, 및 영업보고서 등으로부터 얻을 수 있는 정보를 기초로 해서 산출되는 비율을 말한다. 영업비율의 예로는 객실이나 좌석 점유율, 총이익률, 판매믹스 혹은 단위매출이나 평균수익 등이 있다.

그외에도 판매가능한 객실당 매출, 이용가능한 좌석당 매출, 종업원당 매출 등이 이에 속한다.

(1) 수익기반 비율

수익기반 비율(revenue-based ratio)로는 순이익률, 총이익률, 평균단가 혹은 객단가, 종업원당 매출 및 판매믹스, 평균실료 등이 있다.

(2) 원가기반 비율

원가기반 비율(cost-based ratio)은 원가와 순매출을 관련시킨 비율로 순매출은 사업의 수익측면에 대한 관심을 가지고 산출하는 비율이다. 이런 비율로는 식료매출과 식료원가을 관련시킨 비율, 음료원가와 매출과를 관련시킨 비율, 부문매출과 부문 인건비를 관련시킨 비율 등이 있다.

3) 회계비율과 영업비율의 구분 근거

어떤 비율이 회계비율이고 또 다른 것은 영업비율인가를 규정짓는 데는 몇 가지 요인별로 평가해 봄으로써 결정될 수 있는 문제이다. 즉 총이익률이나 순이익률처럼 어떤 비율이 성질상 회계비율로 볼 수도 있고, 또 영업비율로도 될 수 있는 내용의 비율이라면 이 때 이 비율이 산출되는 기간이나 산출된 비율의 근거로 활용된 자료가 기업의 재무재표 혹은 손익계산서였는지 혹은 단기적인 경영의사결정에 반영할 목적으로 주간 혹은 월간 사업보고서 등에 기초해서 작성된 것인지를 보고 판단할 수가 있다. 만약 6개월이나 1년이라는 장기간에 대해서 산출된 비율이라면 회계비율로, 만일 그것이 단기적으로 자주 산출되고 있다면 영업비율로 각각 귀속시킬 수가 있다.

4) 비율의 선택과 활용

경영관리 및 통제목적으로 비율을 사용할 때에는 어떤 비율을 선택해서 활용하는 것이 가장 효과적일까를 생각해야 한다. 그러나 이런 결정에는 사업에 적합한 특성들을 고려하여 선택하는 것이 중요하다.

호텔이나 식당사업 등 시장지향적인 사업경영에 있어서는 소비자 욕구를 가장 일의적으로 고려해야 하므로 여기서는 사업의 수익성을 좌우하는 것이 가격수준이나 매출량 등이다. 이런 경우 가장 중요한 비율은 수익기반의 비율(revenue-based ratio)이 된다. 그러나 같은 사업이라도 산업의 다양한 측면들을 고려해 볼 때 그 중에서도 실제로 이용해야 할 비율들은 다양하게 나타날 수 있다. 호텔 · 식당사업에서 널리 활용되는 비율정보들로는 객실 점유율, 단위매출이나 객단가, 평균 실료, 판매믹스 등이 있다. 호스피탈리티 사업이라고 해도 특히 원가지향적인 성향이 강한 카페테리아나 병원 같은 사업체에서는 원가기반의 비율들(cost-based ratio)을 사용하는 것이 결정적으로 중요하다고 생각할 수도 있다. 결국 비율의 선택은 사업의 특성과 이를 필요로 하는 요인들에 의해서 결정될 문제라고 하겠다.

제3절 회계비율과 영업비율의 산식과 분석

1. 회계비율의 분석

1) 투자수익률

투자수익률(return on investment; ROI) 비율은 순이익과 총투자액을 관련시켜 얻는 비율이다.이 비율은 수익성 측정에 있어서 가장 중요한 단일비율이다. 이 비율은 세전 혹은 세후 순이익을 가지고 산출될 수 있다. 투자자산가치는 총자산에서 유동부채를 차감하여 구할 수가 있다.

$$\text{ROI} = \frac{\text{순이익}}{\text{투자자산}} \times 100$$

2) 부채비율

부채비율(debt to equity ratio)은 레버리지(비율이)라고도 하는데, 자기자본과 어음이나 채권들과 같은 고정 이율부 자본인 총부채 간의 관계비율로 산출된다.

$$\text{부채비율} = \frac{\text{총부채(유통부채+비유동부채)}}{\text{자기자본}} \times 100$$

자기자본에 비해 비유동부채가 더 많은 기업은 흔히 높은 레버리지를 가지고 있다. 이 비율이 작다면 이익에 대한 안전성이 상대적으로 높아진다. 그러므로 순이익의 증감 등 이와 관련해서 야기될 어떤 변화도 주주 등 자기자본 소유주들에게 돌아갈 이익에 대한 영향력이 그만큼 커지게 될 것이므로 신규 사업계획의 수립에 있어서는 고정이율과 자기자본이 적정한지를 반드시 확인하는 것이 중요하다. 사채와 기타 고정이자를 발생시킬 자본인 비유동부채에 대한 과도한 비율은 배당 등 형태로 주주들에게 돌아갈 이윤에 대한 극심한 변화 가능성을 의미하므로 투자수익에 대한 불확실성을 크게 할 수 있기 때문이다. 최적 부채비율을 제시하기가 쉽진 않지만 이것은 타인자본 사용에 의해서 산출될 투자수익이 그보다 크다면 타인자본 사용에 대한 여력이 있는 것이고, 반대의 경우라면 타인자본의 활용은 제한되어야 한다. 그러므로 보수적인 관점에서 적정한 부채비율은 대체로 자기자본에 대해 1/3의 수준으로 보고 있다. 그러나 이미 말했듯이 부동산 경기 활성화나 수요증대 등 외 기타 요인들에 의해서 긍정적인 투자성과가 기대되는 여건에서는 성과를 적극적으로 제고하려는 정책을 가지고 부채비율을 증가하는 방안도 고려해 봄직하다.

3) 매출 순이익률(profit margin)

이것은 매출에서 이익이 점유하는 비율을 알아보는 데 사용되는 분석도구이다.

$$\text{매출순이익률} = \frac{\text{순이익}}{\text{순매출}} \times 100$$

어떤 업종의 사업에서도 높은 이익률이 사업운영의 목표이지만 어떤 사업에서나 일률적인 비율을 기대할 수는 없다. 현실적으로 각 사업들이 가지고 있는 경영환경이 다르고 특히 투자된 자본이나 자산의 회전율이 각기 다르기 때문에 이를 기초로 고려해야 할 바람직한 이익률이 일률적으로 나타날 수는 없기 때문이다.

일반적으로 호텔이나 식당사업에서는 25% 수준 이상의 이익률을 기대하는 것이 흔한 사례이다.

4) 부문영업에 대한 부문 총영업이익률

부문의 총영업이익률(departmental gross profit ratio)은 부문의 순매출과 부문 총이익을 관련시켜 얻는 비율인데, 이것은 회계비율이면서 동시에 영업비율이기도 하지만 계산기간에 따라서 둘 중 하나로 분류될 수가 있다.

$$\text{부문 총영업이익률} = \frac{\text{부문 총이익}}{\text{부문 순매출}} \times 100$$

(1) 식음료부문의 총영업이익률

식음료부문 영업에서, 음식의 총이익은 순매출에서 매출원가를 차감한 것인데, 이는 또 다시 노무원가로 처리될 종업원 급식비 차감 등 적정한 조정과정을 거쳐서 금액이 확정된다. 음료매출(beverage sales)은 흔히 주장이익(bar profit)이라고도 하는데 이에 대한 총이익도 음식과 동일한 방식으로 산출된다.

부문별 총영업이익은 어떤 부문영업을 중점적으로 운영하는지 혹은 그 중에도 어떤 종류의 매출이 주류를 이루는지가 각각 다르기 때문에 호텔과 식당에 따라 상당한 차이를 보이고 있다.

일반적으로 동일한 여건에서도 객단가(평균매출 : check average; CA)가 높아질수록 총이익률도 따라서 상승된다. 또한 일반 식음료 매출인 일품요리(a la carte)사업에서 보다는 연회를 통한 식음료 매출이 비교적 높은 이익률을 시현하기도 한다. 그렇지만 정식메뉴를 가지고 운영되는 식사매출(table dôte sales)보다는 또 일품요리 매출이 총이익률이 높게 나타날 경우도 많다.

(2) 음료의 매출 총이익률

음료매출에 대한 주장 총이익률은 식사매출에 비해 흔히 비교적 높은 이익률을 보이지만 음료매출 전반적인 이익률은 판매믹스 여하에 따라서 비율이 달라질 수 있다.

즉 음료매출 총계 중 비교적 이율이 낮게 서비스 되는 맥주, 식사용 와인, 연성음료 등 품목 매출총계가 점유하는 비율이 커질수록 전체의 음료매출에 대한 총이익률은 하락할 수가 있다. 반면에 리큐류(liquor)나 첨가주(fortified wines) 등의 품목 매출이 상당 비율로 구성되어 있을 경우에는 상대적으로 음료의 매출 총이익률은 상승된다.

5) 유동비율

이것은 가장 당좌비율(acid test ratio)와 더불어 대표적인 유동성 비율 중 하나로 유동자산과 유동부채 간의 관계비율을 나타내 주는 것이 유동비율(current ratio)인데 유동부채비율이 상대적으로 낮을수록 유동비율은 제고된다.

$$\text{유동비율} = \frac{\text{유동자산}}{\text{유동부채}} \times 100$$

두 요소들 간의 차이는 운전자본이 된다. 호텔사업에서도 물론 유동부채보다는 유동자산이 커야만 하지만 이 사업에서는 제조업종에서 보다는 비교적 운전자본을 크게 요하지 않는다(운전자본 참조).

6) 산성자산비율

이것은 산성자산비율(acid test ratio), 신속비율(quick ratio) 혹은 당좌비율이라고도 한다. 이것은 유동비율과 더불어 대표적인 유동성 비율 중 하나인데 신속자산(quick assets), 산성자산(acid assets), 당좌자산에 기초해서 계산된다. 이 비율은 산성자산을 유동부채와 관련시켜 얻게 되는데 유동자산에서 당장 현금화가 어려운 재고자산은 신속자산에 포함되지 않기 때문에 이것을 차감한 당좌자산을 유동부채로 나눈 비율인데 산식은 다음과 같다.

$$\text{산성비율} = \frac{\text{산성자산}}{\text{유동부채}} \times 100 \qquad \text{또는 당좌비율} = \frac{\text{당좌자산}}{\text{유동부채}}$$

식음료 재고는 제조업의 재고자산인 원재료보다 쉽게 현금화될 수 있다는 점에서 모든 재고자산이라고 해도 일률적으로 처리하는 것은 문제여지가 없지는 않다.

유동부채는 피청구권(claim) 혹은 지급요구이므로 이에 대한 기업의 처리역량은 산성자산에 의해서 결정되므로 기업에서 일반적으로 요구되는 신속자산 비율은 1 : 1 정도이므로 이보다 비율이 낮다면 사업의 즉각적인 지급능력이 약한 상태임을 나타내 준다고 하겠다.

7) 재고자산 회전율

재고자산 회전율(inventory turnover rate)은 사업에서 재고자산이 활용되는 속도를 측정하는데 활용되는 비율이다. 이것은 사업의 활동성 비율로서 일반적으로 회전율이 높을 경우에 사업의 활동성이 높다고 평가된다.

$$\text{재고자산 회전율} = \frac{\text{매출원가}}{\text{평균 재고자산(원가) 규모}} \times 100$$

실제로 과소한 회전율이 매출에 비해 과도한 재고자산(inventory) 보유로 자금을 동결시키고 또 오래된 재료 상용에 의해서 품질 좋은 식음료 제품 생산에도 지장을 초래할 수 있어서 결국 기업의 수익성을 저해하는 결과를 초래할 수 있다. 그러나 반대로 과도한 회전율은 재고자산 부족이나 재고자산 구입예산의 부족 혹은 과소한 운전자본을 반영할 수도 있다는 점에서 적정 수준의 회전율을 유지할 필요성을 제기하기도 한다.

(1) 식료의 재고자산 회전율

어떤 비율이 적정한지를 평가하는 데는 사업의 유형, 매뉴, 구매방법, 저장 가능한 저장 공간 등 다양한 요소들이 고려됨으로써 결정될 사안이다. 사업유형면에서 많은 고객들이 내왕하고 식당에서의 체류시간도 짧은 패스트 푸드 식당의 재고자산 회전율은 그 반대 여건에 있는 정식식당(table dôte restaurant)의 재고자산 회전율보다 매우 높아서 정식식당의 회전율이 연간 20~30회 정도인데 비해 200회 수준에 이른다.

잦은 구매빈도가 구매에 수반된 비용제고 결과를 초래하긴 하지만 적정 수준의 회전율은 신선하고 성수기에 있는 계절 재료의 사용으로 일편 구매비 원가(purchasing costs)를 절감하는 한편 고객만족(customer satisfaction)을 기할 수도 있다는 점에서 단지 회계비율로 경제성만을 추구할 것이 아니라 매우 신중히 다루어져야 할 측면이다.

(2) 음료의 재고자산 회전율

음료는 식료와는 달리 부패성이 적은 재고자산이다. 그러므로 재고량 결정에 있어서 비교적 신선도를 걱정하지 않아도 된다.

① 단위매출 규모가 큰 고급식당의 음료재고 회전율

식음료사업에서 음료매출(beverage sales)이 높다는 것은 연성음료(soft drinks)는 물론 경성음료(hard drinks) 매출이 크다는 의미로 해석될 수 있고, 이런 현상은 특히 객단가(check average; CA)가 큰 고급식당에서 더 일반적으로 나타나는 사례이다. 이런 경우에는 흔히 호텔이나 식당은 높은 주류 수요로 인해서 자체적으로 주류창고(wine cellar) 설비를 갖추고 영업활동을 수행하게 된다. 술의 구매는 연간 4~6회 정도로 충분하므로 낮은 구매빈도와 함께 연간 재고자산 회전율도 0.34회

(4/12) 혹은 0.5회(6/12)로 매우 낮아지게 된다.

1회의 구매예산도 식료의 경우와는 비교가 안 될 정도로 월등히 높지만 이로부터 긍정적인 성과를 기대할 수도 있다. 저장공간이나 시설 외에 부패(perishability)에 대한 우려가 적기 때문에 가능한 결과이다.

그런데 원자재 가격이 급등할 수 있는 인플레이션(inflation) 기간에는 많은 주류 및 음료의 구매로 확보된 많은 재고물량은 경제적인 이점까지 기대할 수 있는 투자(investment)로 고려될 수도 있으므로 재고자산 회전율(rate of inventory turnover)과 관련된 전략적 의사결정도 가능한 사업영역이 되기도 한다.

② 객단가가 낮은 대중식당의 재고회전율

대중적 성향의 모든 식당운영에서는 고급식당과는 달리 객단가(check average)가 낮은 특성을 갖고 있다. 음료 매출은 주로 연성음료 매출에 국한되므로 수익성 기여도도 비교적 낮다. 그러므로 대량의 주류 구매에 따른 주류 창고설비 필요성도 제기되지 않아 음료 구매는 주로 단기적으로 이루어진다. 대중적인 중급식당에서는 막걸리나 생맥주 등 발효주를 제외하고는 월 1회의 빈도(월간 회전율 1)로 구매가 이루어지지만 중저가 식당에서는 재고관리에 허용된 공간도 별무한 상태라서 그보다도 더 단기적인 수요만을 충당할 수 있을 정도로 1회의 구매는 소량으로 해서 이루어지게 된다. 이런 경우 음료 재고자산의 회전율은 연간 12회나 혹은 그보다 훨씬 높은 회수로 이루어지게 된다.

8) 외상매출금의 평균회수기간

외상매출금의 평균회수기간(average collection period)은 고객이 외상매출금을 지불하는데 소요되는 속도를 측정하는데 이용될 수 있는 회계정보이다.

$$\text{외상매출금 평균회수기간} = \frac{\text{외상매출금}}{\text{주중 외상매출금}}$$

호텔에서는 업종에서는 일반적으로 볼 수 있는 거래단위가 큰 장기성 외상매출채권은별로 발생되지 않는다.

호텔은 투숙객들이 출숙할(check-out) 때까지 특별한 사유가 발생되지 않는 한 외상매출에 의존하는 사업의 오랜 관행 특성상 호텔의 단기성 매출채권은 일상적인 것으로 반복해서 발생된다. 투숙객들이 입숙(check-in) 이후 호텔 내에서 이용한 객실이나 기타 상품대금은 출숙할 때까지 고객원장에 외상매출금으로 기장처리 되었다가 출숙업무 처리과정(check-out process)에서 결제되므로 실제로 호텔투숙객의 상품거래는 모두 외상으로 이루어진다고 봐야 한다.

그런데 호텔은 드문 장기투숙 외에는 대부분 1~3일 체류의 일시 체류객(transient guest)을 주고객으로 운영되므로 고객(인)당 외상매출금 규모가 크지도 않고 또 회수에 소요되는 기간도 일주일 내가 될 가능성이 크다.

그러나 체류일이 장기화되면 증대되는 외상매출금의 규모와 더불어 회수기간도 장기화됨으로써 호텔의 현금흐름을 악화시킬 수도 있다.

호텔식음료 부서에서의 외상매출금은 외부고객과의 거래나 혹은 연회매출 등과 관련해서 자주 그리고 비교적 거액으로 발생될 수가 있다. 이런 매출이 증대되면 외상매출금 규모가 커지면서 회수기간도 장기화 될 수가 있음로 호텔의 외상매출채권은 판매믹스와 관련성이 높다.

호텔이 매출채권을 관리하기 위해서는 어떤 종류의 거래로부터 매출을 어느 정도로 달성할 것인가에 대한 판매믹스(sales mix)에 대한 정책을 잘 수립해야 한다.

외상매출금의 신속한 회수로 대손발생을 방지하려면 회수기간과 관련된 적정한 신용정책이 수립되어야 한다.

9) 평균지급기간

평균지급기간(average payment period)이란 회계정보는 외상매입금을 평균 외상매입금으로 나누어서 얻게 되는데, 평균회수기간(average collection period)과 거의 같은 개념이지만 다른 점이 있다면 다만 대금지급의 주체가 반대라는 점에서 일뿐이다.

$$외상매입금\ 평균지급기간 = \frac{외상매입금}{주중\ 외상매입금}$$

이것은 기업이 고객에게 제공한 외상거래에 대한 대금회수가 아니라 기업이 외상구입을 하고 거래대금을 지급하는 데 있어 납품을 한 공급업자 혹은 사업자로부터 받게 되는 신용거래의 일수를 측정하는 데 사용되는 정보이다.

지급에 허용된 기간이 길면 자금융통의 여지가 커져서 유리하게 작용될 수 있지만 이런 외상매입금 지급에 부대된 할인허용기간(discount period)이 종료되면 이로부터 수혜할 수 있는 유리한 조건들도 따라서 사라지게 되므로 긴 지급기간과 기간 내 대금지급에 수반된 혜택을 비교해 볼 때 과도하게 긴 지급기간 허용이 반드시 기업에 유리하게 작용되지만 않는다는 점에 유의해야 한다.

2. 영업비율의 분석

호텔경영이나 식당사업에 있어서 경영성과를 중심으로 운영상태를 분석하는 데 이용될 수 있는 유용한 정보가 영업비율이다.

이것은 대부분 비법정 재무제표자료들로 내부정보로 되어 있기 때문에 일반에 비공개되는 정보이다. 그러므로 심지어는 주주나 채권자들에게 조차 공개되지 않는 정보원들이다. 가장 중요한 영업비율이나 정보는 호텔이나 식당사업을 막론하고 점유율(occupancy rates), 평균 매출단위, 객단가, 부문영업이익이나 총영업이익, 판매믹스, 기타 비율이나 통계들로 이루어져 있다.

1) 객실부문의 영업비율

(1) 객실점유율

객실점유율(room occupancy rate)은 판매가능한 객실에 대한 판매된 객실의 비율을 말하는데 이것은 두 가지 방식으로 표시될 수가 있다.

$$① \text{ 객실점유율} = \frac{\text{판매된 객실수}}{\text{판매가능한 객실수}} \times 100$$

즉 침대의 수용력에 비추어 사용인수가 적정한지를 보려는 침대 점유율(bed occupancy rate)에 의한 평가방법이 그 하나이고 다른 하나는 일반적으로 객실의 수익성을 평가하기 위한 상세정보로 산출되는 이중 점유율(double occupancy rate)이 있다.

후자는 한두 사람 이상에 의해서 점유된 객실의 비율을 산정하는 공식으로 미국식으로 운영되는 전세계 대부분의 호텔영업에서 활용되는 비율인데 반해, 전자는 유럽이나 병원에서 주로 사용되지만 널리 활용되지 않는 점유율 정보이다. 이들의 산식은 다음과 같다.

$$② \text{ 이중객실 점유율} = \frac{\text{총고객수} - \text{판매된 객실수}}{\text{판매된 객실수}} \times 100$$

$$③ \text{ 침대의 점유율} = \frac{\text{총고객수}}{\text{총침대의 수용력}} \times 100$$

그러나 실제로 더블객실(double room)이 한 사람의 고객에게 판매되고 점유되는 상황은 호텔에서 다반사례에 불과하므로 객실점유율만을 가지고는 매출에 대한 상세한 정보 파악이 불가능하다. 침대 점유율(bed occupancy rate)은 객실 점유율이나 이중 점유율 통계로는 알 수 없는 세밀하고 정확한 객실점유 상황에 대한 정보를 제공해준다는 점에서는 분석상의 강점을 제공해준다. 그러나 역시 더블객실 판매가 실제로 두 사람에 의한 객실사용을 나타내 준다고 해도 객실수익(요금)이 싱글객실 요금의 2배가 되는 것은 아니기 때문에 주로 더블 룸(doudble room)이나 싱글 룸(single room)의 객실판매에 대한 침대 점유율(bed occupancy rate)의 반영은 결과적으로 동일한 매출에 대한 상이한 두 개의 매출수익(room sales) 계상 결과를 초래함으로써 진실한 매출파악에 지장을 초래할 수 있다는 점에서 우려와 비판을 면치 못한다.

그러나 이상 3가지 중 어떤 점유율을 산출해서 이용하더라도 점유율을 통한 수익분석의 맹점은 이것이 호텔의 가격 수준을 전혀 고려대상으로 하지 않고 무시한 채 도출된다는 데 있다.

객실 점유율에 의한 수익성 분석이나 관리의 관점은 객실가격이 안정세를 시현하는 특정 영업기간에도 경쟁가격은 무시한 채 단순한 객실매출 비율에만 집중하고 있을 뿐 실질적인 경쟁여건 분석을 하지 못한다. 반대로 호텔이나 객실의 과잉공급 상태로 인한 가격경쟁이 치열한 시기에도 호텔은 단지 객실 매출비율(occupancy rate) 제고만을 위해서 단체나 개별고객 모두에게 상당한 가격할인을 단행하고 있다. 영업실무에서 가격을 무시한 채 산출되는 객실매출 비율은 실질적인 수익개선에 기여하지 못하기 때문에 객실 점유율의 고저는 수익성 목표의 수익관리에 실효성이 없는 무의미한 통계에 불과할 수 있다.

그러므로 관리회계의 관점에서 판매량이나 그 비율보다는 실제의 매출수익 잠재력과 이에 비교된 실제 실현된 매출수익을 서로 관련시키는 방향 모색이 당연히 바람직할 것이다. 잠재 객실매출수익(potential room sales)과 실현된 객실매출수익(actural room sales)을 서로 관련시킴으로써 사업실적을 평가하는 편이 오히려 의미 있는 수익성 분석자료를 제공할 것이다.

$$④\ \text{실현된 매출수익} = \frac{\text{실현된 매출수익}}{\text{잠재객실매출수익}} \times 100$$

(2) 평균객실 요금

평균실료(average room rate)는 객실 매출수익(room sales)을 판매된 총객실수(rooms occupied)로 나누어서 얻게 되는 수익정보로 객실당 가득되는 수익성 평가에 이용된다.

$$\text{평균 객실요금} = \frac{\text{객실매출액}}{\text{판매된 객실수}}$$

(3) 고객별 평균요금

고객별 평균요금(average rate per guest)은 총고객수와 객실매출액과를 관련시켜 산출되는데 호텔 고객이 어떤 가격대의 객실을 선호하는지 또 평균 인당 매출은 어느 정도인지를 파악하는데 도움이 된다. 이처럼 가능한 고객 총소비에 대한 고객당 수익성 평가란 점에서 고객당 수익(revenue per available customer)이라고도 한다.

$$\text{고객별 평균요금} = \frac{\text{객실매출수익}}{\text{총고객수}}$$

경제적으로 안정된 시기에는 (2)와 (3)의 객실 당 혹은 고객 당 평균 요금 또한 비교적 안정세를 시현한다. 그러나 호텔매출실적을 높이기 위한 목적에서 경영진이나 호텔직원에 의한 과도한 실료 할인이 부를 수 있는 수익성 저하를 막기 위해서는 단기간에 대한 평균 실료 통계를 자주 산출하고 분석함으로써 기업의 수익성 파악에 한계가 큰 점유율 정보의 약점을 보완할 수 있도록 해야 할 것이다.

2) 식음료부문의 영업비율

(1) 식당의 좌석 점유율

식당의 점유율 식당의 점유율(restaurant occupancy rate)은 호텔객실의 점유율과 다름없는 수용 가능한 좌석의 수용력(seating capacity)에 대한 고객의 이용상황(number of covers served)을 나타내 주는 영업정보로 다음과 같은 방법으로 산출되는데 이것을 비율로 구할 것인가 혹은 회전율로 구할 것인가에 따라서 산식이 약간 조정될 수가 있다.

$$\text{① 식당수용력의 점유비율} = \frac{\text{서비스되는 식사의 수}}{\text{식료매출}} \times 100$$

$$\text{② 식당수용시설의 회전율} = \frac{\text{서비스되는 식사의 수}}{\text{식료매출}}$$

식당의 점유율에 대한 계산은 거의 일 단위로 이루어지지만 필요에 따라서는 식사시간대 별로 산출되기도 한다. 식당의 좌석을 중심으로 하는 수용시설의 점유율은 식당에 따라서 큰 차이를 보인다. 패스트푸드 식당의 점유율은 짧은 체류시간, 저렴한 가격과 간단한 메뉴선정 등 요인에 의해서 매우 높다. 일반적으로 좌석회전율 4 정도나 혹은 400%의 비율에 육박하는 경우도 많지만 평균 객단가가 높은 고급식당에서는 회전율이 낮고 하루에 2회전 혹은 200% 이하의 비율을 보이는 것이 일반적인 사례이다.

(2) 식당의 객단가

식당의 객단가는 식음료의 단위 평균매출(average restaurant check; AC)을 말하는데 식음료 매출(food and beverage sales)을 판매된 수(number of covers)로 나누어서 산출된다.

$$\text{식당의 객단가원가율} = \frac{\text{식음료 매출(₩)}}{\text{판매된 음식수량}}$$

호텔이나 식당사업에서의 감도 높은 수익성 성향으로 인해서 단위 매출은 그것이 실당, 고객당 혹은 좌석당이든지 간에 가장 중요한 수익관리 지표로 누누이 강조되어 오고 있기 때문에 어떤 경우에도 필요한 정도이다.

객단가의 계산은 흔히 일 단위로 매일 이루어지지만 대규모 식당사업에서는 매일의 사업성과를 보고 관리대안을 마련하고, 또 다국적 사업체인 경우에는 세계의 여러 나라에 산재되어 있는 사업체들의 수익성관리에 반영할 목적으로 식사시간대별로 관계비율을 산출하기도 한다. 그러므로 식당의 형태에 따라서 또 제기되는 필요성에 의해서 아침, 점심 혹은 저녁 등 가능한 최단시간을 단위로 계산되기도 한다.

(3) 식료원가율(food cost percentage)

식음료원가관리에서 다루겠지만 다음 산식에서 시사되는 산식을 가지고 도출되는 식료나 음료의 원가율(beverage cost percentage) 또한 중요한 영업비율로서 수익성 분석과 경영성과 측정에 주로 이용되는 분석도구들이다.

$$식료원가율 = \frac{식료원가}{식료매출}$$

(4) 음료원가율(beverage cost percentage)

$$음료원가율 = \frac{음료원가}{음료매출}$$

3) 호텔이나 식당 전체적으로 고려되야 할 영업비율

(1) 판매믹스(sales mix) 비율

판매믹스(sales mix)는 목표 또는 실제로 달성된 매출을 구성하는 영업부문별 혹은 매출품목별 매출성과의 구성비율에 관한 영업정보로 구성품목 간의 상대적인 비율은 판매믹스 비율이라고 한다. 판매믹스는 호텔이나 식당의 사업계획이나 분석목적에 기여할 수 있다.

판매믹스 사례 :

판매믹스 비율(%)

객실매출	45%
식료매출	30%
음료매출	15%
MOD매출	10%
계	100%

영업부문별 또는 매출품목별로 어떤 비율조합으로 구성되었을 때 매출실적이 높아지고 그 결과 수익성이 제고될 것인지를 결정할 때 기존의 판매믹스를 분석하고 항목별 구성비율을 고려할 때 사용되는 분석지표이다.

사업의 전반적인 매출이 안정적이고 여전한 상태라 해도 판매믹스에서의 변화는 사업체의 순이익에 중요한 영향을 초래할 수가 있으므로 사업체의 전체의 수익성을 위해서는 총매출수준 뿐만 아니라 이를 구성하는 판매항목별 또는 영업부문별 매출 구성비를 표시해 줄 판매믹스의 조합을 분석하는 것이 매우 긴요하다.

다음 단계로는 한 품목의 매출을 이루는 하위 구성요소들을 상세히 점검함으로써 이것이 공헌이익에 대한 성과목표에 계획대로 기여할 수 있는지를 관리할 수 있도록 해야 한다. 그러자면 정기적 및 수시로 판매믹스 비율을 산정해 봐야 할 필요성이 제기된다.

(2) 노무비 차감 후의 이윤비율

임금차감 후 이익(after-wage profit)은 때로는 순이익률(net margin)이라고도 불리워지는데, 순매출액(net sales)에서 매출원가와 노무비원가(labor costs)를 차감하여 얻어지는 영업비율인데 다음과 같은 산식을 통하여 산출된다.

$$\text{이중객실점유율} = \frac{\text{임금차감후 이익}}{\text{순매출}} \times 100$$

이 비율은 변동비 성격(variable nature)의 노무원가 비중이 커서 노무비원가 통제의 중요성이 식음료 원가에 상응하는 상황에서 유용한 영업비율이다. 호텔 등 관광사업에서는 매출수요의 계절적인 변동이 심해서 연간 노무원가가 다양하게 나타날 수 있는 여건에서 매출량에 따른 적정한 노무원가의 조정이 불가피할 경우에 긴요하게 활용될 수 있는 수익정보이다.

(3) 부문 영업이익률

부문이익(departmental profit)은 부문별 매출수익에서 통제가능한 부문총비용을 차감하여 얻을 수 있고 이것을 백분율로 환산하여 구하는 비율이 부문 영업이익률이다. 여기서 부문총비용은 ① 매출원가, ② 노무원가 및 ③ 기타 부문비용의 합계액이므로 부문이익의 산출을 위해서는 이들 비용을 수익으로부터 차례로 차감하는 과정을 거쳐야 한다.

호텔의 식음료 부문영업이나 각 사업부문을 구별하여 두고 있는 대규모 식당영업에서는 다음과 같은 산식에 의해서 부문영업이익률이 산출된다.

$$부문영업이익률 = \frac{식음료부문\ 이익}{식음료\ 매출} \times 100$$

그러나 객실부문의 영업이익률 산출에 있어서는 노무원가나 기타 부문비용을 차감하는 외에 객실판매에 소비되는 매출원가(cost of sales)가 별무하므로 차감하지 않는 것이 특징이다.

이 비율은 부문별 영업을 하는 대부분의 호텔경영이나 대규모의 식당사업에 있어서 부문회계는 물론 예산통제(budgetary control)와 경영 의사결정(decision making)에 있어서 매우 귀중하고 유용한 비율로 활용된다.

(4) 총영업이익률

호텔회계에서 영업능률비율(operating efficiency ratio)이라고도 칭해지는 총영업이익률(gross operating profit ratio)의 개념은 책임회계(responsibility accounting)와 같은 개념의 이익으로 호텔경영자들이 책임을 수용해야 할 이익수준은 그들이 관리할 수 있고 또 실제로 통제해 온 수익과 비용의 결과로 얻어질 수 있는 것이어야만 한다는 사고방식에서 비롯된 개념이라고 할 수 있다. 이 비율은 다음의 산식을 통하여 얻어진다.

$$총영업이익률 = \frac{총영업이익(GOP)}{순매출(net\ sales)} \times 100$$

총영업이익(gross operating profit; GOP)이란 총수익에서 모든 영업비용들을 차감한 후 임대료, 제세공과금, 보험료, 감가상각 및 이자 등 영업 외 비용지급 전 총수익으로 정의된다. 실제로 호텔사업에서의 영업 외 비용은 호텔의 소유주와 정부조세당국 등 강력한 정책의 영향으로 발생되고 있기 때문에 호텔경영자들은 총영업이익 외의 수익이나 비용에 대해서는 통제력을 갖고 있지 않기 때문에 책임수용의 필요성도 그만큼 적어진다.

4) 기타 고려해야할 비율과 통계

(1) 기타의 비율이나 통계

지금까지 회계비율과 영업비율에 대해서 기술해왔다. 그러나 이런 비율 외에도 호텔경영과 식당영업에서 활용할 수 있는 비율이나 통계치들이 있다. 예를 들자면 매년 호텔은 영업실적 비교나 통제목적으로 판매가능한 실당 매출(sales per available room)을 산출해서 이용할 수도 있다. 이에 상응하는 식음료 사업에서의 비율로는 좌석당 매출(sales per available seat)이 있다. 때로는 호텔이나 식당사업체에서 매년 종업원당 매출을 산출해 보기도 한다. 이런 자료들은 현재 운영하고 있는 영업성과를 분석할 목적에서도 사용되지만 새로운 사업체를 열거나 신규사업을 기획하는 경우에 불가피한 기본자료를 획득할 목적에서도 이용되고 있다.

① 평균객실요금(average room rate)

객실매출액을 판매객실수로 나눈 값이다.

$$평균객실요금 = \frac{객실매출액}{판매\ 객실수}$$

② 고객수익률(revenue per available customer)

$$고객수익률 = \frac{총매출}{총고객수}$$

(2) 원가에 기반을 둔 비율분석

영업비율들은 대체로 수익에 기반을 두고 산출된 비율들이다. 그러나 호텔처럼 제조기업이 아니라 기본적으로 수익에 기반을 두고 운영되는 시장지향적 사업체의 경우라고해도 역시 원가에 기초한 확실한 비율산출의 필요성은 절대적이다. 어떤 사업에서도 영업원가에 대한 관리나 관심없이는 최고의 성과실현이 불가능하기 때문이다.

호텔의 많은 부문이나 식음료부문 중 모든 수익창출 부문에서는 매출원가의 통제를 요한다. 매출원가는 주로 식료원가, 음료원가 및 소부문의 상품원가 등을 포함하고 있으며 이런 원가에 기초한 매출원가의 비율을 산출하는 공식은 다음에 보는 산식과 같이 각각에 해당하는 부문원가를 부문매출에 대한 적정 비율로 표시해 주고 있다.

(3) 식료원가율(food cost percentage)

$$\text{식료원가율} = \frac{\text{식료원가(cost)}}{\text{식료매출(sales)}} \times 100$$

(4) 음료원가율(beverage cost percentage)

$$\text{음료원가율} = \frac{\text{음료원가(cost)}}{\text{음료매출(sales)}} \times 100$$

세계적으로 호텔 및 식당과 같은 호스피탈리티 산업경영에 통용되는 바와 같이 정기적으로 총이익이 산출되면 당연히 부문별 매출원가율도 따라서 산출되고 있다.

마찬가지로 부문별 인건비와 통제가능한 제영업비용들이 산출되고 필요에 따라서 적용되게 된다. 일반적으로 호텔, 식당사업에서는 이런 여러 가지 원가와 비용들을 일별, 주별 혹은 빈번한 주기로 산출해 보고 이것을 다시 부문별 매출비율로 환산하기도 한다.

이런 비용들 중에는 일반관리비, 광고비와 판촉비, 광열비(energy costs), 영선유지비(repairs and maintenance) 등과 같은 미배부 공통비들도 포함된다. 이들 공통비도 영업목적으로 빈번히 산출되고 있지만 또 다시 객실매출에 대한 비율이나 혹은 총매출에 대한 점유비율로 표시됨으로써 호텔이나 식당의 각종 분석 및 관리목적에 활용되게 된다.

제4절 전형적인 분류체계에 의한 재무비율

1. 유동성 비율

유동성 비율(liquidity ratios)이란 기업의 단기채무 변제능력을 보기 위한 비율로 단기투자와 단기 자금조달 간의 적합성을 검증하는데 사용될 수 있다. 재고자산 규모가 크고 장기체화된 경우라면 유동비율이 우수할 수 있지만 당좌비율은 불안정하게 될 수 있다.

1) 유동비율(current ratio)

기업의 단기채무 변제를 위해서 필요한 유동자산의 상대적인 규모를 표시해 준다.

$$\text{유동비율} = \frac{\text{유동자산}}{\text{유동부채}} \times 100$$

2) 산성시험비율(acid test ratio)

단기지급능력을 보수적으로 측정 평가하는데 유용한 정보이다.

$$\text{산성비율} = \frac{\text{산성자산}}{\text{유동부채}} \times 100$$

2. 안전성 비율

장기부채의 상환능력을 측정하는데 사용되는 비율이다.

안전성 비율(solvency ratios)은 타인자본의 의존도를 파악하고 경기변동에 따른 기업의 장기적 대응능력, 즉 장기채무에 대한 지불능력을 평가하는 것으로 레버지리 비율(leverage ratio)이라고도 한다.

1) 안전성 비율

자산이 부채를 초과할 경우 건전하다고 말할 수 있다. 안전성 비율(solvency ratio)은 간단하게 총자산을 총부채로 나눈 비율이다.

$$안전성비율 = \frac{총자산}{총부채}$$

2) 부채비율

부채비율(debt to equity ratio)이란 타인자본을 자기자본으로 나눈 비율로 채권자를 통한 자금 조달액과 주주를 통한 자금 조달액, 즉 자본에 대한 부채의 상대적인 크기와 관계를 나타내 주며 기업의 재무위험(financial risk) 수준을 표시해 준다.

$$부채비율 = \frac{총부채}{자기자본}$$

3) 이자보상비율

이자보상비율(number of times interest earned ratio)이란 영업이익을 통한 이자비용의 지급능력을 보려는 것으로 금융(이자)비용과 법인세비용차감전경상이익을 금융(이자)비용으로 나눈 값이 몇 배인가를 나타내는 비율로 수치가 높을수록 채권자에게는 안전하다.

$$이자보상비율 = \frac{금융비용+법인세비용차감전\ 경상이익}{금융비용}$$

3. 활동성 비율

활동성 비율(activity Ratios)이란 자산운용의 효율성을 측정 지표로 경영자가 자원을 얼마나 효율적으로 이용하는가를 평가한다.

1) 재고자산 회전율

재고잔산 회전율(inventory turnover)은 매출원가를 평균재고자산으로 나눈 비율로 재고자산의 회전정도, 즉 일정기간동안 재고자산이 당좌자산으로 몇 번 전환되었는지를 나타내준다.

$$재고자산회전율 = \frac{매출원가}{평균재고자산}$$

2) 총자산 회전율

총자산 회전율(asset turnover)은 총자산의 효율성을 평가하기 위한 것으로 매출액을 평균총자산으로 나눈 값이다.

$$총자산\ 회전율 = \frac{매출액}{평균총자산}$$

3) 유료고객점유율

유료고객점유율(paid occupancy percentage)은 경영자의 상품판매력을 평가하는 주요한 지표로 유료객실판매수를 이용가능한 객실수로 나눈 값이다.

$$유료고객점유율 = \frac{유료객실판매수}{이용가능한\ 객실수}$$

단, 이용가능한 객실수 = 일일 이용가능한 객실수 × 365(일)

4) 객실당평균이용고객수

경영자의 자산의 효율적 이용을 평가하는또 다른 측정방법으로 총이용고객수를 판매객실수로 나눈 값이다. 객실당평균이용고객수(average occupancy per room)가 높을수록 객실료는 증가한다.

$$객실당평균이용고객수 = \frac{총이용고객수}{판매객실수}$$

5) 좌석회전율

좌석회전율(seat turnover)이 높을수록 식음료사업체 자산이 효율적으로 이용되고 있음을 보여준다.

$$좌석회전율 = \frac{고객수}{좌석수 \times 영업일}$$

4. 수익성 비율

경영성과를 매출액이나 자본에 대한 수익성으로 평가하는 것으로 수익성 비율(profitability ratios)은 일정기간의 영업성과를 나타낸다.

1) 매출순이익률

호스피탈리티 기업체들은 매출에 대응하는 수익의 형태로 수익성이 평가되어진다. 그 중에서도 가장 기본적인 비율이 매출순이익률(profit margin)로 순이익을 총매출로 나눈 것이다.

$$매출순이익률 = \frac{순이익}{총매출}$$

2) 자본이익률(자산이익률)

자본이익률(return on assets)은 기업의 수익성을 파악하는데 일반적으로 사용되는 비율로 이익을 평균총자산으로 나눈 값이다.

$$자본이익률 = \frac{순이익}{평균총자산}$$

3) 자기자본이익률

자기자본이익률(Returtn on owners' equity)은 기업의 수익을 주주의 투자와 비교하는 비율로 순이익을 자기자본으로 나누어 산출한다.

$$자기자본이익률 = \frac{순이익}{평균자기자본}$$

4) 주당순이익

주당순이익(earning per share; EPS)은 보통주 당기순이익을 유통보통주식수로 나눈 값으로 보통주 당기순이익은 당기순이익에서 우선주배당금을 차감하여 산출한다.

$$주당순이익 = \frac{보통주당기순이익}{유통보통주식수}$$

5) 주가수익률

주가수익률(price-earning ratio) 보통주 1주의 시장가격을 주당순이익으로 나눈 값이다.

$$주가수익률 = \frac{1주당\ 시장가격}{주당순이익}$$

5. 성장성 비율

성장성 비율이란 자산규모나 수익력에 대한 성장성을 연간 변동율로 측정하는 것인데 성장성이란 각각 매출액, 총자산, 순이익 등의 증가율로 측정될 수 있다. 이처럼 성장성 비율은 매출액이나 총자산 같은 재무제표 항목의 연도별 변동률을 나타내는 것인데 이를 구하는 산식은 각각 다음과 같다.

(1) 매출액 증가율은 당기매출액에서 전기매출액을 차감한 후 전기매출액으로 나누어 얻을 수 있는 정보이다.

$$\text{매출액 증가율} = \frac{\text{당기매출액}-\text{전기매출액}}{\text{전기매출액}}$$

(2) 총자산 증가율

이것은 당기총자산에서 전기총자산을 차감하고 이것을 다시 전기총생산으로 제하여 구한다.

$$\text{총자산 증가율} = \frac{\text{당기총자산}-\text{전기총자산}}{\text{전기총자산}}$$

(3) 순이익 증가율 = 당기순이익 - 전기순이익 / 전기순이익

6. 주가관련 비율

1) 주가이익비율(price-earnings ratio; PER) =보통주 1주당 시가/주당순이익, 보통주 1주당 시가를 보통주 1주당 순이익으로 나누어 계산

2) 주가 장부가치비율(price-book value ratio; PBR)= 보통주 1주당 시가/주당 장부가치, 보통주 1주당 시장가격과 순자산의 장부가치의 비율

3) 배당금 대 순이익비율(dividend-income payout ratio) = 보통주주에 대한 현금배당액/당기순이익-우선주 배당금, 배당성향이라고도 함.

4) 배당금 대 주가비율 =보통주 1주당 현금배당액/보통주 1주당 시가, 배당수익률이라고도 함.

제9장
수익성

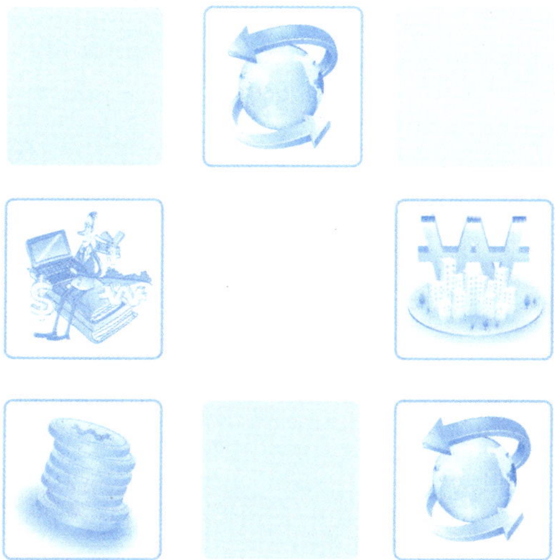

9 수익성

이윤의 역할은 이미 앞 장에서 기술한 바와 같다. 사업의 수익성은 여러 가지 방법으로 측정되고 표시될 수 있다. 그러한 대체적인 여러 방법들 중 수익성(profitability)의 측정과 표시를 위해서 실제로 어떤 방법을 채택할 것인가 하는 문제는 사업체 또는 주체가 수익의 어떤 측면을 측정하려고 하느나 하는데 달려 있다. 이 장에서는 호텔, 식당사업의 환경여건에 관련시켜 수익성의 특정 측면들을 살펴보려고 한다.

제 1 절 투자수익성의 측정

1. 투자수익률(return on investment)

1) 투자수익률의 의미와 그 측정

수익성 측정방법들 중 가장 기본적으로 이용되는 것이 투자수익률(ROI : return on investment)이다. 기업의 본래 목적은 각각의 투자된 자산에 대해 만족할 만한 기대 수익을 가득하는 데 있다. 투자수익은 이러한 기본 목적 달성이란 관점에서 가장 좋은 수익성 측정 도구가 되고 있다.

투자수익률을 구하는데는 다음과 같은 산식을 이용할 수가 있다.

투자수익률 = (순이익/자산에 대한 평균투자) × 100

이것을 이용해서 투자수익을 구해보면, 자산에 대한 평균투자액이 ₩20,000,000이고 연간 순이익이 ₩4,000,000일 때 투자수익률은 20%이 된다. 이 때 순이익은 세후 금액을 이용한다.

2) 투자개념 정의와 투자수익률

투자수익률 산출 공식은 여러 가지가 있다. 글로벌 호텔과 외식산업 등 호스피탈리티 사업의 규모가 커짐에 따라서 사업체에 대한 투자도 단순한 방식에 의해서만 이루어지지 못하고 자연스레 다양한 원천으로부터 투자자본이 조달되고 있다. 그러므로 투자수익률도 어떤 형식으로 투자된 자본인가에 따라서 이를 구하는 산식도 하나의 방식에만 의존할 수가 없게 되었다.

〈표 9-1〉 재무상태표(대차대조표)

XXX사 2010년 12월 31일

자산		부채 및 자본	
유 동 자 산	XXX	유 동 부 채	XXX
비 유 동 자 산	XXX	비 유 동 부 채	XXX
		보 통 주	XXX
		우 선 주	XXX

물론 이것은 기업이 자본을 여하히 조달할 것인가의 문제는 자본예산이나 재무계획 등과 더불어 결정될 문제로 기업의 상장여부와도 관계되지만 흔히 보통주,

우선주, 장기부채나 단기채권, 기타 유동부채 및 금융기관의 부동산 증권 등 호텔 투자에 전형적으로 이용되는 자본조달원천들이 있기는 하다. 이러한 사업체의 자본조달원천들은 재무상태표(대차대조표)에 표시된다(표 9-1 참조).

재무상태표의 대변에 자본조달 원천이 표시되기 때문에 사업체의 자본이 어떤 원천으로부터 유입되었는지에 대한 정보를 제공해준다. 반대로 재무상태표의 차변의 회계정보는 총자본이 어디에 어떻게 사용되거나 투자되었는지, 다시 말해서 유동자산이나 비유동자산 등 여러 가지 계정에 얼마 만큼씩 각각 투자되었는가를 표시해 주고 있다. 이상과 같이 재무상태표에 나타난 내용대로 투자된 사업체의 투자수익률은 자본의 조달 원천별로 각각 분류되고 정의될 수 있겠다. 다음에 이를 대별해서 보여주기로 한다.

(1) 투자수익률(return on equity investment)
혹은 보통주식 투자수익률(return on common shareholders)
(2) 총주식 투자수익률(total shareholders' investment)
(3) 장기 투자수익률(return on long-term investment)
(4) 총 투자수익률(return on total investment)

투자를 보통주의 투자지분에 대해서만 본다면 투자액은 보통주와 적립금의 합계액으로 표시될 것이므로 이 경우 적정한 개념의 이윤은 보통주에 대한 배당금과 미배분 이윤이 된다. 이런 경우 투자수익률 계산을 위한 투자액에는 우선주의 배당금과 비유동부채에 대한 지급이자 등이 제외된다. 그러나 여기서 투자를 보통주와 우선주를 포괄하는 총주식 투자로 보는 경우라면 전체 주식에 대한 배당금과 미배분의 이윤까지 모두 이윤에 포함되는 개념으로 정리해야 할 것이다.

투자를 장기투자로 보는 시각에서는 투자는 당연히 모든 종류의 주식투자와 제적립금을 합계한 금액이나 장기부채를 의미할 것이므로 이 경우에는 정확한 이윤의 개념은 모든 배당금액, 미배분 이윤, 장기부채에 대한 지급이자까지를 포괄한다.

기업 최대의 투자는 유동자산과 비유동(유형)자산을 가산한 것으로 투자라 함은 일반적으로 이와 같은 총투자를 지칭한다. 이러한 경우 이윤은 장기투자의 경우와 같은 개념으로 보아도 무방할 것이다. 사업에서는 단순히 유동부채를 통해서 조성된 기금은 별도의 보수나 지급을 요하지 않기 때문이다. 투자를 가능한 여러 개념들 중 어떻게 정의하느냐 하는 것은 용이하게 답을 얻을 문제는 아니지만 일단 투자에 대한 어떤 개념이 결정되고 나면 일관성 원리에 따라서 회계년도가 다르더라도 그 개념을 지속해 나갈 때 비교 가능성이 제고되는 등 정보가치가 향상될 수 있다는 것은 확실하다.

〈표 9-2〉 투자수익률의 정의

투자의 원천(source of investment)	이윤의 정의(definition of profit)
(가) 보통주	보통주 배당금과 미배분 이윤
(나) 전체주식투자	모든 배당금과 미배분 이윤
(다) 장기투자	모든 배당금과 장기부채에 대한이자
(라) 총투자	총이윤

소규모 기업에서는 대부분 보통주만 발행하고 또 얼마간의 유동부채만을 갖고 있을 경우가 많다. 그러나 투자에서 우선주에 비해 월등히 적은 규모의 보통주만을 발행한 특수한 자본구조를 갖는 기업이 있다면 투자를 보통주주에 의한 투자로만 보았을 경우에 투자수익률은 실제보다 과대하게 표시될 수 있게 됨으로써 적정한 투자수익률 혹은 수익성 정보를 제공하지 못하고 회계정보를 왜곡시키는 결과를 초래할 수가 있다.

일반적으로 대다수의 대규모 기업에서는 투자를 <표 9-2>에 있는 (다)항의 개념으로 보고 기본적으로 투자를 장기투자로 보는 경향이 강하다.

그러나 어떤 면에서는 경제적 관점에서 (라)항의 투자 개념을 동일한 비중으로 주장할 수도 있다. 총투자는 사업에 이용된 자본(원) 총액이다.

유동부채는 비록 그것이 '유동(current)'이라고는 하나 사실 대부분의 사업체에서 영속적으로 존재하는 요소로 남아있다. 대부분의 호텔이나 기타 시장지향적 성향의 사업인 거의 모든 식당에서는 총투자 중 유동부채의 점유비율이 매우 낮다. 그러므로 실제로 호텔과 식당사업체 등 시장지향적 성향의 사업체에서는 투자수익률 계산에 있어서 장기투자나 총투자의 경우 모두 상당히 좋은 투자수익률 성과(계수적으로)를 도출할 가능성이 크다고 하겠다.

요컨대 특정사업체가 적정한 투자수익률 개념을 정립하거나 선택할 경우에는 그 사업체가 처해 있는 특수한 환경여건을 반드시 고려해서 결정할 수밖에 없다. 일단 투자개념이 확립되고 나면 회계기간이 다른 기간에 대해서도 동일한 개념을 적용하도록 하는 것이 중요하다. 그런데 재무구조상 중대한 변화가 초래되거나 기타 기존 투자개념의 적용이 어려운 상황이 발생되었을 경우에는 동일한 투자개념에 기초한 회계정보는 지속적으로 적합성을 지킬 수가 없게 될 수가 있다. 이렇게 되는 경우에는 종래 결정되었던 적합성의 범주가 달라지게 되므로 일관되게 종래 방식을 고수해서 얻게 될 회계정보의 가치는 상대적으로 떨어지게 될 것이다. 이런 경우는 예외적인 사례로 당연히 새로운 투자개념의 정립이나 선택이 불가피해지게 된다.

2. 순매출이익

투자수익이 기본적인 수익성의 측정 측면이라고 한다면 순매출액 이익(net profit on sales) 혹은 매출액 이익률(profit margin)은 여러 회계기간에 걸친 사업체의 상대적인 영업능률(relative operating efficiency of business)을 측정하는데 유용한 개념이다.

순매출액 이익과 순매출액의 이익률을 구하는 산식은 다음과 같다.

1) 순매출 산식

$$\text{순매출이익(net profit on sales)} = \frac{\text{순이익}(net\ profit)}{\text{순매출}(net\ sales)}$$

2) 순매출이익률의 산식

$$\text{순매출의 이익률(profit margin)} = \frac{\text{순이익}(net\ profit)}{\text{순매출}(net\ sales)} \times 100$$

3) 예제를 이용한 비율산출

다음의 <예제 1>을 가지고 산식을 적용하여 순매출이익과 순매출 이익률을 구하여 보자.

〈예제 1〉 순매출과 이익률의 계산자료

분류 \ 회계연도	1차 회계년도	2차 회계년도	3차 회계년도
자산투자(investment in asset)	400,000,000	400,000,000	400,000,000
순매출(net sales)	200,000,000	200,000,000	200,000,000
차감 : 총원가(total cost)	180,000,000	170,000,000	160,000,000
순이익(net profit)	20,000,000	30,000,000	40,000,000
순매출이익률%(profit margin)	10.0 %	15.0%	20.0%
투자수익률%(return on investment)	5.0%	7.5%	10.0%

이상의 두 개의 수익성 측정도구들은 서로 다른 관점에서 필요한 정보를 측정한다. 위의 예제에서 시사되었듯이 이 사업체가 3년간의 영업활동에서 보여준 이윤의 증진추세는 사업체의 영업능률 혹은 영업실적이 지속적으로 개선되고 있음을 보여주고 있다. 그러나 투자수익률은 만족스럽지 못한 결과를 실현하는데 영업실적의 개선폭이 가장 컸던 제3차 회계년도에도 이런 여건은 여전했다.

계산결과 산출된 비율을 통하여 자산에 대한 투자와 매출액 사이에 차이가 커질수록 투자수익률과 순매출이익률도 차이가 점차 커지고 있음을 알 수 있다.

3. 단위매출이익(profit per unit sold)

어떠한 사업에서나 단위당 이윤을 계산해 보면 사업의 수익성에 대한 판단이 가능해지게 되는 경우가 많다. 호텔식음료 사업에서 단위 매출당 부문이익을 계산하는 것과 단위 매출당 총이익을 계산해보는 것은 여러 가지로 의미가 크다. 식음료 사업의 수익성에 대한 판단에 있어서 가장 중요한 결정인자는 단위매출의 매출총이익과 매출수량이다. 이것은 속성식당영업(fast-food operations)이나 전형적인 식당의 운영에서나 크게 다를 바가 없다. 식료원가관리에서 평균매출 규모, 능률 혹은 이런 요소들이 단위 매출에 있어서 단위 실료원가와 총매출 이익률을 좌우하게 된다. 그 중에도 단위매출의 매출총이익과 판매수량은 식당의 수익성 결정에 있어서 다른 어떤 요소보다도 결정적인 영향을 미치는 요인이 된다.

4. 단위 시간당 이윤(profit per unit of time)

어떤 경우에는 순이익을 사업에 투자된 투자재원과 관련시킬 필요성도 제기된다. 특히 매출규모에 비해 투자규모가 과소한 경우에 그런 필요성이 더욱 절실하게 된다. 예컨대, 식료서비스업에 경영자문을 하는 컨설팅 회사나 회계장부를 관리해 주는 용역회사의 경우에는 실제 투자된 자본규모가 작아도 사업운영이 가능하기 때문에 이 사업의 수익성 평가에 순이익을 투자자본 규모(금액)와 관련시켜보는 것은 별로 의미가 없다. 이런 경우에는 오히려 순이익을 1년간이라든지 하는 식의 시간단위와 연관시켜 측정하고 나타내려고 하는 것이 수익성 평가에 더 의미있는 방법이 될 수가 있다. 주로 수일이나 수주일 정도로 영업기간이 한정되어 있는 매장(conce-ssions)이나 계절적인 성질의 패스트푸드 식당영업(fast-food operations)

등이 흔히 이런 상황에 처할 가능성이 큰 사업 사례들이다. 이런 경우에는 자산에 대규모적인 투자의 필요성이나 가능성이 약하기 때문에 가득된 이윤에 대한 수익성 판단에 시간단위를 활용해 보는 것이 더 의미있는 평가결과로 유도될 수 있을 것이다.

5. 자산회전율 혹은 자본회전율

1) 정의

자산회전율(asset turnover)이란, 사업에 투입된 수익발생의 생산성 있는 자산과 매출규모를 서로 관련시키기 위한 개념이다. 이런 점에서 기업이 활용하는 자산이란 총투자나 장기투자에 상응하는 개념이라고 볼 수 있다.

자본은 자산으로 구체화 될 수 있으므로 총자본은 곧 총자산과 같은 의미로 보려는 것이다. 내용적으로는 자산 또는 자본의 회전율은 투입된 자산이나 자본이 창출된 매출을 통하여 몇 번이나 회전(수)되었는가를 나타내 주는 분석지표로 이해되는 만큼 회전율의 산식은 순매출을 자산 또는 자본으로 나누는 방식으로 표시된다.

$$\text{자산(또는 자본)회전율} = \frac{\text{순매출액}}{\text{자산(또는 자본)}}$$

자산(자본)의 규모가 ₩100,000,000이고 매출이 ₩200,000,000이라면 사업에 투자된 자산(자본) ₩1,000당 ₩2,000라는 매출수익을 창출한 것으로 볼 수 있다(예제1 참조). 만약 투자 ₩100,000,000에 매출이 ₩50,000,000이었다면 사업체 자산에 투자된 매 ₩1,000은₩500이라는 매출을 창출했다는 의미가 된다(예제2 참조). 자산회전율은 투자와 매출 간에 성립되는 관계를 나타내 준다. 앞의 <예제 1>에서는 자산회전율이 2.0이었고 <예제 2>에서는 자산회전율이 0.5였다.

자산의 회전율 개념은 단지 회계적 방법의 적용차원을 넘어서 보다 더 넓은 영역에 걸쳐 있다. 자산회전율이 높을수록 투자된 금액단위마다 사회에 대한 상품과 서비스의 규모는 실질적으로 점점 확대된다. 이 때 투자수익률은 자산회전율과 순매출 이익률이라는 두 가지 영향 요소들에 의해 고저 여하가 결정되게 된다.

$$\text{투자수익률} = \text{자산회전율} \times \text{순매출이익률}$$
$$= \frac{\text{순매출}}{\text{투자자본}} \times \frac{\text{순이익}}{\text{순매출}}$$
$$= \frac{\text{순이익}}{\text{투자자본}}$$

특정의 목표이윤이나 투자수익율 결정이나 달성을 위해서는 다음 표에서 보는 바와 같이 다양한 기법을 적용해 볼 수가 있다. 즉 일정 매출에 대해 다양한 순매출이익률을 적용시켜 보는 방법을 활용하거나 아니면 각기 다른 자산(또는 자본) 회전율을 적용시키는 방법을 활용해서 적정 수치를 찾는 노력을 기울여 보는 것도 좋은 방법이 될 수 있다(표 9-3 참조).

〈표 9-3〉 투자수익률 결정인자

(단위:₩1,000)

호텔 A의 경우				호텔 B의 경우			
투자규모: 100,000,000 목표수익률:20%				투자규모: 100,000,000 목표수익률:30%			
매출	자산 회전율	순매출 이익률(%)	순이익	매출	자산 회전율	순매출 이익률(%)	순이익
300,000	3.00	6.7	20,000	300,000	3.00	10.0	30,000
250,000	2.50	8.0	20,000	250,000	2.50	12.0	30,000
200,000	2.00	10.0	20,000	200,000	2.00	15.0	30,000
150,000	1.50	13.3	20,000	150,000	1,50	20.0	30,000
100,000	1.00	20.0	20,000	100,000	1.00	30.0	30,000
50,000	0.50	40.0	20,000	75,000	0.75	40.0	30,000
25,000	0.25	80.0	20,000	50,000	0.50	60.0	30,000

2) 자본회전율과 순매출 이익률

기술된 바와 같이 특정의 투자수익률은 자산(or 자본) 회전율과 매출이익률에 의해서 결정된다. 이렇게 볼 때 호텔기업 A의 경우 자본회전율이 2.5이고 매출이익률이 8%일 때 자본회전율은 1이 된다. 또 매출이익률이 20%가 되는 경우에도 순이익(투자수익) 비율은 똑같아진다.

(1) 두 경우에 동일한 투자수익률의 배경이 무엇인가를 확인하기 위한 산식의 대입

① 산식1의 투자수익률 = 자본회전율 × 매출이익률 = 2.5 × 8% = 20.0%

② 산식2의 투자수익률 = 자본회전율 × 매출이익률 = 1 × 20% = 20.0%

기업들은 높은 투자수익률을 얻기 위한 방법으로 자연히 가능한 최고의 자본회전율 달성을 위해서 노력한다. 이런 경우 위의 동일한 여건에서 ① 산식 1에서 처럼 ② 산식 2의 경우보다 매출이익률이 훨씬 낮을 때 자본회전율이 더 높게 나타나는 결과를 보여주고 있다.

그러나 다른 각도에서 높은 자산회전율이 항상 좋은 것으로만 평가되거나 또는 이것이 좋은 성과를 약속할 수 있는 전제조건이 되지는 못할 수도 있다.

높은 회전율이란 결국 과소한 순매출이익률 목표수립의 배경으로 작용될 우려성도 크고 또 이것이 이익의 불안정성(profit instability) 결과를 초래하기 쉬운 폐단도 초래할 수가 있기 때문이다. 이런 관계를 설명하는 데는 등가이윤곡선(ISO-profit curves) 혹은 등가이익선(ISO-profit lines)을 이용하는 것이 이해촉진에 도움이 될 것이다.

6. 등가이윤곡선과 투자수익률 분석

다음 <예제 2>에서 투자규모가 각각 ₩100,000,000이고 투자수익도 각각 ₩20,000,000으로 동일한 두 개의 기업 X와 Y를 놓고 소위 회전율과 이익의 안정성 및 매출목표의 적정성에 관하여 살펴보기로 하자. 그러기 위해서 각기 다른 자

산회전율과 투자수익률을 대입시켜 전술한 바의 관계를 이해하려고 노력해 보자.

〈예제 2〉 등가이윤 곡선 산출자료

기업체	투입된 자산규모(₩)	자산회전율	매출액이익률	순이익(₩)
X	100,000,000	3	6.7	20,000,000
Y	100,000,000	1	2.00	20,000,000

사업체 X는 Y 기업의 경우보다 매우 낮은 매출이익률을 가지고 운영되고 있다. 이것은 다른 말로 매우 협소한 안전한계(MS) 범주에서 운영되고 있음을 의미한다. 안전한계는 영업성과가 수익성에 대해서 얼마나 안정적인 것인가를 반영해주는 지표이기 때문에 단지 비율로만 산출된 매출액 이익률과 투자수익률의 실제적인 의미를 분석할 때 매우 유익한 개념으로 활용될 수가 있다. 이런 분석결과 사업체 X의 수익성에 대한 안성성은 사입체 Y보다 훨씬 못한 것임을 알 수가 있다.

자산 회전율과 순매출액이익률은 사업의 수익성을 좌우하는 요소이다. 그러므로 이것이 기업의 이익계획 수립과 예산편성에 있어서 매우 심도 있게 다루어지지 못하면 바람직하지 못한 결과로 유도될 가능성이 높다. 투입자본이나 자산에 대한 수익성을 고려할 때 단순히 금액이나 그 투자수익률만을 본다면 정확한 판단을 그르칠 수가 있다. 이 때 특정의 투자수익률이 어떻게 산출될 수 있었는가 하는 과정을 분석해 보는 시각은 절대로 간과해선 안 될 중요한 측면이다. 다시 말해서 투자수익율 결정의 두 인자인 자산회전율과 순매출액이익률을 함께 대조시키면서 분석해 봐야만 한다.

앞의 예제에서 보는 바와 같이 동일한 투자규모와 순매출이익이 전제되는 경우에도 각기 다른 순매출이익률과 자본(or 자산) 회전율의 조합이 가능하므로 그중에서 최적해를 찾아내야 할 필요성은 크다. 이 때 등가이익곡선을 활용하면 도해에 의한 최적해의 발견에 도움이 된다.

다음 <그림 9-1>에서 두 개의 곡선 A와 B는 각기 다른 두 개의 사업체에 있어서의 각기 다른 두 개의 투자수익률 20%와 30%를 나타내 주고 있다. 곡선 A의 어떤 지점도 동일한 순이익 ₩20,000,000일 때를 표시해 주는 동시에 각기 다른 함수(매출이익률, 자산회전율), 즉 순매출액이익률과 자산회전율의 조합을 보여주고 있다. 마찬가지로 곡선 B의 어떤 지점도 동일한 순매출이익 ₩30,000,000을 시사해주고 있다. 물론 곡선상의 모든 점들이 지닌 함수들인 순매출액이익률과 자산회전율은 모두 상이하다. 앞의 예제에서 보는 사업체 X와 Y의 경우 동일한 자산규모(₩100,000,000)와 매출이익(₩20,000,000)이나 X의 경우에는 회전율 3이므로 비교적 큰만큼 이익률은 겨우 6.7%로 낮은 수준의 이폭을 가지고 사업체가 운영되고 있다. 그만큼 사업체 Y에 비해서 분명히 이윤의 안정성이 문제시되고 있다고 분석된다.

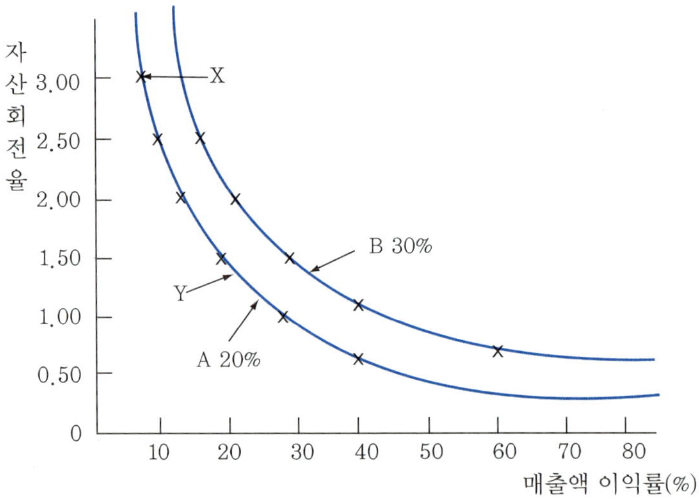

〈그림 9-1〉 이익 등가곡선(ISO-profit curves)

제2절 이윤의 감도분석과 이익승수

1. 감도분석의 의의와 예제

1) 감도분석의 의의

이윤에 대한 감도분석(profit sensitivity analysis)은 만약 이윤 결정의 어떤 한 요소 또는 두 개 이상의 요인들에 변화가 초래되었을 경우에 이 독립변수가 종속변수인 이윤에 대해서 어떻게 영향을 미칠 것인가 하는 감도(sensitivity)를 알아보기 위해서 가해지는 분석기법으로 일명 민감도 분석이라고도 한다.

이 분석은 불확실한 미래의 상황에 대비하기 위한 의사결정 모형에 있어서 상호의존적인 변수들 중 어떤 변수가 바뀌었을 때 이것이 수립된 목표에 대해서 어떤 행태로 영향을 미칠 것인가 혹은 독립변수의 변화가 다른 변수 또는 종속적인 변수에 대해 어떤 형태로 얼만큼 변화의 영향을 수반하게 될 것인지의 문제를 다루고 분석하는 것이다. 민감도 분석의 주된 목적은 가장 중요한 요인들(key factors)을 가려 무엇을 기술할 것인지를 찾아내고 그것들이 사업체의 순이익 결정에 미치는 영향면에서 어느 정도 중요성을 갖는지의 순위를 알아내는 데 있다. 이윤에 대한 민감도분석에서 중요한 요인이란 곧 수익성 결정인자들이 된다.

아주 단순하게 볼 때, 순이익은 총매출에서 총원가를 차감한 것으로 표시된다. 호텔객실 영업의 경우 총매출수익은 판매된 객실수에 평균객실요금(average room rate)을 곱해서 결정된다. 식당의 경우에는 판매된 식음료의 인분수(number of covers)에 평균 단위매출(check average; CA)을 곱함으로써 총매출수익이 산출된다. 이와 관련된 의사결정 목적으로 관련원가와의 관련시킴에 있어서도 총원가를 다시 변동원가(variable costs)와 고정원가(fixed costs)로 분류해서 분석하는 것이 효과적이다. 호텔 객실수익의 감도분석에서 중요한 요인은 객실점유율(room occupancy rate), 평균실료, 고정원가 및 변동원가 등이 된다. 식당수익의 감도분석에서는 평균 단위 매출수익과 판매된 식음료 수량(number of covers) 및 고정원가와 변동원가가 식당의 수익성 결정에 있어 중요한 요인들(key factors)이 되고 있다.

이렇게 해서 중요한 요소들이 가려진 후에는 그 중 어떤 요인이 다른 것들에 비해 가격결정에 가장 결정적인 영향을 미치는지를 분석해 내야 한다.

다음에 나오는 식당의 월별 운영실적을 가지고 감도분석을 해보자(예제 3 참조).

〈예제 3〉 감도분석자료

기본 모형 : 식당의 경영실적		
매출(1,000인분, 단가 ₩10,000,000)		100,000,000
차감 : 고정원가(fixed costs)	₩40,000,000	
변동원가(variable costs)	₩40,000,000	₩80,000,000
순이익		₩20,000,000

여기서 중요 요인은 (1) 가격수준과 (2) 매출수량, (3) 고정원가 및 (4) 변동원가이다. 이들 중요 요인이 식당의 수익성에 미치는 영향을 평가해 보기 위해서 그 요인들 중 하나인 매출에 대해 10%의 증감변화를 각각 주기로 하고 여타의 다른 요소들은 종전과 같이 그냥 두기로 했다.

이렇게 해서 중요 요인들 중 어떤 요인이 수익성에 있어 중요하고 중요하지 않은 요인인지를 가릴 수가 있다. 중요 요인에 10%의 변화는 순이익에 40%의 변화를 야기시켰다. 그래서 이때의 이익승수(profit multiplier)는 4가 된다.

이익승수의 산식은 다음과 같다.

$$\text{이윤승수} = \frac{\text{순이익의 변화치}}{\text{중요요소의 변화치}} = \frac{\text{순이익의 기본} - \text{변화폭}}{\text{중요요소의 기본} - \text{변화폭}}$$

앞에서 제시된 기본모형을 가지고 각각의 중요요인에 대해서 변화된 내용을 다시 표로 작성해 본 것이 다음의 <표 9-4>이다. 가격수준을 10%만큼 인상 또는 인하했을 경우에 매출수익과 이윤승수에 미치는 영향을 표로 요약해 본 것이다.

〈표 9-4〉 가격 변동이 수익성에 미치는 영향

가격수준 변화에 의한 영향					
중요요인의 변화폭	매출	고정원가	변동원가	순이익	순이익승수
+10%	110,000,000	40,000,000	40,000,000	30,000,000	5
기준	100,000,000	40,000,000	40,000,000	20,000,000	
-10%	90,000,000	40,000,000	40,000,000	10,000,000	5

앞의 <표 9-4>에서 보듯이 만약 식당의 다른 요인들에 대해서는 종전과 같이 아무 변화를 주지 않고 식음료의 가격수준만 10% 수준으로 인상하거나 인하힌다면 순이익은 50%로 증가하거나 감소될 수가 있다. 즉 여기서는 중요 요소를 가격으로 보았을 경우인데 기준가격에서 ₩20,000,000이던 순이익이 10%의 가격 인상 후에는 ₩ 30,000,000으로 증가되었다. 반대로 가격이 10% 인하되었을 경우에는 순이익이₩10,000,000으로 감소되는 결과를 초래하게 될 것이다. 이 때 이윤승수는 5였다(표 9-4 참조).

2) 이윤승수의 산출과 그 의미

이상의 분석에서 이익승수(profit multiplier)는 5였는데 이것은 다음 공식을 대입함으로써 산출될 수 있었다. 이 때 이윤승수가 변동치는 비율로 표시되고 있다.

이익승수가 5라는 의미는 식당의 식음료 가격이 어떻게 변동되었던 간에 순이익에 대한 변동치의 영향은 5배에 달한다는 뜻이 된다. 가격인상의 경우에는 가격인상분의 5배에 해당하는 순이익의 증가가 기대되고 가격이 인하되었을 경우에는 반대로 5배로 순이익이 감소되는 결과를 초래하게 된다는 것으로 이해할 수가 있다.

(1) 이익승수 $= \dfrac{\text{기준치에 대한 순이익의 변동치(\%)}}{\text{기준치에 대한 가격수준의 변동치(\%)}}$

$= \dfrac{\text{순이익이 20,000,000에서 50\% 증가한 30,000,000인 경우}}{\text{가격수준이 100,000,000에서 10\% 증가한 110,000,000인 경우}}$

$= \dfrac{20,000,000 \rightarrow 30,000,000}{100,000,000 \rightarrow 110,000,000}$

$= \dfrac{50\%}{10\%}$ = 5(매출 10% 증가상황에서)

(2) 이익승수 $= \dfrac{\text{순이익이 20,000,000에서 50\% 감소한 10,000,000인 경우}}{\text{가격수준이 100,000,000에서 10\% 감소한 90,000,000인 경우}}$

$= \dfrac{-50\%}{-10\%}$ = 5(매출 10% 감소상황에서)

다음에 이익승수 산식을 대입시켜 수익성 변화추이를 알아보기 위해서 다음과 같이 매출, 고정원가, 및 변동원가가 변동되었을 경우를 각각 적용시켜 그 결과를 측정해 보기로 하자.

(1) 매출이 변동되었을 경우

(2) 고정원가가 변동되었을 경우

(3) 변동원가가 변동되었을 경우

(1) 매출변동이 수익성에 미치는 효과

중요요소의 변동	매출	고정원가	변동원가	순이익	이익승수
+10%	110,000,000	40,000,000	44,000,000	26,000,000	3
−10%	90,000,000	40,000,000	36,000,000	14,000,000	3

매출규모가 기준(₩100,000,000)에 비해 +10%로 변화해 수익이 ₩110,000,000으로 증가하게 되면 변동비도 기준(₩40,000,000)에 비해 10% 동반 상승하게 됨으로써 원가차이를 발생시켰다. 변동원가는 총 ₩44,000,000이 되었지만 순이익도 ₩26,000,000으로 증가했다. 이 때 이익승수(profit multiplier)는 3이 된다.

반대로 매출규모가 기준에 비해 -10%로 감소된 ₩90,000,000을 시현하는 경우에 조업도에 따라 변동하는 변동원가도 당연히 10% 감소된 ₩36,000,000으로 발생되었다. 이 때 순이익도 ₩14,000,000으로 감소했는데 이때의 이익승수는 3이었다.

고정원가는 조업도의 영향을 받지 않으므로 매출변동과 무관히 종전과 같은 ₩40,000,000이었다.

(2) 수익성과에 대한 고정원가의 증감변동 효과

중요 요인의 변동	매출	고정원가	변동원가	순이익	이윤승수
+10% 변동	100,000,000	44,000,000	40,000,000	16,000,000	-2
-10% 변동	100,000,000	36,000,000	40,000,000	24,000,000	-2

여기서는 중요한 계산요소가 고정원가이기 때문에 이윤승수의 산식(순이익의 변동치 ÷ 중요 요소 변동치)에서 계산요소가 될 분모와 분자를 결정해야 한다.

여기서 기준 고정원가의 변동요인이 +10%였으므로 새로운 고정원가는 ₩44,000,000 (40,000,000×10%)이 된다. 여기서 변동치 +10%는 승수산식에서 분모가 될 중요 요소이다.

그 다음은 승수산식에서 분자가 될 순이익 변동비율을 구해야 한다. 기준매출 ₩100,000,000으로 부터 고정원가와 변동원가를 합산하여 얻은 총원가 ₩84,000,000을 차감하면 구한 순이익이 ₩16,000,000은 기준 순이익 ₩20,000,000(₩100,000,000 - ₩40,000,000)의 80% 수준에 불과하므로 변동된 순이익에서 발생된 차이는 -20%(₩16,000,000 - ₩20,000,000)가 된다. 이상과 같이 산출된 -20%와 +10%를 산식에 대입해 보면 이익승수는 -2가 된다.

승수의 산식: 승수 = -20% ÷ 10% = -2

반대로 위 표의 두 번째 사례에 나타난 고정원가의 감소는 이것을 단순한 원가 절감노력에 의한 성공사례로 보기는 어렵다. 이런 원가절감은 전반적인 사업규모의 축소 등 본격적인 사업구조 개편 결과에 의할 경우가 대부분이므로 역시 원가 절감으로 초래될 수 있는 일반적인 효과를 기대하기는 어렵다. 여기서 고정원가가 10% 감소되는 -10%의 변동이 되긴 했지만 이익승수는 앞에서 계산해 본 사례와 마찬가지로 -2로 산출되고 있을 뿐이다.

(3) 변동원가의 변동이 수익성에 미치는 영향

변동원가의 변동은 내부적 및 외부적 요인에 의한다. 이것은 때로는 구매비 절감이나 원재료의 가격인하 등 외부적 요인에 의해 초래되기도 하지만 기업 내부적인 원가관리 능률로 인해 야기될 경우도 많다. 그러나 현실적으로 변동원가의 증감변동은 근본적으로 조업도 자체에 대한 변동에 의존해서 일어날 경우가 많다.

이렇게 볼 때, 식당부문이나 객실부문의 식음료 매출이나 객실매출 감소에 의한 변동원가의 감소현상은 수익성과에 대해 바람직한 현상이 되지 못한다.

여기서는 원인을 무시한 채 그냥 변동원가가 매출증감 변동 없이 각각 ± 10%씩 증감하는 사례를 가정하기로 하고 이것이 수익성과에 미치는 효과를 살펴보기 위해서 이익승수(profit multiplier)에 대해 초래할 결과에 주목해 보기로 하자.

중요요인의 변동	매출	고정원가	변동원가	순이익	이윤승수
+10% 변동	100,000,000	40,000,000	44,000,000	16,000,000	-2
-10% 변동	100,000,000	40,000,000	36,000,000	24,000,000	-2

여기서 계산상 분모가 될 중요 요인은 변동원가이다. 그러므로 이익승수 산식에서 분모는 기준 변동원가와 변동된 변동원가와의 차이에 대한 비율을 각각 구해야 한다. 여기서 ± 10%에 달하는 변동원가의 변동계수로 산출될 원가차이는 (2)의 고정원가 변동사례와 금액과 변동비율이 동일하므로 결국 총원가 규모에 미치는 영

향은 (2)이나 (3)이 동일하다고 볼 수 있다. 그러므로 순이익에 대한 영향도 또한 동일하게 나타날 것이다. 그러므로 변동원가의 증감변동 사례에 대해서 이윤승수 또한 똑같은 -2가 될 것이다.

+10%의 변동원가 변동에 의한 총원가는 ₩84,000,000이고 -10%의 변동에 의한 총원가 또한 ₩76,000,000이 된다.

즉 10% 증가할 경우에는 {(₩44,000,000+₩40,000,000)%} = ₩84,000,000이고 -10% 감소된 경우에는 {(₩36,000,000+₩40,000,0000%} = ₩76,000,000이 된다. 분자가 될 순이익도 정(+)의 변화나 부(-)의 변화 경우에 다같이 -20%의 변동을 나타내므로 결국 승수의 계산 결과는 각각 -2로 고정비의 변동사례에서와 동일하게 나타나고 있다.

(1) 변동비 증가시 이익승수 산식

$$\text{이익승수} = \frac{\text{순이익의 변동}}{\text{중요 요소의 변동}}$$

$$= \frac{\text{순이익이 20,000,000에서 20\% 감소한 16,000,000인 경우}}{\text{가격수준이 40,000,000에서 10\% 증가한 44,000,000인 경우}}$$

$$= \frac{-20\%}{10\%} = -2$$

(2) 변동비가 감소된 경우의 이윤승수 산식

$$\text{이익승수} = \frac{\text{순이익이 20,000,000에서 20\% 증가한 24,000,000인 경우}}{\text{가격수준이 40,000,000에서 10\% 감소한 36,000,000인 경우}}$$

$$= \frac{20\%}{-10\%} = -2$$

2. 이익승수와 원가구조 및 순매출이익률

1) 승수, 원가구조 및 순매출액이익률 관계

식당매출의 규모는 판매된 수량(number of covers)과 평균단위매출(check average; CA)에 의존된다. 그러므로 매출수익에 대한 이익승수는 동시에 판매된 인분수 및 평균단위매출에 대한 이윤승수도 된다. 이런 시각에서 이상에서 살펴본 이익승수들을 다음과 같이 정리될 수가 있다. 이를 근거로 다음과 같은 결론 도출이 가능해졌다.

중요요인(key factor)	이익승수(profit multiplier)
가격 수준(price level)	5
고객수(number of customers)	3
평균단위매출(check average)	3
고정원가	−2
변동원가(variable costs)	−2

(1) 수익성에 대한 최대의 영향요인은 가격수준이라는 점

승수가 높을수록 영향력이 크다는 의미가 된다. 그런데 위 표에서 보면 모든 승수들 중 수익성에 가장 큰 영향력을 구사하는 것은 역시 가격수준임을 재확인할 수가 있었다. 순이익은 최대의 이익승수 5로 표시된 가격수준의 변동 여하에 따른 영향을 가장 민감하게 받는 요인임을 알 수가 있다. 그러므로 사업체 실현목표로 하고 있는 총이익률에 대해서도 같은 반응을 보이게 될 것이다.

다시 말해서 이런 경우 메뉴가격 1%의 증가는 순이익에 그 5배인 5%의 증가효과를 초래할 것이라고 이해할 수가 있다.

(2) 사업수익에 의미가 큰 최고의 이익승수

호텔이나 식당 등 시장의존형 사업에서는 최고의 이익승수를 보이는 요인이 사업체의 수익성에 미치는 영향과 의미가 매우 크다는 점을 알 수가 있다. 이것은 당연히 이들 사업체들이 수익성 문제를 회계적으로 접근하도록 강화하는 요인으로 작용될 것임에 틀림 없다.

(3) 低순매출총이익률로 인한 이익승수高의 이익 불안정성 여지

예제의 기본모형에 의해 도출된 이윤승수들은 실제의 상황에서도 그 결정요인인 원가구조(cost structure)와 순매출총이익률의 영향을 받게 되는데, 특히 순매출액이익률이 낮을수록 승수가 높아진다는 점에서 이익률이 낮은 사업체에서 나타날 수 있는 높은 이익승수는 고도의 이익 불안정성을 반영할 수도 있다는 측면에서 이것이 의미라는 바를 유의해서 분석해 볼 필요가 있다.

(4) 표를 통한 이익승수와 매출액이익률과의 관계

원가구조는 총원가에 대한 고정원가와 변동원가의 상대적 점유비율에 관한 것이다. 순매출액이익률(percentage of net profit on sales)은 순이익을 순매출액으로 나눈 것이다. 순매출액이익이 높을수록 이윤승수는 낮아지고 반대도 성립되는 여건에서 나타날 수 있는 다른 효과들을 고려하면서 다음의 표를 작성해 보았다. 이 표는 매출규모가 각각 다르고 순매출액이익률이 5~30% 영역에 이르는 차이를 보이지만 원가구조는 모두 같은 6개 업체들을 사례모형으로해서 이들의 관계를 비교해 볼 수 있도록 작성된 표이다(표 9-5 참조).

모형 6의 사례에서 순매출이익률 5%는 순이익(₩500,000)을 순매출액으로 나누어서 얻어진다. 즉 순매출이익률(Profit margin) = ₩500,000 ÷ ₩10,000,000= 0.05 = 5%이다. 같은 방법으로 순매출이익률 30%인 모형1의 사례는 순이익 ₩3,000,000을 총매출액 ₩10,000,000으로 나누어 얻어진 값 0.3이 곧 순매출 이익률 30%이다. 이 두 사례에서 보여주듯이 순이익률이 상승할수록 가격수준에 대한 이익승수는 하락되고, 반대로 가격수준에 대한 이익승수가 상승될수록 순이익률은 하락하고 있음을 알 수가 있다.

〈표 9-5〉 이익승수와 수익의 안정성 비교표

사례모형 (업체별)	중요요인의 변동(%)	매출(₩)	고정원가(₩)	변동원가(₩)	순이익(₩)	이익승수 (PM)
1	0	10,000,000	3,500,000	3,500,000	3,000,000	
	+10	11,000,000	3,500,000	3,500,000	2,000,000	3.3
	-10	9,000,000	3,500,000	3,500,000	1,000,000	3.3
2	0	10,000,000	3,750,000	3,750,000	2,500,000	
	+10	11,000,000	3,750,000	3,750,000	3,500,000	4.0
	-10	9,000,000	3,750,000	3,750,000	1,500,000	4.0
3	0	10,000,000	4,000,000	4,000,000	2,000,000	
	+10	11,000,000	4,000,000	4,000,000	3,000,000	5
	-10	9,000,000	4,000,000	4,000,000	1,000,000	5
4	0	10,000,000	4,250,000	4,250,000	1,500,000	
	+10	11,000,000	4,250,000	4,250,000	2,500,000	6.7
	-10	9,000,000	4,250,000	4,250,000	500,000	6.7
5	0	10,000,000	4,500,000	4,500,000	1,000,000	
	+10	11,000,000	4,500,000	4,500,000	2,000,000	10.0
	-10	9,000,000	4,500,000	4,500,000	-	10.0
6	0	10,000,000	4,750,000	4,750,000	500,000	
	+10	11,000,000	4,750,000	4,750,000	1,500,000	20.0
	-10	9,000,000	4,750,000	4,750,000	(500,000)	20.0

(5) 이익률, 가격수준, 이익승수 및 안전한계의 관계와 도표

지금까지 순매출액이익률이 하락할수록 가격수준 변동으로 인해서 이익승수는 높아진다는 것을 확인할 수 있었다. 앞에서 다루었던 C-V-P 관계와 손익분기점 분석을 통해서도 매출액이익률이 낮을수록 안전한계(MS)의 폭도 따라서 좁아지게 됨으로써 이들이 밀접한 관계에 있음을 보았다.

높은 이익승수는 좁은 안전한계와 낮은 매출액이익률과 함께 한다. 다음의 <그림 9-2>는 앞의 6개 사례를 가지고 작성된 것으로 매출액이익률, 안전한계, 이익승수, 등의 관계를 보여주고 있다.

그런데 이익승수는 고정 및 변동의 원가구조와 매출액이익률에 의해 영향을 받으므로 이들 관계를 면밀히 분석함으로써 사업체의 수익성 개선책도 도모될 수 있을 것으로 보인다. 높은 고정원가에 흔히 수반되는 높은 이익승수는 총원가에 대한 고정원가율을 낮춤으로써 낮아질 수가 있다. 이런 점에서 이들에 대한 관계분석이나 고려는 수익성 방향 모색에도 기여할 수 있을 것 같다.

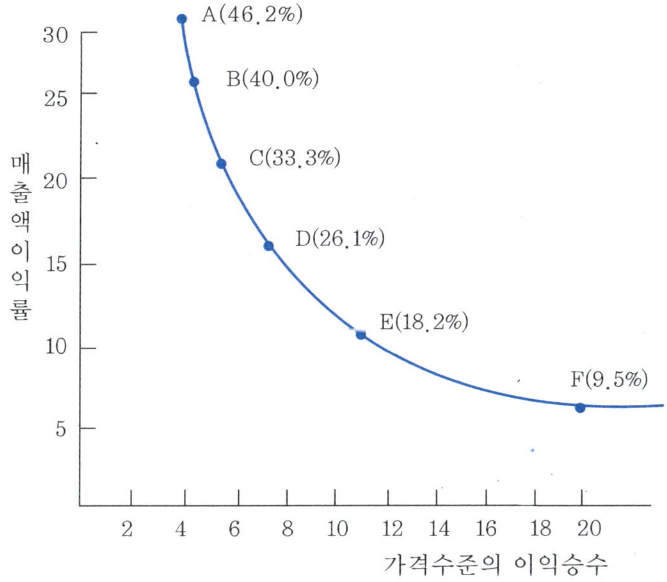

〈그림 9-2〉 이익・가격・승수・MS 관계도

여기서 다음과 같이 각기 다른 원가구조에서 운영되고 있는 두 개의 식음료 사업체 C와 D가 있다고 가정해 보자.

	매출	고정원가	변동원가	총원가	순이익
사업체 C	10,000,000	6,000,000	2,000,000	8,000,000	2,000,000
사업체 D	10,000,000	2,000,000	6,000,000	8,000,000	2,000,000

이들 사업체 C와 D의 가격수준에 따른 이익승수가 각각 5 로 같고 매출수준별 이윤승수는 C업체가 4이고, D업체가 2이다. 고정원가에 대한 승수는 C와 D가 각각 -3과 -1인데 비해 변동원가에 대한 승수는 C가 -1이고 D가 -3으로, 고정원가는 그 반대로 표시되고 있다. 이들 사업체에서 나타나는 고정 및 변동 요소들이 다르기 때문에 매출 이익률과 총원가에 대한 고정 및는 변동 요인의 조합도 또한 다를 것이다. 그러므로 동일한 여건이라고 할지라도 사업체에 따라서는 이익승수가 어떤 전형적인 형태로 표출될지 여부를 알 수가 없다. 사업체가 다를 경우에는 일일이 계산해 볼 수밖에 없다.

3. 도표방식에 의한 이익승수의 도출

전체의 순이익에 대해서 중요요소의 변동이 어떠한 영향을 미치는가를 보기위해서는도표방식에 의해서 이익승수를 보는 방법이 효과적이다. 그림을 그려봄으로써 사업체의 순이익에 대해서 어떤 결정적인 중요 요인의 크고 작은 변동이 가져오는 효과를 알아볼 수가 있다. 예컨대 매출규모의 신장이 평균단위매출 증대 혹은 판매량 증대에 의한 것이든 간에 이것이 총순이익의 신장을 가져 온다는 것을 도표를 통해서 쉽게 알 수가 있다. <그림 9-3>에서 보면 5%의 매출신장이 순이익을 ₩2,300,000 증대시켰음을 알 수 있다.

이어서 이익승수 도표에 의해서 어떻게 산출하는지를 보기로 하자. 전술한 바 이익승수 5는 순이익 변동의 비율인 25%를 가격수준 변동비율 5%로 나누어서 도출된다.

다음 <그림 9-4>에서 시사되는 바와 같이 x축은 가격수준의 변동비율(%)을 나타내주며 y축은 순이익의 변동분(change in NP)을 나타내 주므로 도표를 통해서 이익승수(profit multiplier)가 5라는 것은 쉽게 파악될 수 있다. 이것을 다시 산식에 대입해 순이익 변동치 25%를 가격수준 변동치 5%로 나누어 보면 서로 일치한다는 것을 확인할 수 있다.

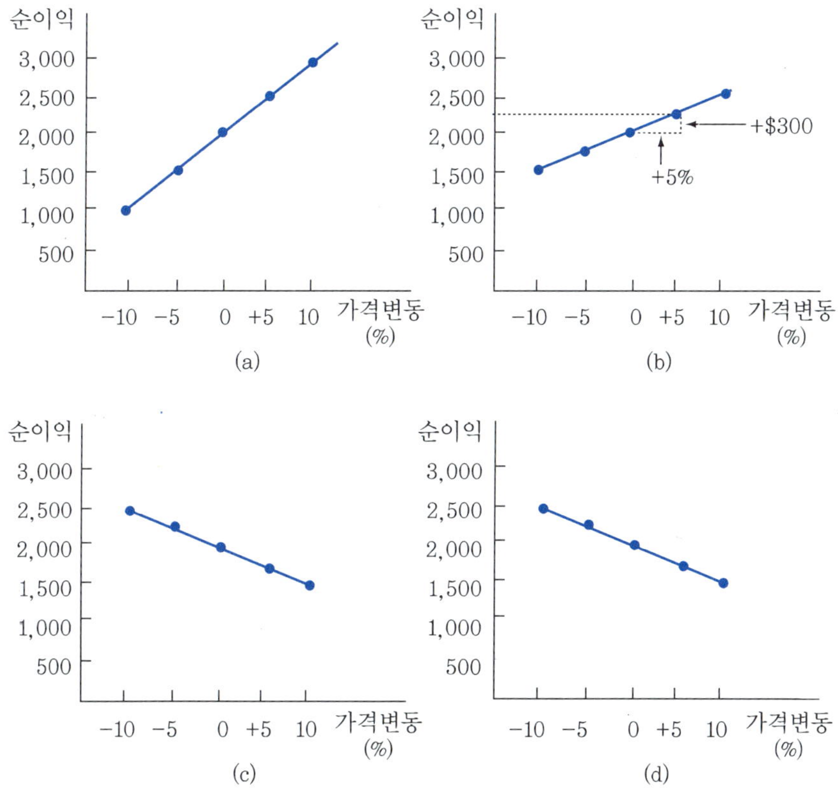

〈그림 9-3〉 도표방식에 의한 이익승수

(1) 산식 대입에 의한 이익승수 계산

$$\text{이익승수} = \frac{\text{순이익의 변동치}}{\text{가격수준에서의 변동치}} = \frac{25\%}{5\%} = 5$$

(2) 도표를 사용한 이익승수 발견

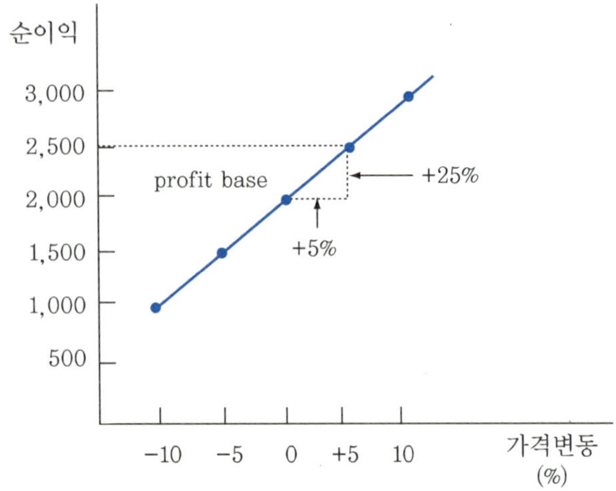

(a)

〈그림 9-4〉 도표방식에 의한 이윤승수의 계산

4. 부문이익의 민감도 분석

지금껏 논의된 변화에 대한 이윤의 감도 혹은 민감도 분석(sensitivity analysis)은 주로 전사적인 것이었지만 사실영업부문별 의사결정이나 관리통제 목적으로 행하는 부문 이익승수들에 대한 분석도 중요하다. 시장의존적 사업특성상 한 부문의 이익승수라도 동일한 영업회계 자료를 가지고도 (1) 단기적인 목적의 기술적 관점에서(tactical) 그리고 (2) 장기적 전략의 측면이라는 각기 다른 두 가지 관점에서 산출될 수 있다.

단기의 기술적인 목적에 의한 이익승수(tactical profit multiplier)에서는 통제 가능한 부문 비용들만을 고려대상으로 할 뿐 단기적으로 보았을 때 고정되어 있는 통제불능의 부문공통비(common costs)들은 무시하고 있어서 고려대상에서 제외된다. 단기 목적의 이익승수들은 가격인하, 단속적인 특수기능의 도입 등 단기적 문제들에 적합한 정보들만을 제공한다. 반면에 전략적 이익승수(strategic profit multiplier)

는 예산편성, 이익계획 등과 같이 비교적 장기적인 관리통제 목적의 기법과 그러한 문제들에 적합한 회계정보를 제공하게 된다. 단기적인 의사결정에 이용되는 단기적인 이익승수들은 통제 가능한 부문별 비용들에 기초한 것이므로 주로 부문담당 지배인에게는 관심정보이지만 최고경영자들은 장기적이며 전략적인 정보에 더욱 관심을 갖고 있다.

부문별 이윤감도 분석을 위해서 호텔객실부문의 영업실적을 제시하고 단기적이거나 장기적인 의사결정 목적에 활용할 수 있도록 이익승수를 각각 두 가지로 산출해 보았다(표 참조). 고정원가와 변동원가에 대한 이익승수 산출을 위해서 총부문비용 중 ₩50,000,000이 고정원가이고 나머지 ₩25,000,000이 변동원가라고 하자.

객실부문 영업보고서(Operating Statement)		2009.6
매출		200,000,000
차감: 부문비용		
임금 및 봉급	60,000,000	
종업원급식비	2,000,000	
세 탁 비	6,000,000	
청소용역계약	1,500,000	
린넨	1,700,000	
고객소모품비	1,800,000	
기타부문비용	2,000,000	75,000,000
부문이익		125,000,000
차감: 고정원가		75,000,000
순 이 익		50,000,000

이익승수(Profit multiplier)

목적별 / 구분	기술적 이익승수	전략적 이익승수
가격수준	1.6	4.0
매출규모	1.4	3.5
고정원가	−0.4	−2.5
변동원가	−0.2	−0.5

매 출		₩160,000,000
차감: 고정원가	₩50,000,000	
변동원가	₩20,000,000	70,000,000
부문이익		₩90,000,000

제 10 장
매출채권의 관리

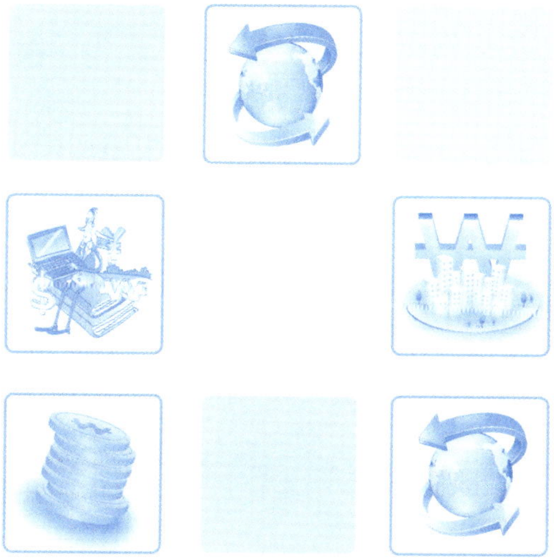

10 매출채권의 관리

매출채권은 크게 보아 현금예산중 현금유입의 가장 중요한 항목으로서 현금예산의 일부로서 다루어질 내용이기도 하다. 뿐만 아니라 매출채권은 운전자본을 어떻게 효율적으로 관리할 것인가의 문제와도 깊이 관련되고 있다. 운전자본 관리에 있어서 적정 자금규모와 최적현금보유액의 결정은 현금 순환기간의 파악에서 출발될 수 있다. 현금순환기간은 매출채권 등으로 자금이 동결된 기간을 기초로 해서 결정되기 때문이다. 그러나 여기서 매출채권의 관리를 현금관리나 운전자본 관리와 분리시켜 별도의 장으로 독립시켜 다루는 까닭은 호스피탈리티 산업경영에 있어서 신용판매와 매출채권의 관리가 그만큼 중요하기 때문이다.

제1절 매출채권의 의의와 관리목적

1. 매출채권의 의의

신용카드(credit card)의 사용이 보편화 되는 추세이고 호텔이나 식당에서도 매출을 증대할 목적으로 신용판매 정책을 확대시켜 나감으로써 매출채권도 점차 증대하고 있다. 이러한 매출채권의 증가 현상은 기업의 영업이익 증대에 기여하지만 한편 과도한 매출채권은 기업의 자금동결을 초래함으로써 지급능력을 약화시킬 뿐만 아니라 현금의 순환기간을 더 길게 만들 위험성도 크다. 현금 순환기간은 곧 투자된 자본을 회수하는 기간과 같으므로 순환기간의 장기화로 인한 자본 회수기간의 장기화는 원활한 사업활동을 통한 수익성 목표달성을 저해한다.

매출채권은 신용(외상)판매로부터 발생되는 외상매출금(account receivable)이나 받을어음(notes receivable)을 통칭하는 것으로 간단히 말하자면 모든 판매대금의 미회수분이 된다. 호텔의 외상 매출금은 현재 투숙중인 장기 투숙고객에 대한 외상매출금(guest ledger account)과 출숙하는 투숙객이나 지역사회의 고객들, 제기관이나 계약사들, 일반 단체나 여행사와 항공사 등과의 거래에 의한 외상매출금(city ledger account) 및 호텔자체 발행의 신용카드, 국내외 발행의 카드 등에 의한 신용판매를 다루는 신용카드분(credit card) 등 세 가지 계정으로 분류하여 볼 수 있다. 이들 중 거래빈도면에서 가장 자주 발생되고 거래규모면에서도 가장 중요한 외상매출금은 출숙객 등에 대한 외상매출금 계정(city ledger account)이다.

그러나 일반적으로 호텔이나 식당의 매출은 소매거래를 통한 소규모적인 것으로서 대부분 현금매출 또는 신용카드 결재에 의한 단기적인 신용판매에 의존하고 있다. 그러므로 다른 업종에 비해 비교적 장기 매출채권은 적게 발생될 수 있다고 보지만 대규모 연회나 기관이 중심이 되어 주최하는 국제컨벤션의 거액외상매출금 등 거래규모나 신용기간면에서 관리를 요하고 있다.

2. 매출채권 관리의 중요성과 신용관리의 목적

신용판매는 호텔이나 식당에 있어서 고객 편의나 매출수익 증대를 유도하기 위해서 불가피한 것이지만 신용 판매의 확대로 인한 외상매출금의 회수 지연사태나 대손의 발생 등으로 인하여 영업 손실의 발생이나 유동성의 악화를 초래할 위험성이 크다. 수익성 목적과 여기에 수반된 위험관리 목적을 달성하려면 호텔이나 식당의 여러 가지 환경에 적합한 신용정책의 수립이 절실이 요청된다. 기업은 일정한 자본을 투자하고 이를 회수하는데 관련된 제활동들을 수행하는 조직이라고 볼 수 있다. 이러한 활동들은 한결같이 투자이익을 기대하고 기업의 이윤추구 목적을 달성하기 위해서 유기적인 관련하에서 수행되고 있다. 현금흐름은 이러한 일련의 과정을 현금이라는 수단을 가지고 내다보려는 것인데 매출채권을 현금 흐름의 과정을 통하여 내다본다면 매출채권 관리가 경영과정에 있어서 어떻게 그리고 왜 중요한지에 대한 이해를 촉진할 수 있을 것이다. 기업의 움직임을 현금유입과 유출 등 흐름 속에서 파악하고 관리하려는 것이 현금관리인데 매출채권의 관리는 크게 보면 현금관리의 한 부분으로 이해할 수 있다. 현금흐름을 통하여 기업의 영업활동, 투자활동, 그리고 재무관리 활동 내역들이 파악될 수 있지만 다음의 <그림 10-1>은 현금흐름의 내용을 상세히 분류하기보다는 현금화의 과정과 용도 중심으로 호텔의 현금 순환과정을 보여주고 있다.

<그림 10-1>을 통해서 보면 호텔의 최초투자는 대부분 토지, 건물, 가구 및 설비에 투자되고 있음을 알 수 있고 나머지 투자액은 수익창출을 위한 영업비용으로 사용되었음을 보여주고 있다.

그 다음 영업활동 결과 발생되는 수익은 크게 외상매출과 현금수익으로 대별되고 있다. 수익이 두 가지 중 어떤 형태의 수익이던 결국은 현금화가 이루어지는 과정을 거쳐야만 제항목의 지급이행에 사용될 수 있다는 사실이다. 그 과정에서 외상매출의 현금화가 지연되거나 대손으로 회수불능이 된다면 기업 내외의 이해관계자에 대해서 경영성과의 혜택이 돌아가지 못하는 것은 물론이려니와 기업의 재무상태도 악화됨으로써 처음 상태나 그보다 나은 상태로의 새로운 순환과정을 이행해 가지 못하게 될 것이다.

현금을 보유하는 동기는 크게 거래적인 목적에 의한 것, 예비적 목적에 의한 것 및 투기 등 비교적 단기적인 투자활동 목적에 의한 것 등 세 가지로 분류해 볼 수 있다. 그 중 가장 중요한 목적은 일상적인 거래목적에 의한 동기(transaction motive)로서 정규적인 기업의 영업활동(operating activities)에서 발생되는 지급의 필요성으로 인한 현금수요이다.

재무상태를 양호하게 하고 기업을 성장시키는 근본적인 요인은 외상매출금을 신속하게 현금화하는 문제보다는 매출수익 증대방안이 효과적이다. 매출채권 관리의 제1의적 목적은 수요를 창출하기 보다는 발생된 거래에 의한 수익을 잃지 않고 가능한 최단기에 회수하여 앞에서 열거된 여러 가지 현금의 보유목적에 활용될 수 있는 상태로 만드는 데 있다. 이에 비해 신용관리는 보다 적극적인 개념을 내포한다. 협의의 외상대금 회수보다는 진일보하여 수요를 자극하여 수익증대를 강구하는 방안을 겸하여 매출채권의 대금관리를 도모하려는 것이다.

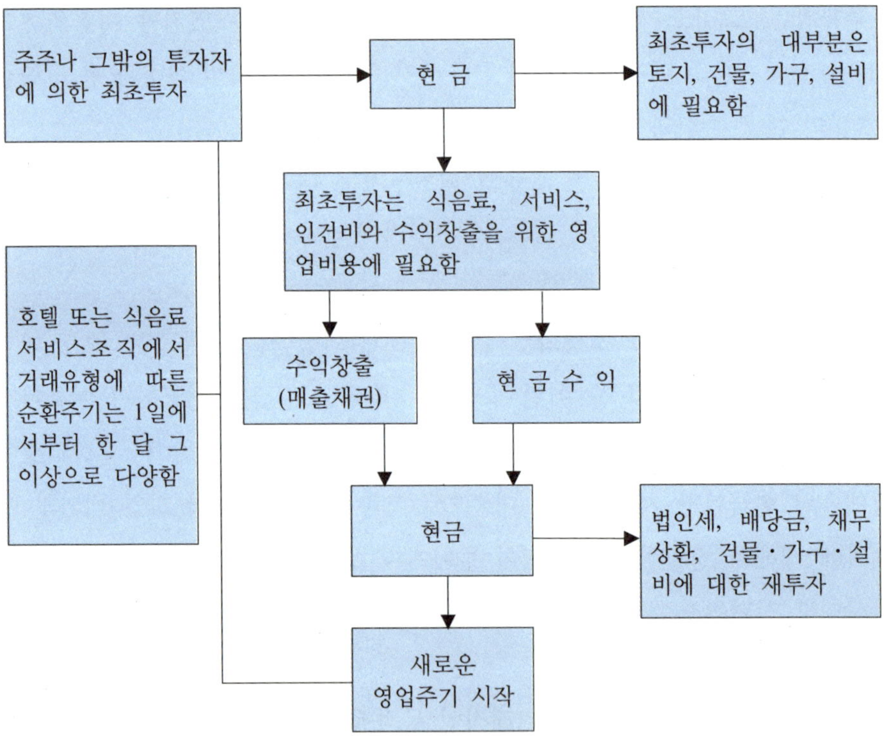

〈그림 10-1〉 현금흐름의 순환도

제2절 신용정책

호텔은 재화나 서비스를 판매하는데 상당부분 신용판매에 의존하고 있다. 커피숍 등에 출입하는 외래 이용객들은 대부분 현금 또는 준현금 거래를 하고 있지만 투숙고객이나 대규모의 식음료 매출은 외상매출에 의하는 경우가 많다. 그만큼 외상매출 채권의 관리는 호텔의 수익성과 단기적인 지급능력을 포함하여 실질적인 재무구조에 영향을 미치게 되므로 매우 중요하다. 호텔의 외상매출금의 대부분은 앞서 열거된 세 가지의 항목들 중 주로 신용카드(credit card)에 의한 매출채권 항목과 여행사에 대한 매출채권 항목으로 구성되어 있다. 특히 여행사들과의 거래에서의 외상매출금은 호텔이나 식당의 중요한 매출채권으로서 주된 관리대상이 되고 있다. 카드에 의한 판매대금의 결재에 있어서는 카드사가 발행하는 위험 인물이나 신용불량자 명단(black list)의 활용 이외에도 가능한 모든 자료와 수단을 활용한 고객의 신용상태 파악과 신용카드의 유효기간을 확인하는 것이 중요하다.

신용정책은 신용관리에 관련된 의사결정에 있어서 준수될 수 있도록 미리 정해진 신용의 한도, 신용기간, 매출할인 및 기타 이와 관련된 제방침들로서 이러한 의사결정이 적정하게 이루어졌느냐의 여부는 신용관리의 기반으로서 매우 중요한 요건이 된다.

1. 신용한도에 대한 정책의 수립

신용관리의 능률을 기하기 위해서는 거래처에 대해서 제공할 수 있는 신용의 최고한도를 미리 정하게 된다. 이와 같이 신용한도란 특정 거래자에 허용할 수 있는 총외상매출금 한도를 미리 정하여 일정 수준을 통제하는 것을 말한다. 신용한도는 내부의 정책으로서 결정되어 일관되게 모든 거래처에 대해 적용할 수도 있고 또 호텔과 여행사간의 계약사례에서처럼 거래 당사자 간의 사전계약에 의해서 결정되기도 한다. 신용한도는 신용관리를 얼만큼 철저히 하려는가에 따른 호텔의 위험부담 용의나 위험관리의 능력 등을 중심으로 한 신용정책에 의해서 결정될 문제지만 그것도 결국 거래 상대방의 대금변제 능력과 신용정도에 의해서 정해진 것이라고 볼 수 있다. 그러므로 거래처의 외상매출금 결제능력과 신용정도를 평가함으로써 대금회수에 따른 위험을 극소화하려는 목적에서 신용한도는 월평균 거래액, 여신해준 사람 또는 기업의 재무상태, 그들이 제시하는 담보조건과 담보능력, 호텔 총매출에 대한 당해 거래의 비중 등을 감안하여 결정된다. 신용한도는 거래처에 대한 신용분석의 결과를 반영한 것이라고 볼 수 있다. 거래처의 신용분석에 있어서 분석대상 요소들은 신용에 대한 경영자의 성향(character), 거래처의 변제능력 등 기업 전반에 걸친 현재적 및 잠재적인 경영능력(capacity), 재무상태로 본 자본(capital), 담보능력(collateral), 제환경여건(conditions) 등 신용의 5C(5 C's of credit)가 전형적으로 평가되고 있다.

여신자인 호텔이나 식당사업자들은 신용분석을 위해서 내부 거래자료에 의한 거래실적 평가는 물론 외부의 이용 가능한 정보들로 상대 기업의 재무제표, 신용에 관련된 각종 보고서나 평가내용들을 활용할 수 있어야 한다.

이러한 신용분석에 있어서도 비용-효익(cost-benefit)의 상대적인 비중을 비교하는 관리회계적 사고를 도입하는 것은 예외가 아니다. 그러므로 항상 최소비용과 최대효과의 관점에서 정보수집과 분석이 이루어지도록 관리해야 한다.

2. 신용기간의 결정과 변경에 대한 정책의 수립

신용기간이란 매출채권의 회수와 관련된 중요한 정책의 내용으로서 거래발생일로부터 기산하여 외상매출금의 상환을 유예받을 수 있도록 외상 구매자에게 허용된 최대의 기간을 말한다. 여신관리에 있어서 신용기간은 호스피탈리티 산업의 업계 관행이나 경쟁수준 및 당해기업의 재무상태와 함께 거래처의 신용과 변제능력 등 여러 가지 요소들에 비추어 결정된다. 흔히 여신기업의 자금사정이 양호하거나 매출이익이 클수록 신용기간은 비교적 길어질 수 있는 것으로 이해된다. 거래처의 측면에서도 신용상태가 양호하거나 부동산 담보, 보증보험 가입증서, 연대 보증인 등의 제공 등 담보제공 가능성과 제공한 담보의 담보력이 클 때 그 범위 내에서 신용기간의 연장은 가능해질 수 있다. 그러나 이러한 조건들 여하에도 불구하고 업체들 간의 판매경쟁이 치열한 경우에는 수익증대를 위한 판매유인 전략의 일환으로서 신용기간의 연장을 고객유치를 위한 정책으로 삼을 수도 있다. 호스피탈리티 산업의 오랜 관행으로 볼 때 객실 수요가 급증하는 성업기에 대하여 결정되는 짧은 신용기간에 비해 한업기(off-season)에는 신용기간을 연장하는 정책을 수립하는 것은 이러한 경쟁수준을 반영하는 것이다. 한업기의 매출증진책으로서 신용기간을 연장하는 경우에 매출증가에 수반된 매출채권의 회수지연이나 대손발생의 위험은 그만큼 커질 수 있으므로 이에 대한 관리 대책도 함께 고려되지 않으면 안 된다.

이러한 신용기간은 곧 매출채권 회수기간 결성에 기초가 되는데 흔히 판매할인 조건과 함께 제시되기도 한다. 예컨대 2/10 正 30(2/10 net 30)이라는 할인조건이 제시된 경우에는 10일 이내에 대금을 결재해주면 2%의 대금을 할인해 받지만 늦어도 여기서 제시된 30일 이내에는 대금을 지급해 줘야한다는 조건이다. 그러므로 최대의 신용기간은 동시에 최종지급기간이며 이 경우 30일이 된다.

일반적으로 신용기간의 연장은 대손만 발생되지 않는다면 매출액과 이익의 증대를 기대하게 해준다. 그러나 회수기간의 연장을 위해서는 매출채권 증가에 따른 회수비용의 증가, 추가적인 투자자본에 의한 기회비용의 증가, 증대된 매출에 대한 대손증가등으로 인한 추가적인 비용이 따르게 된다. 그러므로 신용기간을 조정하려고 할 때에는 기간을 변경함으로써 초래될 비용과 효과를 비교하여 순기대효익을 분석·평가해야만 한다. 효익이란 신용기간 연장으로 기대되는 영업이익의 증가분으로서 파악되며 비용은 추가적인 자본투자에 따라 증대된 기회비용, 추가적인 회수비용 증대분 및 대손증가 등을 통하여 얻게 된다. 비교분석의 과정을 보면 이렇게 산출된 매출증가액에 공헌이익률을 승하여 얻은 영업이익증가액과 비용간의 차액으로 순효익을 구하게 된다. 이러한 계산과정을 산식을 통하여 표시하면 다음과 같다.

1) 신용기간 연장의 효익 =영업이익증가액

= 매출증가액(1-변동비율)

= 매출증가액 × 공헌이익률

여기서 (1-변동비율)은 곧 공헌이익률이 된다.

2) 추가비용 = (추가투자 x 이자율) + 대손증가액 + 회수비용증가액

여기서 추가투자분의 계산식은 다음과 같다.

추가투자 = [(신용기간연장후의 평균회수기간-기간연장전의 평균회수기간)

$\times \frac{\text{기간연장의 연간매출}}{365}$] + (신용기간연장후의 평균회수기간)

$\times$변동비율$\times(\frac{\text{매출증가액}}{365})$

3) 신용기간 연장에 의한 순효익 = 영업이익 증가분 - 추가비용

= 영업이익의 증가분- [(추가투자 × 이자율) + 대손증가 + 회수비용증가분]

3. 계절적인 신용기간 결정정책

이 정책은 계절적으로 매출변동의 폭이 극심한 사업체에서 이용할 수 있는 신용기간 결정의 한 방안이다. 계절적인 신용기간 결정(seasonal dating)이란 신용기간이나 대금결제 시기를 일반적인 신용기간 결정방법에 의존하여 결정하지 않고 특정의 시기나 계절에 맞추어 대금지급을 연기해주는 정책으로서 주로 매출이 부진한 한업기에 판매증대를 유도하기 위한 방안으로서 이용된다. 호스피탈리티 산업 전반에 걸친 계절영업의 특성으로 인한 매출변동 문제를 더욱더 심각하게 안고 있

는 계절형의 휴양지 호텔사업에서는 성업기에 비교해서 큰 폭으로 하락하는 한업기의 매출 신장책을 다양하게 강구하게 된다. 그 중 계절적인 신용기간 결정방법은 비수기에 먼저 고객에게 객실등 상품과 서비스를 제공하고 매출대금의 회수는 성업기나 기타 적정한 점으로 회수기간을 연장함으로써 매출증가를 도모해 볼 수 있다. 또한 일정시기까지는 대금결제가 어려운 개인이나 사업체 등 거래처의 형편이나 편의에 맞추어 일정시기까지 대금지급을 연기하여 줌으로써 수요를 자극하고 매출을 증대시킬 수도 있다. 이렇게 함으로써 한업기의 매출부진으로 인한 고정비 부담 문제해결과 건물 및 제시설과 설비 등에 대한 유형자산의 영선유지비 및 기타의 재고자산 관리비 충당목적에도 기여할 수가 있다.

4. 현금할인정책의 수립

현금할인은 매출채권의 회수기간을 단축하고 자금의 흐름을 원활하게 하기 위한 유인책으로서 이용되는데 미리 결정된 조건을 거래처에 제시하게 된다. 현금할인(cash discount)은 곧 매출에 따른 매출할인(sales discount)인 것이다. 이러한 현금할인의 조건은 2/10 正 60식으로 거래처에 제시된다. 여기서 제시된 조건에 따르면 거래처가 재화나 용역의 구매 후 10일 이내에 대금을 지급해준다면 대금의 2%를 할인해 주고 이 기간 내에 대금을 지급하지 않아서 할인혜택을 수혜하지 못하더라도 늦어도 60일 이내에 할인 없이 총 외상대금을 모두 지급해 줘야 한다는 내용이다. 여기서 2%의 할인을 제공하는 근거는 대금과 똑같은 금액의 자본을 60일이라는 기간 동안 사용하는 데 대한 이자율을 고려하여 대금에서 그만큼을 할인하여 현재가치로 환산하는 데 있다. 50일(60일-10일) 동안의 외상매출금 사용에 따른 비용은 대금의 2%가 된다. 여기서 할인율인 2%와 할인혜택의 수혜기간은 시중 이자율 등을 감안해서 결정되어야 한다. 그 실질적인 혜택이 미소한 경우에는 현금할인 조건은 신속한 대금결제의 유인으로서 기능을 발휘하지 못한다. 현금할인이 효과적인 매출채권의 조기회수를 위한 유인으로 작용할 수 있으려면 할인율이 시중 이자율보다 높아야 한다. 현금할인율의 결정에 있어서, 이러한 할인혜택이 투자액에 대한 기회비용과 회수비용을 절감시킬수 있는 반면에 매출이익도 감소시킬 수 있으므로 비용절감효과와 매출이익 감소효과가 유사하거나 동일한 균형수준에서 할인율을 결정하지 안된다는 점에 유의해야 한다. 그렇지 않으면 과대한 할인율 적용의 경우 매출채권의 회수기간은 단축될 수 있으되 과도한 순이익의 감소로 말미암아 기업에 효익이 없는 할인조건으로서 비용만 발생시킬 뿐이다.

반대로 외상매입을 한 거래처로서는 현금할인 조건을 수용하지 않아도 총 60일이라는 기간 중 할인수혜가능기간인 10일 외에도 나머지 50일을 가산한 총 60일이라는 신용기간을 활용할 수도 있지만 우선 할인조건의 수용과 신용기간 만료일에 대금을 지급하는 것 중 어느 선택이 유리한지를 평가해야 한다. 이때에는 위에서 제시된 외상판매조건을 가지고 구하는 연간 실효이자율(effective annual percentage cost)을 이용하여 평가하는데 사실 신용의 수혜자뿐만 아니라 신용부여자가 할인율의 적정성 여부를 판단하는데 이용하고 있다.

$$\text{연간실효이자율} = \frac{\text{현금할인율}}{100-\text{현금할인율}} \times \frac{365\text{일}}{\text{신용기간}-\text{할인기간}}$$

$$= \frac{2}{10-2} \times \frac{365}{60-10} = \frac{2}{98} \times \frac{365}{50}$$

$$= 0.1489 = 14.89\%$$

여기서 현금할인조건으로 제시된 2%를 적용하여 산출된 연간실효이자율은 14.89%이다. 특별한 여건이 전제되지 않는 한 이율이 높은 시중은행의 특정 금융상품 이자율과는 유사하거나 다소 높은 수준이지만 매출채권의 조기회수를 위한 유인으로서 거래처가 10일 이내에 대금을 결재해주는 조건으로 수용하기에는 유인이 약하다고 보아진다.

제3절 매출채권의 회수정책과 팩토링

매출채권의 회수정책은 신용기간 내에 회수되지 않은 매출채권을 관리하기 위해서 수립된다. 그러나 외상매출금의 회수가 어렵고 장기화됨으로써 기업의 자금사정이 악화할 경우에는 매출채권을 그 이하의 가격으로 매각하는 팩토링(factoring)을 통하여 자금을 조기에 회수하는 효과를 얻을 수 있으면서 대손위험을 사외로 이전시킬 수도 있다.

1. 매출채권의 회수정책

매출채권은 신용정책에 따라 한도액과 신용기간이 주어지고 그 기간 내에 결재되는 것이 원칙이지만 기업이나 개인의 태도나 사정에 의해서 지급기일 내에 결재되지 못하는 경우가 발생된다. 지급기일이 초과된 매출채권의 회수를 위해서는 많은 노력과 비용을 수반하게 된다. 이와같이 신용기간 내에 회수되지 못한 매출채권이 불량채권이 되지 않도록 이를 회수하고 관리하기 위해서는 우선 매출채권의 회수정책을 수립할 필요가 있다. 호텔과 식당 경영자는 지속적으로 그들이 수립해 놓은 신용 및 회수정책의 내용이 효과적인 것인지를 평가하는 한편 대금지급기간을 넘긴 거래처에 대해 독촉과 조치를 취해야 한다. 독촉장의 발송이나 전화에 의한 독촉과 함께 채권회수 담당자가 거래처를 방문하는등 회수책을 도모하면서 채권회수 대리인의 고용하는 등 적극적인 노력을 기울이기도 하고 필요한 경우 법적조치를 강구할 수도 있다. 회수정책 수립의 목적은 대금의 전액회수와 회수기간의 단축에 있다. 이미 회수기간에서 설명되었듯이 회수기간의 연장이나 장기화는 그것이 의도된 것이던 불가피한 것이든 간에 추가적인 비용을 수반하면서 자금동결로 인한 기업의 지급능력을 약화시키고 장부상의 경영성과와는 달리 실질적인 재무상태의 악화를 초래한다. 기업에서 팩토링(factoring)이 이용되는 까닭은 그와 같은 자금문제의 해결이나 대손위험의 사외 이전에 대한 필요성 때문이다.

회수정책은 신용정책을 평가함으로써 수립되게 된다. 그러기 위해서는 먼저 신용을 부여하는 당해기업이 거래처에 대해서 제공할 수 있는 적정한 신용의 정도는 어느 수준인지를 평가하고 매출채권을 회수할 수 있는 회수능력은 어느 정도인지를 평가하지 않으면 안 된다.

1) 평균회수기간과 회수능력의 평가

외상매출채권을 회수할 수 있는 기업의 능력이 어느 정도인가를 평가하기 위한 지표로서 널리 이용되는 것이 평균회수기간(average collection period)의 산출방법이다. 일반적으로 회수기간을 짧게 하면 그만큼 회수능력은 유리해진다고 보고 있다. 회사의 신용정책이 잘 수립됨으로써 거래처에 대해 신용한도가 적정한 수준으로 부여되고 있고 회수능력에 알맞는 신용기간이 결정되었다면 매출채권의 회전율, 매출채권의 관리에 소요되는 비용과 그 효익도 적정한 수준을 유지할 것이고 대손율도 예측된 수준에 비해 큰 차이를 발생시키지 않을 것이다. 그러므로 대손율(bad debt ratio)을 구해서 외상매출금의 회수불능 정도를 알아보고 매출채권의 회전율(trade receivable turnover rate)을 기초로 산출된 평균매출채권의 회수기간과 함께 이용함으로써 신용정도와 회수능력면에서 신용정책이 적정한 것인가를 평가해야 한다. 다시 말해서 외상매출금의 평균회수기간이 점점 더 길어지고 있다면 신용정책들이 적정하게 수립되어 있는지 그리고 외상매출금의 회수절차들은 효율적으로 수행되고 있는지를 전면적으로 평가할 필요가 있다.

(1) 대손율 = 대손액 ÷ 매출액

또는 대손율 = 대손액 ÷ 외상매출금

(2) 평균회수기간 = 365일 ÷ 매출채권 회전율

또는 평균회수기간 = 총매출에 대한 매출채권의 점유율 × 365일

= 매출채권 ÷ 총매출 × 365일

여기서 매출채권회전율 = 연 매출총액 ÷ 평균 매출채권

평균매출채권은 각 매출채권의 거래금액들을 합계한 후 평균(산술)으로 산출된다.

2) 매출채권의 연령분석과 대손충당금의 추정

외상매출금의 회수에 대한 단기적인 분석과 함께 장기적인 추세를 파악하는데는 주요 외상매출금을 발생 시기별로 분류하여 분석하는 것도 효과적이다. 이것은 주로 월 1회를 주기로 해서 분석표를 작성하되 외상매출금의 발생시점으로부터 기산한 경과일수에 따라서 거래들을 몇 개의 군으로 분류하고 각 기간에 해당되는 매출채권의 금액을 합계하여 총매출채권에 대한 상대적인 비율을 백분율로 표시해준다. 따라서 매출채권의 대손가능성을 매출채권 경과일수별로 구분된 각 그룹(群)별로 서로 다르게 파악한다. 이 때 경과 일수별 매출채권의 군(群)은 예를 들자면 0~30일 群, 31~60일 群, 61~90일 群, 91일 이상 群 등으로 분류되는데, 회사의 신용정책상 신용기간을 길게 주는 경우에는 이 그룹의 수가 증가될 수도 있다. 이 표를 통하여 채권의 보유기간이 단기화되고 있는지 혹은 장기화되고 있는지에 대한 전반적인 추세와 외상매출채권 관리의 총체적인 능률을 비율과 금액으로서 파악할 수 있다. 또한 외상채권의 연령에 기초한 서로 다른 대손가능성을 근거로 해서 각 외상매출금에 대해 추정되는 대손추정률이 다르게 되므로 이를 적용하여 구하는 대손충당금의 추정액도 다르게 된다. 이런 점에서 이 분류표를 매출채권의 연령분석표 또는 경과일수 분석표(aging of accounts schedule)라고 하는데 다음 <표 10-1>과 같다.

이 표를 통한 분석결과 모든 방안에도 불구하고 회수불능의 악성채권으로 판단되는 경우에는 그 거래를 외상매출금 계정에서 제외시키게 된다. 이러한 결정을 내리는 최고의 책임자는 호텔의 규모에 따라서 항상 같지가 않다. 대규모의 사업에 있어서는 조직분화가 이루어지고 전문 스태프(staff specialist)가 있으므로 당연히 신용관리나 통제업무를 전담하는 전담자로서 신용관리지배인이나 컨트롤러(controller)가 이를 결정한다. 그러나 소규모의 사업에 있어서는 관리비와 관리효익

간의 비용-효익의 비교.분석 이론에 의해 조직분화가 둔화되므로 전문적인 담당자가 없이 지배인이나 소유주에 의해서 이러한 결정이 최종적으로 이루어지게 된다.

〈표 10-1〉 매출채권경과일수 분석표

구 분	채권금액	대손예상률
0~30일	XXX	1%
31~60일	XXX	2%
61~90일	XXX	3%
91일 이상	XXX	5%
	XXX	

3) 회수비용

매출채권을 회수하는 데는 회수비용(collection expenses)이 따른다. 같은 여건에서 회수비용을 증가하면 회상매출금의 회수기간을 단축하고 대손율을 저하시키는 효과를 가져올 수 있다. 그렇다고 대손감소와 회수비용의 증가가 반비례적인 관계에 있지는 않다. 초기의 어느 시점까지는 회수비용의 지출이 상당한 대손액의 감소시키는 한계효과를 가져오지만 포화점(saturation point)이라고 하는 일정수준에 이르면 대손은 더이상 감소하지 않는다. 회수비용의 증가가 불필요한 지출이 되는 시점이 바로 포화점이므로 회수비용의 한계점과 같이 이해되고 있다. 이러한 행태는 대손뿐 아니라 회수기간 단축을 위한 비용예산의 증가에서도 유사하므로 같은 이론이 적용될 수 있다.

매출채권의 회수정책 수립과 결정된 정책의 수정을 위해서는 회수비용과 대손과의 관계 및 회수비용과 회수기간의 관계파악이 선행되어야 한다. 매출채권의 회수정책은 물론 비용-효익 분석 결과에 따라서 선택되고 결정된다. 매출채권 관리에 있어서 비용을 증가하는 목적은 기대되는 효익을 위한 것이다. 여기서 효익이란 곧 대손감소에 의한 이익의 증대와 회수기간 단축으로 인하여 조기회수된 자금을 통하여 이루어지게 될 투자자본에 대해 기대되는 기회원가인 것이다.

2. 팩토링

팩토링(factoring)이란 외상매출금의 조기회수로 현금흐름을 원활히 하고 일정한 대손위험 부담을 포기하기 위한 목적에서 행해지는 매출채권의 매각 혹은 채권의 이전을 의미한다. 매출채권의 회수를 전문으로 하는 기관인 팩터(factor)에 일정한 가격으로 매출채권을 판매하는 것이다. 일단 팩터링이 이루어지고 팩터가 매출채권을 인수해 가면 매입 채무자인 호텔의 거래처는 팩터에게 외상대금을 지급하게 된다. 매출채권을 판매하는 팩터링(factoring)에서 매각가격은 장부가액에 의한 매출채권액보다 낮은 가액으로 인도되어야 하기 때문에 대금회수가 조기에 이루어질 수 있는 반면에 금액이 감소되는 것은 말할 필요도 없다. 이 때 매출채권 매각액이 적어지는 원인은 매출채권의 장부가액에서 회수기간의 이자, 대손 추정액, 적정한 팩터의 이익 등을 고려하고 이 금액을 차감하여 결정되기 때문이다. 이것은 매출채권을 매각하는 기업이 절약할 수 있는 외상매출금의 관리 및 회수비용과 외상 매출금의 조기회수로 가능한 투자에 수반될 기회이익 등 효익을 근거로 한 것이다. 그 결과 매각금액은 흔히 매출채권의 장부가액보다 1~3% 정도 낮은 수준에서 팩터링이 이루어진다. 그러므로 팩터링의 이용 여부에 대한 기업의 의사결정은 팩터링 비용과 여기서 얻을 수 있는 기대효익을 비교하여 이루어져야 한다.

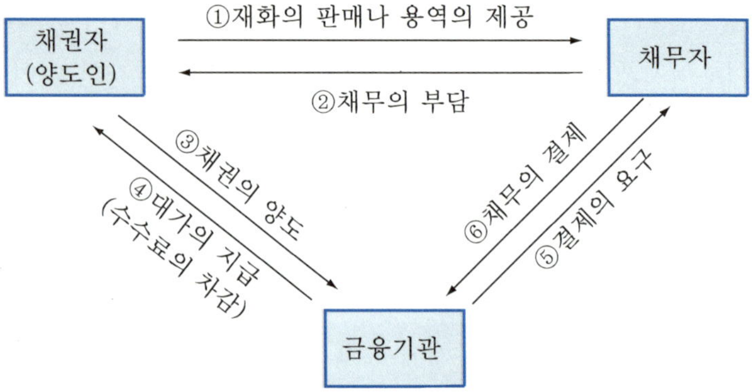

〈그림 10-2〉 매출채권의 양도

제 11 장
책임회계

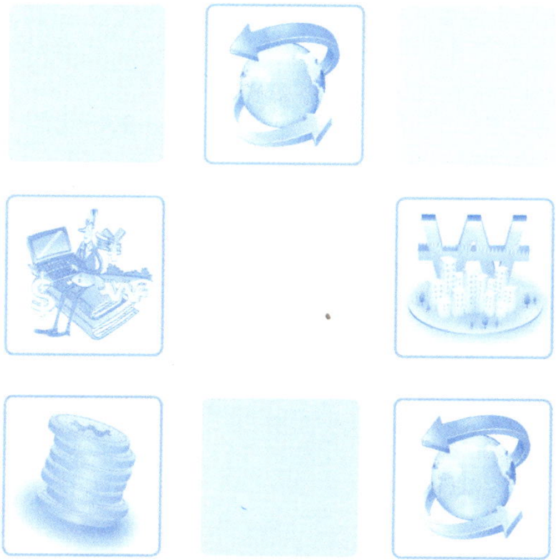

11 책임회계

제1절 책임회계의 개념과 구조

1. 책임회계의 의의와 역할

이윤추구를 목적으로 기업조직 내 여러 조직들과 성원들이 공동의 목표를 향하여 영영활동을 수행하는 호텔·식당사업에 있어서 종업원들의 노력에 대한 보상을 위해서나 더 좋은 성과를 지향한 종업원 개개인 혹은 각 부문의 동기화를 위해서는 여러 가지 평가가 요구된다.

그러므로 이들 호스피탈리티 산업에서도 다양한 요소나 정보를 기초로 해서 부문별 혹은 수익요소별로 성과를 평가하고 그 결과를 반영하는 인적자원관리 차원의 활동이 절대적으로 필요하고 또 중요하다.

이런 목적에 기여하는 회계가 책임회계(responsibility accounting)이다. 인적자원방식에 의존된 회계활동 혹은 회계의 인적자원관리화라고도 볼 수가 있다.

기업 내의 책임단위들은 다양할 수 있지만 영업활동이나 투자활동과 관련된 활동들에 집중할 때 일반적으로 수익, 원가 및 투자 등을 책임단위로 분류해 볼 수가 있다. 기업은 이런 책임 단위별 활동들을 분석하고 평가함으로써 기업 전체의 성과증진을 도모하려고 한다. 그러자면 기업조직을 구성하고 있는 다양한 부문과 조직단위의 종업원들의 성과를 그 책임 단위별 또는 책임 중심점별로 평가함으로써 책임소재를 분명하게 규명하고 사후책임을 수용하도록 관리하지 않으면 안 된다. 이런 점에서 책임회계를 분권적 관리회계라고도 하기만 궁극적으로 수익성을 관리하려는 목적을 갖고 수행된다는 점에서는 또 수익성 회계(profitability accounting)라고도 한다.

요컨대 책임회계는 인적자원관리의 효율에 착안된 관리회계로 분석·평가의 과정에서는 당연히 계획과 성과를 대조함으로써 성과증진을 도모하려는 것으로 그 결과에 따른 책임을 인적자원에 관련시켜 귀임시키는 책임소재의 규명과정을 향한 관리의 과정이라고 해도 무방할 것이다. 이런 목적을 달성하기 위한 실무추진과정에서는 조직을 책임단위(responsibility center) 중심으로 분권화 단위로 나누고 이것을 기본 단위로 해서 모든 활동을 평가하게 된다.

2. 호텔조직에 적합한 책임회계

1) 호텔의 영업부문 조직

호텔조직은 영업부문별 조직으로 이루어져 있다. 또한 기업 내에는 수많은 이익중심점들이 있고 이런 기능들을 중심으로 노무조직(workforce)이 가동되고 있다.

책임회계제도 도입을 위해서 조직을 부문별 혹은 이익중심점으로 굳이 분류하지 않아도 애초부터 그런 조직구조로 시작되어 운영되어 오는 것이 호텔이기 때문에 책임회계 도입에 필요한 상당한 여건을 갖추고 있다고 볼 수가 있다.

2) 호텔영업활동의 노동집약성

호텔은 전통적으로 고급의 인적서비스를 전제하여 운영되고 있다. 물론 경영환경이나 수요환경 변화로 인한 새로운 형태의 호텔들도 많이 등장하고 있고, 또 마케팅 목적에서도 그런 활동경향은 강해지고 있긴해도 여전히 전통적인 측면들을 그대로 가지고 있다. 그러므로 호텔은 인적 배경이 다른 거대한 인력 수요를 가진 사업체이다. 교육수준, 전문영역의 차이, 고객대면조직 혹은 후방부서 직무에 종사하는 직원, 최일선 서비스 종업원에서 그룹 차원의 고급 경영인력, 혹은 내국인은 물론 글로벌화 되기 훨씬 오래 전부터 많은 특수한 전문성을 요구하는 호텔·식당 사업의 특성상 많은 외국인 노동력을 사용하고 있는 곳이기도 하다.

그러므로 다양한 문화적 전문적 및 경영계층별 배경을 지닌 종업원들을 능률적으로 관리함으로써 기업이 목표로 하는 성과를 달성하기란 매우 어려운 일이 되었다. 이런 여건에서 관리회계의 본래 목적을 달성하면서 호텔의 인적자원관리의 효율화 목적을 달성할 수 있는 형태의 회계에 대한 필요성은 오래 전부터 기대하는 것이었다고 할 수 있다.

더구나 서비스의 생산과 제공에서는 고객과 종업원이 일종의 사회적 관계를 통하여 업무를 수행하게 되기 때문에 종업원들의 성과는 재무적 성과라는 단순한 요구 이상으로 고객만족을 지향한 목표가 되지 않을 수 없는 호텔·식당사업에서 그들을 교육·훈련시키는 데 대한 동기화는 원래부터 중시되는 측면이기도 했다.

이런 여건에서 책임회계는 그에 대한 하나의 해결 대안으로 부상될 수 있었던 만큼 인적자원관리 책임과 수익성 관리의 책임 두 측면을 묶는 종합대책에 대한 기대는 크다.

3. 호텔부문영업과 책임회계에서의 성과 보고서

책임회계에서 모든 책임회계 단위별 성과의 평가는 곧 위양된 권한을 적절히 행사함으로써 수행한 업무에 대한 성과를 평가해 보려는 것인데, 이 때 활용하는 것이 책임성과 보고서이다. 기업조직에서는 승진을 정의할 때 좀 더 어렵고 높은 책임을 지는 것이라고 정의할 정도로 경영계층별로 보았을 때 직급이 상승될수록 수용해야 하는 책임의 범위와 비중은 커진다. 호텔의 조직도표를 보아도 이것은 명확해진다. 그러므로 책임회계 보고서의 내용도 조직계층과 계층별로 수행하는 직무내용에 따라서 달라지게 된다.

책임단위별 업적평가를 위해서는 책임회계 보고서가 작성되어야 한다. 이것은 다시 활용할 목적으로 작성되기 때문에 피드백 보고서(feedback report)라고도 하지만 그 내용은 책임단위 조직의 성과를 나타내 주는 업적보고서(performance report)인데 계획에 대해 실현된 성과인 실적을 비교할 수 있도록 작성되는 것이 일반적이다. 책임회계뿐만 아니라 모든 업적평가에서 이용되는 업적은 직무수행자가 통제할 수 있는 통제가능 요소들에 대한 결과만을 포함해야 한다. 기타의 요소들은 그들의 역량이나 노력에 의한 영향으로 결정되는 문제가 아니기 때문에 제외되는 것이 합리적이기 때문이다. 그러나 모든 계획과 사업활동이 적합성 안에 있을 때라야 비교의 가치가 제고되고 또 그에 따른 조치에 의한 효과도 기대될 수 있기 때문에 적시성을 갖는 회계정보가 될 수 있도록 이점에 유의해야 한다.

또한 보고서는 보고서의 질적 요건을 갖추고 있어서 간략하면서도 책임단위의 모든 성과들이 요약 표시될 수 있도록 작성하고 보고함으로써 최고경영자 혹은 여타의 내부 정보이용자들이 쉽게 이해하고 활용할 수 있도록 해야 한다.

그 결과 이를 기초로 호텔·외식사업에서는 인적 및 재무적 제자원의 능률적인 배분이나 정확한 원가 및 성과계획에 유용한 정보가 되고 특히 전사적 재무적 성과목표에 대해서 책임회계 단위나 책임자가 어느 정도 공헌하는가를 계수적으로 파악할 수 있게 될 것이고 이보다 더 중요한 것은 이런 비교 가능성을 통하여 책임단위별 인적자원에 대한 동기부여를 통한 인사관리 활동도 가능해질 것이다.

제2절 책임회계를 위한 여러 가지 결정

1. 내부 목적의 회계로 수행될 책임회계

책임회계는 기업의 성과역량 제고를 목표로 이행되는 회계기능으로 기업 외부의 이해관계자들에 대한 공시목적으로 이루어지는 것이 아니다.

그러므로 책임회계에서 계산하는 손익이나 기타 투자성과 등에 대한 평가 및 산정의 목적이 다르기 때문에 외부 정보이용자들을 위한 계산의 경우와는 산출과정 자체가 다소 다르다. 책임회계에서 관심을 갖는 것은 부문이나 기타 책임단위의 공헌수준에 있기 때문에 공헌접근법에 의한 손익산정이 오히려 적정할 수 있다.

2. 분권화를 근간으로 한 책임회계 단위결정

책임회계는 공통목표를 지향한 개인집단이 경영조직이므로 이들의 책임을 단위로 목표를 관리해야한다는 사상에 기저하고 있다.

호텔의 최고경영자인 사장이나 영업부문의 총책임자인 총지배인들은 경영과 영업에 관한 한 모든 의사결정을 내리고 집행하며 관리하는 책임을 지고 있지만 실제로 호텔은 식음료, 객실, 사우나, 헬스클럽, 나이트 클럽, 급식, 연회, 컨벤션, 때로는 카지노나 다양한 스포츠 시설에 이르기까지 각기 전문성 영역을 달리하는 수많은 사업영역들을 가지고 업무를 수행하면서 투자성과 또는 사업수익을 기대하는 기업이다. 그러므로 한 사람의 유능한 최고경영자나 총지배인은 현실적으로 그처럼 다양한 전문성을 완벽히 갖출 수도 없거니와 두루 관리통제할 수도 없다.

이런 배경에서 호텔은 진작부터 부문화된 영역별 책임자를 두고 직급을 달리하는 많은 지배인을 둔 지배인 조직(manager organization)을 갖는 특수한 경영조직 및 시스템을 가지고 있는 기업이기도 하다.

그러므로 1인 중심체제나 다국적 기업의 경우 어떤 권한들은 여전히 중앙에 있긴 해도 대부분의 사안들에 대해서는 경영본부에 의한 중앙집권식 관리방식보다는 다양한 영업부문의 책임자들이나 지역별 관리책임자들에게 권한과 책임을 상당부분 위양함으로써 분권화(decentralization)에 의한 조직관리를 해오고 있다. 개별 사업체 내에서도 상당부분 직무를 담당하는 각급 종사원들에게 직무수행에 상응하는 권한 · 책임을 주고 있기 때문에 이를 전제로 해서 책임회계의 적용과 수행이 가능해진 것이다.

품질 높은 서비스의 생명은 신속성에서 추구될 수 있다. 사업체별, 부문별, 업장별, 섹션별로 고객에 대한 신속한 서비스의 생산 · 공급은 이런 분권화의 지원 없이는 그 자체로 불가능해진다.

호텔에서 적용되고 있는 임파워먼트(empowerment)는 이런 조직단위를 기초로 한 책임회계의 분권화 조직 마련과 책임회계 수행능률 제고에도 기여하고 있다.

요컨대 책임회계 단위를 결정하거나 분석하려면 호텔직무가 주로 호텔의 경영조직을 중심으로 해서 분화되고 있기 때문에 호텔의 조직도표를 이용하는 것이 편리하다.

3. 책임중심점의 분류와 성과 평가

1) 책임중심점 분류의 의의

책임회계에서 책임을 수용하는 단위를 책임중심점이라고 한다. 책임중심점은 사용될 일정 단위의 권한 책임 위양에 대한 개념인데 조직단위에서 통제 가능한 사업활동 내용에 따른 결과에 대해서 책임을 져야 하는데 예산 대 실적의 비교를 통하여 부정적인 차이가 발생되는 경우 이에 대해 책임소재가 규명되는 것은 물론 원인분석을 통하여 업무활동의 수정조치가 수반되겠지만 사업조직 내의 책임회계 단위별 역량 비교에도 활용되게 된다.

이런 책임중심점은 유형별로 ① 원가중심점(cost center), ② 이익중심점(profit center) 및 ③ 투자중심점(investment center) 등으로 구분해 볼 수 있지만 가장 널리 활용되는 책임 중심점은 이익중심점이 되고 있다.

2) 책임중심점의 종류

(1) 원가중심점(cost center)

관리통제의 책임을 지고 있는 특정원가에 대한 책임단위를 말한다. 이것은 원가절감이나 원가의 최소화를 목표로 해서 수행되는 사업활동이므로 원가의 효율성을 원가효율(efficiency)에 대한 측정 또는 평가의 기준으로 삼고 있다.

이 원가중심점라고 하는 책임단위의 관리자 또는 통제자는 원가효율을 목적으로 해서 제품이나 서비스를 생산하는 데 따른 투입요소, 즉 원가를 통제할 수 있다.

호텔에서는 제조기능이 주로 식음료 부서에 집중되고 있으므로 주로 표준원가시스템에 의존하고 있는 식음료 부서에서 주로 원기관리업무가 수행되고 있다는 점에서는 이 사업부문이 원가중심점(cost center)으로 분류될 가능성을 크게 가지고 있다.

그러나 식음료 부서는 동시에 호텔의 최대 수익발생부문 두 개 중 하나이므로 호텔이 이를 어떤 책임단위로 귀속시킬지는 경영자의 관점과 결정에 의존될 문제이다. 그러나 원가중심점으로도 또 수익중심점으로도 분류될 소지도 있다.

현실적으로 원가중심점에 따른 단위 조직의 업적평가를 하는 경우에는 해당 단위에서 통제할 수 있는 원가에 한해서만 책임소재를 규명할 뿐 원가의 투입 결과 발생될 수익 규모나 투자재원의 활용 등에 대한 효율성 자체를 원가중심점의 책임요소로 분리하거나 거기에 대한 책임을 묻지는 않는다.

그러므로 원가중심점은 경영자의 의사결정 여하에 따라 영향을 받게될 재량원가(discretionarey cost)에 대한 것이다. 그러나 이것은 또한 별도의 원가중심점으로 분류되기도 하는데 이렇게 분류된 재량원가중심점(discretionary cost center)를 두고 관리되는 원가로는 수익창출부문에 대한 것이 아니라 주로 부문이익을 발생시키지 않는 인사, 구매, 광고, 영선유지 등 지원부서에 대한 원가를 관리할 목적에서 설치된다. 이들 부서에서의 산출물에 대한 원가는 영업활동을 통해서 평가될 수 없는 때문에 화폐가치로 측정 불가능한 생산단위를 기초로 해서 결정되고 있는 때문에 이런 원가관리에 대한 효율 또는 성과는 다른 차원(예산통제)에서 다루어지고 있다.

(2) 이익중심점(profit center)

호텔에는 많은 이익중심점들이 있어서 이를 단위로 한 원가·수익에 대한 의사결정이 이루어지고 그 결과에 따라서 업무가 수행된다. 원가중심점은 호텔의 고급화나 규모에 따라 그 수를 달리할 수가 있다.

다양한 서비스를 제공하는(full-service) 대규모 고급 호텔에서는 소규모로 한정적 서비스만을 제공하는 호텔에서 보다 업무가 복잡하고 수익창출 단위도 다양해지기 때문에 더욱 많은 이익중심점(profit center)들을 가지고 사업활동을 수행해 나가게 된다. 이런 책임단위에서는 수익극대화를 위한 영업활동 수행을 위해서 수익이나 이를 창출하는데 소비된 가치에 관련된 원가에 대한 통제권한이 부여되고 있다. 원가중심점에서는 원가에 대한 책임만 부여되었던 것과는 대조되는 측면이다.

원가법에 의하면 이익은 수익을 증대시키거나 원가를 절감할 경우에 상대적으로 커지지만 수익을 증진하는 한편 원가절감을 기할 수 있다면 이익(profit margin)은 큰 폭으로 증대될 것이다. 호텔의 이익중심점별로 원가의 최소화 및 수익의 극대화를 기하려는 갖가지 관련의사결정이 위양된 권한을 통하여 이루어지고 그 결과에 대한 부문별 및 담당자별 책임이 관리되게 된다. 여기서 이익중심점의 수익·비용 관리는 부무별 이익·원가에 의해서 평가되는데 부문이나 이익중심점의 특성적 측면을 고려할 때 어떤 측정요소를 가지고 성과를 평가해야 될 것인지는 일률적으로 논의될 성질의 것이 아니다.

(3) 투자중심점(investment center)

책임단위 중 적용 범위가 가장 큰 것이 투자중심점(investment center)일 것이다.

투자라고 하는 것은 대부분 자본적 지출을 요하는 것으로 조직단위로 볼 때에도 비교적 계층이 높은 사람들에 의해서 결정될 사안이기 때문이다. 그러므로 이 중심점에서는 수용해야할 책임범위는 원가와 수익 외에 투자 자체의 의사결정에 대한 책임도 포함되고 있다. 물론 호텔 전사적인 투자는 투자의사결정으로 이루어지기 때문에 부문별 혹은 그 이하 조직단위에서 이루어지는 투자 중심점(investment center)이 다루어질 가능성이 크기는 하지만 어쨌던 식음료부문 중 주방의 설비투자에 대한 투자성과를 평가하는 것이라면 이에 대한 책임을 수용해야 한다.

이런 경우 투자의 효율성이란 성과의 평가기준으로 활용되게 된다. 그 까닭은 투자 중심점의 이익은 그 범위 내에서 수립되었거나 기준으로 하는 자산(asset)에 기초하거나 투자기준(investment basis)에 비교되는 방식으로 평가되고 있기 때문이다.

이 때 투자에 대한 성과평가는 어떤 규모의 이익을 얻는데 이용된 자원의 효율성을 알아보기 위한 것으로 투자의 성과평가 기준으로 활용될 수 있는 지표들로는 매출액이익률(pofit margin), 투자수익률(return on investment; ROI)이나 잔여이익(redsidual income) 등이 있다.

4. 책임회계의 성과측정 개념 적용상의 고려점

1) 기간이익과 이익성과의 계산

대체적으로 영업단위별 책임자들은 최고경영자가 아닌 경우가 대부분이므로 그들에게 투자의사결정 기회나 이를 위한 권한·책임의 부여는 일상적인 업무과정에서 자주 발생되는 일이 아니므로 이런 여건에서 책임단위에 대한 최선의 성과측정은 기간손익을 지표로 하는 방식이 가장 일반적으로 널리 활용되고 있다. 손익은 원래 일정 기간을 통하여 발생된 비용과 수익을 대응시킴으로서 얻어질 수 있는 것이기 때문인데 손익계산을 거쳐서 계산되는 만큼 당연히 손익계산서 작성을 통하여 행해지게 된다.

책임회계의 개념은 권한과 책임의 균형관계를 전제하고 있다.

그러므로 영업실적 증진이라는 경영 내부적 목적으로 책임회계 단위별 기간손익을 산정하는 데는 단위조직의 매출과 원가를 대응시키는 과정에서 원가를 각각 ① 통제 가능한 원가 대 통제할 수 없는 원가 ② 변동원가 요인과 고정원가 요인 및 직접원가 대 간접원가로 분류해서 계산해야 한다.

2) 책임단위 성과측정을 위한 원가의 분류

권한과 책임이 같아야 한다는 조직원리에 의해서 책임회계의 목적을 능률적으로 달성하기 위해서는 책임회계보고의 내용이 정확한 측정과정을 거쳐서 평가될 필요가 있다. 여기서 원가들을 통제가능 및 불능원가, 변동 및 고정원가, 그리고 직접 및 간접원가로 분류하는 까닭은 책임단위 책임자의 사업에 대한 업무 활동에는 그가 직접 통제할 수 있는 관련원가와 그 결과에 대해서만 책임을 수용하는 것을 원칙으로 하기 때문이다.

이런 목적을 위해서 원가를 분류함으로써 권한이 부여된 업무 내용에 관련된 원가와 이를 통한 성과를 정확하게 산정할 수 있을 때 책임회계의 목적에 기여할 수 있는 성과평가가 가능해지기 때문이다.

변동원가(variable cost)와 고정원가(fixed cost)를 구별하는 것은 원가행태에 따른 성과추이를 보기 위해서 주로 이용하는 공헌이익접근법에 의한 성과 산출에도 필요한 것이지만 그보다도 책임단위별 관리자가 관여할 수 있는 관계원가는 주로 변동원가가 주류를 이루고 있다는 점에서도 원가를 이렇게 행태별로 분류하고 어떤 원가요인이 이익에 더 기여하게 되었는지를 규명하는 것은 필요하고도 중요한 것이기 때문이다.

직접원가와 간접원가 중에서도 직접원가(dirrect cost)는 해당제품이나 서비스의 책임단위에 대한 원가추적이 가능한 관련원가이기 때문이다. 반대로 간접원가(inderct cost)는 책임단위와 관련되어 있기는 해도 완전히 책임단위의 특정 제품이나 서비스 원가 등 조직단위의 업무활동과 직접 관련시킬 수 없는 미배분비용(unallocated expenses)이기 때문에 배부액을 다시 산정하는 절차를 거쳐야 하기 때문에 직접원가와 구별해서 계산하지 않으면 안 된다.

3) 이익지표의 선택과 배경

책임회계는 기업 내부적인 관리목적에 대한 회계이다. 책임회계의 손익계산은 기업 외부사용자들을 위한 회계에서와는 목적이나 기준면에서 차이가 있기 때문에 계산과정도 반드시 통일회계제도(uniformsystem accounts for hotel)나 혹은 프랜차이징(franchising)이나 경영계약(management contracts)의 요건에 충실하게 해야만 되는 것은 아니다. 그러므로 부문, 업장, 제품단위 등 많은 호텔·식당사업의 책임단위인 이익중심점들을 중심으로 한 손익계산서는 관련법규, 회계기준 및 기타 요건을 필수불가결한 요인으로 하는 외부 공시용 재무제표와는 다르게 작성될 수 있고 또 실제로 그렇게 하고 있다.

이익을 정의하는 방법의 다양성과 마찬가지로 이익을 평가하는 데 사용될 수 있는 지표들은 여러 가지가 있다. 이익중심점들에 대한 상대적 혹은 단독적인 성과를 평가하기 위해서는 대응시킬 원가들을 원가의 특성이나 계산목적에 맞도록 적정히 분류해서 이용하는 것이 중요한 것처럼 이익의 지표를 선택하는 것도 중요하다. 이익은 총이익에 대한 공헌도, 책임단위 관리자의 통제가능성, 이익중심점 등 책임단위의 이익성과, 배부과정을 거쳐 미배부 원가를 반영하였는지의 관점에서 공헌이익, 통제가능부문 이익, 부문직접 이익, 혹은 법인세전 이익 등 다양한 개념의 이익지표들로 나누어서 고려해 볼 수 있다. 그러므로 책임단위에 대한 책임회계 기능을 수행하기 위해서는 이들 중 특정 목적을 위해서는 어떤 이익지표를 선정해서 사용하는 것이 가장 적정할 것인지 혹은 어떤 것을 선택할지를 결정해서 이용해야 한다.

제 12 장

운전자본의 관리

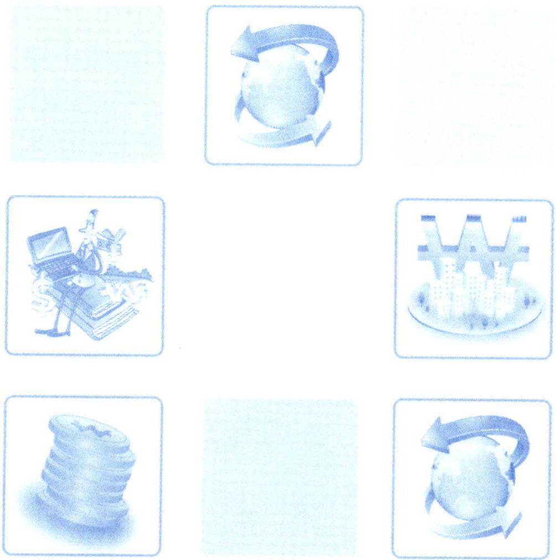

12 운전자본의 관리

기업자본은 크게 고정자본과 운전자본으로 나누어 생각해 볼 수 있다. 호텔이나 식당이 영업활동을 위해서 취득하고 보유하는 자산들은 대부분 유형자산이다. 토지, 건물, 가구, 집기, 설비 등 유형자산은 영구자산이나 혹은 고정자본이 된다. 그런데 고정자본은 수익성을 위해서 기업이 장기간 유지할 목적으로 투자되는 것이지만 운전자본은 기본적으로 기업의 영업활동과 이 과정에서 제기되는 재무활동 지원에 이용할 목적으로 보유하는 자본이다. 유동성에 의해 분류된 재무상태표(대차대조표)의 항목들을 가지고 본다면 우선 유동자산관련 계정들이 나오고 다음에 고정적 요소의 계정들이 나오게 된다.

운전자본을 관리하는 것은 총투자자본의 효율적인 운용을 도모하려는 데 목적이 있다. 대부분의 투자자본을 유형자산에 투자하면 수익성 증대 가능성이 커지지만 운전자본이 적어지게 됨으로써 기업의 지급능력을 약화시키고 원활한 경영활동을 저해하고 심한 경우에는 유동성 약화로 도산 위험마저 막을 수 없게 될 수도 있다. 그렇다고 과도한 규모의 운전자본은 또한 수익성을 저하시킬 수가 있다. 적정 규모의 운전자본은 일정한 기준을 가지고 제시할 수 있는 성질의 것은 아니지만 기업의 특성, 재무상태, 경영능력이나 환경 등 요인에 따라서 달라질 수가 있다.

관리회계에 있어서 운전자본의 관리는 현금관리의 한 부분으로 포괄되기도 하고 때로는 반대로 현금관리가 운전자본 관리와 함께 다루어지기도 한다는 점에서

이 두 가지 관리문제가 상당한 관련성을 갖고 있음을 시사해 준다. 이 장에서는 현금흐름과 현금관리 문제를 운전자본과 관련시켜 접근해 보기로 한다.

제1절 운전자본 관리의 의의

1. 운전자본의 개념

기업경영활동 과정에는 지급수단으로서 자금(funds)이 소요된다. 이런 자금은 유동자산과 유동부채의 차액으로도 표시되고 있는데, 바로 이것이 운전자본(working capital)이다. 운전자본이 이처럼 유동자산에서 유동부채를 차감한 순액을 표시한다는 의미에서 차액 개념을 중시해서 운전자본이라는 용어 대신에 순운전자본(net working capital)이라고도 부른다. 그런데 운전자본은 유동자산을 의미하기도 하고 유동자산과 유동부채의 차액을 의미하기도 하기 때문에 운전자본과 순운전자본이라는 용어는 구별되기도 하지만 구별 없이 사용되기도 한다.

단기적 자금의 관리란 곧 지급수단을 말하는데 제지급은 현금이나 이와 유사한 형태로 이루어지기 때문에 운전자본인 자금은 대부분 현금과 준현금(cash equivalent; 현금등가물)의 상태로 관리된다. 이런 점에서 운전자본 관리는 현금관리의 의미를 내포하고 있다. 유동자산의 가장 대표적 항목이 현금인 만큼 유동자산을 다루는 운전자본의 관리에 현금관리가 주된 내용이 되는 것은 필연적인 결과라 할 수 있다.

2. 운전자본관리의 필요성과 그 영역

호텔은 특징적으로 다른 사업에서 보다 더 자주 그리고 거액의 현금을 매일 다루고 취급하는 사업이다. 그러므로 호텔의 일상적인 재무관리 업무의 상당부분은 운전자본의 관리업무라고 해도 과언이 아니다.

기업에서 현금과 관련된 업무활동은 영업활동, 투자활동 및 재무활동 등 세 가지로 나누어 볼 수 있는데, 그 중 현금과 밀접히 관련된 관리활동이 운전자본의 관리라면 일상적인 호텔의 재무관리 업무는 당연히 운전자본과 밀접히 관련되어 있다고 하겠다.

운전자본의 관리의 목표는 기업의 유동성(liquidity)과 수익성의 관계를 최적의 상태로 유지시키려는 데 있다. 서로 반대되는 듯한 상충적 관계(trade-off)의 유동성과 수익성 간에 균형을 기하려는 까닭은 유동성으로 표시되는 지급 능력의 저하로 인한 자본활용상의 비능률과 도산 등 위험요인을 방지하는 한편 가능한 최대의 자본을 수익성 추구활동에 투자하려는 목적에 있다. 수익성이 높은 사업활동에도 불구하고 기업의 유동성이 극도로 악화되는 경우에는 흑자도산도 가능하기 때문이다. 이런 결과를 야기하는 주된 요인들 중에는 운전사본의 부족으로 인해 기업활동을 원활히 지원하지 못해 기업의 재무구조가 악화될 때 발생될 수 있는 위기상황이 도래해도 이를 극복할 수 없을 때 기업은 도산될 수도 있다.

현실적으로 서로 상충적 관계에 있는 유동성 목적과 수익성 목적이 동시에 최고로 높게 달성될 수는 없다. 어느 한 쪽이 높아지면 다른 한 쪽은 상대적으로 저하되는 성질을 갖고 있으므로 이 두 가지 성질을 조화시켜 나갈 수 있도록 관리되어야 한다.

운전자본 관리에 있어서 기업은 유동성과 수익성 간의 최적 균형점을 발견하고 이를 유지하기 위해서 노력을 경주해 간다고 할 수 있다. 당연히 능률적인 운전자본의 계획과 관리에는 운전자본의 흐름을 가장 적정하게 관리하고 통제할 수 있도록 하지 않으면 안될 필요성이 제기된다.

운전자본을 현금과 현금 전환성이 높은 기타 항목들로 구성된 유동자산으로만 보는 경우에는 운전자본 관리는 단순히 유동자산 만을 관리대상으로 할 것이다. 그러나 운전자본을 유동자산과 유동부채의 초과액인 순운전자본으로 보는 시각에서는 운전자본의 관리는 현금과 현금전환성이 높은 기타 자산항목들로 구성된 유동자산 뿐만 아니라 외상 매입금, 단기 차입금, 미지급 제비용 등 유동부채까지도 관리대상에 포함시키게 된다. 이 때 유동자산은 유동성의 원천이 되고 유동부채는 그러한 유동성 원천에 대한 차감항목(claim)이 된다.

제2절 운전자본 관리의 실제

1. 운전자본과 유동성 관계비율의 계산

순운전자본(net working capital) 개념을 가지고 다음 사례를 보기로 하자.

만약 유동자산이 ₩6,000,000이고 유동부채가 ₩4,800,000이라면 이 때 운전자본은 ₩1,200,000이 된다.

운전자본 = 유동자산 - 유동부채 = 6,000,000 - 4,800,000 = 1,200,000

유동자산과 유동부채 사이의 관계를 보려면 유동비율(current ratio)을 구해서 활용해야 한다. 유동비율이 높다는 것은 유동자산이 유동부채의 약 2배 정도가 될 때를 말한다고 이해되고 있다.

그러나 호텔처럼 재고자산의 회전이 느린 경우에는 같은 조건에서 유동비율이 더 높고 재고자산의 회전율이 높은 경우에는 다소 유동비율이 낮아도 된다. 제조기업의 경우에는 재고자산 투자가 크므로 당연히 유동비율이 2배 정도되지만 식음료사업의 재고자산은 강한 물리적 부패성 때문에 재고자산회전율이 매우 높아서 유동비율이 그보다 낮은 1.5배 이상의 수준이면 된다. 유동비율이 크면 현금의 유입과 유출 간의 균형관계 변동으로 초래될지 모르는 충격을 다소 완화시킬 수 있다.

같은 예의 자료에 의해서 산출한 유동비율은 1.25배로서 다소 낮다.

유동비율 = 유동자산 ÷ 유동부채 = 6,000,000 ÷ 4,800,000 = 1.25

기업의 지급능력을 평가하려면 유동비율 자료만으로는 부족하고 그 유동자산의 어떤 항목들로 구성되어 있는지를 분석해야 한다. 각각의 자산이 지닌 현금전환성이 구체적으로 현금화되는데 어느 정도의 시간을 요할 것이지를 평가하기 위한 것이다. 일반적으로 매출채권은 비교적 현금성(유동성)이 양호하고 재고자산은 유동성이 불량한 것으로 이해된다. 여기서 현금 및 현금등가물만으로 이루어진 산성자신과 유동부채 간의 관계비율인 산성비율(acid test ratio) 또는 속성비율(quick ratio)을 구해 볼 필요가 있다. 산성비율은 대체로 1보다 약간 작으나 1에 가까운 비율을 바람직한 것으로 보고 있으므로 이 때 구한 산성비율이 그보다 훨씬 낮다면 비율을 개선하는 것이 좋다.

2. 운전자본의 적정규모

운전자본의 적정 소요액은 사업체의 여건에 따라 다르므로 호텔이던 식당이던 간에 일률적으로 적용될 수 있는 원칙은 없다. 다만 사업의 성질에 따라서 일반적인 운전자본의 소요수준이 다른 것만은 확실하다. 그 까닭은 순운전자본의 규모결정에는 기업의 상품과 관련된 유동자산에의 투자 필요성과 정책이 다르고 운전자본을 조달하는데 대한 정책에 차이가 있기 때문이다. 그러나 운전자본의 최적규모를 알아내려고 하는 목적은 무엇보다도 현금이 비수익성 자산이므로 현금 보유액은 그만큼 수익성 자산에의 투자를 감소시키는 효과를 초래함으로써 상실된 투자기회에 대한 기회원가 부담으로 말미암아 기업의 수익성을 저하시킬 수 있기 때문이다. 이것은 앞서 설명한 바와 같이 수익성과 유동성의 상충적 관계에 기인된다. 그러므로 운전자본은 지급 불능사태를 초래하지 않기 위한 최저수준으로 보유하고 있어야 한다.

1) 운전자본 규모와 관련된 호텔의 경영환경

호텔사업에 있어서 유동자산이나 유동부채의 규모는 전체의 자본규모에 비해 매우 작다. 좀 더 정확히 말하자면 유동자산 규모가 작아서 유동자산과 유동부채의 차이가 한계수준(유동비율이 1일 때)이라고 할만큼 호텔의 소요 운전자본 규모는 다른 사업에서보다 비교적 작다. 이것은 다음과 같은 이유에 기인된다.

(1) 비교적 작은 호텔의 유동자산 규모

호텔의 주요한 유동자산은 재고자산과 매출채권이다.

그런데 호텔의 재고자산은 호텔의 2대 수익발생 부문 중 식음료 부문에서 더 중요하게 취급될 뿐 객실부문에서는 그다지 중요하지 않다. 호텔매출 중 상당부분을 점유하는 가장 중요한 수익원이 되는 객실부문 상품의 판매에서는 룸어미니티 등 객실에 제공되는 소모품 원가가 객실매가에 비해 매우 소규모이다. 더구나 호텔의 매출대금 대부분이 현금이나 카드에 의해서 거래되는 현금매출이고 외상매출은 대규모적인 컨벤션이나 연회에서만 발생될 뿐이지만 이런 거래의 빈도는 그다지 높지 않다. 그러므로 매출채권 등 유동자산이 점유하는 비율이 낮고 있다고 해도 단기성 채권에 불과한 경우가 대부분이다.

(2) 비교적 소규모적인 호텔의 유동부채 규모

일반적으로 호텔이나 식당은 일반기업보다 운전자본 수요가 적다.

대부분의 구미 호텔이나 식당 사업체에서 유동부채는 유동자산을 약간 상회하는 수준에서 운영되는데 여기에는 두 개의 요인들이 작용되기 때문이다. 하나는 객실영업이 재고자산으로 운영되지 않는다는 점이고 다른 한 요인은 호텔의 매출이 주로 현금이나 단기채권에 의존된 거래하는 점에 있다.

호텔이 건축되고 운영되기 위해서는 거액 최초투자(initial investment)를 요한다. 거액자본 수요를 충당하기 위해서는 다양한 형태의 자기자본 외에 타인자본의 이용이 불가피하지만 장기적인 호텔 투자자본의 회수기간을 고려할 때 장기적으로 이용할 수 있는 조달원천에 의한 비유동부채를 이용하게 된다.

호텔에서 제조업적 특성을 지닌 식음료 부문의 경우에는 원재료 조달 차원의 구매활동으로 인해 지출원가를 요하기도 하고 또 한업기의 매출부진으로 인한 영업순손실로 인한 유동부채 증가 가능성도 없지는 않지만 호텔은 근본적으로 객실을 최대의 수익원으로 하는 사업으로 수익발생 자산(profit generating asset)인 객실상품이라고 하는 유형자산 운용을 통하여 수익을 가득하고 목표 투자수익률을 달성해 가려고 하는 사업이다.

그러므로 시설교체나 개보수에 의한 추가적인 설비투자가 아니라면 소모품 구매 정도에 그치는 객실부문 영업에서는 구매거래와 매입채권 발생의 빈도가 비교적 낮고 규모도 작아서 지출원가를 크게 요하지 않는다.

또 호텔은 기업확장이나 특정 세분시장을 겨냥한 기존 호텔부동산의 인수가 아닌한 대부분 신규호텔 투자를 통한 영업을 고려하는 사업이므로 수시로 거액의 운전자본이나 투자를 요하지도 않는 게 일반적이다.

2) 적정 운전자본 규모결정에 고려할 요소

(1) 신용기간의 고려

거래고객에게 허용해 줄 신용기간이 길어질수록 기업의 유동성(liquidity)은 떨어지게 되므로 더 많은 운전자본을 소요하게 된다. 그러므로 운전자본 규모 결정을 위해서는 신용기간을 어떻게 결정할지를 먼저 고려해야 한다. 신용기간의 고려는 거래처에 부여하는 여신기간과 함께 거래처가 허용하는 신용기간을 함께 고려하여야 한다. 매입채무 등의 지급기간을 길게 부여받을 경우에는 그만큼 운전자본에 대한 필요성을 약하게 만들 수도 있기 때문에 규모결정에 영향을 미칠 수가 있다.

(2) 제품 생산주기의 고려

제품 생산주기란 원재료가 구입된 후 제조과정을 거쳐 상품으로 판매되기까지 소요되는 기간을 말한다. 이것은 곧 원재료 등 재고자산의 회전속도를 반영하는 것이며 재고자산이 현금화되는 속도를 나타내 주는데 유용한 정보이다. 제품 생산주기가 길면 재고수준이 높아져서 현금이 재고자산에 동결되게 되므로 운전자본 소요액은 그만큼 커지게 된다.

(3) 사업의 계절성 고려

호텔은 계절영업이라는 특성을 지니고 있다. 그만큼 계절에 따른 주기적인 수요변동을 특징으로 하는 계절영업의 결과 큰 폭으로 매출이 증감변동하게 된다.

한업기에는 특히 매출감소로 인해서 현금유입과 유출 간에 큰 차이가 발생되므로 유동자산과 유동부채 간의 차이가 커지게 된다. 더구나 호텔사업의 원가구조에 의한 고정비 압박으로 인한 영업수지 불균형이 초래됨으로써 필요한 적정 운전자본의 규모를 크게 만드는 요인으로 작용된다.

성업기에는 매출수익이 극대화되는 시기이므로 유동자산이 유동부채를 크게 상회할 수가 있지만 한업기에는 반대로 비용지출과 더불어 유동자산에 비해 유동부채가 증대되게 된다. 이것은 모두 운전자본 구조를 달리함으로써 더 많은 운전자본을 요하게 만들고 있다. 그러므로 최적 운전자본 규모 결정에는 계절적인 요인이 고려돼야만 한다.

(4) 판매믹스의 고려

최적 운전자본의 규모 결정에는 호텔에서 취급하는 상품에 대한 판매믹스와 함께 각 상품이 호텔 총매출에 대해 점유하는 상대적인 기여도 혹은 점유비중을 함께 고려해야 한다. 이것은 각 상품판매에 있어서 소요되는 재고자산의 규모에 따라서 운전자본의 소요액 또한 달라질 수 있기 때문이다.

재고자산이라는 유동자산이 객실과 식음료 부문 간에 차이가 있음을 이미 설명한 바 있다. 상품매출에 소요되는 재고자산이 객실에는 별로 크지 않지만 식음료

상품판매에서는 상당한 비용예산을 요한다. 호텔 매출의 객실 의존도가 높다면 식음료 부분의 높은 운전자본 수요가 객실부문의 낮은 운전자본 수요로 평균될 수도 있다.

같은 식음료 상품매출이라 할지라도 식당의 종류에 따라서 소요되는 재고자산의 종류와 규모에 차이가 있을 수가 있으므로 최적 운전자본의 규모결정에도 차이를 야기할 수가 있다. 고급식당에서는 다양성의 제공 등을 이유로 단위 매출규모(check average)가 간이 식당이나 패스트 푸드 식당보다 월등히 큰만큼 재고자산에 더 많은 예산사용이나 투자를 요한다. 또 이런 식당에서는 연성음료(soft drinks) 외에 알코올성 음료(hard drinks)를 판매하므로 재고 없이는 원활한 운영이 쉽지 않고 수익성도 기대할 수 없다.

일반적으로 음식만 취급하는 식당보다 주류판매 허가권을 갖고 운영되는 고급식당에서는 유동비율(current ratio)이 높아질 수 있다. 이것은 지급상황의 변동에 대한 대처역량을 더 크게 요한다는 의미로 해석될 수도 있지만 이런 경우엔 부패성을 관리하기 위한 빈번한 식자재 구매로 인한 높은 재고회전율과 더불어 부패성이 적은 음료 등 품목에 요구되는 재고자산 투자로 인한 자금 수요가 되기도 한다.

이런 환경이라면 대중적이거나 제한된 메뉴로 운영되는 식당사업에서보다 적정 운전자본의 규모는 더 커야만 할 것이다.

3. 운전자본에 대한 거래의 영향

1) 운전자본의 증감과 거래의 관계

호텔의 여러 가지 거래들은 운전자본에 대해서 각각 다르게 영향을 미친다. 이런 영향에 따라서 거래를 분류해 보면 대체적으로 세 가지로 요약된다.

즉 ① 운전자본의 증가를 초래하는 거래, ② 운전자본의 감소를 초래하는 거래, 및 ③ 전혀 운전자본에 영향을 미치지 않는 거래 등이 그것이다. 거래가 갖는 영향의 내용이나 정도는 그것이 재무상태표(대차대조표)의 구성항목으로서 유동적인 거래인지 혹은 고정적인 성질의 거래인지에 의해서 결정된다.

2) 운전자본의 증가를 초래하는 거래들

(1) 장기부채

장기부채는 현금을 증가시키므로 운전자본의 증가를 초래하는 거래이다.

(2) 유동자산과 유동부채의 증가

유동자산과 지급기일에 여유가 있는 유동부채는 운전자본의 증가를 의미한다.

(3) 주식이나 사채발행

이 거래는 소유주 지분이나 장기부채등 비유동성 항목을 증가시켜 유동자산의 증가을 초래하고 따라서 운전자본의 증가로 유도된다.

(4) 이윤증대

순이익의 증가는 (보유이익을 증대하고)유동자산을 증가시키게 되므로 운전자본에 동일한 효과를 가져온다.

3) 운전자본의 감소를 초래하는 거래들

(1) 손실의 발생, 자본의 대여, 자본환수 등

다같이 유동자산 감소에 따른 운전자본의 감소를 초래하는 거래들이다.

(2) 유형자산의 현금 구매

유동자산 감소에 따른 운전자본 감소를 초래한다.

4) 운전자본의 증감에 영향을 주지 않는 거래들

(1) 장기상환 조건에 의한 유형자산의 구매

유형자산을 구입하고 그 대금은 장기부채로 하여 장기상환 조건으로 한 거래의 경우에는 유동자산의 감소를 초래하지 않으므로 운전자본의 증감에 영향을 주지 않는다. 이러한 거래는 재무상태표에 유동성 항목으로 표시되지 않고 비유동부채로 나타나기 때문이다.

(2) 적립금으로의 대체거래

이것은 보유이익이 단순히 적립금으로 대체되는 비유동성 항목들 간의 거래이므로 운전자본에 대해 영향을 미치지 않는 거래이다.

(3) 선급비용

선급비용의 지급은 현금이라는 유동자산의 감소와 함께 또 다른 유동자산의 증가을 초래하기 때문에 유동자산 크기에 전혀 변화를 초래하지 않는 거래이므로 운전자본에 대해 전혀 영향을 미치지 않는 거래이다. 이와 유사한 거래들로는 현금에 의한 재고자산의 구입이나 매출채권의 현금회수 등 많은데, 이처럼 유동자산들 간의 대체로 이루어지는 어떠한 거래도 운전자본의 증감에는 전혀 영향을 미치지 않는다.

(4) 외상매입

동일한 규모로 유동자산과 유동부채가 증가되므로 순운전자본 개념으로 보았을 때 전혀 변동이 없다. 이러한 유형의 모든 거래들은 운전자본의 증감에 변화를 초래하지 않는다.

3) 회계기간 내의 자금 증가

한 회계기간 혹은 일정시점의 재무상태표(대차대조표) 기간에서 다른 회계기간에 이르는 동안에 일어나는 자금의 증가는 영업활동이나 기타 요인에 따른 증가로 구분해서 고려해볼 수 있다.

(1) 영업이익의 발생으로 인한 자금의 증가

정상적이고 일상적인 영업활동 결과 발생된 기간 순이익은 자금의 증가를 초래한다. 결국 이 순이익은 감가상각이나 보유이익 등으로 처리될 것이지만 어느 쪽도 현금의 지출을 요하지는 않는다. 물론 감가상각액이 충당금의 형태로 처리되면(대변항목) 보유이익을 감소시키고 또 감가상각 자산의 장부가치가 감소될 것이지만 이러한 거래들은 모두 비유동성의 거래이므로 운전자본의 증감에는 영향을 주지 않는 거래들이다. 이러한 처리과정을 운전자본의 계산에 산입할 필요가 없다.

(2) 기타 영업 외 요인에 의한 자금의 증가

이러한 형태의 자금증가는 주로 유형자산이나 투자자산의 매각거래나 주식이나 사채 등의 발행 등과 같이 소유주 지분의 증가나 장기부채의 증가에 의하여 자금이 증가되는 경우이다.

4. 운전자본의 관리와 운전자본 명세서

1) 운전자본의 추이파악

운전자본의 관리를 위해서는 항상 자본의 관리추이를 파악해야 한다. 적정 수준의 운전자본을 유지하려면 지속적으로 유동성 원천들을 관리하고 정기적으로 혹은 특별한 사유가 발생할 경우에는 더 자주 검토해야 한다. 운전자본 구성요소들을 도표화 하고 유동자산, 유동부채, 운전자본 등에 대한 전체적인 경향이나 추이를 파악하도록 한다.

이런 검토는 단속적인 것이 아니라 기간별로 지속적으로 이루어져야 한다.

2) 운전자본 명세서

운전자본 명세서는 운전자본의 원천과 이용내역을 보여주는 회계보고서로서 일명 자금흐름 명세서(funds flow statements)라고도 하는데 운전자본의 변화추이를 파악할 수 있는 정보들을 제공해 준다. 호텔 통일회계제도(USALI)에서도 현금 및 자금 흐름을 통하여 재무상태에 대한 정보를 제공한다. 이 때 이용되는 회계보고서는 현금흐름표(cash flow statement)와 재무상태 변동표가 있다. 재무상태 변동표가 곧 자금 흐름을 보여 주는 운전자본 명세서(statement of sources and applications of working capital)가 되고 있고 운전자본 명세서와 유사한 현금흐름표는 그것과는 차별화 되는 차이점들도 있다. 운전자본명세서를 작성하는 목적은 ① 운전자본의 증가 및 감소에 대한 명세 제공, ② 운전자본의 순변화에 대한 정보 제공, ③ 운전자본 관리 내용의 효율성 정보 제공 및 ④ 당해 사업에 대한 투자정보 제공 등에 있다.

3) 현금흐름표

운전자본 명세서(statement of sources and applications of working capital)가 총운전자본의 크기에 영향을 미치는 변동 요인에 초점을 맞추는데 비해 현금흐름표(cash flow statements)는 회계기간 동안에 발생된 현금(잔액)의 변동 이유를 설명해 준다. 그러자면 현금 흐름표에서는 운전자본 명세서에서와 같이 자금의 원천과 이용내역들을 표시해주는 외에 각 유동자산과 유동부채의 개별 항목들에 대한 변동 내용들도 표시해 줘야 한다. 운전자본 개념으로 볼 때, 가령 물품대급의 지급이 유동부채와 현금의 감소현상으로 나타나듯이, 유동자산과 유동부채의 변화는 현금 상태에 직접적인 영향을 미친다.

외상매입은 외상채무를 발생시키는 대신에 현금잔고 유지에는 효과적이다. 부채의 회수는 매출채권 감소와 동시에 현금 증가를 초래한다.

이와 같이 유동부채의 증가는 현금의 원천이 되고 유동부채의 감소는 현금의 사용이나 유출을 표시해 준다. 유동자산의 증가는 현금사용(유출)으로, 그리고 감소는 현금의 원천(유입)으로 나타난다.

5. 운전자본 구성요소

운전자본을 구성하는 요소들은 운전자본의 각 계정들이다.

여기서는 구성요소를 언급하는 외에 별도의 설명을 생략하기로 한다.

1) 현금 : 현금유입과 유출에 대한 사항으로 본장 2절과 예산통제 참조
2) 매출채권 : 제9장 참조
3) 재고자산 : 본장 제1절 2-1)-(1) 참조
4) 매입채무 : 본장 제1절 2-2)-(1) 참조

제3절 현금관리의 의의와 내용

1. 현금관리의 의의

현금관리에 있어서 현금은 현금주의에 의하여 인식된다. 그것은 모든 지급이 현금에 의하여 이루어지기 때문이다. 과도한 현금의 보유는 유동성을 제고시키는 반면에 수익성 자산에의 투자기회를 상실한 데 대한 기회원가의 부담을 요한다. 그러므로 현금은 필요한 최저수준으로 보유되어야 한다. 현금을 보유하는 목적은 주로는 정상적인 영업활동에서의 지급, 미확정의 불확실한 사태, 단기투자기회 등에 대비하는 데 있다. 현금관리는 현금의 과부족이 없는 상태로 현금을 보유하고 운용하려는데 목적을 두고 있다. 현금흐름의 통제에 대한 실패나 시설투자 등으로 인한 과다한 지출 등에 기인된 현금부족 현상은 유동성 악화로 지급불능 상태(도산)를 야기하기도 한다. 일상적인 현금의 흐름은 영업활동 결과 발생된 매출채권이나 매입채무와도 밀접히 관련되어 있다. 그러므로 현금관리는 운전자본을 여하히 효율적으로 관리할 것인가의 문제에 있어서도 중시된다. 이런 점에서 현금관리는 자금관리를 포괄하고 있다. 호텔의 거래는 소매거래로서 현금거래를 주로 해왔으므로 전통적으로 호텔은 현금사업이라는 특성을 보여 왔다. 그러나 급격히 증대되는 사회적 역할과 함께 신장되고 있는 컨벤션이나 이벤트 사업 등으로 인한 외상매출도 객실에 대한 단기성 채권보다는 여신관리를 요하는 측면으로 작용되오

고 있다. 현금이던 여신거래이던 호텔의 현금관리는 강력한 내부통제의 필요성을 제기하는 요인으로서 그리고 매출관리 목적에서 매우 중요하게 다루어져야 할 측면이다.

2. 현금관리의 내용

현금관리의 내용은 크게 두 가지 측면으로 압축될 수 있다. 즉 현금의 순환주기(cash conversion cycle) 조절과 일정시점에서의 현금 보유액 유지를 목표로 현금관리가 이루어진다.

현금순환주기란 현금이 경영활동에 투입된 자본이 회수되기까지 현금순환의 시간적인 길이를 말하며 연, 월, 일 등으로 표시된다. 이것은 재고자산의 획득에서 최종제품 판매를 거쳐 대금이 현금으로 회수되는 시점까지의 기간이 된다. 그러므로 매출채권의 회수기간도 여기에 산입되어야 한다. 현금순환기간은 자금의 흐름이 동결된 기간의 장단에 따라 달라진다. 자금은 재고자산과 매출채권 등의 상태로 놓여있을 때 흐름이 정지된다. 그것은 현금흐름에서 모든 거래의 인식은 현금주의(cash basis)에 의하므로 여기서 현금이라 함은 통화인데 그 까닭은 제지급목적에 사용되려면 통화의 상태로 있어야 하기 때문이다. 그러므로 거래로부터 발생된 유동자산 등의 현금화에 필요한 기간이 장기화되면 그만큼 현금순환의 길이는 길어지게 된다.

일정시점 현금보유액(cash balance)은 전환주기 중의 특정시점에서 평균으로 구한 현금흐름의 평균액이다. 기업은 현금을 보유함으로써 지급불능 상태를 막을 수 있다. 그러나 과도한 현금보유는 수익성을 저하하므로 필요한 최저의 수준(minimum)으로 통제하여야 한다. 수익성과 유동성의 상충성(trade-off)을 여하히 관리하느냐 하는 것이 곧 현금관리의 관건이라고 할 수 있다. 최저현금보유금액은 일상적인 거래활동에 필요한 자금수요와 보상잔액 등을 기초로 하여 결정되지만 예상되는 순현금흐름에 개재될 위험성(불확실성)이 어느 정도인가를 평가하고 이를 반영하여 금액을 조정하여 최종 결정하도록 해야 한다.

현금흐름에 고려해야할 두 측면인 순환의 길이와 보유금액의 규모는 서로 독립적이지 않고 상호의존적인 관계에 있다. 그것은 모든 거래로부터 발생된 유동자산의 현금화에 소요되는 기간에 기초하여 결정되는 현금전환주기의 길이 여하에 따라서 소요되는 현금보유액이 달라지기 때문이다. 현금순환기간(operating cash flow length)이 짧으면 최저보유액은 작아지고 기간이 길어질수록 상대적으로 보유액은 커지게 된다. 따라서 최적현금보유액을 결정하려면 현금순환기간의 파악이 선행되어야 한다.

제 4 절 현금관리의 실제

1. 현금관리의 모형

현금은 크게 ① 순환기간을 기준으로 해서 관리하려는 방법과 ② 거래내용을 중심으로 해서 관리하려는 두 가지 접근방법에 의해 관리되고 있다. 첫 번째의 것은 현금순환주기를 단축시킴으로써 현금보유수준을 낮추는 한편 여기에 관련된 비용들도 감소시키려는 시도이다. 두 번째의 모형은 현금의 유입과 유출이라는 거래를 중심으로 해서 보유현금의 최적규모를 발견하고 견지하려는 접근방법이다. 따라서현금관리 모형들은 크게 이러한 두 가지 유형으로 분류된다.

일상적인 현금의 흐름은 영업활동 결과 발생된 매출채권과 매입채무 등과 밀접하게 관련되어 있다. 현금순환기간은 재고자산과 매출채권의 순환기간을 합계한 다음 매입채무의 지급기간을 차감하여 산출된다. 이 기간모형에서 재고자산은 원재료와 완제품의 순환기간을 합계하여 계산한다.

현금순환기간 = 재고자산 순환기간 + 매출채권 순환기간 - 매입채무 순환기간

현금순환기간을 이용하여 현금을 관리하는 것은 순환주기를 단축시키는 방법으로 유동성을 증대시킴으로써 현금순환을 촉진하기 위해 필요한 자본조달에 들어가는 추가비용인 현금순환비용을 감소시켜 나가는 것이다. 현금순환주기를 단축시키려면 모형에 시사되고 있는 바 기간을 결정하는 요소들의 값에 유리한 변화를 주어야 한다. 그러므로 재고자산과 매출채권의 순환기간은 단축시켜야 하고 반면에 매입채무에 대한 수신 지급기간을 최대한 연장할 수 있도록 해야 한다. 재고자산과 매출채권 순환기간의 단축은 현금유입을 조기화할 수 있는 조치이고 매입채무의 지급기간 연장은 현금유출시기의 연장 또는 유출액의 감소효과를 가져올 것이다.

보유현금의 최적수준 결정에는 보몰 모형(Baumol model)과 밀러와 오어 모형(Miller and Orr model)이 널리 이용된다.

시간과는 무관히 현금유출의 확정여건을 가정함으로써 거래적 동기에 의한 일상적 거래만을 위한 보유현금의 최적수준은 보몰 모형(Baumol)에 의해 결정할 수 있다. 이것은 EOQ, 즉 경제적 주문량(economic order quantity)을 현금관리에 응용한 거래모형으로 현금흐름을 단순화하는 몇 가지 가정을 전제하여 성립된다. 경제적 주문점이 재고자산 획득과 유지에 따른 총비용의 최소비용점에서 결정되는 것처럼 현금조달과 보유에 따른 총비용(TC)이 최소화되는 지점에서 최적현금(조달)규모를 발견하는 것이다. 이 모형은 현금흐름을 극도로 단순화하여 ① 현금유출의 확정가정, ② 차입액의 확정가정, ③ 매출변동과 무관한 현금의 유입과 유출 가정, ④ 확정이자율의 가정을 전제로 성립되고 있다.

총비용(TC) =

$$f \cdot \frac{T}{B} + \frac{B}{2} \cdot i = f \cdot \frac{\text{총현금수요}}{\text{차입액 또는 유가증권매각액}} + \frac{B}{2} \times \text{이자율}$$

$$\text{최적현금(조달)수준} = \sqrt{\frac{2 \times \text{현금조달 1회당 고정비용} \times \text{월예상 현금유출액}}{\text{월 기대이익률}}}$$

그러나 밀러와 오어의 모형은 미래의 현금유입과 유출에 대한 확실한 예측이 불가능한 여건에서 최적현금보유 수준을 유지시키려 할 때 이용된다. 미리 보유현금에 대한 상·하한선을 정해 두고 상한선에 이르면 유가증권 매입을 통하여 현금의 보유수준을 낮추고 반대로 하한선에 도달하면 유가증권을 매각하여 현금수준을 정상수준 또는 귀착점(return point)으로 올림으로써 현금을 최적수준으로 관리하려는 것이다. 여기서 결정적인 관리요소는 ① 상한선과 하한선의 결정문제와 ② 귀착점의 결정에 있다. 상하한선은 현금흐름의 불확실성(변동가능성), 유가증권의 매입과 매각에 수반된 고정비, 유가증권의 수익률 등을 고려하여 결정한다. 최고 또는 최저선의 폭이 커지면 현금수준을 높일 필요성이 커진다. 여러 가지 변화요인들에 의해 현금흐름의 불확실성과 유가증권거래상의 비용이 커질수록 폭은 넓어져 더 많은 현금보유를 요하는 반면 이자율이 클수록 폭은 좁아진다.

이 모형에서 최적현금수준은 다음 식에 의해 산출된다.

$$\text{귀착점(R)} = \text{하한선} + \frac{\text{상한선} - \text{하한선}}{3}$$

$$= L + \frac{U - L}{3}$$

앞의 산식에서 분수 있듯이 최적현금수준(귀착점)은 현금보유하한선(금액)으로부터 상· 하한선의 폭(차이)의 1/3지점에 이르는 수준에서 결정된다. 이처럼 현금의 최적규모(귀착점)가 상· 하한선의 중앙지점인 1/2선에 있지 않고 1/3선에 있는 까닭은 현금관리의 관련비용인 유가증권의 거래비용과 기회비용 혹은 이자비용이 최소화되는 점이 상·하한선의 1/3지점이기 때문이다. 최적현금보유액은 이 점에서 결정된다.

2. 현금관리의 예제

식당에서 식료원재료를 구입하여 음식을 만들어 판매하기까지 (평균) 5일이 소요된다. 현금매출외에 발생된 외상대금은 평균 결재일이 30일이라고 한다. 한편 식료의 재료를 구입하고 대금을 완불해주기까지의 기간도 평균 30일이 걸린다고 한다면이 식당의 현금순환기간은 어느 정도이고 이에 따라 보유해야할 현금수준은 어떤 수준일 것인가? 다음의 계산식에서와 같이 이 식당의 현금순환주기는 5일로 계산된다.

현금순환기간 = 5일 + 30일 - 30일 = 5일

그러므로 이 식당에서 보유해야할 현금은 5일에 대한 것이다. 이 의미는 식당에서 5일 동안의 식료판매와 관련된 투자액을 감당할 수 있는 규모의 현금을 보유하면 된다는 것이다. 물론 영업활동에 개재된 불확실성 등을 고려하여 조정할 필요성은 기업의 여건에 따른 또 다른 고려사항이 된다.

제 13 장 차이분석

13 차이분석

제1절 차이분석의 이해

1. 차이분석의 목적과 의의

영업활동을 위한 예산통제를 도입하고 있는 시스템에서는 예상이나 계획에 대한 여하한 차이의 발생여부에 대한 확인작업을 거친 차이의 분석(variance analysis)과 이를 통한 원인 규명 활동은 절대적인 과정으로서 수행되고 있다.

가령 식음료 부문에서 원가차이(variance)가 발생되었다면 이것은 매출, 식음료 재료원가, 노무원가 등의 직접비 원가와 순이익의 차이에 영향을 미칠 것이다(표 13-1 참조).

재무정보를 통해서는 다만 발생된 차이에 대한 계수적인 파악밖에 할 수가 없다. 그러므로 차이분석을 통하여 왜 이런 차이들이 발생되었는지를 설명할 수 있어야 하고 이를 기반으로 발생되었던 매출 증감이나 영업비 증감과 더불어 결과적으로 제기될 문제인 순이익의 증감변화에 따른 차이발생 원인들을 규명해야 한다. 차이분석은 이런 목적에 기여할 수가 있다.

아래의 <표 13-1>을 통해서 매출이 계획보다 10% 증가되었지만 단위매출 증가,

매출수량 증가, 혹은 두 요인에 의한 결과인지는 확인할 수가 없다. 마찬가지로 증가된 비용의 원인도 알 수가 없다. 이것이 매출증가에 의한 것인지 혹은 과도한 원재료 단가의 상승에 의한 것인지 혹은 사업운영에서의 비능률에 기인된 것인지를 알지 못한다. 그렇지만 재무보고서에 시사된 내용을 보고 매출증가에도 불구하고 제원가요인의 상승으로 말미암아 순익은 예상치보다 감소되었다는 사실만은 확인할 수가 있다.

〈표 13-1〉 식음료 부서의 차이발생 사례

항목별 \ 예산/실적	예산(budget)	실적(actual)
매출액(₩)	10,000,000	11,000,000
식음료 재료원가	4,000,000	4,700,000
노무원가	3,000,000	3,300,000
간접원가	2,000,000	2,100,000
순이익	10,000,000	900,000

2. 차이분석에 준용해야 할 몇 가지 원칙

호텔이나 식당사업에서는 발생되는 차이를 분석할 수 있는 분석의 원칙들이 실무적으로는 수립되어 있기 때문에 분석 작업도 원활하게 수행되어 오고 있지만 일반적으로 인정된 분석방법은 수립되지 못한 상태이다.

호텔에서 적용되고 있는 차이분석의 기법들은 주로 매출차이(sales variance) 분석, 원가차이(cost variance) 분석 및 수익에 기반을 둔 여러 가지 요인들의 차이(revenue-based variances)에 대한 분석 체계들이 잘 수립되어 있다.

1) 매출차이에 대한 분석 모형

분석을 위해서 식당의 매출량을 500인분(number of covers; NoC)의 식사와 단위

매출(check average; CA)이 ₩4,000인 식당의 예상매출이 ₩2,000,000 이라고 가정하자. 그런데 예산기간의 종료와 함께 영업실적을 보니 실제로 600인분의 식사가 판매되었고 단위매출 규모도 ₩5,000으로 ₩1,000 증가됨으로써 매출총액 또한 총 ₩3,000,000으로 초과 달성되었고 당초 계획했던 매출보다 ₩1,000,000이나 매출이 증가되었다.

이런 경우에 발생된 매출차이에 대한 분석을 위해서는 매출차이를 발생시키는데 관련된 모든 요인들인 판매량, 단위매출가, 매출총액 등 모든 차이들을 분석해야 한다. 당초 매출 예상치에 변동된 수치들을 가산해야 한다. 여기서 단위매출은 원래보다 ₩1,000 차이가 발생되었고 매출수량도 당초 계획보다 100인분 더 판매되었음으로 단위매출에서 발생된 총차이(금액)는 ₩600,000(₩1,000 × 600인분)이고, 판매량에서 발생된 차이(금액)는 ₩400,000(₩4,000 × 100인분)이므로 다음과 같이 산출된 총매출액의 차이는 ₩3,000,000이 된다.

총 매출차이 계산

당초 매출목표 + 단위매출의 차이요인 + 매출량 차이요인

= ₩2000,000 + ₩600,000 + ₩400,000 = <u>₩3,000,000</u>

이것으로써 매출차이의 원인이 고객의 지출 증대와 신장된 매출량에 기인된 것임을 알 수 있게 되었다. 그렇지만 이런 요인들이 전체의 차이 발생 (그림 13-1 빗금 부분)에 대해서 어떻게 작용되었느냐의 문제에 대해서는 논쟁여지를 남기고 있다. 때로는 두 원인들을 분리해서 나머지의 요인들을 무시한 가운데 고려할 수도 있지만 흔히는 둘 모두를 단위매출 변화를 초래한 요인들로 보려하고 있다.

2) 원가차이에 대한 분석 모형

위의 사례를 통해서 예산기간 말에 정리된 원가자료가 다음 <표 13-2>와 같다면 원가차이는 총 ₩100,000이 된다. 매출량 차이에 따른 원가 차이와 식재료 사용과정에서 발생된 원가차이 요인은 각각 ₩50,000인데 다음과 같이 계산된 것이다.

〈표 13-2〉 식료 원가차이 분석자료

계획/실제 구분	예산	실제	차이규모 구분	차이발생(₩)
판매량(인분)	200	250	예산식료원가	200,000
			판매량변동요인에 의한 차이	50,000
단위식료원가(₩)	1,000	1,200	소비량 차이	50,000
총 식료원가(₩)	200,000	300,000	실제식료원가	300,000

(1) 매출량 차이에 따른 식료원가의 차이발생액

50인분 × ₩1,000 = ₩50,000

(2) 사용과정에서 발생된 식료원가 차이액

250인분 × ₩200 = ₩50,000

여기서 원가 차이 발생요인(그림 13-2의 빗금부분)은 두 가지로 분석된다.

하나는 예상보다 큰 매출량으로 인한 정상적인 원재료소비 증가 결과이고 다른 하나는 단위 식음료에 대한 원가상승 요인인데, 이것은 과도한 재료사용의 결과이거나 혹은 재료 사용에서의 비능률 요인에 따른 원가상승 결과에 의한 것일 수가 있다.

여기서도 매출차이 분석 결과에 대한 해석을 놓고 제기될 수 있었던 것과 동일한 문제가 발생될 수 있지만 마찬가지로 각각 두 개의 가능한 해석을 놓고 분리해서 고려하는 것보다는 원가차이가 재료 사용과정에서 발생되었다는 방향으로 해석하는 것이 더 현실적이라 할 수 있다. 그렇지만 물가상승 요인이 큰 경제현실에서는 실제로 사용상의 원가차이 발생요인 외에도 원재료 원가 상승요인으로 인해 계획된 가격보다 높은 구매가격의 지불로 인한 원가차이 발생 가능성도 무시하기 어렵다.

이상 분석의 결과에 대한 이해를 돋구기 위해서 다음의 <그림 13-1>과 <그림 13-2>와 같은 분석 모형도를 그려서 활용해 보면 파악이 용이해질 수 있다.

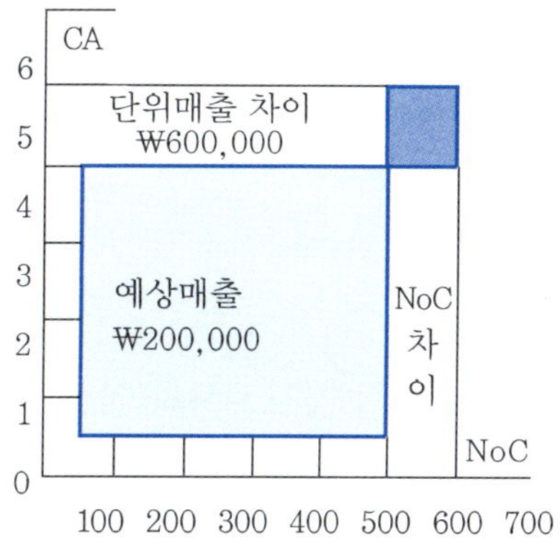

〈그림 13-1〉 매출차이 분석모형

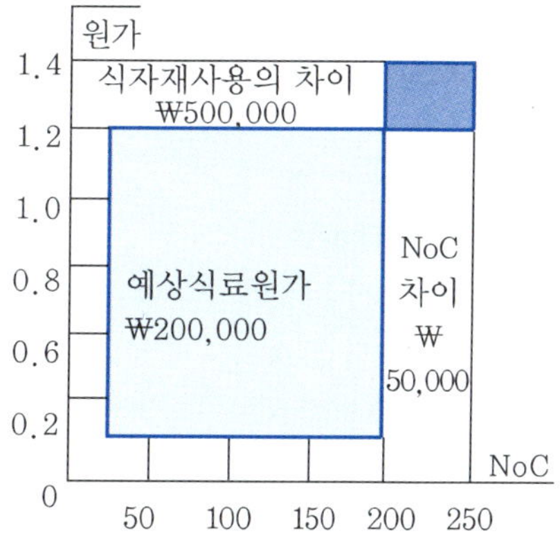

〈그림 13-2〉 원가차이 분석모형

3) 매출수익 차이의 수익기반 분석

식음료 매출수익은 단위매출에 판매량을 곱하여 얻어진다.

영업기간이 종료되는 시점에서 원래의 수익목표에 대한 성과달성 여부를 평가하기 전에 이 두 가지 요인에서 발생된 어떤 변화에 대해서도 철저한 원인규명이 이루어져야 할 필요성은 차이분석의 관점에서나 관리대책을 강구할 목적에서나 절대적이라 하겠다.

호텔 내의 여러 가지 식당 혹은 기타 외식사업체가 몇 개의 외식 사업체를 운영하고 있을 때 경영자들에게는 수익에서의 차이를 올바르게 계산해서 정확히 파악하고 또 실적을 당초 계획했던 예상치와 비교함으로써 적정선을 찾아 내어 그런 차이를 조정할 수 있는 역량이 요구되고 있다. 뿐만 아니라 본사, 계열사 및 주주를 포함한 소유주들에게 보고해야만 한다.

이런 계산과정에서 필요한 계산자료들로는 단위 매출(check average; CA), 단위 매출 규모에 발생된 차이 요인(check average variance; CAV), 판매량(number of covers; NoV; covers)과 여기서 발생된 차이 등이 있다. 수익성 차이에 대한 분석은 다음 절에서 나올 이윤차이의 분석으로 대치하기로 한다.

제2절 이윤의 차이분석

1. 차이분석의 의의와 관심 내용

이윤에 대한 차이분석(profit variance analysis)은 이익 감도분석의 일환으로 이루어지게 된다. 이윤의 차이분석은 이윤에 관련된 중요 요소들 중 어떤 변화가 특정 사업체에서 계획으로 수립해 놓은 예상 영업 순이익과 실제 실현된 금액 간의 차이를 계획에 대한 영향의 관점에서 밝히려는 목적에서 수행된다. 이러한 과정들은 주로 표준 원가관리의 과정에서 행해지는 원가차이 분석과 목적이나 효과 면에서의 이론적 배경과 큰 차이는 없다. 사업체에서 최적수준이라고 고려되는 목표를 미리 정해 두고 이것을 관리통제의 지표로 삼음으로써 목표를 달성하려는 경영관리의 한 기법으로도 널리 이용되고 있다. 이윤의 차이 분석은 제도회계상 확실한 이점을 가지고 있다. 예상원가 또는 표준원가와 실제원가 간의 차이, 예상매출과 실제 매출 간의 차이를 다루고 발견되는 차이들은 성과 차이의 원인 규명에 활용될 것이다.

실제로 이 장에서는 이윤의 차이분석에 있어서 매출과 원가의 차이는 심도 있게 다루지 않지만 예상 또는 기준으로 당초 수립된 이윤에 대해서 그러한 차이가 어떤 영향을 미치는가에 대해서 살펴보려고 한다. 그러므로 이윤분석에서 관심을 갖는 내용 측면은 매출이나 원가관리 보다는 사업에서 가득할 영업이익에 초점을 맞추고 있다. 이윤의 차이분석 갖는 강점은 분석과정을 통하여 특정 회계기간 동안에 일어난 변동 상황과 그 정도에 대한 비교적 정확한 파악을 할 수 있게 해 준다는 점이다.

다시 자료로 돌아가서 식당의 매출상황을 보자.

제도회계에 있어서 매출의 차이분석은 다음 <표 13-3>에서와 같이 설명되고 표시된다.

〈표 13-3〉 매출의 차이분석

예상매출		40,000,000
가산: 가격차이	4,800,000	
매출규모 차이	8,000,000	12,800,000
실제매출		52,800,000

분석을 하기 전에 얼핏 표를 보게 되면 가격 차이와 매출 규모의 차이라는 두 개의 중요 요소들 중 식당이윤에 대해 더 크게 영향을 미치는 것은 가격수준 보다도 매출 규모일 것같아 보이지만 뒤에서 행하게 될 분석결과에 따르면 이것이 사실과는 다르다는 것을 알 수 있게 된다.

2. 이윤의 차이분석 제 절차

이상과 같은 목적을 수행하기 위한 이윤의 차이분석 절차는 다음과 같다.

1) 모든 결정적으로 중요한 요인들에 대한 이윤승수의 계산

계산요소로 이용될 모든 중요 요소들에 대한 적정한 방법에 의한 이익승수를 계산해 두어야 한다.

2) 결정적(key) 요인의 변동에 허용된 범주결정과 변동비율의 계산

매출변동에 따른 결정적 요인의 변화에 허용될 수 있는 범주를 결정한 다음 각각의 요인들에 변동에 대한 해당 변동비율을 계산한다. 제도회계에서는 이러한 비율 변동들이 매출수익에 변화를 초래하겠지만 먼저 이 변화를 수용할 허용범위를 우선 차이(금액)로 결정한 후 결과에 따라서 결정해야 한다.

3) 중요요소들의 변화가 예상 순이익에 미칠 영향을 비율로 산출

중요요소들의 변화가 예상 순이익에 대해 어느 정도로 영향을 미칠 것인가를 알아보기 위해서 이런 변화를 비율로 환산하고 각각의 요소별 변동비율에 따른 이익승수를 곱해 준다.

4) 중요요소별 변동비율을 이용한 순이익의 차이 환산

전 단계에서 얻은 모든 중요요소들에 대한 변동비율을 이용해서 순이익을 금액으로 환산해 본다.

5) 순이익 실적의 계산

전 단계에서 확인한 변동비율을 이용해서 구한 순이익의 변동금액을 당초 예상했 던 순이익에 가산 또는 차감함으로써 실제의 순이익을 계산한다.

3. 예제에 의한 패스트푸드 식당의 이익보고서

예제를 적용함으로써 한 패스트푸드 식당의 영업실적을 계획된 기준치와 실제로 실현된 실적치로 구분해 보고 이상에서 열거한 제 절차에 따라서 이윤의 차이분석을 해보기로 한다(표 13-4 참조).

앞에서 이윤에 대한 예상치와 실제치 간의 차이를 계산하는 절차로 소개되었던 1)~5)에 이르는 단계를 걸쳐서 얻은 자료들을 한 표에 모은 것이 다음 <표 13-4> 이다.

〈표 13-4〉 패스트푸트 식당의 이익보고서

항목	예상이익	실현이익
판매수량(인분)	20,000	24,000
평균단위매출 매출수익	2,000 40,000,000	2,200 52,800,000
식료 및 음료원가 노무원가-고정원가 노무원가-변동원가 간접원가-고정원가	16,000,000 8,000,000 2,000,000 10,000,000	20,000,000 10,000,000 2,500,000 11,000,000
순이익	4,000,000	9,300,000

〈표 13-5〉 차이분석을 위한 요인별 자료

결정 요인	변동비율(%)	이익승수	순이익 변동비율(%)	순이익 차이 (변동금액)
가격수준	10.0	10.0	100.0	4,000,000
매출규모	20.0	5.5	110.0	4,400,000
가격/매출규모	2.0	10.0	20.0	800,000
식음료 원가	5.0	-4.0	-20.0	800,000
노무원가··고정원가	25.0	-2.0	-2.5	2,000,000
노무원가··변동원가	5.0	-0.5	-25.0	1,000,000
간접원가··고정원가	10.0	-2.5	-25.0	1,000,000

1) 가격수준의 차이분석

전 단계의 <표 13-4>에 시사되는 정보들을 분석하고 해석하는 과정이 필요하다(표 13-5 참조). 그 해석 여하에 따라서 각 요소들에 대한 새로운 경영 의사결정이 이루어지게 된다.

패스트푸드 식당의 영업회계 자료에 의하면, 평균 단위매출액으로 표시된 가격이 ₩2,000에서 ₩2,200으로 인상되었으므로 가격은 10% 수준의 변동 폭을 보여주고 있다. 표에서 시사되는 이익승수 10.0은 이미 앞서 설명된 절차들을 거쳐서 산출된 것이다. 예상이윤에 대한 가격 요인의 변동이 초래할 영향은 100.0(%)이고 금액으로는 ₩4,000,000이 된다.

10.0% × 10.0 = 100%

평균 단위매출 규모의 변동이 반드시 가격수준 변동에 의해서만 초래되는 것은 아니고 때로는 가격수준의 변동과 함께 신장된 식음료 소비자들의 달라진 소비규모가 원인이 되는 경우도 많다.

그러나 여기서는 평균 단위매출액 증대의 사유가 단지 메뉴의 가격수준 변동 (₩2,200- ₩2,000 = ₩200) 때문이라고 가정하고 분석해 본 결과 당연히 매출총이익률이 제고되었음을 알 수 있었다.

그러나 제고된 단위매출규모의 변동이 높은 메뉴가격과 소비자들의 소비액 증가에 의한 것일 때 분석은 각각 두 가지 측면에서 원인을 추적해 보아야 한다. 즉 높은 메뉴가격에 대해서는 이것이 가격수준에 미치는 영향을 분석해야 하고, 높은 소비액은 매출규모에 대한 영향요인으로 보고 분석해야 한다.

2) 매출규모에 대한 차이분석

매출규모를 고객수로 측정해 보니 20% 신장되었음을 알 수 있다. 이 변동비율에 이익승수를 곱해 주면 예상이윤에 대한 총 영향을 분석해 볼 수가 있다. 여기서 산출된 차이의 영향은 비율로는 예상총이윤의 110%이고 금액으로는 ₩4,400,000가 된다.

3) 가격/매출 규모의 차이분석

이윤에 대한 민감도 분석에서는 어떤 한 요인이 순이익에 미치는 영향을 알아보는 방식으로 분석을 했지만 가격・매출규모라는 요인은 가격과 매출규모에 대한 변화를 함께 분석해 보는 방법이다. 예제로 한 사업이 원래 예상했던 순이익에 비해 부가된 금액 ₩800,000은 판매수량인 4,000인분에 20%의 가격인상분(₩200)을 승해서 산출된 수치이다. 이 경우 예상원가에 부가된 20%의 증가분에 따른 변동은 긍정적인 것이라고 분석된다.

여기서 순이익 증가분이 20%이고, 중요 요인(key factor)에 대한 변동치가 2·0 미므로 이윤승수는 10.0이 된다. 이와같은 가격수준의 변동과 가격/매출규모라는 중요 요인의 변동에 기인된 총예상 순이익의 변동치는 곧 가격 차이에 상응하는 것이다.

4) 식료와 음료의 원가

식음료 원가는 ₩16,000,000에서 ₩20,000,000으로 25% 상승되었다. 그 중 20%의 원가상승은 판매량 증가에 의한 것이므로 식음료라는 중요 요인의 변동은 5%에 불과한 것이다.

5) 노무비 원가-고정 원가

고정원가 중 노무비 원가는 25%나 상승했다. 그러나 고정 원가는 조업도의 변동에 영향을 받지 않으므로 고정원가인 노무비는 매출액 변동에 따라 변화하지 않는다. 당연히 매출규모에 따른 이익승수도 그런 변화를 반영하지 못한다. 그러므로 예상이윤이 어떤 비율(%)로 얼만큼 변화되었는지를 분석해 보려면 고정성의 노무비 원가 상승분을 이익승수로 승해 줌으로써 얻은 결과를 가지고 분석해 봐야만 알 수 있게 된다.

6) 노무비 원가-변동원가

이 원가는 변동비 성격을 지닌 노무비 원가로 조업도의 증감변동에 따라서 증감하는 성질을 가지고 있다. 이 원가의 상승분도 역시 25%인데 그 중 20%는 매출규모에 대한 이윤승수에 의한 것이므로 차이는 5%에 불과하다.

7) 간접원가-고정원가

간접원가 또한 고정성의 노무비 원가와 같이 고정원가 영역에 속하는데 이윤의 차이분석에 있어서 꼭 다루어야 할 또 하나의 측면이다. 이 원가는 금액으로 보아 총 ₩10,000,000에서 ₩11,000,000으로 변동됨으로써 변동률 10.0%를 나타내고 있다.

지금까지 각각의 중요 요인별로 예상순이익에 대한 영향력의 정도와 내용들에 대해서 살펴보았는데, 이것은 예상순이익과 실제 순이익을 조정하기 위한 준비차원에서 행한 분석이었다고 할 수가 있다.

이윤의 차이 분석이란 발생된 차이가 어떤 요소에 기인되고 있으며 또 비율이나 금액에 있어서 어느 정도의 규모에 의한 변화였는가를 파악해 보려는 것이다. 그럼으로써 차이발생의 원인을 다각도로 규명하고 또 야기된 차이들을 어떻게 조정해 나갈 것인지를 조직적으로 고려하고 대처함으로써 기업의 수익목표를 능률적으로 달성하기 위한 일련의 관리활동의 일환으로 수행되는 분석과정이라고 이해해야 한다.

제 14 장
내부통제

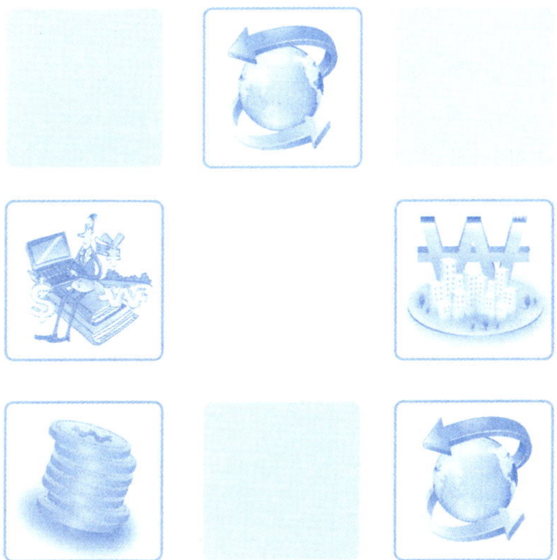

14 내부통제

제1절 호스피탈리티 경영과 내부통제

1. 강력한 내부통제의 필요성 제기요인

어떤 사업에 있어서도 지속적으로 소비자에게 좋은 제품과 서비스를 제공하고 이를 통해서 장기적인 이윤 극대화를 기하려는 욕구를 가지고 있다.

호스피탈리티 사업에 있어서의 대부분의 거래들은 소매형태로 이루어지므로 매일의 거래수가 수백 또는 수천에 이를 정도로 거래빈도가 매우 높다. 뿐만 아니라 대부분의 거래가 현금거래에 의존하는 특성이 두드러진다. 현관부서(front office)부터 식당 및 음료관련 부서의 종업원들 상당수가 상품과 현금을 직접 취급하는 업무에 종사하게 된다. 이러한 호스피탈리티 산업에서의 현금판매 및 현금취급에 대한 빈번성과 이에 수반된 매출수익 관리의 중요성으로 말미암아 성공적인 경영관리 혹은 이윤관리를 위해서는 이에 대한 강력한 내부통제제도(internal control system)의 필요성이 절대적으로 중요(critical)하다.

내부통제(internal control)는 회사의 자산을 안전하게 보호하고, 회계자료의 정확성과 신뢰성을 높이며, 경영효율의 증진과 지시된 경영방침의 준수를 촉진할 수 있도록 회사 내에서 채택된 조직에 관한 계획과 모든 정렬된 방법이나 수단을 말한다.

호스피탈리티 산업에 있어서 강력한 내부통제의 필요성을 제기하는 환경요인들은 몇 가지로 요약될수 있다. 이러한 내부통제의 내용들은 물론 전통적으로는 회계통제의 기능들을 중심으로 하고 있다. 초기에는 내부통제가 감사과정에서의 기술적인 문제정도로 인식되어 오다가 1970년대 미국 등을 중심으로 비자금 조성과 지급, 횡령 등 내부적인 불법거래들이 폭로되면서 내부통제가 최고경영자들이 관심을 갖고 수행해야할 경영관리의 주요한 책무가 되었다. 경영관리상 그 중요성이 고조되고 있는 관리회계에 대한 인식추세와 함께 내부통제는 관리통제의 기능을 병행하여 수행하게 되었다. 이런 관점에서 내부통제 업무는 기업의 감사위원회 등 조직에서 전담하기도 한다.

호텔경영에서 내부통제의 필요성을 제기하는 많은 요인들 중 몇가지 중요한 요인들을 열거해 보면 다음과 같다.

1) 거래빈도의 다발성과 대부분이 현금거래인 거래의 특성

호텔은 24시간 연중무휴의 영업을 원칙으로 하는 서비스 사업이다. 그러자면 프론트 캐셔(front cashier)는 물론이고 각종의 업장에서 일하는 다른 현금출납 담당 종업원들도 단일 근무조(shift)보다는 2부제나 3부제의 근무교대에 의해서 일해야 할 경우가 많다. 하루동안에도 동일한 현금출납이나 거래 기장업무나 작업을 각기 다른 몇 사람들이 교대로 수행하지 않으면 안 된다. 중규모 이상의 호텔들은 대부분 수십 개의 이익중심점(profit centers)들을 중심으로 운영되므로 현금취급 업무에 관련된 종업원수는 다른 업종의 경우보다 많고 더구나 호텔이 부대시설 또는 영업장으로 운영하고 있는 광범위한 내용과 장소에 걸쳐 분산 배치되어 있다. 호텔에서의 거래의 다발성은 소매업의 성격에 의한 것이고 고객들은 호텔상품과 서비스의 대금을 대부분 현금결제에 의하므로 대체결제의 경우보다 현금관리, 즉 매출관리의 필요성이 크게 제기된다. 더구나 빈번한 소액거래의 과정에서의 현금출납을 위해서 수시로 필요한 현금수요를 위해서는 소액현금 제도(petty cash system) 등 현금(cash bank)을 운용하게 된다. 그러므로 이와 관련된 현금 등의 통제기능을 강화시킬 필요성은 절대적인 것이고 큰만큼 현금관리와 관련된 내부통제 업무의 수행은 호텔 수익관리의 중심이 되고 있다.

2) 미숙련 노동력 이용과 직종에 대한 사회적 인식

호텔사업은 고도로 노동집약적인 서비스산업으로서 항상 노무비 압박을 받고 있다. 그러므로 원가관리 목적과 함께 정신노동보다는 육체노동이 필요한 많은 직무의 성격상 미숙련 노동력의 이용이 불가피하게 된다. 후진국과 같이 대부분의 모든 직종의 근무환경이 열악하고 일반적으로 급료와 임금 수준이 낮은 곳에서는 호텔업은 실질적으로 더 많은 가계수입이 기대되고 작업환경도 뛰어난 인기 있는 직종이 되고 있다. 그러나 중진국 또는 선진국에서는 오히려 저임금 지대라는 저조한 사회적 인식이 종업원들의 시회적 신분에 대한 인정욕구를 충족시키지 못해 종업원들의 사기저하 결과를 초래할 수 있다. 이러한 임금과 신분에 대한 인식부족은 산업전반에 걸쳐 고질적으로 높은 이직률로 반영되고 있어 오랜동안 호스피탈리티 산업의 서비스 품질유지를 위한 종업원 관리면에서 또다른 비용 측면으로서 경영상의 문제를 제기해 오고 있다. 이러한 여건은 모두 종업원들의 업무수행 능력이나 태도와 관련하여 교육훈련 외에도 내부통제를 요로 하는 배경으로 작용되고 있다.

3) 고가성 및 일용품적 수익발생 취급자산의 특성

호텔에서 취급하거나 비치해둔 주된 물품이나 상품들은 대부분 비교적 고가품목들이고 일반인들의 일상생활에서도 필요한 일용품적인 성질의 것들이 많다. 이런 점에서 호텔이 보유한 크고 작은 자산들은 유실이나 도난의 우려성이 크다. 호텔업은 수익발생 자산을 운용하는 특수한 형태의 부동산 사업이므로 총자본은 대부분 토지, 건물 및 가구집기 및 설비 등에 투자된다. 그러므로 호텔의 자산관리는 일반 기업과는 달리 투자자본의 관리와 거의 동일한 성질을 띤다. 이러한 기업자산의 관리에 대한 중요성은 또한 내부통제를 요하는 환경으로 작용되고 있다.

2. 내부통제의 개념과 조직규모

내부통제란 여러가지로 정의될 수 있겠지만 광의적인 의미에서 관리통제(administrative control)와 회계통제(accounting control)의 개념을 모두 포괄하는 활동이다. 이것을 좀 더 상술한다면 조직계획, 자산보호, 회계정보의 정확성과 신뢰성 점검, 경영의 효율증진 및 지시된 여러 가지 관리방침들이 준수되는가의 여부 확인을 포함하는 활동이다. 미국 공인회계사회에서 요약・정리한 바에 따르면 내부통제의 주된 기능과 목적은 자산보호, 회계정보, 경영능률 및 관리지침 준수 등 4가지 기능 외에도 경영활동에 대한 사후 책임귀속 등을 주된 내용으로 하고 있다.

개별식당이나 소규모 호텔 등과 같이 소유자 직영의 소규모 사업체에서는 소유경영자가 직접 모든 업무를 총괄하여 수행하므로 별도의 내부통제 기능수행에 대한 필요성이 비교적 약하다. 그러나 대규모의 사업체에서는 복잡한 조직만큼 여러 부서로 업무분담이 이루어지기 때문에 이를 중심으로 하는 조직계획 수립과 조직의 편성이 이루어져야 한다. 더구나 대규모 조직에서 경영자가 혼자서 모든 기능들을 통제한다는 것은 실제로 불가능하다. 기업의 조직도는 의사소통의 체계이며 권한・책임의 계보라고 할 수 있다. 이러한 조직을 효과적인 내부통제의 기초 정립이라는 차원에서 이해하고 편성하는 것은 매우 중요하다.

외부감사를 담당하는 회계사들은 전통적으로 내부통제 업무를 회계감사에 초점을 맞추어 수행해 왔다. 그러나 사업특성으로 말미암은 호스피탈리티 사업은 물론이고 수많은 업무분장으로 복잡해지고 비대해진 조직규모와 함께 대부분의 기업들까지 점차 내부통제를 회계통제영역에 국한시키지 않고 실제의 경영관리 활동에 적용 가능한 관리통제기능으로까지 확대함으로써 그에 대한 관심은 고조되게 되었다. 이러한 추세는 전반적으로 고객에 대한 적정한 서비스의 제공과 이를 통한 이윤극대화에 목표를 두고 형성된 현상일 것이다. 오늘날 관리통제 업무는 회계통제를 담당해 오던 내부 감사자들에게 새로이 부과된 과업이면서 동시에 기업 내부적인 경영관리 목적을 위한 경영자의 주요한 활동과 책무가 되었다. 뿐만 아니라 사회적으로도 기업 외부에 대한 회계정보의 공시나 제공 등과 관련되어 요청되고 있는 주요한 활동영역이 되었다. 특히 1970년대의 비자금 지급이나 횡령 등 사회적으로 물의를 야기한 문제들을 배경으로 해서 법안(U.S. Foreign Corrupt Practices Act) 제정까지 이루어짐으로써 대외적으로도 내부통제는 경영자의 주요 책무로 요구되는 등 그에 대한 인식이 강화·확산되기에 이르렀다. 그만큼 내부통제는 비단 회계부서만의 협의적 관심사가 아닌 기업 전반에 걸쳐 관심을 갖고 수행해야 할 주요한 통제 기능인 것이다.

3. 내부통제의 목적과 내용

1) 회계통제

주로 모든 거래의 결재권, 자산보호, 재무기록의 정확성 등과 관련된 제방법과 절차들에 관한 통제가 회계통제의 영역이다. 효과적인 회계통제란 효율 극대화를 기하고 낭비요인 및 예기치 않은 실수나 속임수 등을 극소화 시킬 수 있는 것이어야 한다.

(1) 제자산의 보호기능

현금, 재고자산, 건물과 설비등 유형자산 및 영구자산인 토지 등과 같은 기업이 소유한 제자원을 안전하게 보호·유지하는 것이 일의적인 내부통제의 목적이 되고 있다. 보호라는 의미 속에는 ① 도난으로 부터의 방지, ② 자산의 가장 효율적인 운용을 위한 건물, 제시설 및 설비의 영선유지를 통한 보호, ③ 판매 목적으로 보유하고 있는 자원인 재고자산의 보호와 관리 등이 내포되어 있다. 적정한 저장관리 제도와 권한 위양에 의한 각종 자산취급자의 제한 등에 의해 관리소홀 등으로 인한 낭비나 폐기로부터 자산을 보호하고 도난을 방지할 수 있다. 또한 제자산의 운영, 보관 및 회계기능들을 각각 분리시킴으로써 자산보호라는 내부통제 목적을 달성할 수 있다.

(2) 회계정보의 정확성과 신뢰성 점검기능

모든 회계 관련자료들이 오기, 분실, 변조 없이 올바르게 처리되어 정확하며 신뢰할 수 있는 것인지를 확인하기 위한 목적에서 회계제도 내에서의 모든 검토가 이루어지고 평가활동이 수행되어야 한다. 회계정보의 적정성과 신뢰성은 소유주, 세무와 관련하여 납세권자인 정부와 세무당국, 기타 외부 관계자들에 대한 보고목적도 있지만 내부적으로 경영자들이 기업의 경영관리에 유용하게 사용할 수 있는 적정한 것이 되기 위해 꼭 필요한 요건이 된다. 호스피탈리티 산업에서 적용되고 있는 통일회계 제도인 유니폼시스템은 무엇보다도 이러한 내부통제의 목적달성에 가장 유용하고도 효과적인 제도라고 하겠다. 정기적인 보고를 통하여 경영자들이 적정한 회계정보를 적시에 확보할 수 있을 때 이것은 경영관리 활동에 가장 유용한 정보로서 활용될 수 있는 것이다.

2) 관리통제

관리통제란 보고의무를 중심으로 이루어진 조직도표 등으로 표시된 조직계획, 경영의 계획과 통제를 위한 방법과 절차들을 주된 대상으로 하는 통제활동이다. 이러한 관리통제는 경영능률을 제고하고 수립된 경영정책 등에 따른 지시내용들이 올바르게 준수될 수 있도록 장려하는 기능을 위하여 필요하다. 예컨대 부문예산 수립의 제절차에 관한 사항과 예산의 집행내용에 대한 상황보고 등을 확인하고 관리한다면 이것은 관리통제가 된다.

(1) 경영능률의 증진기능

경영능률은 제품과 서비스가 최소의 비용으로 제공될 수 있을 때 달성될 수 있다. 호스피탈리티 사업의 경영능률 제고를 위해서는 무엇보다도 종업원 훈련계획과 업무수행에 대한 적정한 감독기능이 이행되어야 한다. 이 산업에서는 기술수준이 저급한 노동력도 많이 이용하고 있으므로 그만큼 신속하고 좋은 서비스를 위해서는 지속적인 종업원의 교육훈련이 필요하다. 인적서비스의 본질을 보면 전혀 시장생산의 가능성이나 저장성이 없으며 더구나 이를 생산하는 종업원의 자세와 능력에 완전히 의존적인 성격을 지니고 있다. 균질의 서비스란 종업원의 일관된 접객태도 여하에 달려있으므로 이러한 태도를 위해서는 지속적인 교육훈련을 실시하지 않으면 안 된다. 예컨대 객실부문의 종업원들이 적정하게 교육훈련, 감독될 수 있다면 고객의 입숙(check-in)과 출숙(check-out) 절차가 실수없이 신속히 처리되어 비능률 요인이 제거됨으로써 원가절감과 고객만족이라는 성과를 기대할 수 있을 것이다. 실제로 객실정비(housekeeping)부서에서도 룸메이드(room maid)들이 적정한 훈련과 감독을 통하여 객실청소비 원가절감과 효율적인 자산관리라는 성과를 거둘수 있게 된다.

호텔은 특별한 경우를 제외하고는 투숙객에 대한 대부분의 매출이 외상거래 원칙에 의존되고 있다. 객실은 물론 식음료나 기타 호텔이 제공하는 모든 부대시설을 통한 서비스와 상품의 판매거래는 판매시점(point-of-sale;POS)에서 그 업장의 현금출납원(cashier)에 의해 즉각적으로 프론트 데스크의 인명별 고객원장(guest ledger or guest folio)에 외상매출금으로 기장된다. 이러한 매출기록 업무가 신속히 이행되지 못해 현관의 현금출납원(front cashier)에게 적시에 매출정보가 통보되지 않는다면 원장 합산시에 그 금액이 탈루되어 호텔의 상품과 서비스를 이용한 직후에 고객이 출숙한다면 그만큼의 외상매출금은 회수할 수 없게 된다. 이런 경우 대부분 해당 외상매출금은 대금 회수불능이 된다. 이런 유사문제들에 대비해서 수기방법나 에어슈터 등의 시설을 이용한 외상매출 전표의 프론트 데스크에의 전달보다는 오늘날과 같은 컴퓨터등의 전자장비를 통하여 각 영업장과 프론트의 고객원장 취급자 상호간의 신속하고 정확한 정보교환과 매출거래 자료의 송수신방법이 널리 이용되고 있다. 이러한 시설들은 비단 업무능률 개선에 따른 노무비 절감과 고객만족뿐만 아니라 기록 누락으로 인한 매출채권 회수불능사태의 야기와 대손을 방지하는 효과를 기대할 수 있어서 매출수익의 관리라는 내부통제 목적에도 기여할 수 있다. 이처럼 능률적인 내부통제 목적의 실현을 위해서는 호텔 POS 설비들과 같이 자산보호를 위한 보조기계나 장비들을 이용할 필요성도 제기된다.

(2) 지시된 관리방책 준수의 장려기능

능률적인 경영관리란 좋은 계획의 수립에 이어 조직 내 전종업원이 수립된 정책과 계획을 잘 준수하도록 촉진하고 확인하는 것이다. 내부통제란 기업의 경영목표 달성을 위해서 이미 수립된 경영방침을 종업원들이 잘 준수하는 가운데 업무를 수행하고 있는지를 확인하는 것과 관련된 일련의 활동기능이다. 예컨대 시간제 종업원들이 출퇴근시에 시간 등록기에 시간을 찍을 때 동료 종업원들의 것까지 대신해 주지 않도록 시간 등록기의 위치를 감독자나 관리자가 관리하기 쉬운 장소에 둔다면 이것은 종업원의 출퇴근시간 등록업무와 관련된 회사의 방침을 잘 준수할 수 있는 환경을 조성하는 효과를 거둘 수 있을 것이다.

4. 문제와 관련시킨 내부통제의 분류

내부통제는 전술한 바와 같이 통제대상의 내용에 따라서 회계통제와 관리통제로 분류할 수 있다. 그런데 내부통제는 통제기능이 수행된 시간을 중심으로 분류되기도 한다. 기업내부에서 어떤 문제가 발생된 시점을 중심으로 해서 통제기능이 그 이전에 실시되었는가 혹은 문제발생 이후에 실시되었는가의 관점에서 내부통제는 예방적 통제와 탐색적 통제로 분류한다. 문제발생 이전에 수행하는 내부통제를 예방적 통제(preventive control)라고 하는데 반해, 문제발생 이후에 수행하는 내부통제를 탐색적 통제(detective control)라고 한다. 기업에서 재고자산의 관리 및 보호를 위해서 창고의 입출입을 엄격히 통제한다든지 장부와 실물자산의 관리기능을 업무분장에 의해 각기 다른 종업원이 독립적으로 수행하도록 한다든지 하는 관리기능은 문제를 예방하는 차원에서 적용되는 통제활동들이다. 그러나 문제가 발생되었을 때 그 원인의 소재파악과 예방적 통제기능의 검토목적으로 적용되는 관리기능은 탐색적 통제이다. 외부감사, 불시의 내부 현금 및 현금출납업무의 감사, 은행계정 조정의 확인 등은 탐색적 통제기능에 포함된다. 탐색적 통제기능을 수행하는 경우 내부통제시스템이 개선되고 통제의 효과도 제고됨으로써 문제발생건수와 규모가 감소될 수 있다는 점에서 탐색적 내부통제는 부분적으로는 예방적 내부통제 기능과 같은 기능을 수행한다고도 볼 수 있다.

제2절 내부통제의 제요건

일반적으로 성공적인 내부통제 활동수행을 위해서는 몇가지 조건들이 충족될 수 있어야 한다. 이와같이 통제목적을 달성하기 위한 통제업무에 흔히 적용되는 몇가지 원칙이나 요건들이 있는데 이들은 통제절차(control procedures), 통제원칙, 통제요소, 통제기준, 통제의 특성 혹은 통제의 특색이라고도 부른다(Alvin Arens and James Loebbecke, Auditing, 2nd ed.(Englewood Cliffs, N.J.: Prence-Hall, 1980, Chapter 7). 통제요소란 현금, 구매, 판매, 임금관리 업무 등과 같은 특정의 절차들을 평가하는데 활용할 수 있는 내부통제의 점검표(check list)와도 같은 것이기 때문에 일명 점검표라고도 칭해진다(Charles T. Horngren, Cost Accounting-managerial emphasis,5th ed., Prentice-Hall, 1980, p. 912). 내부통제의 능률과 효과는 이러한 통제 절차상의 점검표인 통제요소들이 최적여건에 놓여질 때 더 기대될 수 있다.

완벽한 내부통제를 위한 일정한 공식이나 틀은 없다. 나쁜 의도를 가지고 있는 이들의 부정확한 업무기록이나 회계장부의 변조 혹은 모든 오류나 부정, 횡령을 일소시킬 수 있는 뚜렷한 방안이나 원칙 혹은 기준이 있는 것도 아니다. 그러므로 내부통제제도나 통제의 각 요소들을 연구하는 것은 속임수를 완벽히 방지하거나 일소시키고 완벽한 업무수행을 기하는 방안으로서 강구된다기보다는 능률적인 업무수행과 잘못된 의도를 감소시키는데 목표를 두고 있다고 보는 시각이 타당하다.

1. 내부통제시스템의 요건

1) 직무수행방법과 절차의 명시요건

각 직무 담당자가 그들에게 부과된 업무를 통하여 경영정책과 지침을 준수하고 계획된 업무능률을 달성하며 낭비, 도난, 속임수 등으로부터 자산을 보호할 수 있도록 관리하려면 표준적인 직무수행방법과 절차가 마련되어야 한다. 내부통제는 종업원들이 반드시 준수하도록 제시된 일정한 방법과 절차에 따라서 업무를 수행하도록 요구하는 것이다.

호텔의 자산은 현금, 매출채권, 재고자산, 설비 및 가구, 토지, 건물 등으로 이루어져 있다. 그러한 자산의 안전한 관리란 현금관리, 식음료 원재료의 저장관리, 현금 및 각종 재고자산의 보관장소의 한정, 능률적인 작업을 위한 시설의 영선유지 등 업무를 포함한다. 이들 업무수행상의 일정한 방법과 절차가 마련되지 못한다면 종업원의 업무수행 내용여하를 통제할 정당하고 강력한 비교지표나 근거가 없어서 관리능률의 기하기는 어렵다.

2) 인정한 서류양식과 보고서에 의한 업무수행 요건

종업원의 업무수행 능률 측정과 경영분석에 있어서 문제의 소재파악을 위해서는 회계 또는 재무적 성격의 정보가 필요한데 이를 위해서는 필요한 정보제공이 반드시 일정한 양식(forms)과 보고서에 의해서 이루어지도록 해야한다는 통제의 요건이다. 정보의 유용성을 높이려면 정확성과 적시성이 요구된다. 유용성이 없는 모든 노력과 경비는 낭비로서 원가고 요인이 될 뿐이다. 그러므로 내부통제제도는 원가능률면에서도 분석됨으로써 통제업무 수행의 효익이 내부통제제도의 적용과 유지에 수반된 원가보다 크고 유용하다는 것이 입증되지 않으면 안 된다.

3) 대립적 요건

앞에서 언급된 직무수행방법과 절차에 대한 요건과 일정한 서류양식과 보고서에 의한 업무처리의 요건은 외견상 원가절감이나 경영성과 제고목적에 배치되는 것같이 보인다. 실제로 서류작업이나 일정한 요식행위를 위해서는 노무비가 부가되고 고객에 대한 서비스 시간을 불가피하게 할애하여야 하므로 어느 기간까지는 매출증대 목적에 반하는 결과를 초래할지도 모른다. 그러나 일단 이런 업무수행방법과 절차와 서류 및 보고서 작성에 숙달되면 오히려 업무능률이 증진됨은 물론이고 장기적으로는 내부통제의 목적을 달성할 수 있게 된다.

2. 책임이 명확하게 부과된 신뢰할만한 담당자

내부통제를 성공적으로 이끌기 위한 가장 중요한 요소는 담당인사이다. 담당자는 자신에게 부과된 책임의 내용과 깊이를 명확히 알고 있고 신뢰할만한 품격의 소유자라야 한다.

1) 능력과 신뢰성을 겸비한 담당자

담당자가 능력과 정직성 등 품성면에서 적합한 인사가 아닌 경우에는 여타의 요건들을 충실히 갖추고 있다고해도 내부통제제도를 해하게 된다. 내부통제란 결국 종업원들의 협력에 의해서 수행되고 성과도 기대될 수 있는 것이기 때문이다. 내부통제 담당자에겐 그들의 능력, 관심, 경험 및 신뢰성 정도에 따라 적당한 권한과 책임 및 의무가 부과되어야 한다. 내부통제란 반드시 품성적인 통제만은 아니며 능력의 관리라는 점에 유의할 필요성이 크다. 경영관리에 있어서 속임수에 의한 비용보다도 오히려 저조한 생산성으로 말미암아 장기적인 안목에서 오히려 값비싼 원가절감을 실현하는 경우도 허다하다는 점을 관리할 수 있어야 한다. 인격면에서나 성과면에서 내부통제에 대한 신뢰성의 확립은 수립된 정책이나 계획에 따라 지시를 하는 최고경영자로부터 출발되어야 한다.

2) 경영자의 태도와 지도력

내부통제 제도에 있어서 모든 지시내용이나 변화들의 확실성에 대한 보증과 종업원에 대한 감독과 평가의 정당성에 대한 확인의 필요성은 절대적이다. 기업의 최고 의사결정기구에서 수립한 최고의 정책을 경영의 전계층에 지시하고 수행하는 것은 경영자들이다. 그러므로 내부통제제도에 있어서 가장 중요한 것은 이러한 확신을 종업원들에게 줄 수 있는 경영자의 지도력이라고 할 수 있다. 정책에 예외가 있을 수는 있지만 잦은 예외는 정책의 악화 또는 무용성 시비를 초래할 수 있으므로 최소한으로 통제되어야 한다. 책임이란 조직 내에서의 모든 업무활동들이 정당한 것이고 그 결과가 관련된 특정인과 결부되어 명확한 사후책임 귀속이 이루어짐으로써 내부통제의 목적에 기여할 수 있는 활동이어야만 한다는 의미이다. 책임확정의 심리적인 효과는 시달된 내용에 대한 수용이나 수행의 태도에 대한 종업원의 주의와 능률증진에 영향을 미친다는 점에 있다. 지시된 방법과 절차의 수행에 있어서 차질이 발생되는 경우에 거기에 대한 원인규명이 반드시 요구되는 제도를 가진 조직에서 종업원들은 업무수행에 대해 더 동기화되고 능률적이 될 것으로 기대되기 때문이다.

3) 조직구조와 직무

소규모의 조직이 아니라면 현실적으로 전종업원들을 개별적으로 감독할 수는 없을 것이다. 모든 경영조직의 구조는 인사, 생산, 마케팅, 회계 및 재무 등 여러가지 기능 분과들을 근간으로 나뉘어 질 수 있다. 조직도는 권한과 책임을 중심으로 해서 운용되고 있는 조직의 구조를 명시적으로 나타내 주므로 종업원들은 조직도를 통해 명령체계를 알고 따라야 한다. 어떤 경영정책도 이러한 체계에 의해 각 계층의 종업원들이 조직의 명령계통을 와해하지 않도록 방지하려고 노력한다. 또한 불명확성이나 혼동의 배제로 비능률을 없애고 업무의 효율을 증진하려고 도모한다. 그러나 직속상사나 경영진이 건전한 경영실무를 수행하지 않는 예외의 경우에는 최고위의 정책 입안자나 내부 감사자들과 불평이나 제안사항들을 상담할 수도 있다. 조직도표상의 직위는 주워진 권한과 책임에 의해 결정되고 표시되지만 직무수행에 필요한 상세한 내용은 표시되지 않고 있다. 그러므로 업무수행을 위해서는 직무명세서에 명시된 의무조항 등의 내용에 따라야 한다. 직무명세서는 조직도상에 나타난 직권과 직책을 명문화한 것이므로 특정지위에 대한 상세한 업무수행 내용과 의무조항들이 명시되고 있으므로 정당한 업무수행을 위해서는 이를 준수해야 한다.

3. 내부통제시스템의 지속적인 검토

내부통제제도의 효율성을 위해서는 통제에 필요한 정보가 항상 제공될 수 있어야 한다. 수많은 정보욕구를 충족시키려면 통제제도 자체의 신축성도 요건으로 충족될 수 있어야만 소규모적인 변화에 대한 신속한 대처가 가능하다. 그러나 시스템이 전반적으로 통제환경에 부적응성을 지닌 것으로 판단될 경우에는 적정한 개선 또는 교체가 이루어져야 한다. 이처럼 크고 작은 기업내외부의 환경변화에 의해 야기된 내부통제제도의 부적응성에 대해 적절한 대처를 통하여 효과적인 통제목적을 달성하려면 항상 내부통제제도의 적응성 여하를 지속적으로 검토해야 한다.

4. 제업무 및 책임의 분리

기업 내 제반 업무들을 최소단위로 분해하여 소위 업무책임을 분리(segregation of duties)하는 것은 정확한 재무적 정보의 기록목적에도 기여하지만 더 중요한 것은 임의적이고 의도적인 기재오류, 삭제 및 변조 또는 기업 내부적인 결탁이나 공모에 의한 속임수와 부정을 방지하기 위한 목적에서이다. 이와 같은 잘못된 업무수행, 고의적인 행위 및 업무보고와 관련된 파행들은 기본적으로 특정책무 수행에 필요한 담당직무의 수와 참여 인원수가 증대될수록 어렵고 발생건수도 줄일 수 있는 효과가 기대되기 때문이다. 책무의 분리가 이루어지는 주된 대상이 되는 다음의 영역들에 대해서 상론해 보기로 한다.

1) 영업활동과 거래기록 책임의 분리

전체 회계기능을 영업부서와 분리시켜서 각기 다른 영업부서 종업원들이나 사무원들이 객관적이고도 독립적으로 회계기록을 관리해 나가도록 한다.

2) 자산에 대한 기록과 관리업무의 분리

자산에 대한 실물관리와 회계적 기록관리 업무를 분리시킬 때 자산의 구매, 입출고, 부당한 자금의 유용등과 관련된 유혹이나 부정행위를 예방 또는 줄일수 있다. 예컨대 장부관리와 실제의 현금 출납기능의 분리, 현금출납 책임자와 거래원장의 분리, 또는 객실상품을 다루는 담당 컴퓨터 프로그래머와 실제의 객실상품의 판매를 관리하는 책임자를 동일인으로 하지 않고 분리하는 것은 자산의 회계적 기록관리 업무와 실물자산의 취급업무를 분리한 것이다. 객실상품의 실물관리자가 장부기록 업무를 겸임하는 경우에 객실을 판매한 후 대금을 개인이 유용하고 이 거래를 장부에 기장하지 않는다면 객실수익은 실제로 판매된 객실수에 비해 감소될 것이다. 이 때 하우스키핑에서 객실점유 상황을 점검하는 업무를 분리하여 담당하지도 않고 있다면 이러한 종류의 부정행위는 쉬워진다. 또 업무나 장부기록들이 수기로만 이루어지는 사업체라면 이런 문제에 대한 내부통제 기능은 더욱 취약해진다.

3) 관련 거래의 결재와 실물자산관리의 분리

거래의 결재권을 지닌 사람이 관련된 실제의 자산을 관리하지 않도록 담당 기능을 분리시켜야 한다. 구매결정권자가 구매물품 납품업자의 송장에 따른 대금지불의 결재권을 가진다면 내부통제력은 약화된다. 거래 결재권과 실물자산 관리의 분리란 예컨대 현금입출 관리자가 동시에 매출채권을 회수불능이라고 판정할 수 있는 책무를 담당하는 등의 일은 방지하는 것이 좋다는 원칙이다.

4) 회계부서 내 제기능별 의무의 분리

동일한 종업원이 원시기록 담당업무에서 최종 원장합산까지 담당하지 않는 것이다. 회계절차상의 각 업무들을 각기 다른 사람이 담당하도록 책무를 분리하여 맡김으로 써오기나 변조 등 각종 요인에 의한 부정확한 회계기록과 처리를 관리할 수 있다.

강력한 내부통제를 요하는 호스피탈리티 산업에 있어서 제의무의 분리 원칙에 대한 인식은 일찍부터 확산되어 왔다. 식당에서 고객으로부터 주문받은 식음료를 생산하여 서비스한 후 식사대금을 받고 이에 대한 회계처리를 하는 과정에서는 많은 업무들이 수행되게 된다. 가령 저장고로부터 원재료의 불출, 생산, 판매, 현금출납원의 거래관련 기록 등 여러 가지 의무들이 분리되어 이행됨으로써 원재료의 산출고와 이를 통한 구매업무와 조리사의 숙련도 평가, 원가능률, 생산성, 매출관리 등 여러 가지 경영관리 목적에 기여할 수 있게 된다.

5. 제절차에 대한 적정한 권한 위임

내부통제의 기본요건들 중에는 직무수행에 대한 명확한 책임귀속이 요건시 되고 있다. 그러나 현실적으로 경영자들이 직접 모든 사업상의 거래나 업무를 처리하거나 직접 관리할 수가 없으므로 특정계층의 종업원들이 그들의 경상적인 직무를 수행하는데 필요한 적정한 권한의 위양이 필요하다. 적정한 위임사항들은 일반적이거나 특수한 것에 관계없이 흔히 명문화되어 있고 그 수행결과에 대해서는 책임을 져야 한다. 반복적이고 예측가능한 상황에 대해 사전에 권한 위양과 위임이 이루어질 수 있다면 원활하고 신속한 업무처리가 가능하기 때문이다. 이것은 비용지불 한도에 대한 명확한 금액의 제한, 판매할인 제공 여부 및 최종 판매가격 할인의 한도액이나 정가판매, 소비자에 대한 외상판매금액의 한도 등과 같이 조직도나 직무기술서 등으로는 명시되거나 파악될 수 없은 내용으로서 대개 사전승인사항들로 이루어져 있다. 동시에 추가 지불액, 초과수당, 혹은 뇌물성 상납액 등과 같이 금액으로 사전승인이 금지된 사항들을 명시하기도 한다. 일반적인 위임사항과 다르거나 규정되어 있지 않은 사안에 대해서는 반드시 최고경영자의 결재를 받도록 규정함으로써 통제의 심도를 강화하고 있다. 이러한 것들은 특수한 위임사항이라고 한다.

6. 적합한 기록과 문서의 작성 및 보관

1) 거래기록

거래기록을 위한 합당한 자료들은 효율적인 내부통제에 필수불가결한 것이다. 이런 기록자료의 범주에는 고객등록카드, 고객원장, 외상매출장부, 임금관리 장부, 검수보고서, 발주기록, 종업원의 출퇴근시간 등록카드나 설비의 고장 발생시에 대한 객실보고서 등이 포함된다. 기록은 작성자에서부터 최종적인 이용자에 이르기까지 누구나가 이해할 수 있도록 작성되어야 한다. 올바른 기록의 목표는 거래발생과 동시적으로 이루어지고 목적 적합한 정보를 제공할 수 있도록 완전하며 조작가능성이 방지될 수 있도록 하는 데 있으므로 이러한 자료들은 이 목적에 기여하게 된다. 다목적용의 기록자료들에 대해서는 경영상 필요한 각기 다른 양식의 수를 엄격히 제한할 필요가 있다. 통제목적을 위해서는 일반적으로 기록자료들에 미리 일련번호를 부여하거나 적정한 설비를 이용한 기록방법이 권장되며 기록상의 실수를 예방하기 위해서는 거래발생 즉시 기록하는 것이 효과적이다. 특히 현금판매일 경우에 즉각적인 거래의 기록은 실물자산 보호를 통한 수익관리를 위해서도 절대적으로 중요하다. 이런 기록들은 각종거래의 분류, 측정, 기록, 보고라는 회계기능의 능률적인 수행을 위하여 필요한 자료이다. 기록은 적정한 거래의 분류, 인식 또는 평가, 기간귀속이라는 회계업무 수행을 위해서 필요한 자료로서 경영관리를 위한 계획과 통제에 매우 중요한 정보인 것이다. 그러므로 이러한 기록들이 합당하게 이루어지고 있는가를 확인하는 기능은 내부통제의 효과를 위해서 절대적으로 전제되지 않으면 안 된다.

2) 업무수행 절차에 대한 기록

각 직무에 대한 수행절차가 확정되고 명문화되면 종업원들이 정책이나 업무내용을 이해하기 쉽게 된다. 대부분 조직들은 서류의 작성과 정보의 처리절차 및 합당한 기록의 보유에 대한 의무이행 등 제절차 수행에 대한 지침서를 작성해 놓고 있다. 이것은 일관된 직무수행 능력과 숙련을 위한 것으로 특히 신참 종업원들이 그들에게 부과된 직무내용을 상세히 이해하고 익히는 데에도 안내서나 훈련지침으로 유용하게 사용된다. 그밖에도 정규 담당직원의 부재시에는 허용된 범위 내에서 다른 종업원이 직무를 대신 수행하는 경우에도 기여한다. 직무의 이직률이 비교적 높은 사업체에서 내부통제 제도운영에 차질을 초래하지 않기 위해서는 신입사원뿐만 아니라 각부문에서 종사하는 기존의 종업원들을 지속적으로 교육·훈련시켜 특히 이직률이 높은 분야의 직무를 누구나가 수행할 수 있도록 만능공 양성식의 노력이 필요하다. 식당이나 호텔의 내부통제 목적을 위해서 흔히 시간적인 여유가 없는 교육·훈련의 내용으로는 식료의 검수업무 절차나 신용카드(credit card)의 취급업무 등을 예로 들 수 있다.

7. 실물자산의 보호를 위한 물리적 통제

현금과 재고자산의 손상이나 기록들의 분실발생을 최소한으로 관리함으로써 실물자산을 보호하려면 실물자산 취급자 및 자산이 비치되고 보관되는 장소에 대한 출입자의 제한, 안전장치의 설치 및 이용, 안전관리 요원의 업무내용과 배치에 따른 관리업무가 수행되어야 한다. 실물자산 관리를 위해서는 ① 문제발생의 경우 이에 대한 철저한 원인 규명, ② 담당직원의 직무교체, ③ 업무수행의 보조기계 및 설비 이용 등에 대한 검토가 이루어져야 할 것이다.

8. 건전한 실무를 위한 신용보증, 휴가, 직무교체 및 직업윤리 강령 등

현금이나 재고자산 등의 실물자산을 직접 취급하는 담당자들에게는 항상 사내외적 및 개인적인 유혹이 따르기 쉽다. 그러므로 건전한 실무촉진을 위해서는 요직에 있는 종업원에 대한 배려가 있어야 한다. 요직에 있는 종업원의 신원보증을 위해서 신용보증보험(fidelity insurance) 등에 가입하는 경우도 있고 전종업원을 대상으로 어떤 보증조치를 시도하기도 한다. 흔히는 담당 종업원에게 연가를 주어 한시적으로 다른 사람으로 교체시켜 그 업무를 수행하도록 한다. 그러나 그동안에 어떤 문제가 발견되는 경우에는 완전한 직무교체를 시키고 실수의 경중에 따라 처리하게 된다. 경우에 따라서는 뇌물, 부정 등에 의한 불법적인 실무에 대한 유혹이 있을 수 있으므로 건전한 실무 이행을 위한 직업윤리강령의 수립과 그 준수를 독려하고 확인하는 기능수행이 중요하다. 호텔들은 총지배인이나 부문 경영자들에게 그 부서의 종업원들과 그들의 의무에 적용할 윤리강령에 대한 감독책임을 부과하고 전사적으로 강력하게 실천을 독려한다. 윤리강령에 포함되는 내용들은 다양하지만 주로 종업원의 개인적인 정보 및 회사서류나 자료 등 정보의 기밀관리, 이해갈등 문제, 금품수수, 경쟁자, 업자 및 고객들과의 관계, 보안문제, 기업자산의 개인적인 유용, 개인 활동, 제품 및 서비스의 품질관리, 윤리강령 위반사항에 대한 보고의무, 환경과 에너지 관리 문제, 건강 및 안전관리 등 다양한 내용들을 중심으로 해서 작성되고 있다.

9. 업무수행의 독립성 점검과 수행내용에 대한 감사

1) 기능의 독립성과 외부감사의 실시

내부통제 제도의 모든 측면들을 정기적으로 검토해 본다. 이것은 예컨대 외부감사인 또는 일상적으로 그 업무와는 별다른 접촉이나 관련성이 없는 내부통제 담당자들에 의해서 이루어져야 한다. 내부통제의 특성은 모든 요소들이 올바로 기능되고 있는가를 확인하기 위해서 통제시스템이 설계된다는 데 있다. 정기적인 점검활동이 올바르게 수행되려면 독립성의 유지가 중요하다. 내부통제 활동 담당직원과 점검 자료를 책임지고 있는 직원들이 서로 분리되어 상호 영향을 주지 않는 독립적인 신분으로 직무를 수행할 수 있어야 한다. 호스피탈리티 산업에서는 주로 내부 감사자가 내부통제 업무를 수행하는 데, 내부감사를 위해서는 감사자가 업무수행과 회계처리 양면에 대해 완전히 독립적인 신분이어서 곧바로 최고경영자에게 그 결과를 보고할 수 있어야 한다. 또 다른 독립적인 업무감사는 특히 회계기능과 관련된 것으로 외부의 독립된 전문 감사인에 의해서 점검을 받는 것이다. 그들은 재무 보고서의 검토와 내부 회계통제 제도의 효율성을 검토하여 우선 그 밖의 내부감사 활동들이 잘 이루어질 수 있는 기초가 얼마나 마련되어 있는가를 중심으로 해서 검토한다. 내부통제 목적에 기여할 수 있는 독립적인 업무수행은 관련된 의무들을 분리시킬 때 비로소 달성될수 있는 개념임은 이미 전술된 바 있다.

2) 내부감사

내부감사(internal auditing)란 경영에 대한 서비스 기능으로서 전체적인 영업활동을 검토하는 조직내의 독립적인 평가활동(definition by the Institute of Internal Auditors)이다. 이것은 궁극적으로는 경영목적에 기여하기 위한 기능인 만큼 수익성 증진을 위한 서비스 기능으로서 기업 내 통제활동의 효율을 측정하고 평가하는 경영통제의 기능이기도 하다. 내부감사의 성과를 위해서는 감사하는 부문들과 기능들간의 독립성이 전제된다. 내부감사자들이 회계기능을 검토하기 때문에 감사자들은 경영자나 이사회의 감사위원회의 감사 관련 질의에 대해서도 답하고 보고하는 의무를 가지고 있다. 내부감사 보고서는 내용의 기술뿐만 아니라 개선을 위한 건설적인 제안들로 이루어져 있다. 때로는 그런 제안 수용이나 적용여부의 확인까지 감사업무에 포함되기도 한다. 실제로 많은 기업에서 내부감사는 회계부서의 한 기능이 되고 있다. 그러나 내부감사도 외부의 독립 감사인과 같이 회계통제와 관리통제에 초점을 맞추어야 하며, 어느정도 감사인과 감사기능의 독립성 보장이 필요하다. 현관 및 객실부서나 식음료부서에 대해 철저한 내부감사를 실시한다면 분명히 경영방침의 준수에 대한 종업원의 이해증진과 능동적인 태도와 경영성과의 개선을 가져올 것이다.

10. 예산과 내부보고서

내부통제제도를 위해서는 평가 또는 비교의 지표로 이용하기 위해서 제예산서와 내부보고서들이 필수적으로 요구된다. 이러한 예산과 보고서들은 조직 내 업무수행 과정상의 의사전달 체계의 중요한 부분을 이루고 있다. 내부통제제도에 있어서 예산은 경영목표 달성을 위한 계획서로서 그 내용대로 이행되었는가를 확인하는 내부통제에 있어 중요하게 이용되고 있다. 또한 실제의 성과가 예산목표에 대해서 미달되고 있는가 하는 평가의 기준으로서 활용된다. 그 결과 실적이 예산(계획)에 미달되는 경우에는 경영자들이 수정조치를 취할 수 있게 되므로 그 내용이 내부적으로 즉시 보고될 수 있을 때 이것은 내부통제를 위해서 효과적인 메카니즘으로 활용될 수 있는 것이다.

기타 경영자의 경영관리상 그리고 필요한 경우에 적절한 조치를 위해서는 다른 보고서들도 필요하다. 보고서는 일반적으로 문제의 발생빈도라든가, 내용과 적요, 비교분석, 피보고자 및 보고서의 목적 등을 내용으로 하고 있다. 이러한 보고서는 흔히 일일 보고서로서 작성되지만 여러 가지 통제목적이나 통제의 수준에 따라서 주별, 월별, 연도별로 작성·보고되고 어느 정도 장기간에 걸친 누적된 정보를 요하게 된다.

11. 내부통제활동의 원가-효익 분석

내부통제의 각 기능들은 효율이나 효과의 측면에서 보았을 때, 항상 철저하게 추구되고 수행되어야 하는 것은 아니다. 완전한 통제활동이란 대부분 원가적인 측면에서 검토할 때는 반드시 바람직한 것으로 만은 볼 수 없는 경우도 많기 때문이다. 지나치게 세밀하고 철저한 제자원의 보호활동은 자칫 경영능률 저하를 초래할 수도 있다. 예컨대 저장고로부터 식음료나 기타 원재료들의 불출을 위해서 필요 이상으로 많은 사람들의 결재를 거쳐야 하다면 도난방지 등 관리목적에는 확실히 기여할 것이지만 여기에 소요된 시간과 노동력 때문에 원가고 요인을 야기할 수 있다. 이러한 경우 결재과정을 간소화하여 통제활동을 완화했을 경우에 발생될 것으로 예상되는 잠재손실보다는 적극적인 내부통제 활동 수행에 수반될 노무비 원가 증대에 의한 이익감소분이 상대적으로 클 수 있다. 내부통제에서 중시하는 것은 능률과 효율이다. 내부통제의 정도는 이러한 능률과 효율을 전제로 검토된 결과에 의해 결정되지 않으면 안 된다. 내부통제제도의 실시에 있어서 경영자들은 항상 원가와 효익을 비교분석(cost-benefit analysis)함으로써 두 함수 간의 적절한 균형이 유지되는 한도 내에서 내부통제의 수준을 결정하고 관리해 나가야 한다.

12. 내부통제와 컴퓨터의 활용

내부통제를 위해서는 기업의 현행 회계업무를 전반적으로 검토하는 기능을 수행하게 된다. 그러므로 이것은 회계제도를 종합적으로 검토하는 측면에서 이해될 수도 있다. 이러한 종합적 기능수행에 있어 컴퓨터의 활용은 업무능률 증진과 통제효과를 제고시켜 준다. 경영자 및 통제업무 수행상 필요한 종업원들이 관련된 기록, 자료 및 모든 기능들의 흐름을 한 눈에 조직적으로 파악할 수 있도록 해줌으로써 업무능률을 높히고 관계자들에 정보를 공시하여 실수 또는 고의적인 실수를 감소시키는 등 통제효과를 기대할 수 있게 해준다. 능률적인 통제업무 수행의 최단 공정(critical paths) 수립에도 컴퓨터가 이용됨으로써 업무책임의 분산에 대한 상황파악을 돕고 각각 분리된 책무들이 전체의 통제업무의 흐름과 과정에 대해 어떻게 관련되어 있는지의 관계를 알기 쉽게 해준다. 컴퓨터의 활용을 통하여 특정 회계업무나 기능 책임자에 대한 파악도 신속히 이루어짐으로써 경영관리 업무의 능률 또한 높일 수 있게 된다.

그러나 컴퓨터시스템은 이처럼 많은 정보를 수록·보관하고 있기 때문에 여기에 대한 철저한 보안관리가 이루어지지 못한다면 오히려 통제목적에 반하는 결과를 초래할 위험성도 크다. 이러한 컴퓨터시스템 자체의 보안관리 업무 수행은 오늘날 많은 조직에 있어서 현실적으로 가장 큰 문제로 대두되고 있다. 이러한 기업 내부의 각종 정보에 대한 대내외적인 보안관리 목적의 달성은 또한 내부통제 업무의 능률제고는 물론 이를 통하여 본래의 통제목적에도 크게 기여할 것은 물론이다.

13. 내부통제제도의 적용과 검토

내부통제도의 유지 및 관리는 최고 경영자의 주요 책무이다. 특히 호스피탈리티 사업은 그 사업의 특성 또는 거래의 특성상 내부통제 기능의 수행 없이는 건실한 운영이 크게 제한될 수 있기 때문에 그 중요성은 더욱 커진다. 그러므로 경영자가 이 제도 및 그 운영의 적정성 여부를 지속적으로 확인하는 것은 절대적으로 중요하다. 정기적으로 내부통제시스템을 분석하는 한편 신참직원들까지도 제절차를 이해하는 가운데 일정한 목적을 위해 각자에게 부여된 책무들을 준수할 수 있도록 동기를 부여하는 것이 필요하다. 변화하는 경영환경 여하에 따라서 제기될 수도 있는 크고 작은 구조재편의 요구에도 신속히 대처할 수 있으려면 통제제도 자체의 적응성을 높히지 않을 수 없을 것이다.

1) 내부통제제도의 검토

내부통제제도의 운영상황을 파악하기 위해서는 기록과 검토가 병행되어야 하는

데, 이를 위해서는 도표와 내부통제 질의서(ICQs)가 상호보완적으로 활용되고 있다.

(1) 도표의 활용

도표를 이용하여 기록자료의 생성, 처리 및 보관이라는 책무의 흐름을 조감할 수 있고 각 기능과 의무의 분담상황들도 일목요연하게 파악할 수 있다. 경영자들이 이러한 전체적인 내부통제 상황의 검토를 통하여 용이하게 취약점 유무 및 그 소재를 발견하게 된다. 용이한 취약점의 발견은 성과 차이에 대한 신속한 수정과 대응을 가능하게 해준다.

(2) 내부통제 질의서의 활용

호스피탈리티 사업의 내부통제제도 연구에는 내부통제 질의서(Internal control questionnaire; ICQ)를 이용할 수 있다. 내부통제 목적을 달성하는데 있어서 회계부서의 취약점이 무엇인지를 파악하기 위해서는 일련의 문제들에 대한 결과를 질의를 하게 되는데 여기서 이용되는 실의서를 내부통제 질의서(ICQ)라고 한다. 이 질의서에서는 회계의 각 영역들을 골고루 다룰 수 있다는 장점이 있는 반면에, 도표에서처럼 전체적인 흐름을 한눈에 보여 주지는 못하는 한계가 있다. 그러므로 효과적인 내부통제 목적 달성을 위해서는 도표와 ICQ의 보완적 활용이 바람직하다고 하겠다.

2) 내부통제제도의 강화

일단 내부통제에 대한 제도적인 검토가 이루어져 취약점이나 부적응성 부분이 나타나면 이를 보완하고 수정할 수 있어야 한다. 이처럼 제도 자체의 미비점이 보강되면 더욱 강력한 내부통제가 추진됨으로써 그 결과 경영성과 개선에 기여할 수 있게 된다. 그러나 이러한 검토결과가 문서화되지 못하고 수행결과에 대한 사후점검이 이루어져 사후책임 소재가 명확히 이루어지지 않는다면 검토과정은 무위로 끝나고 불필요한 비용의 발생 혹은 낭비 결과만을 초래할 가능성이 크다.

제3절 호스피탈리티 산업의 내부통제

호스피탈리티 산업이 본질적으로 소매업이라는 성격으로 말미암은 거래의 빈발성과 단위의 영세성에 따른 상시적인 현금출납 업무는 호스피탈리티 회계의 현저한 특징을 형성하고 있다. 이것은 호스피탈리티 산업경영에서의 내부통제 업무를 주로 현금관리를 중심으로한 회계통제시스템으로 발전시킨 배경이 되었다.

1. 현금통제

현금은 제자산 중 도난의 위험성이 커서 강력한 관리를 요하는 자산으로서 영업의 전과정을 통하여 현금의 수입과 지출은 강력한 내부통제의 대상이 되고 있다. 현금의 수입은 영업활동을 통하여 이루어지는 매출과 매출채권의 회수를 원천으로 하여 이루어지므로 현금의 수입에 대한 정보는 대부분 매출로부터 나온다. 현금지출에 대한 정보는 대부분 재고자산과 유형자산의 구매 등 매입거래와 발생된 제비용의 지급으로부터 획득된다. 이러한 현금의 출납상황은 현금흐름을 이루어 또다시 판매활동에 대해서 필요한 정보를 제공하게 된다. 현금에 대한 통제를 위해서는 결재권자에 의한 은행계정과 수표의 결재, 은행에서 우송한 거래자료에 의한 월별 은행계정의 조정과 콘트롤러에 의한 검토, 제너럴 캐셔에 의한 현금자산의 관리 및 담당자의 연가와 이에 따른 담당자의 대체, 현금통제 담당자에 의한 내부은행과 소액현금에 대한 부정기적인 확인, 내부은행과 소액현금 지출액과 현금 등록기의 테이프 대조 등과 같은 업무들이 관련되고 있다.

1) 현금수입

매출관리와 관련하여 현금이 프론트 데스크나 이익 중심점 등 어느 장소에서 수입되던 간에 그리고 그것이 직접 지불된 것이던 혹은 우송이나 전송된 것이든 간에 현금의 수입과 동시에 이에 대한 내부통제 활동이 이루어져야 한다. 수취인이 제한된 수표 등에 대한 보호, 외상매출 관리와 현금관리 및 수표 취급업무의 분리, 수입된 현금은 제너럴 캐셔에게 입금시켜 매일 예입하도록 관리하며 다른 목적으로 보유하고 있는 현금과 분리해서 관리하도록 한다. 이러한 업무수행을 위해서는 제너럴 캐셔(general cashier)와 그 하급 관리자들은 몇 가지 기능을 각각 다른 사람이 수행하도록 하는 책무 분리의 원칙을 준수하고 이행하는 가운데 현금을 관리하지 않으면 안 된다. 이와 관련하여 프론트와 각 업장의 캐셔들이 수행하는 매일의 현금출납 업무에 현금관리 수칙을 이행하고 있는가가 확인될 수 있어야만 한다.

(1) 현금수입과 입금처리

현금취급과 현금의 수입통제 절차는 기업의 소유주나 경영 목적에서만 중시되는 것이 아니라 현금취급 담당계원들이 그 책임을 정확하고 정직하게 수행했음을 입증하는 목적에도 기여할 수가 있다. 호텔이나 식당에서는 식음료와 객실상품의 판매 및 제공되고 있는 기타의 서비스에 대한 대금들이 각기 다른 여러 업장으로부터 일정하지 않은 여러 시점에서 회수되므로 현금의 유입은 수시로 이루어지게 된다. 이러한 빈번한 현금의 수입과 이에 대한 기장처리 및 은행예치 등 업무와 관련해서 합당한 절차의 이행에 의해 모든 책무가 수행되고 있도록 관리하려면 명확한 제절차가 수립되고 제시될 수 있어야 한다. 이 때 사업의 규모와 관리환경, 기업의 신용정책 등은 이러한 절차 및 그 통제의 정도를 다르게 결정할 수 있는 배경이 된다.

(2) 현금의 관리

각 업장의 매상은 현금등록기에 합산되므로 매일 영업 종료시간에 회계부의 담당직원이 현금 등록기의 테이프를 수거하여 현금취급과 현금의 수거를 책임진 담당자가 아닌 다른 직원에 의해 일일 매출등록 내용의 판독과 기록을 책임지도록 한다. 이 테이프는 거래에 대한 회계장부의 기록에 있어 원시자료가 되며 이 내용과 금액은 현금 입금 담당자의 기록과 대조됨으로써 기록의 탈루, 오기, 변조 등에 따른 현금의 횡령 가능성을 통제하게 된다.

외상매출에 대한 대손의 확정처리는 총지배인 또는 현금취급이나 기록 담당자 이외의 권한 위임자에 의해 최종적으로 결재가 이루어지도록 함으로써 기록과 실물관리의 분리원칙을 준수해야 한다.

(3) 현금의 당일 은행예치

수입된 모든 현금은 당일에 은행의 예금구좌에 입금처리하고 은행 수취인이 찍힌 입금표(deposit slip)는 사업체에서 보관・관리해야 한다. 이것은 매일의 예입여부와 그 금액을 확인할 수 있는 영수증이 된다. 이런 과정의 이행은 호텔이나 식당의 현금 취급자의 현금유용 가능성을 방지하는데 유용할 뿐만 아니라 모든 대금청구서(invoice)에 대한 현금지급과 이에 따른 문제발생의 여지를 통제하는데 효과가 크다. 그외에도 현금 및 재고자산관리 담당자에 대한 신용보증보험 가입은 보험회사의 협조를 통한 관리 도모에 대한 기대를 할 수 있게 해준다.

2) 현금지급

현금지출을 강력하게 통제하는 데는 여러 가지 절차의 이행이 필요하다. 원칙적으로 모든 지출은 수표의 발행에 의하며 수표의 발행은 사전에 정해진 일련번호의 순으로 이루어지도록 한다. 사전에 승인된 소액현금의 한도를 초과한 현금의 인출에 대해서는 이중서명을 요하는 등 방식으로 현금지급의 절차에 대한 통제를 좀더 강하게 한다. 서명을 위한 인장 등의 기구나 기계 이용시에는 이를 보관하는 금고열쇠 등의 관리자를 정하여 이의 사용을 엄격히 제한한다. 현금이 지급된 전표, 청구서 및 기타의 지급용 서류에는 현금이 지급되었다는 것을 표시하여 미결재된 전표등과 구별하기 위해서 반드시 지급인(paid stamp)을 찍는다. 공수표의 관리와 통제지침을 마련한다.

(1) 수표의 발행

원칙적으로 모든 지급은 수표의 발행에 의한다. 모든 수표는 사용전에 일련번호가 부여되어 그 순서에 따라서 사용한다. 대금 청구서에 따라 수표의 발행업무를 담당하는 직원이 그 수표에 대해 서명할 수 있는 권한을 지닌 사람과 동일인 이어서는 안된다. 현금지급의 통제를 위해서는 수표에 대한 서명권을 복수인에 부여하는 것이 바람직하다. 일단 대금이 지급된 후에는 동일한 송장(invoice)이 재사용될 수 없도록 취소시키는 절차를 이행하도록 해야 한다.

수표에 서명하는 결재권자가 빈수표의 작성이나 수표책의 발행업무를 수행할 수 없도록 업무책임을 분리시켜 통제해야 한다. 준비과정에서 실수로 잘못된 수표(spoiled check)는 반드시 취소인(void stamp)을 찍고 일정한 절차를 거쳐 처리됨으로써 재사용을 막는다.

수표의 금액을 고칠 수 없도록 방지하기 위해서는 수표 금액 보호막(check protector)을 사용하는 것이 좋다. 일단 서명이 되어 수표가 발행 되면 즉시 납품업자나 기타 합당한 지급용도에 따랄 대금 수취인에게 넘겨 주도록 철저히 관리해야 한다. 수표의 서명에 기계를 사용한 경우에는 그 사용과 관리를 특정인으로 엄격히 한정하여 발행한 수표가 일련번호 순으로 회수될 수 있도록 관리한다. 사용된 공수표의 수에 대한 관리를 위해서는 서명용 기계의 관리자가 아닌 별도의 직원이 기계에 나타난 사용 수표의 수와 공수표 관리인이 가지고 있는 기사용 수표의 수를 서로 대조한다.

(2) 전표제도

대규모 호텔이나 식당에서는 전표제도(voucher system)에 의해서 수표 발행에 의한 지급절차를 강력하게 통제하고 있다. 송장(invoice)이 대금지급 승인을 받았을 때에는 전표(voucher)라고 하는 최종 지출결의 서류를 작성하게 된다. 이 전표에는 일련번호가 부여되어 있고 그 거래의 결제에 관련된 다른 보고자료들(documentaries)로부터 필요한 정보들이 요약되어 포함되고 있다. 또한 전표에는 대금지급의 기일과 지급할 수표의 번호까지 기재된다. 그러므로 전표제도에 의한 지급에 있어서는 업무수행상의 실수나 부정이 어렵다. 실수들은 업무처리 과정을 거치는 동안 발견되어 수정될 것이고 부정을 위해서는 또한 전표에 요약·기재된 모든 서류의 원본들이 고쳐지고 이러한 서류 취급자 전원이 공모해야만 하기 때문에 거의 불가능해진다.

(3) 소액현금제도(petty cash system)

호스피탈리티 산업에서는 전표제도를 이용한 수표의 발행을 통하여 제지급 목적에 응함으로써 강력한 현금통제를 하고 있다. 그러나 비용-효익의 분석 관점에서 모든 구매나 지급 용도에 전표시스템이 유용한 것은 아니다. 우표의 구매 등과 같은 통신비, 소액의 교통비, 사무용품이나 COD(배달과 함께 지급할 것을 약속한 구매) 패키지 등의 경우에 대한 소액의 지급용도에 더 많은 시간과 노력을 요하는 값비싼 전표를 이용할 필요가 없다. 이러한 각종의 일상적이고 예측 가능한 소규모적인 제지급에 대해서는 전도금을 두고 사용하는 것이 더 경제적이며 신속한 업무처리를 하게 해준다. 일정 기간의 소용액을 예측하여 전도금으로 두고 필요한 경우마다 수표 또는 현금으로 제 지급 목적에 사용하게 되는데 이러한 소액 전도금을 소액현금(petty cash) 또는 소액 현금기금(petty cash fund)이라고 한다. 소액현금의 지출 내역은 현금 등록기의 테이프, 송장, 기타 거래 자료나 영수증들을 가지고 대조하여 관리하게 된다.

소액현금 기금은 1개월간의 소액 지급거래에 사용할만큼 충분한 금액이어야 한다. 소액현금 기금은 1인 책임 하에 관리되고 모든 지급은 영수증, 전표, 지급을 설명할 수 있는 원시자료 등으로 입증될 수 있어야 한다. 소액현금 기금잔액이 사용으로 감소되거나 부족할 경우에는 이러한 증빙서류를 헤드캐셔(head cashier)에게 제출함으로써 다시 정액의 소액현금 기금을 전도받아 보충하게 된다. 이때 제출된 서류에는 “지급(paid)”이라고 소인을 찍는 등 방법에 의해 같은 서류의 재사용을 방지할 수 있도록 관리해야 한다. 소액현금의 통제를 위해서는 현금잔액을 회계담당자가 불시에 점검하여 영수증 등 지출의 정당성 입증과 금액의 일치 여부를 확인할 수 있는 서류들과 대조함으로써 차이발생 여하, 거래일보다 늦게 발행된 수표(post dated checks)나 기타 문제요인의 유무를 철저히 확인함으로써 통제기능을 강화해야 한다.

(4) 급료지급에 대한 통제의 제 절차

최고급의 인적서비스 제공이라는 과제로 인하여 노동집약적인 호스피탈리티 산업에 있어서 임금 및 급료는 단일 최대의 영업비 항목이다. 그러므로 노무비에 대한 관리는 원가절감에 있어서 전략적인 노력으로서 반드시 이루어져야 할 부분이다. 인건비의 지급은 회사 내에서 적정한 절차를 통하여 승인된 노동에 대해서만 급료를 지급할 수 있도록 하는 건전한 내부통제제도에 의해서 통제되어야 한다. 급료의 관리를 위해서는 고용과 임금 결정의 책무를 분리함은 물론이고 작업시간의 보고, 급료 산성, 급료에 대한 최종 결재권, 종업원에 대한 급료의 실제 지급 및 급료 지급에 간련된 은행계정 조정 등 기능을 분리하여 수행해야 한다.

① 총지배인, 부문 책임자 또는 대규모 호텔일 경우에는 인사부에서 종업원의 고용과 배치에 대한 권한과 함께 종업원 급료나 임률 결정에 대한 권한을 행사한다.

② 시간제 근무자들에 대한 근무시간 기록은 일정한 절차를 거쳐 확정되어야 하고 급료 계산과 지급 담당자에게 이것을 넘겨준다. 어떤 경우에는 시간제 노동자의 노동시간은 근무시간 계측용 시계를 이용하기도 하는데 시간관계 서류를 급료 담당부서에 제출하기 전에 종업원의 근무부서 책임자의 승인을 필하여야 한다.

③ 종종 회계부서원은 근무시간, 임률, 총임금액 등이 정확한가를 점검하기 위해서 급료 정산서(payroll sheets)를 무작위로 추출하여 감사하기도 한다.

④ 모든 작업시간에 대한 지급은 수표의 발행에 의한다. 이 때 수표발행상의 통제업무에 대해서는 이미 전술한 내용과 같다.

⑤ 은행에 급료계정을 별도로 개설해 두고 급료지급에 사용할 충분한 기금을 전도해 둠으로써 급료 지급용 수표발행에 이용하도록 한다.

⑥ 급료지급을 위한 준비와 실제의 수표발행 업무는 각기 다른 종업원에게 분담되어 독립적으로 처리되어야 한다.

⑦ 급료지급을 위해서 일단 발행된 수표가 종업원에게 수령되지 못한 경우에는 즉시 회계담당 책임자나 기타 급료지급을 위한 준비업무 책임 담당자 이외의 권한을 위임받은 자가 처리하도록 한다. 일단 발행된 수표는 종업원이 전액을 은행에서 인출해 갈 때까지는 종업원이 보유하고 있어야 하는 것이기 때문이다.

3) 현금의 내부통제

(1) 현금취급 업무의 분리

현금취급 업무를 배수 혹은 여러 사람에게 분리시킨다해도 현금취급상의 모든 문제가 종식될 수 있다는 보장은 없다. 다만 몇 단계를 거치는 동안 기재 오류, 탈루 등의 실수가 발견될 수도 있고 고의적인 잘못을 위해서는 관련된 종업원들의 담합(collusion) 과정을 거쳐야 할 것이므로 문제 발생 가능성이 상당히 약화되는 효과를 기대할 수 있다는 것이다.

(2) 현금장부 관리와 현금취급 업무의 분리

현금 취급자가 현금수입 원장이나 현금지출 원장을 직접 관리하지 않도록 업무를 분리한다. 대규모 호텔이나 식당에서는 업무분리가 용이하지만 소규모 사업체에서는 원가·효익 관점에서 인건비 등 요인 때문에 업무의 분리가 실제로는 용이하게 이루어지기 어려운 여건이다.

(3) 수표나 어음발행에 의한 지출

수표의 발행은 적정한 결재절차의 이행을 통한 지출결의서에 의해서 이루어진다. 일정 금액 이상의 지출에 대한 통제의 강화목적에서 결재인을 배수로 할 수도 있다. 그러나 통신비, 교통비, 문방구비 등의 일상적인 소액 지출에 대해서는 미리 일정 금액의 소요 예상액을 수표나 현금 형태의 소액현금(petty cash fund)으로 전도하여 보유하고 이용한다.

(4) 기계설비의 이용

현금 등록기, 출퇴근 시간등록용 기계, 수표확인용 기계 등 현금관리를 위한 보조기구나 설비의 이용을 통하여 현금통제를 강화할 수 있다.

(5) 현금의 예입

수입된 현금은 매일 마감하여 은행에 당일에 예치함을 원칙으로 한다. 고객으로부터 받은 수표는 즉시 사용 목적을 통제하기 위해 "은행 예입용(for deposit only)"이라고 스탬프를 찍어 당일의 현금지급 목적에 사용되지 않도록 분리하여 관리한다.

(6) 종업원의 보증

주요 현금 취급 담당자는 보험회사의 보증보험 가입에 의한 보증을 요한다.

(7) 감사에 의한 내부통제 절차의 점검

내부 감사자나 외부의 공인회계사 등에 의해 지속적으로 정기 또는 부정기적으로 내부통제 정책과 절차에 대한 감사를 받도록 한다.

(8) 전표제도의 활용

현금지급을 통제할 목적으로 전표제도를 도입한다. 전표(voucher)란 현금지급에 대한 결재를 위해서 먼저 거래를 여러 측면에서 확인한 후 서면 결재를 통하여 담당자가 명시되는 방식으로 현금지급을 결재하는 서류이다.

4) 은행계정의 조정

(1) 은행계정 조정의 의의

은행계정 조정은 매월 정기적으로 은행으로부터 받을 실제 은행예금의 거래내역과 호텔이 자체적으로 관리해 오는 은행계정과를 대조하여 차이 발생 유무를 점검하고 차이발생시에는 그 금액과 원인을 규명하는 것을 말한다. 이러한 은행계정 조정 과정을 통하여 현금의 내부통제 목적에 기여하기 위해서는 은행계정 조정 담당자와 은행예금의 수납과 출납을 담당하는 회사의 직원이 동일인이어서는 안 된다. 이들 업무는 서로 업무수행의 독립성 유지가 보장될 수 있는 다른 직원에 의해 각각 수행되어야 한다.

(2) 은행계정 조정의 과정

① 은행계정 내역과 기업의 예금계정 내역을 대조한다.

② 취소된 수표는 번호순으로 정리하고 여하한 금액의 차이에 대해서도 조사하여 원인이 규명되어야 한다.

③ 은행계정에 의해 이자, 받을어음 회수분에 대한 점검을 하고 금액을 호텔의 예금잔액에 가산·조정한다.

④ 은행의 서비스 수수료, 신용 카드 이용 회비, 부도 수표에 대한 과료 등 은행계정 내용을 호텔의 예금계정에 반영하여 잔액에서 차감·기장처리한다.

⑤ 호텔이나 은행에서 발생시킨 오류나 부정의 유무를 점검하고 이것이 발견되면 정확하게 수정처리한다.

⑥ 모든 필요한 은행계정 조정과정이 완료되면 은행과 호텔의 조정된 예금잔액이 일치하는가를 확인함으로써 부정이나 오류 혹은 또다른 문제의 여지가 있는가를 검토한다.

⑦ 필요한 경우에는 회계장부에 정리분개를 하고 이 내용을 각주로 표시해 준다.

(3) 호텔의 예금계정 내역과 은행의 거래내역의 차이발생 원인

기업의 예금계정의 현금 잔액과 은행의 예금구좌 잔액이 일치하지 않는 까닭은 대체로 다음과 같은 요인에 기인된다.

① 은행에서 미기입 예금(deposit in transit)으로 있는 경우

기업은 은행에 입금한 것으로 기장처리했으나 은행마감 후의 예입 등 이유로 은행에서는 예금구좌에 미처 기입하지 못한 때문에 발생되는 은행과 기업 간의 기록상의 차이이다.

② 미결재 수표(outstanding checks)로 인한 차이

기업이 발행한 수표가 수표 수취인 또는 소지인이 은행에 지급요구를 하지 않아서 기발행기일에 은행계정에서 일정금액이 인출되지 않은 상태에서 발생된 차이

③ 부도수표(not efficient funds; NSF checks)에 의한 차이

수표가 부도처리된 경우에 발생되는 차이

④ 은행 수수료(vank service charges)로 인한 차이

새로운 수표책의 발행비, 받을 어음의 추심료, 기타 통상적인 수수료에 대해서 은행이 기업의 은행계좌에서 자동인출했으나 기업이 이를 아직 기장처리하지 못해서 빌생된 차이

⑤ 이자소득, 미통지 외상채권의 납입에 의한 차이

호텔의 당좌예금 계정에 은행이 이자소득을 입금시켜 계정잔고가 증대된 경우, 외상채무자가 호텔에 통지하기 전에 외상매입금을 채권자인 호텔의 계좌에 입금시킨 경우 호텔의 예금계정에 미기장됨으로써 발생되는 차이

⑥ 신용카드 결재액의 관리

호텔 투숙객은 객실료의 결재에 신용카드를 주로 이용한다. 신용카드는 크게 은행카드와 비은행 카드로 분류된다. VISA나 MASTER CARD는 은행카드의 예인데 은행카드에 의한 금액의 결재는 입금 즉시 처리되지만 월 1.5~3.5% 정도의 수수료를 지급한다. 고객이 일단 신용카드로 대금을 결재하면 서명이 된 크레딧 슬립(credit card) 사본을 가지고 즉시 예금계좌에 입금처리 해야 한다. 이 때 크레딧 슬립은 은행을 통하여 신용카드 회사에 송부된다.

2. 구매 및 검수활동에 대한 통제

구매와 검수활동과 관련된 비능률 요인을 관리하기 위해서도 내부통제 기능이 수행되고 있다. 각 부서에서 상신된 모든 구매청구서에 따른 구매의 승인은 가능한한 구매 담당관이 승인하도록 한다. 모든 구매활동은 발주서(purchase order; PO)에 의하도록 하며 검수부와 회계부서에 그 사본을 보내어 검수업무와 대금지급의 근거자료로 이용한다. 검수부에서는 검수보고서를 회계부서에 제출하여 납품업자가 보낸 송장의 대금 청구내용과 대조함으로써 정확한 대금이 지급될 수 있도록 관리한다.

1) 구매목적 달성을 위한 통제활동

신규투자된 호텔과 식당에서는 사업을 개시하기 전에 거액의 기자재들을 많이 구입해야 된다. 그러나 여기서는 기존 호텔을 전제로 해서 식음료 원재료나 호텔의 객실 소모품 등의 구매에 대한 내부통제 활동에 대해서만 다루기로 한다.

물품구입에 대해 아무런 통제절차도 수행되지 않는다면 원래의 구매활동 목적인 원활한 생산과 판매 및 서비스 활동을 뒷받침하는 적정한 시설, 물품, 소모품 등의 소요 재고자산을 적시, 적량, 적가 조달업무에 많은 차질과 혼란이 야기될 수 있다. 이러한 혼란들은 중복된 구매, 구매 업무상의 착오, 주문량과 다른 수량의 물품 배달, 배달되지 않은 물품에 대한 대금의 지급, 구매 및 검수 담당자들과 관련된 부정 등 수많은 형태로 표출됨으로써 기업의 달성목표를 저해할 것이다.

구매업무에 대한 통제기능을 수행하기 위해서는 구매거래와 관련된 여러 업무들을 각부서 또는 담당자에게 분리시켜 상호 협력과 견제 및 조정을 통하여 구매업무가 소기의 목적을 달성할 수 있도록 관리해야만 한다.

2) 구매업무의 통제를 위한 서식

(1) 구매 청구서

호텔이나 식당에서 일관된 통제목적을 위해서는 구매업무가 중앙집중적으로 전사적 차원에서 이루어지는 것이 바람직할 것이다. 그러나 구매 담당자가 취급하는 물품에 대한 전문적인 지식이 있다고 해도 각 부서에서 제기되는 모든 구매의 필요성을 물품의 소요 요건이나 서비스 차원에서 정확히 파악하기란 쉽지 않고 원활한 물품조달에도 지장을 초래할 수가 있다. 그러므로 부문이나 부서별로 구매청구 등 관련업무 담당자들로부터 소요되는 물품의 품명, 내용, 수량, 소요일 등을 중심으로 한 상세한 물품내역을 구매청구서(purchase requisition)의 양식을 통하여 제출받아서 이를 근거로 구매부의 구매담당자는 직접 물품구매 업무를 수행하게 된다. 구매청구서는 3부로 작성하여 1부는 물품청구 부서에서 보관하여 추후의 대조 작업시 근거사료로 활용하며 원본과 나머지 사본 1부는 구매부에 제출된다.

구매 담당자(purchasing agent)는 물품조달과 구매비 절감이라는 목표관리 목적에서 특정의 물품의 청구내용을 회사에서 운용하고 있는 구매명세서(purchase specification)와 대조하고 물품에 요구되는 특정의 소요내역을 검토할 권한과 책임을 가지고 있다.

(2) 구매 발주서

발주서(purchase order ; PO)는 기업이 물품 판매업자 또는 납품회사에 특정 물품이나 서비스의 구매를 정식으로 요청하는 문서로서 구매부에서 작성·처리한다.

발주서는 4부 작성하여 1부는 구매부에서 보관하고 1부는 납품업자에게 보내어 충실한 물품과 서비스를 이행하도록 하며 1부는 구매 청구서를 작성·제출했던 부문이나 부서에 보내어 청구된 물품과 서비스가 이미 발주되었음을 통보해 주고 나머지 사본 1부는 회계부서에 제출하여 후에 검수나 검사요원(inspection or receiving clerk)이 제출한 보고서와 판매업자가 보낸 대금 청구서(invoice)와 대조하여 물품과 서비스의 내역을 검토함으로써 대금지급이 적정한 절차를 통하여 합당하게 이루어지도록 하는 통제목적에 근거자료로 이용된다. 이 때 내부통제 목적을 위해서 구매 발주서의 일련번호를 구매 청구서에 기재하고 구매 청구서의 일련번호를 발주서에 기재하면 서로 교차점검(cross check)이 이루어짐으로써 구매업무에 대한 통제기능을 수행할 수 있다.

그러나 기자재 등의 경우처럼 상품의 부패성이 없고 시간을 두고 구매를 계획한 물품에 대한 발주서의 작성과 송부는 비교적 용이하지만 식음료 원재료의 구매에서는 그렇지 못하다. 식음료는 특히 부패성이 강하여 대부분의 재료가 당일 혹은 수일 내에 사용되지 못하면 폐기될 가능성도 크므로 매일 일일 소요량을 주문하고 배달받는 경우가 많다. 이런 빈번한 구매업무 수행의 여건하에서 구매를 위한 서류작성과 주문에 허용할 시간적인 여유는 없고 대부분의 구매는 전화주문이나 직접구매에 의존되기도 한다. 그렇기 때문에 이에 적절한 특별한 업무의 수행절차나 서류양식이 개발될 필요성도 있다고 본다.

(3) 송장(invoice)

송장은 물품이나 서비스 판매업자가 물품적송 또는 서비스의 제공과 동시에 구매자 또는 회사에 보내는 매출송장으로서 물품대금의 청구서가 된다.

송장은 검수부와 회계부에 따로 제출되는 것이 통제목적에 효과적이다. 송장에는 물품명과 단가 및 합계 등이 기재되는데 회계부에서는 이를 근거로 어떤 물품이 얼마에 구입되었는가를 파악할 수 있다. 이 송장에 따라 청구된 물품대금을 경리부에서 지급하기 전에 금액이 올바른 것인지를 확인하기 위해서 송장의 내용은 검수부의 검수보고서와 구매부의 보고서와 대조되게 된다. 이 과정에서 비단 청구된 금액의 확인뿐만 아니라 구매부가 업무목표를 달성하고 있는지에 대한 소폭적인 업무감사 기능까지 수행하는 효과를 얻게 된다. 물론 검수부에서 검수기능을 수행할 때에도 송장의 내용을 발주서와 대조함으로써 원하는 물품들이 수량, 단가, 품질면에서 맞게 들어 왔는지를 확인하게 된다.

(4) 검수보고서

소규모 사업체에서는 흔히 검수기능까지를 구매부에서 구매 담당자가 동시에 수행하기도 하는데, 이런 경우 구매업무 담당자들과 물품의 판매업자인 거래처에 대한 관리와 업무통제 기능이 합리적으로 수행되기를 기대하기 어렵다. 그 결과 실제로 비능률적인 구매나 구매상의 수정을 야기시킬 소지가 커진다. 내부통제 목적을 위해서는 구매기능과 검수기능은 원칙적으로는 분리되어야 한다. 검수기능은 구매된 물품이 주문대로 배달되었는가를 검사하는 기능이지만 실제로는 호텔이나 식당이 수립한 가격과 품질요건에 맞는 물품이 구매되는가에 대한 검사과정이라고 볼 수 있기 때문이다. 검수보고서는 검수결과 매일 작성되고 거래처에서 보낸 송장과 함께 근무시간 종료 전에 회계부에 제출해야 한다. 이 때 작성하는 검수보고서(receiving report)는 검사결과를 요약한 것으로 다음과 같은 내용들을 포함하고 있다.

① 물품의 수량, 포장, 및 포장과 내용물의 수량, 중량 등을 송장과 대조

② 업체가 수립한 표준품질, 가격, 주문서와 대조한 품질의 확인

③ 물품과 송장이 동시에 도착하지 못한 경우에는 물품의 안전관리, 특히 식음료 원재료의 신선도 유지를 위해 업무처리상 작성된 임시 송장(memorandom invoice)에 납품업자의 서명을 받아 회계부에 제출

④ 납품 내용에서 발견된 수량, 가격, 품질 등의 하자에 대해서도 신용관리 비망서류(credit memorandom)에 납품업자의 서명을 받아 1부는 거래처에 보내고 1부는 거래처 관리의 근거자료로 보관

(5) 송장의 승인서 혹은 지출 승인인

UV호텔이나 식당의 회계부서에서 송장과 검수보고서를 받게 되면 그 시점 부터 실제로 물품의 소유권이 업자(vendor)로부터 호텔에 전도되므로 물품 매입장에 기재하는 동시에 매입채무가 발생하게 된다. 그러므로 검수보고서, 구매 청구서 사본, 구매 발주서 사본 및 송장을 서로 대조하여 품목, 단가, 대금 총액 등의 모든

내용의 적정성이 입증되면 송장에 대한 대금지급을 승인하게 된다. 승인 과정에서는 송장에 단순히 '지급인'을 찍거나 모든 관계서류가 점검되었음을 점검자 서명으로 나타내 주는 별도의 송장승인서(invoice approval form)를 첨부하게 된다.

3) 구매물품의 저장관리와 재고자산 통제

구매 및 검수관리 또한 재고관리에 적용되는 통제기능이지만 그 이외의 통제를 말한다. 재고통제란 재고자산 보유 수량에 관련된 통제활동을 말한다. 회계부서의 재고자산기록 관리자는 실제의 재고자산을 직접 관리하지 않도록 한다. 정기적인 재고자산의 실사는 저장관리를 담당하지 않는 종업원에 의하여 수행되도록 한다. 회계 담당자도 장부상의 재고가액과 실제 재고자산을 비교하여 적정한 재고자산의 가격결정 및 가치 평가를 위해서 재고의 실사를 할 필요가 있다. 재고실사를 위해서는 저장고의 관리에 있어서 유사품목들을 함께 보관하는 것이 편리하고, 실제로 자산이 창고에 들어온 순서별로 재고자산의 목록을 미리 작성해 둔다면 재고의 실사는 능률적으로 이루어질 수 있다.

실사결과 발견된 장부가액과 실제로 재고자산 가치의 차이 발생은 콘트롤러의 책임 하에 이를 조정하도록 한다. 비정상적인 재고자산의 과부족 현상은 반드시 원인 규명이 됨으로써 재발 가능성을 관리해야 한다. 기타 재고자산 관리를 위해서는 실사업무에 대한 통제, 고가품에 대한 일별 재고조사와 사용을 검토, 창고 관리자 이외의 저장고 출입제한과 동시에 재고자산의 여하한 사용내역이나 감소에 대해서도 추후의 후속적인 관리와 회계적 조정을 위해서 기록·보관되어야 한다.

① 물품이 배달되어 검수과정을 거쳐 신용관리 비망서류(credit memo) 등 필요한 조치가 이루어지는 즉시 도난 방지와 물품의 물리적인 관리 차원에서 당일 사용 물품만을 구매청구를 해 온 부서에 보낸 뒤 모두 저장고에 입고시킨다.

② 저장고는 물품관리에 적합한 온도의 냉장과 냉동 및 습도 유지와 적정한 저장설비가 갖추어져 있어야 한다.

③ 저장고의 출입은 권한을 부여받은 창고 관리인에 한하고, 부재시에는 항상 잠가 둔다.

④ 창고 관리자나 회사의 재고자산 장부의 기록이나 관리업무 담당자는 분리되어 있어야 한다.

⑤ 재고자산은 회계부의 담당자가 정기적으로 실사하여 저장고 관리자가 관리하는 품목별로 분리하여 재고대장(perpetual inventory cards)과 대조한다. 각품목별로 분류된 재고대장에는 물품의 입출고 내역을 계속 기장함으로써 적정재고수준 파악에 필요한 정보를 제공한다. 이상적이긴 하지만 재고실사 담당자의 실사결과를 관리자가 장부와 대조하여 실제의 재고자산 수양을 재고조사표(inventory sheet)에 기입하는 것이 좋다. 재고실사 능률의 제고를 위해서는 저장고에 놓여져 있는 순서별로 각 물품의 품목을 배열하여 인쇄해 놓은 재고 조사표를 사용하는 것이 능률적이다.

⑥ 실사조사 결과 장부에 기록된 내용 간에 발생된 차이에 대해서는 조사를 통하여 원인이 규명됨으로써 재발을 방지해야 한다.

3. 외상매출 채권 및 외상매입 채무

외상매출 채권의 관리에 대해서는 제10장에서 상론하기로 한다.

1) 외상매출 채권의 관리

외상매출 채권의 관리는 신속한 외상대금의 현금화로 현금의 흐름을 원활히 함은 물론 회수된 외상매출금에 대한 통제를 통하여 수익을 관리하려는데 목적을 둔다. 외상매출금의 수입과 관리에 대한 업무를 통제하기 위해서는 이에 관련된 의무들을 각각 분담시켜야 한다. 그리하여 외상매출 채권 관리자가 동시에 수입된 현금을 직접 관리하지 않도록 통제해야 한다. 매월 매출채권 관리부서의 보고와는 별도로 고객원장을 통하여 외상매출금의 잔액을 조정하고 결정한다. 외상매출금에 대한 대손처리 결정은 직접 현금 취급이나 외상매출 채권의 관리책임을 부여받고 있지 않은 부서 내의 다른 종업원들에 의해 이루어져야 한다. 외상매출 채권의 관리상황은 정기적으로 내부보고가 됨으로써 경영관리에 반영될 수 있어야 한다. 현금흐름을 원활히 하기 위해서는 또한 외상매출 채권이 신속히 회수될 수 있도록 관리하지 않으면 안 된다.

2) 외상매입금의 관리

납품업자 등이 보낸 상품대금 청구서는 즉시 외상대금 지불담당 부서에 제출됨으로써 동시에 외상매입금 통제에 대한 계획이 수립될 수 있어야 한다. 이 때 지급을 통제하기 위해서는 전표시스템이 널리 이용되고 있다. 청구된 금액은 지급결재 전에 구매를 위한 발주서, 검수보고서등과 대조해서 총액을 확인해야 한다. 대금지급과 함께 모든 관계 서류에는 지급필 표시를 함으로써 이중적인 지급을 방지해야 한다. 총계정 원장의 기장 책임자는 원칙적으로 외상매입 장부를 다루지 않도록 책임을 분리시켜야 한다. 외상매입금에 대한 월별 보고서는 매월 콘트롤러가 검토한다.

4. 유형자산과 관련된 통제

유형자산은 호스피탈리티 사업체의 전체 자산들 중 절대적인 비중을 점유하고 있다. 일반적으로 유형자산은 판매 목적이 아니라 사무용 목적으로 소유하거나 리스(lease) 또는 임차하여 회사의 종업원들이 주로 업무용으로 사용하고 있다. 그러나 호스피탈리티 산업 특히 숙박업의 경우에는 모든 고정성의 자산들이 영업목적으로 소유되고 호텔 투숙객이나 기타 이용객들에게 판매됨으로써 매출수익을 발생시키는 유형자산이라는 특수한 형태로 되어 있다. 그러므로 판매목적으로 가지고 있는 대부분의 유형자산은 고객에 대해서만 제공되고 사용될 수 있도록 하는 원래의 의도된 용도에만 그 자산이 사용될 수 있도록 사용을 통제해야 한다. 유형자산의 통제를 위해서는 유형자산 구매를 승인하는 방식에 의해 구매 작업의 순서별로 관리하는 작업 순서별 시스템(purchase order system)을 설정하는 방법에 의하기도 한다. 이 제도 하에서는 특정 프로젝트의 범위와 규모, 목적, 비용내역, 및 총예산규모 등을 포함하여 승인된 총액, 예산과 대조된 실제 예산의 집행내역서, 재고자산 구매에 따른 대금 청구서, 물품 소요 예산서, 및 노동시간 등의 프로젝트에 사용된 제비용들의 지출을 입증하는 자료들과 관련 기록들을 장부기록으로 보관하고 있어야 한다. 총계정 원장의 통제는 각종 자산을 구입원가와 감가상각 충당금별로 분류하여 수행하도록 한다. 자산의 불출이나 회계장부의 관리자 이외의 담당자에 의해 유형자산의 실사를 행한다. 유형자산의 전매, 철거 및 잔존가치 경정은 실제의 자산 관리자가 아닌 경영자에 의해 승인을 필하도록 하며 철거된 자산은 일정한 절차를 거쳐 장부에서 삭제한다.

5. 유가증권의 통제

다른 기업의 주식이나 사채에 투자된 유가증권에 대한 통제활동을 위해서는 회계부에서 각종 보유 증권을 그 명칭과 보증번호로 기재한 후 이것을 증권관리 담당자만이 입출과 보관을 맡을 수 있도록 특정의 보관함이나 장소에 안전하게 보관한다. 이러한 유가증권에 대한 거래는 이사회나 권한을 위임받은 특정 위원회의 승인사항이 되고 있다. 정기적으로 관리자와는 독립된 다른 사람에 의해 증권의 종류와 숫자를 회계장부의 기록과 대조하도록 하고 회계 장부상의 증권투자 수익이 투자로부터 창출될 것으로 계산된 적정 금액과 동일한 수준인지를 확인하도록 한다.

6. 도난 및 부정의 예방을 위한 내부통제

호텔과 식당이 어떠한 내부통제시스템을 설계하여 운용하고 있다고 해도 동일

거래에 관련된 종업원들의 공모(collusion)가 있을 경우에는 무기력해진다. 이런 관점에서 내부통제제도는 모든 기능을 분리한다는 원칙 하에서 수립되어야 하지만 기업의 규모나 내부적인 여건 여하에 따라서는 이러한 이론적인 필요성을 전면적으로 수용할 수 없는 경우도 허다한 것이 현실이다. 그러므로 비록 완벽을 기할 수는 없으되 항상 통제업무를 태만히 하지 않도록 관리하는 수밖에 없다. 여기서 열거하는 내용들 또한 지금껏 빈번히 그리고 반복적으로 일어났던 가능성 있는 문제에 대한 지적일 뿐 완전한 것은 못된다.

호텔과 식당에서 문제 발생 장소가 고정될 수는 없지만 문제가 빈발하는 부서는 대체로 물품의 배달, 검수, 저장고, 현금취급 장소, 비현금의 지급 장소, 매출거래의 발생 장소, 시용카드, 주류 영업장, 호텔의 프론트 데스크(frontdesk) 등이 있다.

1) 구매와 물품배달에 관련된 부정과 도난의 문제

(1) 고가품 구매에 대해 저질품질의 물품이 배달된 경우
(2) 단위에 의한 상품구매시에 내용물의 부분적인 도난이나 품질의 비균질성 문제
(3) 육류의 구매 등에 있어 중량의 속임수나 부정한 방법에 의한 중량의 가중, 이물질이나 물품의 삽입
(4) 물품의 검수절차 없는 입고를 통하여 그 대금을 실제보다 확대하여 청구하는 문제
(5) 적정한 송장의 검토나 수정 절차 없이 불량하거나 미달된 품질의 상품이 반품된 경우

2) 검수 및 재고에 관련된 문제

(1) 미배달 품목이나 고가품에 대한 저품질 상품의 배달에 따른 송장의 수정을 배달인의 승인하에 처리한 경우
(2) 소규모의 물품인 경우에 발생 가능한 빈번한 도난의 문제

(3) 휴지통 등을 이용한 회사물품의 외부 밀반출 가능성
(4) 재고 저장고로부터 물품인출 사실을 은폐하기 위한 재고기록의 허위기장이나 수정

3) 현금과 관련된 문제

(1) 현금도난 후 현금부족으로 회계처리하는 경우
(2) 개인적인 용도의 지출 후 영수증을 사업목적의 지출로 처리하는 경우
(3) 개인이 유용한 현금을 거래일 이후에 발행한 수표(post-dated check)로 처리하는 경우
(4) 현금표의 맨 아래 칸에 임의로 일정액을 더 기입해 넣은 후 그만큼 현금을 더 인출하) 적인 기록누락이나 현금의 과다인출
(6) 불법적인 금고 비밀번호의 매매행위 문제

4) 매입 채무와 급료의 관리에 관련된 문제

(1) 유령회사의 설립 후 이 회사명으로 작성된 허위 송장에 대해 대금을 지급하는 경우
(2) 판매업자와 회사 내부의 송장 점검관련 직원 등이 공모하여 가공의 송장을 직접 물품대금 지급계원에게 제출하는 경우
(3) 가공인물에 대한 급료의 지급이나 관련 종업원들의 공모에 의한 급료의 과대계상과 지급
(4) 실제 고용일과 다른 고용일자의 위조에 의한 급료 차액의 횡령 문제

5) 식음료 매출수익에 대한 도난 및 부정

식음료서비스 담당 종업원과 업장의 현금 출납원에 의해 발생 가능성이 큰 문제들

(1) 배상전표 원부에 기재 누락 시킨 후 주방이나 주장(bar)에서 식음료를 받아

오는 경우 그 재료비와 식음료는 개인의 재산으로 횡령될 수 있음

(2) 매출전표나 매상기록 없이 고객이 지급한 식음료 대금을 횡령

(3) 이미 사용된 전표를 재사용해서 대금을 회수하는 경우의 문제

(4) 매출전표 금액을 과대계상하여 고객으로부터 대금을 현금으로 회수한 후 합당한 취소절차를 거쳐 전표의 금액을 수정하고 차액을 횡령하는 경우

(5) 매출전표의 파기 또는 매상기록 없이, 즉 정확한 금액의 매상전표 없이 고객으로부터 대금을 현금으로 받는 경우

(6) 어떤 식음료 품목을 판매전표에서 빼주거나 고의적으로 매상전표에 저렴한 금액을 기입하는 경우

(7) 정확한 매상전표와 매상기록을 거쳐 대금을 회수했으나 이를 취소하거나 무효처리 (void)시키는 경우

(8) 고객으로부터 식사대금을 받고도 서명이나 신용카드 번호를 위조해서 외상처리하는 경우

(9) 매출수익을 임의로 유용하고 이 매출에 대해서는 매상기록을 하지 않는 경우

(10) 대금계산 후 고객이 분실하고 간 신용카드를 이용해서 현금매상을 횡령한 후 다시 가짜서명을 통하여 외상매출 처리하는 경우

(11) 고객이 신용카드 결재시 또 한 장의 빈 전표(voucher)에 고객의 신용카드를 찍어 두었다가 나중에 현금매출 거래와 교체시키는 경우

(12) 현금회수 후 '뺑소니 고객(customer walkout)'으로 처리하는 경우인데, 이것은 실제으로 모든 업장에서 실제로 제기되는 뺑소니 고객의 문제를 불합리한 현금관리에 이용하는 문제로 국내외의 관광객을 막론하고 실제로 이 문제의 관리에도 유의할 필요성이 큼

7) 프론트 오피스에서 제기 가능한 문제

(1) 늦게 도착해서 일찍 출숙하는 고객이나 시간제 이용객의 입숙 등록시에 대금을 선급받은 후 고객등록 카드를 파기한 후 객실 매출을 고객원장에 기장

하지 않는 문제를 통제하려면 프론트 클럭과 룸메이드의 공모 가능성을 관리해야 한다. 호텔에서 경우에 따라서는 실료의 선급이 정식으로 요구되기도 하지만 객실 판매 담당직원인 프론트 클럭의 객실대금 취급은 엄격히 통제되어야 한다. 프론트 캐셔가 현금출납 업무를 담당한다고해도 근무장소가 다같이 프론트 데스크이므로 다른 경우보다는 물리적으로는 공모의 용이성이 문제가 될 수도 있다.

(2) 객실매출을 수기처리하는 소규모 호텔의 경우는 고가의 객실을 고객에게 판매한 후 호텔보관용 장부나 대금 청구서에는 염가로 기재할 수도 있고 더구나 폐기 가능성까지 있다.

(3) 고객의 서명을 모조하여 객실 할인전표(allowance/rebate voucher)를 허위 작성하는 경우가 있을 수 있다.

(4) 출숙절차를 이행하지 않은 도망객(skipper) 처리를 이용한 실료 횡령도 가능하다.

(5) 대손처리된 후에 회수된 외상매출금에 대한 부적정한 처리도 있을 수 있다.

(6) 고객 도착 전에 지급된 예약 보증금을 고객원장에 기장하지 않아 제기되는 문제도 있다.

(7) 팁을 기대하면서 정확한 투숙 인원수를 기록누락하여 추가요금을 징수하는 않는 문제도 있다.

(8) 객실 열쇠나 금고 열쇠의 불법적인 거래나 부도덕한 비밀번호 누설문제도 가능하다.

7. 내부통제의 한계

호텔의 회계시스템과 내부통제시스템이 호텔의 특성에 알맞게 짜여져 있다고 해도 어떤 경우에나 오류나 부정을 완전하게 관리하기는 어렵다. 기업 내부적으로 독립적인 업무분장이 이루어지고 내부통제시스템이 확립되었다고 해도 각각의 분담된 책무 담당자들이 결탁한다면 내부통제시스템은 무너지고 통제력의 효과는 발휘될 수 없게 된다. 최근에 급속히 발전된 전산망의 구축과 이용이 모든 것을 수기 처리하던 시절보다는 호텔경영상 통제업무의 능률과 효과에 크게 기여한 것은 사실이다. 그러나 전산망 이용에는 또다른 부정적인 측면들이 수반되고 있다. 이런 부정적인 측면들 중의 하나가 또다른 재무적 정보의 오류나 부정들의 발생 가능성인데, 이와 관련된 문제점들의 관리는 오늘날 내부통제에 부가된 새로운 과제가 되고 있다. 그러므로 내부통제시스템은 기업의 재무관리 및 회계처리와 관리에 이용될 수 있는 모든 기계적인 시스템에 맞추어서 설계되고 신축성있게 운용될 수 있도록 관리되지 않으면 안 된다.

1) 구매 및 검수활동에 대한 통제

구매와 검수활동과 관련된 비능률 요인을 제거하기 위하여 통제활동을 수행한다. 각부서에서 올라온 모든 구매청구서에 따른 구매의 승인은 가능한한 구매담당관이 하도록 한다. 모든 구매는 발주서(purchase order; PO)에 의하며 검수부와 회계부서에 그 사본을 보내어 검수와 대금지불의 근거자료로 이용한다. 검수부에서는 검수보고서를 회계부서에 제출하여 납품업자가 보낸 송장대금청구서의 내용과 대조함으로써 정확한 대금지불을 할 수 있도록 한다.

2) 재고통제

구매 및 검수도 광의에서는 재고자산 통제활동이라고 볼 수 있다. 재고통제란 재고자산 보유수들에 관련된 통제활동을 말한다. 회계부서의 재고자산 기록관리자는 실제의 재고자산을 직접 관리하지 않도록 한다. 정기적인 재고자산의 실사는 저장관리를 담당하지 않는 독립적인 종업원에 의하여 수행되도록 한다. 회계담당자도 장부상의 재고가액과 실제 재고자산을 비교하여 적정한 재고자산의 가격결정 및 가치평가를 위해서 재고의 실사를 할 필요가 있다. 재고실사를 위해서는 저장고의 관리에 있어서 유사품목들을 함께 보관하는 것이 편리하고, 실제로 자산이 창고에 들어온 입고순서별로 재고자산의 목록을 미리 작성해 둔다면 재고의 실사는 능률적으로 이루어질 수 있을 것이다.

실사 결과 발견된 장부가액과 실제 재고자산 가치의 차이 발생은 콘트롤러의 책임하에 이를 조정하도록 한다. 비정상적인 재고자산의 과부족 현상에 대해서는 반드시 원인규명이 됨으로써 재발가능성을 관리해야 한다. 기타 재고자산 관리를 위해서는 실사업무에 대한 통제, 고가품에 대한 일별 재고조사와 사용율 검토, 창고관리담당자 이외의 저장고 출입 제한과 함께 재고 자산의 여하한 사용내역이나 감소에 대해서도 추후의 관리와 회계적 조정을 위해서 기록·보관되도록 통제되지 않으면 안된다.

3) 급료지급과 관련된 통제

노동집약적인 호스피탈리티 산업에 있어서 임금 및 급료는 최대의 단일 비용항목이 되고 있다. 그러므로 이 비용에 대한 통제는 원가관리를 통한 경영성과 달성에 있어서 결정적으로 중요하다. 급료지급에 대한 내부통제를 위해서는 고용과 임금율 결정기능의 분리, 작업시간 보고, 급료산정, 급료에 대한 최종결재, 종업원에 대한 급료의 실제 지불, 급료지급에 관련된 은행계정의 조정 등 기능을 분리하여 수행해야 한다.

4) 유형자산과 관련된 통제

유형자산은 호스피탈리티 사업체의 전체 자산들 중 절대적인 비중을 차지하고 있다. 유형자산의 관리에 대한 내부통제 목적은 주로 원래 유형자산의 용도로서 의도된 바, 고객에 대해서만 제공되고 사용될 수 있도록 사용을 통제하는데 있다. 호텔건립 등에 따른 새로운 유형자산의 구매에 있어서는 이에 대한 결재권자의 지정과 함께 이사회는 작업순서별로 소요되는 설비의 원가를 승인하는 식의 작업순서별 시스템 설정을 한다. 이 제도 하에서는 특정 프로젝트의 범위와 규모, 목적, 비용내역 및 총예산규모 등을 포함하여 승인된 총액, 예산과 대조된 실제 예산집행내역서, 재고자산 구매대금 청구서, 물품소요 예산서, 및 노동시간등 전체의 프로젝트에 사용된 제비용들의 지출을 입증하는 자료들과 관련기록들을 회계자료로서 기록·보관하고 있어야 한다. 유형자산에 대한 총계정원장의 통제는 각종 자산을 구입원가와 감가상각 충당금별로 분류하여 수행하도록 한다. 자산의 불출담당 또는 회계장부 관리자 이외의 독립된 담당자에 의해 유형자산의 실사를 행한다. 유형자산의 전매, 철거 및 잔존가치 결정은 실제의 자산관리자가 아닌 경영자에 의해 승인을 받도록 하며 철거된 자산은 장부에서 삭제한다.

5) 유가증권의 통제

다른 기업의 주식이나 사채에 투자된 유가증권에 대한 통제활동인데 회계부서에서 각종 보유증권을 그 명칭과 보증번호로 기재한 후 증권관리 담당자만이 입출 및 보관을 할 수 있도록 안전한 보관함에 보관한다. 유가증권에 대한 거래는 이사회나 권한을 위임받은 특정위원회의 승인사항이 되고 있다. 정기적으로 관리자와는 독립된 다른 사람에 의해 증권의 종류와 숫자를 회계장부의 기록과 대조하고 회계장부상의 증권투자이익이 투자로부터 창출될 것으로 계산된 금액과 같은지를 확인함으로써 증권투자의 기록에 오류나 부정이 없는지를 관리한다.

제 15 장
예산통제

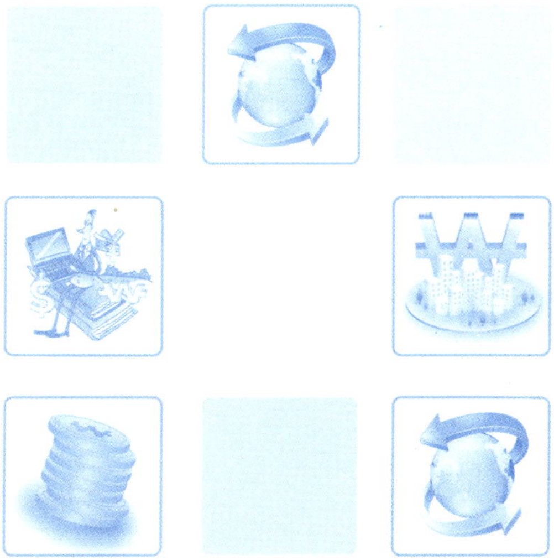

15 예산통제

제1절 예산통제의 이해

1. 예산의 개념과 예산통제의 중요성

예산(budget)이란 기업이 어떻게 제자원을 확보하고 배분하는지에 대한 내용을 계량적으로 보여주는 재무계획을 말한다. 예산은 여러 가지로 분류될 수 있는데, 어느 것이나 경영자가 미래의 기간에 달성하려고 하는 제목적들을 위해서 사용하게 될 전략과 정책들을 계량적으로 구체화한 것이다. 조그마한 업장에서 대규모적인 식당에 이르기까지 대부분의 거의 모든 사업체들이 어느 정도까지는 계획이 없는 곳은 없다고 볼 때 단지 계획을 서면화하고 구체화한 예산이 없는 곳은 없다.

예산통제란 예산을 통해서 사업 활동을 통제하려는 것이다. 예산과 실제를 비교함으로써 수립된 계획을 향하여 경영활동을 수행해 나가려할 때 경영자들은 예산통제에 관심을 갖게 된다.

위의 정의에 나타난 바, 예산편성상 요구되는 정책수립의 전제가 현실적으로 의미하는 것은 예산이 편성되기 전에 우선 달성하려고 하는 목표와 목적이 무엇이고 그러한 목표와 목적을 어떻게 달성할 것인지에 대한 방법을 결정하는 것이 중요하다.

호텔사업에 있어서 가장 먼저 이윤목표를 확정시키는 것이 중요하며, 그 다음으로는 그러한 목표에 이르기 위해 필요한 모든 종류의 이익과 비용, 자산 및 부채 등을 막라한 많은 종류의 예산을 편성하는 것이 중요하다. 호텔의 수익성은 매출규모에 달려있는 만큼 호텔 사업체의 모든 수익창출부문들과 관련된 여러 가지 예산들이 총체적으로 예산통제의 기능을 수행하게 된다. 호텔에서 가지고 있는 모든 예산들 중 주된 예산들은 객실예산, 식음료 예산, 기타 수익을 창출하는 모든 부서의 예산들이 된다. 식당영업에 있어서도 주된 예산의 범주는 이것과 크게 상이하지는 않다. 그러므로 이와 같이 수익적 측면에 관계되는 예산들은 영업비, 자본비용 등과 같은 항목에 대한 예산에 있어서보다 더 세심한 배려를 요한다. 예산이라고 하는 개념은 관리적 책임문제와 분리해서 생각할 성질의 것이 못된다. 예산자체가 이익이나 비용을 통제하는 것은 아니며 기업의 경영자가 기업 전반에 걸쳐서 혹은 사업 단위 또는 사업부문별로 통제함에 있어서 예산이 그들의 통제방향을 알려주고 또 거기에 영향을 주기 때문이다. 그러므로 예산은 이를 집행하고 책임지는 사람들이 긍정적으로 받아들일 수 있는 내용이어야 한다는 것이 중요하다. 이를 위해서 예산편성에 앞서 그들과 함께 논의하고 그결과거기에 대한 책임을 인정하려는 여건조성이 되어야만 한다. 이런 점에서 흔히 인간적인 요소를 무시한 과학적인 경영을 지향한 기계적인 과정으로 보아온 예산편성에 있어서 기실은 그러한 회계적 및 기술적 측면보다는 인적인 제요소들이 더욱 중요하다. 예산제도의 성패여부는 그러한 제예산에 영향을 미치는 기업내 종업원들의 예산내용에 대한 수용태도 여하에 달려있다고 할 수 있다(Horngren, and Foster, 1991).

예산에 있어 중요한 또하나의 요소는 한 번 예산을 짜서 그것을 담당자에게 책임을 분장하는 것으로 끝나는 것이 아니라 빈번한 간격으로 예산의 내용과 실제의 수치들을 비교함으로써 예상수치와의 여하한 차이라도 발생되었는지의 여부를 지속적으로 확인해야한다는 사실이다. 이것은 예산과 실제 간의 차이를 극소화시키려는 노력이면서 동시에 부실한 관리나 혹은 불가피한 경영환경 변화 등으로 야기된 차이에 대한 신속한 대응으로 기업체질을 능률화하려는 때문이다. 예산은 미래에 대한 것이고 미래는 불확실성이 큰 미지의 시간이다. 예산을 부정적으로 보는 견해들은 미래의 불확실성에 대한 우려와 그로 인한 예산의 무기력화에서 비롯된 사고이다. 사업환경 자체가 불확실한 현시대적 배경하에서 경영성과를 위해서는 불확실성 요인이 극복되지 않으면 안 된다. 불확실성의 극복을 위한 불확실성의 예측은 불가피하며 여기에 대한 대책도 필요하다. 흔히 예산관리가 대기업에서나 필요한 것처럼 여겨지는 경향은 그 효익이 대기업에나 필요한 것이어서가 아니라 기업환경의 변화와 그로 인한 미래의 불확실성을 예측하고 이에 대처하는 능력면에서 중소기업보다는 대기업이 우월하기 때문이었을지는 모른다. 다음에 후술하겠지만 그만큼 예산의 효익은 분명히 크다. 어떠한 차이라도 즉각적으로 수정되고 대응책이 강구될수 있을 때 그러한 불합리의 재발이나 비능률 요인이 관리됨으로써 기업의 원래적인 목적추구에 예산통제가 제기능을 할수있기 때문이다.

2. 예산통제의 목적과 기능

예산은 앞에서 논의해 본 것처럼 예산의 가장 핵심적인 기능은 기업이 수립해 놓은 정책에 따라서 사업목적을 달성하는데 도움을 주려는 것이지만 예산통제제도는 더 많은 기능들을 수행하고 있고 이를 통해서 기업에 많은 효익을 가져다 주고 있다.

1) 종업원들의 전사적 및 자발적 참여와 책임의식 촉진 기능

예산편성 과정에서 이에 책임을 지고 있는 담당자들의 아이디어와 제안들이 광범위하게 수렴되고 있다. 그만큼 예산편성위원회의 위원장이나 책임자가 위원들의 자유로운 의견 개진과 함께 모든 관계자들이 적극적으로 참여할 수 있도록 유도하지 않는다면 각 부문경영자들은 예산을 각 부서들의 의견과는 관계없이 단지 회사의 독단으로 그들에게 부과되고 강요된 것이라고 받아들이게 될 것이다. 예산에 대한 이런 태도는 예산이 원래 달성가능한 목표로서 수립되지 못했다고 생각하면서 그 실현가능성을 부정적인 시각으로 보고 거기에 대한 책임도 인정하지 않는 결과로 유도되게 된다. 더구나 예산위원장은 기업 내 각부문들 간의 협력수준을 높혀야하는 책무까지를 달성하지 않으면 안 된다.

2) 기업 내 조정/협력 분위기 조성에 의한 조직 결집력 강화기능

대부분의 호텔사업과 식당사업은 고도로 부문화되어 있다. 사업부제를 채택하거나 수십 여 개에 이르는 이익센터의 운영은 수익성 목표를 지향하여 호텔업무를 고도로 나누게 되고, 따라서 부서간의 협력과 조정을 일반적인 기업의 경우보다 더 어렵게 만들고 있다고 볼 수 있다. 사실 부문화가 어떻게 얼만큼 이루어져 있든지간에 모든 사업적인 일들이 하나의 결집된 단위로서 각 부문들이 협력되지 않는다면 기업목적 달성은 어려워질 것이다. 그러므로 호텔에서는 그러한 많은 수익발생부문들과 기타 제부문들 간의 직무에 대한 조정(coordination)이 매우 중요하다. 여기서 예산통제 및 예산편성위원회가 수행해야 할 또다른 중요한 부수적 기능은 각부문 간의 조정 및 협력증진을 위해서는 기업조직 내의 각 부문들이 직면하고 있는 문제들에 대해서 기업 내 타부문들의 이해를 증진시켜야 한다는 것이다. 예산편성과정에서는 타부서의 여건을 모르면 이해관계가 대립되기 쉽고 그것은 어느 한 부서의 입장을 이해했을 경우 상대적으로 타부서의 희생을 초래하기 될지도 모른다. 예컨대 객실매출을 극대화시키는 안에 대해서는 단순히 객실부문뿐만 아니라 하우스키핑의 인력, 판촉부의 능력, 구매부의 업무능률 등이 균형을 이뤄야할 문제이기 때문에 여기에 대한 사전조치나 협력이 중요한데, 이 때 예산위원회는 전사적 입장에서 매출극대화에 알맞는 구조를 재편성하든가 하는 문제와 관련된 조정업무를 수행해야 한다. 부문 간의 이해증진은 책임소재, 업무관계를 둘러싼 커뮤니케이션의 원활화로 부서 간의 마찰이나 분쟁소지를 불식시켜 조직구조의 강화와 함께 타부문에 대한 편견이나 지배권 욕심 등을 방지할 수 있다.

3) 합리적인 성과측정 및 평가 기준 마련과 과학적 경영기반 구축 기능

예산통제 업무를 능률적으로 수행하기 위해서는 무엇보다도 각부문의 성과측정에 이용할 적정한 지표(yardsticks)를 마련하는 것이 중요한 과업이 되고 있다. 지표는 실적평가를 위해 사용할 기준으로서 달성해야할 능률수준인 목표(targets)와 함께 추구되기도 하지만 당연히 각 부문의 성격에 따라서는 각기 다른 형태의 지표가 선정되고 목표들이 수립되어야 할 것이다.

예컨대 수익창출부문들에 대한 지표나 목표들로는 판매량, 호텔객실 점유율이나 식당좌석의 점유율, 평균 객실요금, 식당의 1인 평균매출액 규모, 부문이익, 매출총이익과 같은 것들이 경영목표 혹은 성과측정을 위한 지표로서 활용되고 있다. 반면에 수익을 창출시키지 않는 비영업부문들에 대해서는 수익적 요인들보다는 비용이나 원가적인 요소들이 업적에 대한 비교·평가의 지표로 이용되고 있다. 이때 원가는 금액 또는 비율로 표시되며 비용이나 원가를 비교하는 데는 전부문의 총비용에 대해서 각부문이 상대적으로 점유하는 비율을 가지고 평가하게 된다.

4) 기업자원의 활용도 제고로 경영성과 개선기능

예산통제의 목적은 사업체가 소유한 가능한 제자원들을 최고도로 활용하려는데 있다. 매출예산은 다음해의 영업활동수준을 미리 결정하는 것인데, 이것은 또한 기업이 보유한 전체의 자원용량 혹은 호텔객실 중 그 기간동안에 사용되지 않는 미사용분이 얼마나 될것인가를 결정하고 미리 알려주게 된다. 그 결과에 따라서 기업의 미사용 자원용량 혹은 호텔의 객실들을 여하히 활용함으로써 수익으로 전환하고 추가적인 수익을 실현할 것인가에 대한 의사결정을 해야할 경우도 있게 된다. 이러한 목적달성을 위해서 이용할 수 있는 방안들의 예로는 적정한 가격결정 방법과 판매촉진 방안 등의 기법들을 들 수 있다.

제2절 예산통제 과정과 예산의 분류

1. 예산통제의 전과정

1) 예산의 전과정과 예산위원회

예산절차는 이윤의 목표를 설정하는 것으로부터 출발하며 실제로 가장 일반적인 예산통제제도는 수립된 이윤목표가 달성되도록 하는데 관련된 일련의 확인절차라고 볼 수 있다.

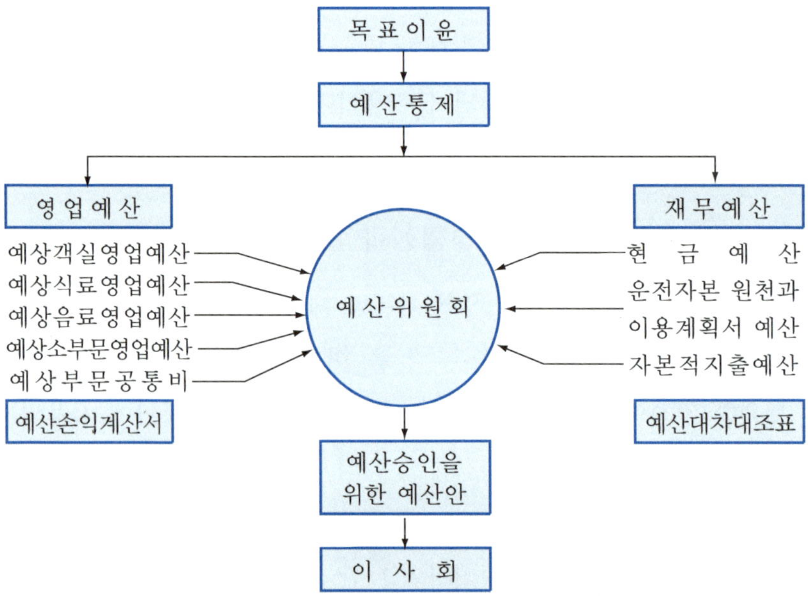

〈그림 15-1〉 호텔 예산통제의 전과정

<그림 15-1>에서 시사되듯이 이윤목표에 대해서 예산통제가 되는데, 이러한 예산은 보통 기업의 일반적인 회계기간인 1년을 대상기간으로 한 연간 예산으로서

편성된다. 연간예산 아래서 예산은 다시 월별, 분기별(매 3개월 단위) 혹은 반기별로 나누어서 실행예산을 세우기도 한다. 물론 예산은 장기 경영계획을 위한 수단으로서 장기에 걸쳐 편성될 수도 있지만 특수한 경우가 아니라면 거의 1년을 기준으로 편성된다. 그 까닭은 예산기간이 길어지면 예산의 환경변화로 인해 예산의 내용이 유용한 정보를 주지 못할 경우가 많기 때문이다.

미래에 관한한 항상 개재되는 위험성은 불확실 요인인데, 미래의 기간이 길수록 불확실성의 정도는 커진다. 계획 내용의 정밀성 정도에도 따라서 차이가 있어야만 한다. 그러므로 미래의 예측, 계획수립 및 통제목적을 위해서는 개재되는 불확실성 정도와 관련시켜 예측, 예산 또는 장기계획 수립 등의 제기법들 중에서 각 시간 층에 알맞는 적정한 방법을 택하는 것이 중요하다.

다음 <그림 15-2>에서 보면 가장 가까운 미래인 다음주에 대한 매출은 예측기법을 이용하고 있고 다음 해라는 시간 층에 대해서는 예측기법을 그리고 미래의 5년에 대해서는 장기계획 기법을 활용하고 있음을 보여주고 있다.

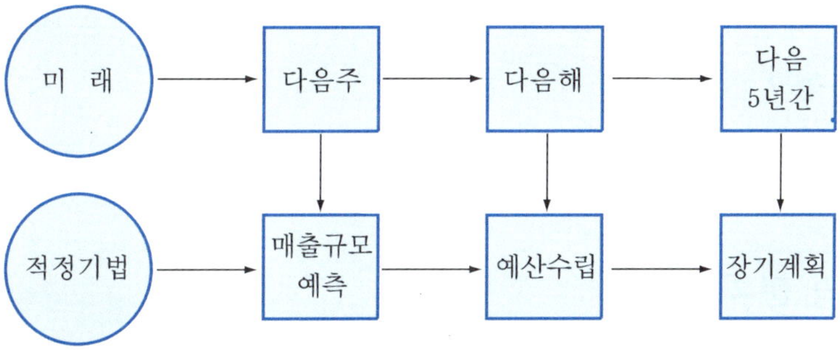

〈그림 15-2〉 미래의 계획·통제에 관한 시간별 기법

2) 예산위원회

예산분류를 통해서 다시 보겠지만, 여러 가지 예산의 종류들 중 가장 중요한 예산은 종합예산(master budget)이다. 예산위원회는 주로 고위 간부들로 조직되는데

예산위원회의 장은 대개 호텔의 총지배인이나 중역들이 맡게 된다. 예산(편성) 위원회는 각종 영업예산들과 재무예산들을 편성하여 최종적으로 이사회(주식회사 같은 경우에)에 이 예산안을 제출하는 책임을 수행하는 것으로부터 예산통제제도를 관리하는 등 다음과 같은 과업을 수행한다.

(1) 예산안을 편성해서 이사회에 제출한다.
(2) 예산통제의 전과정에 대한 지속적인 검토를 한다.
(3) 예산제도의 운영상황을 파악하여 예산과 실제에 대한 비교.분석결과에 대한 정기적인 보고서를 제출한다.
(4) 예산운영지침서나 예산요람 작성

예산통제제도를 원활히 운영하기 위해서 예산위원회능 필요한 분야의 전문가들의 협력을 받아 예산운영지침서를 마련한다. 예산운영지침서는 흔히 필요시에 특정 내용만을 꺼내어 보기 쉽도록 loose-leaf binder 형식으로도 만들고 있는데, 여기엔 꼭 필요한 표준적 절차, 계정과목 또는 항목들의 분류방법, 예산과 실제치 간의 검토기간에 대한 안내와 설명, 예산관련 보고서의 제출 등과 같은 내용들을 상세히 기술해 놓고 있다.

(5) 예산은 기업의 조직구조에 맞추어서 편성되도록 한다.

2. 예산의 분류

1) 예산의 분류 기준과 예산의 종류

광범위하고 일반적인 관점에서 형식적인 요건을 가지고 예산을 분류하자면 1) 예산기간의 장단에 의해서, 2) 예산의 대상범위에 의해서, 3) 조업도의 변동을 예산에서 다루는가의 여부에 의해서, 그리고 4) 예산이 지속적인 목적에 의하는가의 여부에 의해서 나누어 보아야 할 것이다.

즉 1)의 분류에 의하면, 단기예산과 장기예산으로, 2)의 분류에 따라 부분 또는 개별예산으로, 3)에 의하면 정태예산과 동태예산으로, 그리고 4)의 분류에 의하면 정규예산과 특별예산으로 각각 분류될 수 있다.

기업에서 실질적으로 편성되고 있는 많은 종류의 예산들을 포괄한 예산을 종합예산이라고 한다. 종합예산은 일반적으로 이익계획(profit planning)으로 불리워지고 있는데, 이것은 기업이 수립한 일련의 계획들인 예산들은 모두 목표이윤을 달성하는것과 관련되어 있기 때문이다. 계획된 범위 내에서의 지출과 제반 경영활동들의 수행이목표와 일치된 방향으로 이루어지고 있는가를 확인하는 기준과 통제하는 근거가 예산에 있다. 그렇기 때문에 종합예산은 단일예산이 아니라 현금, 매출, 자본 등에 관련된 예산들이 상호 긴밀한 관련성하에서 운용될 수 있도록 수립된 예산인 것이다. 종합예산을 좀더 상세히 분류하면 영업예산(operating budgets)과 재무예산(financial budgets)로 구성되어 있다.

영업예산은 1) 판매예산(sales budget) 또는 2) 제조예산(production budget), 3) 매출원가예산(cost of goods sold budget), 4) 판매비 예산(selling expense budget) 및 5) 일반관리비 예산(general administrative budget 등으로 구성되어 있는데, 제조예산은 다시 1) 원재료 예산(direct material budget), 2) 노무비 예산(direct labor budget), 3) 제조경비예산(factory overhead budget) 및 4) 재고예산(ending inventory budget) 등으로 세분된다. 이상과 같은 영업예산의 내용은 예상 손익계산서(budbeted profit and loss statement)에 축약・표시된다. 호텔의 경우 객실영업, 식음료 영업, 소부문영업 등에 관한 모든 예상치(forecast)가 예산 손익계산서(budgeted prorfit and losss statement)에 흡수되어 있다.

재무예산은 기업의 자산과 부채에 관련된 예산으로서 예산 대차대조표(budgeted balance sheet)에 통합되게 된다. 재무예산은 1) 현금의 수입・지출을 다룬 현금예산(cash budget), 2) 재무상태변동표(budgeted statement of changes in financial position) 등을 주로 다루며 예상 대차대조표와 예상 손익계산서를 함께 다루게 된다. 그러므로 당연히 자본적 지출예산에 관한 자본예산(capital budgets)도 다루게 되지만자본예산만은 다루게 되는 예산은 특별한 예산보고서로서 보는 것이 타당할 것 같다.

3. 예산편성의 단계

종합예산 편성의 모든 절차는 기업의 재무제표 작성 절차와 본질적으로 큰 차이가 없으나, 후자는 사실에 입각한 확정자료에 의한 것으로서 다분히 외부지향적인 것인데 비해, 후자는 미래 자료를 다루는 만큼 내부의 의사결정지향적인 과정으로서 이해할 수 있는 바 굳이 분류하자면 사용자료와 목적 면에 차이가 있다. 예산편성에 있어서는 주체가 제조업인지 혹은 판매중심의 기업인지에 따라서 차이가 있지만 대부분이 손익정보를 중심으로 한 영업예산 편성을 위주로 하고 있다. 그것은 재무예산 자체가 손익중심의 영업예산의 범주 내에서 편성되기 때문이다. 다음 1번에서 예산편성의 절차들을 살펴보기로 하자.

1. 예산편성의 절차

1) 영업예산(operating budgets)

1) 판매예산 편성에 검토할 요소 및 측면

다음에 나오는 2)의 판매예산은 영업예산 편성을 위한 기반을 구축하는 의미를 지닌 예산이다. 판매예산의 확정에는 물론 ① 과거자료, ② 현재의 경영상태와 그 경향 및 ③ 경제적인 환경과 정치적인 측면들의 검토가 필수적이다.

(1) 과거자료의 검토

매출 예산수립에서는 어떤 상품이 전체 매출의 몇%나 점유하는가에 대한 경향 파악과 함께 얼만큼 판매될것이가 하는 판매규모에 대한 예산이 금액과 수량으로 수립되어야 한다. 흔히 과거 2~3년간의 객실부문, 식음료부문 등의 주요사업부문의 매출규모와 소부문의 매출규모를 총액으로서만 보지않고 그 변동정도를 비율로도 산출해보는 것이 유용하다.

(2) 경영상태 및 경향파악

매출규모는 단위판매수량과 단위가격으로 결정되므로 경향의 파악을 위해서는 객실부문의 경우 객실점유율, 객실요금을 그리고 식음료부문의 경우에는 판매된 인분수와 1인당 평균매출액에 대한 2~3년간의 실적을 검토해보는 것이 좋다.

과거의 실적을 통한 판매의 경향파악은 현재상황에서의 실현가능성 타진을 위한 것이므로 그러한 경향이 예산회계년도의 판매예산에 어떠한 영향을 미칠 것인가를 계수적으로 파악하는 것이 중요하다. 실제로 호텔사업에서 호텔객실 및 식당좌석 점유율, 고객송출지역별 구성비율, 사업체의 전반적인 사업부문에 걸친 매출구성비율등은 이러한 관점에서 산출되게 된다.

(3) 경제적인 환경과 정치적인 측면의 검토

경우에 따라서 기업의 외부적 환경인 정치, 경제적인 상황이나 국가의 정책들이 기업 내부적인 경영환경보다도 더 큰 영향을 미칠 수가 있다. 정부의 경제정책이나 재정에 관한 정책들은 개인의 가처분소득에 직접적인 영향력을 미치므로 결국 정부의 의지는 특정산업의 진흥이나 특정지역개발에 지대한 영향을 미친다.

2) 판매예산

판매예산은 예산편성의 구심점이자 출발점으로서 가장 중요한 위치를 점하고 있다. 판매예산 여하는 그것이 변동비 및 준변동비 요소들을 내포하는 만큼 원가예산 편성에 선행되어야 한다. 기업의 현금의 수입과 지출예산을 위해서는 판매를 통해서 현금수입의 규모가 결정될 수 있어야만 가능해진다. 가령 기업이 경영활동을 위해 지출할 영업비의 예산규모는 특별한 경우를 제외하고는 소득 내에서의 지출원칙에 따라서 매출이 어느 정도 수준으로 실현될 수 있을 것인가 하는 조업도에 알맞는 수준으로 정해져야 한다. 그러므로 판매예측의 결과를 계량적으로 표시한 판매예산은 판매예측으로부터 나온다. 판매예측은 과거의 실적자료, 직관, 시장조사와 계량적인 예측모형들을 이용하여 종합적으로 이루어질 수 있다.

특히 오늘날 호텔이나 항공사들이 호텔객실과 비행기좌석의 매출 수익극대화를 실현하기 위해서 이용하고 있는 일드 매니지먼트(yield management) 기법의 적용을 위해서는 무엇보다도 정확한 판매예측이 중시되고 있다.

호텔과 식당의 매출예산은 매출한도를 결정하는데 영향을 미치는 결정적인 요소들의 검토를 거쳐서 확정될 수 있다. 이러한 매출통제의 요소들로는 판매가능한 객실수(available rooms), 식당의 좌석수, 객실이나 식당에 종사할 종사원들을 공급하는 노동시장의 노동력 부족문제, 경영진의 능력, 내용과 질 및 양적으로 변화하는 소비자 욕구 등 외에도 운전자금이나 자본 등을 들 수 있다. 시장의존적인 사업에 있어서는 원가보다는 수익적 측면에 관심을 둔다. 원가지향적인 사업에서는 재료부족이나 숙련노동 및 전반적인 노동력 부족 등이 대부분 결정적인 문제로 제기되는 반면, 시장의존적인 호텔등 사업체에서는 이런 요소들은 부차적인 것으로 다루어진다. 식당은 어느 정도 제조업으로서의 성격도 갖고 있는 만큼 중요하게 고려할 부분들도 있다.

적극적인 판매예산의 수립과 통제를 위해서는 먼저 매출규모에 영향을 미치는 제요소들을 분석해서 매출에 부정적으로 작용되는 요소나 영향을 제거할 수 있어야 한다. 이러한 과정을 거쳐서 일단 사업체의 총매출규모가 확정되면 그 다음으로는 객실, 식료, 음료 및 소부문 등 각 영업부문별로 매출액의 달성목표를 정하는 것이 중요하다.

(1) 판매가능한 객실수

흔히 호텔상품의 고정성으로 얘기되어지는 호텔의 판매객실수의 한정성 특성은 객실상품이 일단 전수 판매되는 경우에는 객실요금인상의 방법 외에는 매출증대가 사실상 불가능하다. 판매예산수립에는 예산기간동안 실제 달성목표로 하는 판매수준 결정을 위해서 객실이 어떤 형태로 점유될것인지를 검토해야 한다. 고도의 객실매출수준의 불안정성이 예측될 경우에는 성업기(peak)의 많은 수요를 한업기(off-peak)에 대체할 가능성이 있는지의 여부나 새로운 수요의 창출가능성을 타진해보아야 한다.

(2) 좌석의 수용능력

좌석수는 호텔식당이나 일반식당을 막론하고 가장 강력한 매출액 결정요인이 된다. 좌석수의 영향을 얼마간 상쇄시킬수 있는 요인으로는 서비스요원수의 증원과 회사 내의 훈련계획 등이 있지만 많은 기업에서 실제로 성공적으로 운용되는 방법으로는 서비스요원들에게 서비스 고객수를 기준으로 해서 지급하는 상여금이 좌석수의 한계를 어느 정도 완화하는 작용을 기대해 볼만하다. 어떤 방법으로 좌석의 한계에 의한 판매규모의 제한성을 극복할 것인가는 사업체의 여건에 의존된 문제이다. 고급식당이나 속성식당(fast-food restaurant)의 고객들이 식당에 거는 기대와 내용은 다르다. 고객들이 식당에 체류하는 시간은 단위평균매출 규모와도 관련되어 있다. 속성식당이나 모든 종류의 대중적인 식당에 가는 외식소비사들의 목적은 대개 식당의 분위기 등과 같은 외형적인 요소들보다는 자기 구미에 맞는 음식에 집중되어 있는 만큼 한시라도 고객들이 식당에 도착하고 식당에서의 체류시간도 비교적 짧으며 그들의 1인당 소비액도 비교적 규모가 작다. 이런 종류의 식당에서 좌석 점유율과 좌석 회전율을 높혀 매출증대를 도모하려면 고객서비스를 종전보다 질적으로 높히고 신속하게 바꾸어 줌으로써 어느정도까지는 가능하다. 속성식당과 유사업종의 경우 고객이 어떤 음식을 먹을것인가하는 메뉴선정과 식사 대금지불에 소요하는 시간을 단축할 수 있다면 식당에서 체류하는 시간은 훨씬 단축될수 있고 이것은 결국은 식당매출 증감에 영향을 미친다. 반대로 고급의 식당에서는 대부분 고객들이 비교적 긴시간(2~3시간)을 머물러 있게 되므로 자연히 도착하는 시간도 거기에 맞추어서 도착하는만큼 식당의 좌석 회전율이나 이용도를 높이려는 시도는 그다지 적합한 결정이 못된다. 이런 고급식당에서는 매출극대화를 위해서 좌석의 이용회수를 높이기 어렵기 때문에 그대신 좌석당의 매출단가를 높혀야만 한다. 이를 위해서는 흔히 여러 가지 가격도구들을 이용한다. 소비자들이 비교적 시간여유가 있는 주말같은 경우에는 부대적인 서비스를 마련하여 추가요금을 받기도 하는데 매출 제고효과 외에도 이런 종류의 수요를 식당이 덜 바쁜 시기로 대체하는 효과가 있다. 좌석수에 비해 수요가 큰 요일대나 시기에는 최소매출 하한선을 정하여두는 방식으로 작은 매출단위나 지출액이 적은 고객에 의한 좌석 점유를 관리하고 이러한 수요를 덜 바쁜 요일이나 시기로 대체할 수 있도록 하는 방법 등을 통하여 매출 극대화 방안을 강구해 볼 수도 있다.

(3) 호텔객실 및 외식수요

매출수익은 수요시장을 배경으로 창출된다. 그러므로 신규 호텔투자와 식당사업의 창업을 위해서는 항상 시장조사를 통한 타당성 평가가 선행되게 된다. 아무리 잘 꾸며놓은 식당과 호텔이 있더라도 입지가 좋지 못하면 실패한다. 가격의 적정성과 경쟁정도는 그 다음에 논해볼 문제이다. 특정호텔이나 식당의 고객이 누구인가?또 어디로부터 올것인가? 여기에 대한 예측 또는 계획이 수립되지 못했다면 그 사업체는 시작부터 근본적인 문제를 가지고 있는 것이다.

부적정한 가격, 특히 너무 비싼 요금은 1인당 평균매출규모나 판매수량을 저하시킨다. 가격이 수요 감소의 원인이 되었다면 모든 종류의 객실요금 및 식음료 가격과 매출이익률은 물론 메뉴를 정밀 검토하고 객실판매 상황과 고객에게 제공된 메뉴품목들을 검토해야 한다.

수요는 또한 경쟁요인에 의해 감소될 수 있으므로 기업을 둘러싸고 있는 외부의 경쟁환경을 분석해야 한다. 가장 주된 경쟁업체는 어디며 그 경쟁력의 근원은 어디에 있는가? 대상 수요시장 계층이 가장 관심을 갖는 사항은 무엇이며 경쟁사들 중 고객을 이끄는 요인은 무엇인가? 부실한 판매실적이 장기적으로 지속될 경우에는 입지를 포함해서 마케팅 정책 전반에 걸친 전면적인 재검토가 이루어져야 한다. 이 때 그 정도나 내용에 의해 기업의 리엔지니어링이나 구조재편이 필요할 수도 있다. 부적당한 입지는 대부분 시장타당성 조사연구 없이 새로운 식당이나 호텔사업을 개업한 경우에 종종 일어나는 문제인데 자본규모가 비교적 더 큰 호텔의 보다는 식당업의 경우에 더욱 빈번한 실패의 원인이 되어오고 있다. 일반적으로 시장의존성이 큰 사업일수록 시장타당성 연구의 필요성은 더욱 커진다는 것을 염두에 두어야 될 것이다.

(4) 양적 및 질적인 인력자원

서비스 사업의 일반적인 특징 중 하나는 인적인 의존도가 높은 사업으로서 총원가 중 노무비가 점유하는 비율이 상대적으로 높다는 점이다. 호텔이나 식당사업에서는 사실 원가관리상 상승하는 인건비를 여하히 관리할 것이냐 하는 것이 이익목표달성을 위한 경영관리에 있어서 결정적인(critical) 문제가 되고 있다. 지나친 원가의식은 노동시장에서의 노동력 수급문제와 함께 자칫 기업에서의 노동력의 부족사태를 유발하기 쉽다. 그 결과 불충분한 서비스는 즉각적으로 호텔객실과 식음료 매출에 대해 강력한 영향력을 미칠 수 있는 잠재요인이 되지만 거기에 대한 객관적인 확증을 주기는 어렵다.

경영상 불안정한 매출울 불가피하게 하는 수요의 계절적인 변동 등 여러 가지 불리한 조건들을 특징으로 가지고 있는 호텔과 원재료 관리와 생산상의 제약요건들을 지닌 식당사업에 있어서 경영자가 그러한 문제들을 잘 조정하고 대처할 수 있는 능력을 갖추었느냐 하는 것은 단기보다는 장기적으로 사업성과에 직접적이고도 강력한 영향요인이 되고 있다.

물론경영 각 계층의 종업원에 대한 능력개발 및 활용에 대해 이론과 실무 연구와 재교육 중심의 교육훈련에 의한 지속적인 인력관리가 확실히 노동의 질 향상과 조직목표를 향한 유용성 제고에 기여하는 것은 사실이지만 적정 노동력의 확보와 경영진의 능력정도는 판매예측과 판매예산 수립에 앞서 평가되어야만 한다.

(5) 기타 재무적 요소

기타 많은 요소들이 고려됨으로써 판매예산이 수립되겠지만, 그 중에도 재무적 요소의 검토가 불가피하다. 경우에 따라서는 식음료 원재료나 객실소모품 등 더많은 재고자산의 확보가 필요하거나 유리한 여건에 처할 수도 있는데, 이런 경우에 구매비로 지출할 예산확보가 될 수 없다면 매출이나 이익증대를 도모할 수 없다. 호텔에서 고객의 불평이 나오지 않도록 안락하고 쾌적한 객실공간과 분위기를 제공하려면 적정한 영선유지비 및 실내장식 예산수립이 소요된다. 호텔건물은 수익을 발생시키는 자산으로서 그 자체가 상품인고로 가장 유행에 민감한 건축물이기도 한만큼 호텔의 진부화를 방지하는 것이 자산관리의 중심과제가 된다. 그러려면 상당한 금액의 개보수예산수립이 불가피하다. 호텔의 개보수 비용은 예산규모로 보나 실질적인 의미에서나 사실 재투자에 가깝다. 그러므로 재무적인 여건도 매출증감에 중요한 영향을 미친다.

3) 비용예산의 수립

(1) 부문비용 예산의 수립

각 영업부문별 판매예산이 확정된 후에는 여기서 다시 각부문별로 통제가능한 부문비용예산을 수립하고 예산수익으로부터 이 비용을 차감해서 예산부문이익을 결정하게 된다. 호텔에서 매출규모 면에서 연회매출이 중요하다(material)고 판단될 경우에는 연회부문을 식음료부문에서 다루지 말고 별도의 사업부문으로 독립시켜서 예산판매 및 예산이익을 수립해야 한다.

(2) 공통비예산의 수립과 처리

부문비용예산이 수립되고 예산수익으로부터 이를 차감하여 예상 목표이익이 결정된 후에는 부문공통비 예산을 수립해야 한다. 이러한 비용들은 본질적으로 고정성의 제비용들로서 대부분의 경우에 이러한 비용들은 특정 영업부문에 배부하거나 할당하지 않기 때문에 흔히 미배부 영업비(undistributed operating expenses)라고 불리워지고 있다. 일반관리비, 광고 및 판촉에 대한 판매비, 에너지비, 영선유지비, 감가상각비, 제세공과금 등과 같은 비용들이 공통비에 속한다. 예산통제의 관점에서 이러한 공통비는 두 가지 방법으로 처리된다. 어떤 방법을 택하던 호텔과 식당이 특별히 다른 방법을 이용해야할 필요는 없고, 다만 호텔이나 식당의 규모나 각 사업체가 처해 있는 특수한 여건 등에 의해서 선택될 문제이다. 우선 하나는 부문공통비를 각 영업부문에 배부 또는 할당하지 않은체로 예산을 수립하는 방법으로서 주로 소규모 사업체에서 이용하고 있다. 대규모 사업체에서는 부문공통비를 통제가능한 비용들과 통제불능의 비용들로 분류해 낼 수가 있기 때문에 통제가능한 비용항목들은 회계부서, 인사부, 영선유지부 등의 비영업부문들 중 해당부서에 할당하고 통제불능비용 항목들은 별도로 표시하여 부문관리가 아닌 최고경영자의 관리책임하에 둔다.

(3) 고정예산과 변동예산

비용과 관련된 모든 영업예산은 영업비가 조업도의 변동에 의해서 영향을 받는가의 여부에 따라서 고정예산(fixed budgets)이거나 변동예산(flexible budgets) 중 하나로서 수립될 것이디. 고정예산이란 일반관리비, 광고 및 판촉비, 영선유지비 등과 같은 대부분의 공통비예산에서처럼 호텔객실점유율이나 식당좌석 점유율의 변동 등 조업도(level of activity)의 변동에 따라서 직접적인 영향을 받지않는 예산을 말한다. 식음료 관련의 제비용들, 소부문의 매출원가 및 시간제나 일용잡급의 노무비 등과 같은 비용항목들은 반대로 매출조업도에 의해서 직접적인 영향을 받아 증감변동하는 비목들이므로 여기에 대한 예산은 변동예산이 된다.

2. 재무예산의 수립

앞에서 이미 재무예산(financial budgets)은 자산(assets)과 부채(liabilities)에 대한 예산임을 언급한 바 있다. 호텔과 식당사업에서의 재무예산 중 가장 중요한 내용은 현금예산(cash budgets)과 자본적 지출예산(capital expenditure budgets)이다.

1) 현금예산

현금은 능률적인 경영활동 수행을 위하여 적정선으로 보유되어야 한다. 너무 현금이 부족하면 원활한 경영활동에 지장을 초래할 것이고, 반대로 너무 과다한 현금을 보유하면 남는 금액만큼은 다른 투자의 가능성과 그로부터 기대될 수 있는 투자이익을 상실하여 기회비용을 발생시키는 결과를 초래할 것이다. 현금예산은 미래기간에 있어서의 현금유입(cash inflows)과 현금유출(cash outflow)을 다루는 것이기 때문에 흔히 현금수입지출명세서(statement of cash receipts and disbursements)로도 불린다. 뿐만 아니라 현금의 기초 잔액과 기말 잔액까지를 표시해 주므로 현금이 움직이는 상황도 모두 이표를 통해서 알 수 있다. 그 결과 예상되는 사용 가능액으로서의 현금 잔액과 그 처리 혹은 현금부족분과 그 충당에 관한 결정을 할 수 있게 된다. 이와 관련된 현금예산의 공식은 모두 기말 현금잔액을 구하기 위한 것인데, 다만 단순한 기말잔액인가 혹은 최소 현금유지액을 포함하는 기말잔액인가에 의해서 계산요소들이 다소 차이가 있을 뿐이다.

현금예산을 표시할 수 있는 방법은 여러 가지가 있으나 단순한 기말현금잔액을 결정하기 위한 현금예산공식은 다음과 같다.

사용가능현금 = 기초현금잔액 + 현금수입액
기말현금잔액 = 사용가능현금 − 현금사용액

현금예산은 전체의 금액 외에도 현금수입의 원천과 지출에 대한 상세한 계획을 표시해주는 것이 바람직하다. 미래의 현금 유입액을 결정하려면 우선 현금유입의 원천(source of cash inflows)들이 결정되지 않으면 안 된다. 수익을 발생시키는 모든 부문들이 이 원천이 되며 호텔의 객실부문, 식음료부문 및 소부문 등이 여기에 속한다.

모든 매출은 현금판매가 아니면 외상매출이 될 것이다. 전자는 즉각 현금유입이 되지만 매출채권이 현금유입으로 되기까지는 짧게는 1일에서 수주일 혹은 길게는 수개월에 이르는 시간이 소요된다. 국내은행의 신용카드 등은 대개 하루 내에 즉

각 현금으로 유입될수 있는데 반해, 여행자수표나 기타 카 드중에는 수주일이나 1개월 단위로 결재되기도 한다. 외상고객에게 직접 청구서를 보내거나 신용 판매 혹은 외상매출 회수담당사원이 직접 내방해서 외상을 결재 받으려면 수개월까지 소요될 수가 있다. 물론 이 과정에서 외상매출채권이 대손처리 되어야할 경우도 있지만 여기서는 논외로 한다. 그러므로 외상매출의 경우에는 각종 외상매출금들을 포괄해서 계산된 평균회수기간(average time lag)을 고려해서 현금유입과 현금유출 예산을 편성해야 한다.

현금지출 예산은 식료원가, 음료원가, 소부문의 매출원가, 임금 및 봉급과 기타 비용으로 분류해서 편성되기도 한다. 그러나 대규모 기업이 선호하여 일반적으로 이용하고 있는 방안은 총 현금유출을 부문비용, 비영업부문의 통제가능한 부문비용과 기타비용으로 분류하여 표시하는 것이다. 이 때 부문비용은 다시 매출원가, 부문봉급 및 임금과 기타 부문비용으로 구분된다.

대부분의 기업들은 투자에 의한 배당금 수입, 은행예치분에 대한 이자소득, 혹은 유형자산 이용에 대한 비용지급 등 비정규적인 현금수입과 지출이 있는데 그러한 현금의 수입과 지출예산에 대해서는 반드시 단서조항을 두어야 한다.

2) 자본적 지출예산

자본적 지출예산은 건물과 부속건물, 주방설비 및 시설, 가구류 등에 대한 지출계획을 수립하는 것을 말한다. 자본적 지출예산은 일반적으로 1년을 기준으로 수립되지만 지출완료에 실질적으로 장기간이 소요되는 특수한 프로젝트에 대해서는 1년이상의 기간에 대해서도 계획을 수립하게 된다. 예산기간 동안의 어떠한 자본적 지출도 현금사용가능액에 기초하여 이루어져야만 하는 불가피성 때문에 이러한 특수예산도 어느 정도까지는 현금예산에 의해 영향을 받게된다. 그러므로 자본적 지출시기 결정에 앞서서 현금예산을 다시 확인해 보아야 한다. 자본적 지출예산에 표시된 새로운 시설설비, 가구 및 유사품목들의 취득은 예산대차대조표에 표시되게 된다.

3) 기타 재무예산

순운용자금의 원천과 용도에 대한 예산(흔히 예산기금운용표라고함)은 사업의 전반적인 투자와 자본조달 활동계획에 유용하다(예컨대 it can show the effect of depreciation policy on disbursements for income tax).

식음료관리상 식음료 재고예산은 별로 수립되지 않고 있지만 예산통제제도가 시행될 경우에는 식음료의 표준 재고수준은 고정되게 되는데, 이것은 예산 대차대조표 작성이나 기타 여러 가지 목적에 유용하다.

제3절 예제를 통한 예산수립

1. 현금예산 수립과 주석사항

<표 15-1>에 보이는 8개월 간의 예산판매 및 지출내용을 보고 현금예산을 수립해보자.

〈표 15-1〉 예산판매 및 지출

예산판매 및 지출 2월~9월, 20XX						
월	식료판매	음료판매	식료구매	음료구매	노무비	기타지출
2	₩16,000	₩5,000	₩6,500	₩2,500	$6,200	$5,200
3	17,000	5,500	6,800	2,800	6,300	5,200
4	18,000	5,700	7,300	2,900	6,300	5,300
5	18,600	6,200	7,500	3,200	6,400	5,400
6	24,000	6,900	9,500	3,500	7,000	5,700
7	27,800	8,400	11,000	4,300	7,300	6,000
8	23,000	7,100	9,400	3,600	7,000	5,700
9	19,600	6,400	7,800	3,200	6,800	5,400

■ 고려할 사항

(1) 음료는 전액 현금판매되었고 식료는 현금판매와 외상매출이 각각 50%이었다. 외상매출은 1개월이라는 시간차에 의해 현금수입될 것으로 기대된다.

(2) 노무비와 기타비용은 지급되고 있고 식료품 발생시마다 재료 판매업자에 대한 외상 매입금의 지불기한은 2개월이다.

(3) 식당의 투자자산에 대한 연간 수입이자 소득은 ₩700,000이고 이자발생시기는 6월이다.

(4) 식당의 자본적 지출예산에 의하면 5월에 새로운 카페트와 가구를 ₩5,000,000에 지출할 계획이며 대금의 지불은 구입후 1개월 이내에 할 계획이다.

(5) 7월에는 식당이 사채 ₩10,000,000을 상환할 계획이다.

(6) 3월 1일 현재 은행예금 평잔이 ₩2,000,000이다.

1) 현금예산

이러한 경우 식당의 현금예산은 아래와 같이 작성될 수 있다(표 15-2 현금예산).

〈표 15-2〉 현금예산

현 금 예 산 4월~9월, 20XX							
	4월	5월	6월	7월	8월	9월	비고
Opening balance 현금유입:	₩2,000	₩4,600	₩7,700	₩8,700	₩19,000	₩25,000	
식료판매-현금	9,000	9,300	12,000	13,900	11,500	9,800	매출채권
식료판매-신용	8,500	9,000	9,300	12,000	13,900	11,500	₩9,800
음료판매	5,700	6,200	6,900	8,400	7,100	6,400	
기타수취			700				
총 계	₩25,000	₩29,100	₩36,600	₩43,000	₩51,500	₩53,500	
현금유출:					9,500		매입채무
식료구매	6,500	6,800	7,300	7,500	3,500	11,000	₩17,200
음료구매	2,500	2,800	2,900	3,200	7,000	4,300	매입채무
노 무 비	6,300	6,400	7,000	7,300	5,700	6,800	₩6,800

기타비용	5,300	5,400	5,700	6,000		5,400
기타지불			5,000			10,000
총 계	₩20,600	₩21,400	₩27,900	₩24,000	₩25,700	₩37,500
기말잔액	₩4,600	₩7,700	₩8,700	₩19,000	₩25,000	₩16,000

2) 주석사항

주석사항으로 현금이 수입되고 지출되는 시기를 정확히 알 수 있도록 이익과 지출과의 시간적 차이를 언제라도 표시해줘야 한다. 현금잔액, 혹은 은행잔고(대부분의 현금은 은행에 예치되고 있으므로)은 예산 기말잔액과 매월 말 잔액을 표시해줘야 한다.

2. 신규사업에서의 예산편성(식당의 예)

여기 두 사람의 동업자 겸 식당운영자가 있다. 식당업이 개시된 것은 12월에 그들이 은행에 ₩150,000,000을 각각 입금시키면서였다. 같은 12월 말에 최초 현금거래 실적은 다음과 같았다.

현 금 요 약-11월 20XX		
자본공헌J. D.		₩150,000
자본공헌R.K.		150,000
		300,000
차감: 건물(estimated life 20 years)	₩150,000	
가구(estimated life 10 years)	40,000	
주방설비(estimated life 10 years)	80,000	
도기기류, 유리기물, 은도금기물	10,000	
식료재고	5,000	₩285,000
가용현금		₩15,000

처음 6개월 간의 식당운영에 있어서 예상되는 관련예산 수치들은 다음과 같다.

1) 식료매출

1월에 ₩40,000,000

2월에 ₩80,000,000

3월에 ₩120,000,000을 예상하는데, 전체 매상의 50%는 현금매출이고 나머지는 외상매출일 것으로 예상하고 있다. 외상매출금 회수에는 1개월이 소요될 것으로 예상하고 있다.

2) 총매출이익, 구매 등

예상 총매출이익은 60%이다. 모든 식료재료 구매비의 반은 현금으로 결재해 주고 나머지 50%는 외상매입한 후 1개월 후에 현금결재해 준다. 이 식당의 표준 재고수준은 W5,000,000이다.

3) 임금 및 봉급

매월 인건비는 ₩25,000,000규모로 발생되는데 체불되지 않고 즉시 지불하는 것으로 본다.

4) 감가상각비 및 기타 비용

건물, 가구, 주방시설 설비는 정액법에 의해 감가상각비를 산출한다. 도자기류, 유리기물류, 및 은도금 기물류 등은 매년 자산재평가를 하며 연간 20% 범위 내에서 손실(loss)처리한다. 기타 비용은 월 ₩20,000,000 정도로 발생될 것이며, 이 경우에 비용발생 시점과 비용지출 시점과의 기간적 차이는 1개월로 계획하고 있다. 이 때의 6개월 간의 예상 영업실적에 의한 예산손익계산서와 6개월 말 현재의 현금예산은 다음과 같이 작성된다.

〈표 15-4〉 현금예산

현금예산 1월~6월 20일, 20XX							
	1월	2월	3월	4월	5월	6월	비고
Opening balance	₩15,000	₩2,000	₩7,000	₩8,000	₩35,000	₩62,000	
현금유입							
현금판매	20,000	40,000	60,000	60,000	60,000	60,000	매출채권
신용판매		20,000	40,000	60,000	60,000	60,000	₩60,000
총계	₩35,000	₩62,000	₩93,000	₩128,000	₩155,000	₩182,000	
현금유출							
현금구매	8,000	16,000	24,000	24,000	24,000	24,000	매입채무
신용구매		8,000	16,000	24,000	24,000	24,000	₩24,000
노 무 비	25,000	25,000	25,000	25,000	25,000	25,000	매입채무
기타비용		20,000	20,000	20,000	20,000	20,000	₩20,000
총계	33,000	69,000	85,000	93,000	93,000	93,000	
Closing balance	₩2,000	₩(7,000)	₩8,000	₩35,000	₩62,000	₩89,000	

〈표 15-5〉 예산손익계산서

예산손익계산서 1월~6월 20일, 20XX		
식료판매	₩600,000	
매출원가	240,000	
총수익		
통제가능한 비용		₩360,000
급료	150,000	
기타비용	120,000	
총통제가능한 비용		270,000
감가상각전 이익		90,000
감가상가		
건물	3,750	
가구	2,000	
주방설비	4,000	
도기, 유리기물, 은도기	1,000	
총 감가상각비		10,750
순 이 익		₩79,250

〈표 15-6〉 예산 재무상태표

예산재무상태표 6월 30일, 20XX			
자 산			
유동자산			
현 금		₩89,000	
매출채권		60,000	
식료재고		5,000	
총유동자산			₩154,000
유형자산			
이건 물	₩150,000		
차감:누적감가상각	3,750	146,250	
이 구	40,000		
차감:누적감가상각	2,000	38,000	
주방설비	80,000		
차감:누적감가상가	4,000	76,000	
도기, 유리기물, 은	10,000		
차감:누적감가상각	1,000	9,000	
순유형자산			269,250
총자산			₩423,750
부 채			
매입채무	₩44,000		
총부채		$44,000	
자 본(Partnership Equity)			
자본 J. D.	₩150,000		
자본 R. K.	150,000	300,000	
부가순이익		79,250	
총자본			₩379,250
총부채 및 자본			₩423,750

현금예산에 의하면, 이 식당의 2월 말 현재의 현금부족은 지극히 소규모적인 것이며 매월 은행잔고는 상당히 증대되는 것으로 예상되고 있다. 주석사항으로부터 6월말 외상매출채금은 ₩60,000,000이고 외상매입금은 ₩24,000,000과 ₩20,000,000이다. 예산 손익계산서는 현금예산과는 완전히 다른 기초 위에서 작성되어야 한다는 점에 유의할 필요가 있다. 현금예산에서 가장 중요하게 고려하는 것은 사업체에 있어서 현금의 입출흐름이고 예산 손익계산서에서 문제가 되는 것은 이익과 손실의 흐름인 것이다.

3. 판매믹스가 수익성에 미치는 영향

여기 피자식당에서 예상하는 매출은 12월말(회계년도말) 현재 ₩200,000,000이고 1인당 평균매출은 ₩2,000이라고 한다. 이때 예상하는 각 메뉴별 매출이익률은 다음과 같다.

	판매믹스	총수익
수프, 애피타이저	10%	65%
피자	40	45
샌드위치	10	60
디저트	10	60
커피, 녹차, 우유	10	65
주류	20	60
	100%	

예상하는 노무비와 간접비는 ₩80,000,000이고, 그 중 고정원가는 ₩50,000,000이고 변동원가는 ₩30,000,000이다. 1/4분기말 실제의 판매와 1인당 평균매출은 예상과 같게 나타났다.

실제의 판매믹스와 메뉴별로 차등을 둔 매출이익률은 다음과 같았다.

	판매믹스	총수익
수프, 애피타이저	10%	65%
피자	50	45
샌드위치	5	60
디저트	5	60
커피, 녹차, 우유	10	65
주류	20	60
	100%	

실제의 노무비와 간접비의 총계는 ₩80,000,000으로 예상치와 같았으나 고정비와 변동비로 보았을 때 고정비가 ₩40,000,000이고 변동비가 ₩40,000,000으로 원가구조에는 차이가 발견되었다. 이 자료를 활용해서 예상실적과 실제의 성과를 요약한 다음 결과에 대해서 평가한다면 다음과 같겠다.

예산총수익				
	판매믹스		총수익	
수프, 애피타이저	10%	₩20,000	65%	₩13,000
피자	40	80,000	45	36,000
샌드위치	10	20,000	60	12,000
디저트	10	20,000	60	12,000
커피, 녹차, 우유	10	20,000	65	13,000
주류	20	40,000	60	24,000
총계	100%	₩200,000	55%	₩110,000

따라서 예산총수익은 ₩110,000,000였다. 즉 예상판매규모의 55%이다.

예산총수익				
	판매믹스		총수익	
수프, 애피타이저	10%	₩20,000	65%	₩13,000
피자	50	100,000	40	40,000
샌드위치	5	10,000	60	6,000
디저트	5	10,000	60	6,000
커피, 녹차, 우유	10	20,000	65	13,000
주류	20	40,000	55	22,000
총계	100%	₩200,000	50%	₩100,000

위 표에 시사되듯이 실제의 판매믹스에 변화가 발생되었고 예상보다 매출액이 익률도 저조한 결과로 나타났다. 그 결과 순이익은 예산보다 ₩10,000,000이 적게 나타났다. 노무비와 간접비의 구성에 있어서의 변화는 결과적으로 비교적 높은 고정비율을 초래했다. 예산 공헌이익은 40%였는데 실제의 공헌이익은 30%였다. 따라서 실제의 안전한계는 예산치보다 좁혀지게 되었다.

예산과 실제의 영업성과를 요약하면 다음 표와 같다.

예산과 실제영업성과 요약		
	예산	실제
매출액	₩200,000	₩200,000
매 출 원 가	90,000	100,000
기타변동비	30,000	40,000
고정비	30,000	40,000
순이익	50,000	20,000
총계	₩200,000	₩200,000

제 16 장
자본예산

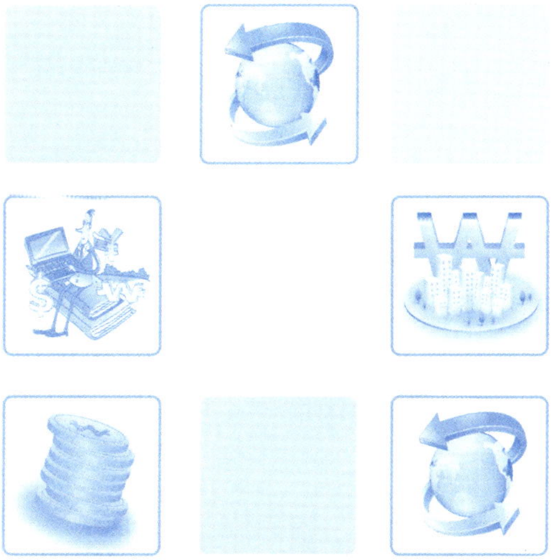

16 자본예산

제1절 자본예산에 대한 평가의 필요성

자본예산(capital project) 평가(assessment)의 목적은 수익성과 선택의 문제를 검토하려는 데 있다. 그러므로 자본예산의 평가는 주로 투자수익률(return on investment), 이익의 감도 및 유사한 문제들에 대한 고찰을 통하여 이루어지게 된다.

투자에 직면해서는 조달할 자금마련이 어려운 것은 영리기업이나 비영리기업 혹은 조직이나 개인이나 마찬가지로 항상 어려운 문제가 되고 있다. 호텔기업이 허용된 기업자원을 가지고 사용하는 데 있어서 항상 자산관리에 만전을 기하고 새로운 시설로 교체하면서 사업을 운영하고 있다면 상대적으로 다른 항목에 사용할 재원은 그다지 많지 않을 수가 있다. 그러므로 모든 항목별로 제기되는 자본사용 요구를 충족시키기 어렵기 때문에 제자원 사용에 있어서는 우선순위와 선택과정이 필요하게 된다. 이런 과정에서 가장 사용되는 주요한 방법들에 관해서 논의해 보기로 한다. 여기에는 회수기간법(pay-back mehtod), 투자수익률법(return on investment mehtod) 및 현금할인흐름법(discounted cash flow method) 등이 있다.

제2절 여러 가지 투자 프로젝트의 평가방법

1. 회수기간법(pay-back method)

1) 산식

회수기간법(pay-back method)은 투자액을 연간 현금유입액으로 나눈 회수기간(산식 1)에 의해 투자결정을 하는 매우 간단한 평가방법으로 이해하기도 쉽고 회수기간의 위험을 나타내는 지표(산식 2)로도 사용될 수 있는 장점 때문에 실무에서 가장 널리 이용되는 기법이다.

그러나 이 방법의 최대의 장점은 수익성 예측이 어려워 위험성이 매우 높은 사업에 대한 투자평가와 의사결정 여부를 판단하려 할 때 발휘된다. 이런 경우에는 투자안에 들어갈 최초 투자액의 회수여부가 투자 의사결정에 결정적으로 중요한 요인으로 고려되게 되므로 회수기간과 회수률 정보를 줄 수 있는 회수기간법(pay-back method)이 가장 유용한 평가수단으로 활용될 수 있기 때문이다.

그러나 이 방법에 대한 약점은 이것이 단지 회수기간만을 알려줄 뿐 수익성이나 발생될 자본비용에 대한 어떤 정보도 제공하지 못한다는 점에 있다. 또한 이 방식에서는 투자 프로젝트에 관여된 자본금에 대한 시간가치를 무시하고 있다는 점과 단지 단기 회수에만 관심을 가질 뿐 회수기간 이후의 상황에 대한 아무런 고려도 하지 않는다는 단점으로 인한 비판을 면하기 어렵다. 투자 프로젝트에 있어서 가장 중요한 관점은 이것이 투자의 기간동안(life) 호텔이나 영업부문 이익에 대해서 얼마나 공헌할 수 있느냐 하는 문제에 있는 것이므로 투자된 자본의 단기 회수가 궁극적인 목표는 아니기 때문이다.

(1) 산식1: 회수기간의 산식

$$\text{회수기간} = \frac{\text{증분투자액(연초투자액)}}{\text{연간 증분현금유입액(연간이익+감가상각비)}}$$

(2) 산식 2 : 현금회수율

$$\text{현금회수율} = \frac{\text{연간증분현금유입액}}{\text{투 자 액}}$$

자본비용에서 절약될 현금지출 혹은 자본지출로 인한 현금증분이익(additional cash profits)을 기업의 원래 투자자본과 관련시키는 방식으로 회수기간을 산출해서 대체적인 자본계획안들을 평가해 보는 것이다. 이렇게 산출된 회수기간이 내부적으로 적정하다고 결정된 회수기간보다 단기일수록 투자안은 유리한 것으로 평가되기 때문에 의사결정이 이루어지게 된다.

2) 예제에 의한 투자 회수기간의 계산과 의사결징

A호텔이 ₩4,000,000짜리 컨벤션용으로 사용할 새로운 빔프로젝터 구입을 계획하는데 내용 연수는 10년(잔존가치 0)이고 감가상각은 정액법에 의한다고 하자. 이 호텔이 이 기계를 사용함으로써 매년 ₩2,000,000의 현금유입을 예상한다고 하면 최소한의 투자 회수기간은 얼마나 될까? 단 계산은 법인세를 고려하지 않는 경우 (1)과 법인세(세율 28%)를 가정한 경우 (2)로 분류해서 계산해 보기로 하자.

다음의 산식 (1)과 (2)를 통한 계산 결과 법인세가 없는 경우와 있는 경우의 회수기간은 각각 1.67년과 2.58년으로 산정되었는데, 이것은 빔프로젝터의 설비 투자에 소요된 자본 ₩4,000,000이 회수되는 데 소요되는 기간을 각각 나타내 주는 것이다.

(1) 법인세가 없는 경우

① 현금유입액 = 연간현금유입액 + 적정감가상각비

= ₩2,000,000 + (₩4,000,000 / 10년)

= ₩2,000,000 + ₩400,000 = ₩2,400,000

② 회수기간 = ₩4,000,000 / ₩2,400,000 = 1.67(년)

(2) 법인세 납부의 경우

㉮ 현금유입액 = ₩2,000,000 × (1-0.28) + {(₩4,000,000/10) × 0.28}

= ₩1,552,000원

㉯ 회수기간 = ₩4,000,000 / ₩1,552,000 = 2.58년

2. 투자수익률법(return on investment method)

1) 산식

투자수익률방법(return on investment method)에서는 투자자들이 관심갖는 이익과 원가를 관련시켜서 투자안을 평가하는 방법이다. 산식은 아래와 같다.

$$\text{투자수익률} = \frac{\text{평균 순이익}}{\text{프로젝트안의 평균원가}} \times 100$$

여기서 문제가 되는 것은 투자안에 투자될 증분(부가적)자원과 그 결과 도출될 총이익의 증분(부가적)에 대한 관계이고 그 여하에 따라서 투자안은 채택되거나 기각되게 된다. 투자수익률법(return on investment method)에서는 회수기간법(pay-back method)에서 보여준 증분이익이 아니라 회계적 개념의 순이익에 관심을 갖고 있다는 점에서 다르다. 프로젝트가 대부분 감가상각 자산(depreciable assets) 항목으로 구성된 경우에 총자산에 대한 최초 원가는 투자기간 동안 연차적으로 감가상각 과정을 거쳐 회수된다.

만약 자산원가가 ₩10,000,000이고 내용년수가 5년이고 정액법에 의한 감가상각법을 사용한다고 가정할 때, 매년 감가상각비는 ₩2,000,000이 될 것이므로 최초 회계년도말 자산의 장부가액은 ₩8,000,000에서 시작해서 그 다음 해엔 ₩6,000,000, ₩4,000,000으로 상각됨으로써 회수될 것이다. 여기서 평균 투자원가는 감가상각액

을 2로 나누어 가산하면 얻을 수가 있게 된다. 따라서 최초년도의 평균 투자원가는 ₩9,000,000이 된다. 즉 ₩8,000,000 + (1/₩2,000,000/2) = ₩9,000,000이 된다. 같은 방법으로 차기년도엔 ₩7,000,000, ₩5,000,000 이런 식으로 산출되므로 평균투자액은 결국 ₩5,000,000이 된다(표 16-1 참조).

〈표 16-1〉 평균 프로젝트원가

구분 \ 구분	연차적 평균투자(₩)
프로젝트원가	10,000,000
1차년도	9,000,000
2차년도	7,000,000
3차년도	5,000,000
4차년도	3,000,000
5차년도	1,000,000
계	25,000,000
평균 프로젝트 원가	5,000,000

2) 예제에 의한 ROI 산출과 투자 의사결정

현재 호텔에서는 내용년한 6년짜리 투자대안 K와 S를 놓고 가각 투자기간 동안의 예상성과를 놓고 의사결정 중에 있다(표 16-2 참조).

투자수익률법은 이해하기 쉽고 또 적용하기도 간편하다는 점에서는 회수기간법과 같지만 수익성을 기반으로 평가하는 투자평가법이란 점에서는 더욱 적정하다고 할 수가 있다. 그러나 이 방법도 자본의 시간가치를 무시한다는 점에서는 회수기간법과 같이 의사결정에서 큰 한계를 내포하고 있다. 표에 나타난 투자안 중에는 투자수익률이 높은 투자 대안 S가 K보다 유리한 예상성과치를 시사하고 있지만 자본의 시간가치를 결부시켜 고려한다면 한눈에 투자안 K가 더 높은 성과를 기대할 수 있는 대안임을 알 수가 있다. 그러므로 이런 점에서는 투자수익률법도 결정적인 약점을 갖고 있다고 하겠다.

〈표 16-2〉 투자대안별 투자수익률의 계산표

	투자안 K	투자안 S
평균투자원가(₩)	20,000,000	20,000,000
예상 투자성과(₩)		
1차년도	10,000,000	2,000,000
2차년도	8,000,000	3,000,000
3차년도	5,000,000	4,000,000
4차년도	4,000,000	5,000,000
5차년도	2,000,000	8,000,000
6차년도	1,000,000	9,000,000
계	30,000,000	31,000,000
평균순이익(₩)	5,000,000	5,167,000
투자수익률(%)	25.0%	25.8%

3. 순현가법(net present value method)

순현재가치법(net present value method) 혹은 순현가법이란 투자기간 동안 기초년도부터 최종년도까지 투자된 사업으로부터 얻게 될 순편익, 즉 미래에 유입될 현금흐름을 현재가치로 환산한 후 합계한 금액을 가지고 투자대안의 효율성을 고려하는 방법이다.

여기서 할인된 금액이 프로젝트의 원가(자본비용)를 초과하는 부분을 순현재가치(net preset value; NPV) 혹은 순이득(net gain)이라고 부른다.

이 방법에서 가장 중요한 개념은 현가이므로 현재가치 환산을 위해서, 현재가치에 도달될 수 있도록 미래의 현금흐름을 할인할 특정이자율을 가정하게 된다. 이

때 적용할 할인율은 비교가능성을 제고하기 위해서 동일한 시점을 기준으로 해서 현재가치 환산이 이루어지도록 하겠지만 할인율에는 기업할인율, 정부차입금 이자율 외에도 여러 가지가 있으므로 어떤 것을 적용해서 현재가치로 환산하는 것이 가장 적합하고 또 요건화되고 있는지를 고려하여 결정할 일이다.

1) 산식

다음은 순현재가치(net present value)의 산식이다. 이것을 이용해서 미래 투자기간동안 연차적으로 .실현될 예상현금의 흐름을 할인율을 적용해 현재가치로 환산한 후 합산하면 투자에서 기대되는 수익에 대한 순현재가치를 구할 수가 있게 된다.

$$NPV = \sum_{t=1}^{N} \frac{C_t}{(1+r)} - C_0$$

t : 연차별 현금흐름

r : 할인율

N : 사업 전체기간

C_t : t기간의 현금흐름액

C_0 : t기간의 투자지출액

여기서 산출될 NV는 ①0보다 크거나(0 < NPV), 혹은 ②작은(0 >NPV) 경우로 나뉘어서 일단 투자안이 고려할 가치가 있는지 아닌지를 결정한 후 다음 단계를 고려하게 된다. 전자는 기업가치의 순증가를 초래하므로 일단 투자가치가 긍정적이지만, 후자의 경우는 투자로 인한 기업가치의 감소현상이 발생될 것이므로 투자가치가 없다고 평가되고 기각될 것이다.

그러나 투자안의 평가에 있어서 긍정적인 수준의 수익발생 여부는 기본적인 고려사항일 뿐이고, 투자에서 기대하는 가능한 최대의 투자수익 실현 목표을 달성하기 위한 평가수준에 충실한 투자안 검토가 되고 있다.

4. 내부수익률법(internal rate of return method)

내부수익률법(internal rate of return method)은 투자의사결정에 있어서 내부수익률(intcrnal rate of return; IRR)을 고려하여 투자안을 채택하거나 기각하는 방법을 말한다. 특정기업의 투자로 인한 사업기간 동안에 발생될 미래 현금흐름을 현재가치로 환산하여 합산한 값이 프로젝트의 투자원가(투자지출)와 같아질 때까지 다양한 이자율을 적용하여 할인하게 되는데, 이 때 산출되는 다양한 이자율(r)이 바로 내부수익률(internal rate of return; IRR)이다.

내부수익률법은 이 내부수익률(IRR)을 비교해서 가장 높은 수익률(r)을 가진 유리한 투자안을 선택하는 방식으로 투자 의사결정을 하는 기법이 바로 내부수익률법(IRR method)이다.

다음 산식은 내부수익률(IRR)을 구하는 공식인데, 여기서 산식을 만족시키는 r 값을 찾아야 하는 것이다.

1) IRR의 산식

$$NPV = \sum_{t=0}^{N} \frac{Ct}{(1+r)} - C_0$$

C_t : 시간 t에서 순현금흐름

C_0 : 투자액

r = 54.64%

2) 예제의 산식 대입과 내부수익률의 계산

다음은 투자안에 계획된 투자기간 동안의 연차별 현금흐름 자료이다.

이것을 가지고 내부수익률을 구할 수가 있다.

투자기간(년차)	0	1	2	3	4
현금흐름	-100	64	70	49	92

$$NPV = -100 + \frac{64}{(1+r)^1} + \frac{70}{(1+r)^2} + \frac{49}{(1+r)^3} + \frac{92}{(1+r)^4} = 0$$

$$= -100 + \frac{64}{(1+54.64)^1} + \frac{70}{(1+54.64)^2} + \frac{49}{(1+54.64)^3} + \frac{92}{(1+54.64)^4}$$

$$+ \frac{92}{(1+54.64)^4} = 0$$ 단, 여기서 $r = 54.64$

5. 회계적 수익률(accounting rate of return; ARR)

자본예산에 이용되는 투자수익률 계산방식으로 회계학적으로 산출된 이익을 기초로 해서 수익률을 산출하는 것인데, 장부상 이익을 그대로 이용하고 있고 또 직용도 간편하다는 장점이 있지만 화폐의 시간가치를 고려하지 않고 무시하는 외에 회계적인 이익만을 고려하기 때문에 현금흐름을 고려하지 않는다는 점에서 한계가 크다는 단점이 있다.

회계수익률은 다음과 같은 절차를 거쳐서 산출된다.

1) 평균투자액의 산식

$$\text{평균투자액(average investment)} = \frac{\text{기초년도의 장부가액} + \text{내용년수 말의 장부가액}}{2}$$

2) 회계수익률의 산식

$$ARR = \frac{\text{평균순수익(average net income)}}{\text{평균투자액(average investment)}}$$

참고문헌

이정자(1981). 호텔식음료 원가관리, 형설출판사, pp.163~164.

원철식, 유희경(2010). 관광회계, 일신사

최해수 외(2005). 호텔영업회계, 한올출판사

표영인(2010). 중급회계, 명경사

안태식, 김완중(2000). 고객만족과 재무성과 간의 관계, 회계학연구(제25권 제1호), 2000년 3월

이주원 외(2004). 국내기업의 ABC 도입실태에 관한 연구. 회계저널. 12월

지성권. 김태수(2001). 경영자 보상과 회계이익 특성의 관계에 관한 실증연구. 회계학연구. 3월

황인태(1995). 경영자보상과 기업성과, 회계학연구(제20권 제3호), 1995년 9월

Altman, E. I. (1968). Financial Ratios, Discriminant Analysis and the Prediction of Corporate Bankruptcy, *Journal of Finance*, 23; 589-609.

American Accounting Association(AAA)(1966). A Statement of Basic Accounting Theory, p.1

American Institute of Accountants(AIA)(1941). Accounting Terminology Bulletin No.1.

American Institute of Certified Public Accountants(AICPA)(1970). APB Statement No.4, "Basic Concepts and Accounting Principles Underlying Financial Statements Arens, Alvin and Loebbecke, James(1980). Auditing, 2nd ed.(Englewood Cliffs,N.J.: Prence-Hall, Chapter 7 of Business Enterprises", Par. 40.

Bank et al.(2004). The Balanced Scorecard: Judgmental Effects of Performance Measures Linked to Strategy *Accounting Review* (Jan.), (79)1,1-2.

Beals, P. and Engel, T.(1995). Investors' Perspective: the Future of the Lodging Industry. *The Real Estate Finance Journal*, 11(1), 13-19.

Bhattacharya, K. (1988). A Management Accountant's Role in SWOT Analysis. *Management Accounting*, 66: 34-38.

Callahan, T. (1993). Making a Case for Higher Room Rates, In : *Trends in the Hotel Industry*, PKF Consulting, USA, p.4.

Carmin, JoAnn. and Norkus, Gregory X.(1990). Pricing Strategies for Menus: Magic on Myth? *The Cornell Hospitality Administration Quarterly*, 31(3)(November, 1990), p. 45.

Coltman, Michael(1977). Food and Beverage Cost Controls, Englewood Cliffs, NJ : Practice-Hall

Committee on Management Accounting(1959). Report of Committee on Management Accounting, *Accounting Review* (AAA, April), p.210.

Dearden, J.(1978). Cost Advancing Comes to the Service Industries. *Harvard Business Review*, 78; 132-140.

Dukas, P.(1973). How to Plan and Operate a Restaurant, Rochelle Park, N.J. : Hayden Book

Dunn, K. and Brooks, D.(1990). Profit Analysis: Beyond Yield Management. *The Cornell HRA Quarterly*, 31(3): 80-90.

Eldenburg and Kallapur(1999). Change in Hospital Service Mix and Cost Allocations in Response to Changes in Medicare Reimbursement Schemes. *Journal of Accounting and Economics*, (26), 31-51.

Emmanuel, C., Otley, D. and Merchant, K.(1990). Accounting for Management Control. London: Chapman Hall, p.240.

Ferguson, D. H. and Berger, F. (1985). Employees as Assets: A Fresh Approach to Human Resources Accounting. *The Cornell HRA Quarterly*, 25(4); 24-29.

Geller, A.N. (1985c) How to Improve Your Information System. *The Cornell HRA Quarterly*, 19-27.

Hopwood, A. G. (1972). An Empirical Study of the Role of Accounting Data in Performance Evaluation. Empirical Research in Accounting. Supplement to *Journal of Accounting Research*, 10, 156-182.

Harris, P. (1992). Hospitality Profit Planning in the Practical Environment. *International Journal of Contemporary Hospitality Management*, 4(4): p.24-32.

Horngren, Charles T.(1981). Introduction to Management Accounting, 5th ed, Englewood Cliffs, NJ, pp.15-16

-------(1975). "Management Accounting: Where Are We?", *Management Accounting and Control*, Beyer Symposium. Madison:University of Wisconsin.

Horngren, Charles T. and Foster, G. (1991). Cost Accounting, A Managerial Emphasis, 7th ed., Englewood Cliffs, NJ., Prentice-Hall.

Kaplan, Robert S.(1982). Advanced Management Accounting, Prentice-Hall, pp.1-4.

Lumby, S. (1994). Investment Appraisal and Financial Decisions. London, Chapman & Hall.

Jeffrey, D. and Hubbard, N. (1994). A Model of Hotel Occupancy for Monitoring and

Marketing in the Hotel Industry. *International Journal of Hospitality Management*, 13(1): 57-71.

Johnson, H. and Kaplan, R.(1987). Relevance Lost-the Rise and Fall of Management Accounting, Harvard Business School Press, Boston, M.A.

Kimes, Sherry E. and Mutkoski, Stephen A.(1991). Assessing Customer Contact. *The Cornell H.R.A. Quarterly*, 32(1)(May, 1991), pp.83-88.

Kotas, Richard and Kruel, Lee M.(1979). Management Accounting for Hotels and Restaurants, Rochelle Park, New Jersey : Hayden Book Co., p.34.

Maizel, B.(1971). Food and Beverage Cost Control, New York : ITTE Educational Service.

Marn, M., and Rosiello, R., (1992) Managing Price, Gaining Profit. *Harvard Business Review.*, 70(5): 84-94.

Miller, Stephen G.(1998). Fine-Turning Your Menu with Frequency Distribution. *The Cornell Administration Quarterly*, 29(3)(November), p.86.

Moonitz, Maurice(1961). The Basic Postulates of Accounting : Accounting.

Research Study No.1 (NY : AICPA)

Morse, W.J.(1981). Cost Accounting-Processing, Evaluating and Using Cost Data, 2nd ed,, Addison-Welsey Publishing Inc.,, pp.232-234.

PKF Consulting(1993). Trends in the Hotel Industry-International Edition, PKF Consulting, London, pp.7-8.

Olsen, M., Bellas, C., Kish, L. V.(1983) Improving the Prediction of Restaurant Failure Through Ratio Analysis. *International Journal Hospitality Management*, 2; 187-193.

Orkin, E.B. (1988). Boosting Your Bottom Line With Yield Management. *The Cornell HRA Quarterly*, 29(4): 52-56.

Pavesic, David V.(1983). The Myth of Labor-Cost Percentage. *The Cornell H.R.A Quarterly*, 24(4)(November,1983), p.27.

Pedderson, Raymond B. & Others(1973). Increasing Productivity in Food Service, Boston, Massachusetts: Cahners Books International, Inc., pp.135-146.

Pennel.Kerr.Forster(1992). Trends in the Hotel Industry-U.S.A.,San Francisco: Pennel. Kerr.Forster Consulting.

Parkinson, Geoff S.(1995). Risk Assessment in Capital Investment, Peter Harris ed., Accounting and Financial for the International Hospitality Industry(Oxford : Butterworth-Heinemann), p.102.

Quain, W.J. (1992). Analyzing Sales-Mix Profitability. *Cornell Hotel and Restaurant Administration Quarterly*, 33; pp 57-62.

Rushmore, S., (1994) An Overview of the Hotel Industry: Past, Present, and Future. *The Real Estate Finance Journal*, 9(4), 6-7.

Schmidgall, R. S. (1989). Financial Ratios: Perceptions of Lodging Industry General Managers and financial executives. *FIU Hospitality Review*, Fall, 7, 1-9.

--------(1995). Hospitality Management Accounting, AH & LA, p.2.

Schroeder, John J.(1985). Restaurant Critics Respond : We're Doing Our Job. *The Cornell Administration. Quarterly*, 25(4)(February, 1985), pp.57-63.

Sprouse, Robert T. and Moonitz, Maurice(1962). Accounting Research Study No.3, "A Tentative Set of Broad Accounting Principles for Business Enterprises", New York: AICPA, p.25.

Stokes, J.(1977). How to Manage A Restaurant, 3rd ed., Dubugue, Iowa: Wm. C. Brown, p.251.

-------, Better Profit, New York : McGraw-Hill.

Uniform System of Accounts and Expense Dictionary for Small Hotels, Motels, and Motor Hotels; USASH

The Uniform System of Accounts for Hotels.

USA National Restaurant Association, Uniform System of Accounts for Restaurants.

Wallace, M.E.(1966). Behavioural Considerations in Budgeting. *Management Accounting*, August, 3-8.

Welsch, G. A.(1971). Budgeting-Profit Planning and Control, Englewood Cliffs, NJ : Prentice-Hall Inc., pp.463-464.

Woods, Robert H. et al.(1988); Pavesic, ibid., pp.27-37.

------(1994). An Expanded Restaurant Typology. *The Cornell Hospitality Administration Quarterly*, 35(3)(June, 1994), pp.27-3.

저자 소개

이 정 자

충남 당진 生

現 강원대학교 경영대학 관광경영학과 교수, 경영학 박사

세종대학교 호텔경영학과 1회 졸업

한국호텔외식경영학회(www.kasha.or.kr) 회장 역임

강원대 경영연구소장(現 호스피탈리티산업경영센터장) 역임

美 Columbia University Businss School과 Columbia Law School 교환교수

미국 New Jersey주 Korean Festival 개최

'99동계 아시안게임 급식, 평창동계올림픽 IOC평가대비 용역수행

한국관광학회 및 한국호텔경영학회 창설멤버

現 지속가능과학회(www.stss.or.kr), 한국경영경제학회,
  한국외식경영학회, 대한관광경영학회 副會長 역임

한국경영학회, 한국회계학회 등 외 다수 경영관련학회 이사 역임

국무총리표창, 국민교육헌장기념 포상

〈주요 저서〉

호텔 F&B 원가관리(1981, 13版)

호텔경영론(1998)

호텔회계(1990)

메뉴관리와 메뉴엔지니어링(1995)

호텔식음료관리론(2007)

호텔 · 식당 관리회계(2010)

글로벌시대 CEO를 위한 호텔경영(2011)

Franchise가입비 수익인식회계 연구(1987)

프랜차이즈의 경영통제 잠재력 연구(1989)

경기침체기 객실수익 영향요인 연구(2010) 외 저술과 논문 다수

호텔 · 식당사업을 위한 **관리회계**

2011년 2월 23일 초판 1쇄 인쇄
2011년 2월 28일 초판 1쇄 발행

저　자　이　정　자
발행인　(寅製) 진　욱　상

발행처　백산출판사
서울시 성북구 정릉3동 653-40
등록 : 1974. 1. 9. 제 1-72호
전화 : 914-1621, 917-6240
FAX : 912-4438
http://www.ibaeksan.kr
editbsp@naver.com

값 20,000원
ISBN 978-89-6183-458-2